本书编委会

华文教育研究

主 编 曾毅平

副主编 杨万兵 王功平

（第1集）

Overseas Chinese
Education

暨南大学出版社
JINAN UNIVERSITY PRESS

中国·广州

图书在版编目（CIP）数据

华文教育研究. 第 1 集/曾毅平主编；杨万兵，王功平副主编. —广州：暨南大学出版社，2017.2
ISBN 978 - 7 - 5668 - 2056 - 3

Ⅰ.①华…　Ⅱ.①曾…②杨…③王…　Ⅲ.①华文教育—文集　Ⅳ.①G749 - 53

中国版本图书馆 CIP 数据核字（2017）第 024089 号

华文教育研究（第 1 集）
HUAWEN JIAOYU YANJIU（DIYIJI）
主编：曾毅平　副主编：杨万兵　王功平
··

出　版　人：徐义雄
策划编辑：杜小陆　刘　晶
责任编辑：黄文科
责任校对：林冬丽
责任印制：汤慧君　周一丹

出版发行：暨南大学出版社（510630）
电　　话：总编室（8620）85221601
　　　　　营销部（8620）85225284　85228291　85228292（邮购）
传　　真：（8620）85221583（办公室）　85223774（营销部）
网　　址：http://www.jnupress.com　http://press.jnu.edu.cn
排　　版：广州良弓广告有限公司
印　　刷：佛山市浩文彩色印刷有限公司
开　　本：787mm×960mm　1/16
印　　张：20
字　　数：426 千
版　　次：2017 年 2 月第 1 版
印　　次：2017 年 2 月第 1 次
定　　价：48.00 元

（暨大版图书如有印装质量问题，请与出版社总编室联系调换）

序

　　第一次听到"华文教育"这个词，是 10 年前在暨南大学华文学院参加的一次学术会议上，当时我还不能完全理解它的蕴意。令我没有想到的是，几年后的 2011 年年底我来到华文学院工作，正式成为华文教育队伍中的一员，如今回想起来，那一次的邂逅似乎是冥冥之中注定了的。华文教育，顾名思义指的是对海外华侨华人及其后代所进行的本民族语文教育，其目的是传承中华民族基因，传播中华语言文化。这个听起来"高大上"的事业，在我逐渐了解了它走过的艰辛历程之后，才真正感受到它的分量。

　　虽然海外各国的华文教育历史不同、境况各异，但是有一点是共同的：没有政府的支持和资助，基本依靠民间力量办学。海外华文教育从最早的民众自发组织到后来的社团自觉建设，从识文断字的基本要求到逐渐完善的系统教育，短则几年几十年，长则上百年甚至数百年，从无到有，由小到大，取得了了不起的成就。面对日新月异的大千世界和不断更新的教育理念，华文教育如何适应、怎样发展，面临着亟待研究的新课题。

　　当今社会已经进入信息化时代，其最重要的变化就是：无论你处在世界的哪一个角落，你都可以通过网络获取你所需要的关于这个世界过去、现在和未来的资讯，没有时间和空间的限制。这个变化带来了一个极大的好处，就是为我们制定统一的知识系统和参考标准提供了便利。华文教育领域近年陆续制定的教师水平证书、华文水平测试标准以及教材系统等正是为了顺应这个时代特点而做的事情，它很有必要也非常及时。

　　华文教育的对象是华侨华人子弟（也包括少量感兴趣、有志向的非华裔青少年），他们身处异邦，耳濡目染的除了中华文化外，也有所在国家的文化（有的地方恐怕更多）。祖籍国的故事在他们听来更像传说，遥不可及，现实才是他们能够切身感受到的，这样就带来一个问题：学习中华语言文化有什么用？而且这个问题会带来一个更加严峻的问题：到了第三代第四代的华裔子弟，他们不了解中国，不会说中国话，除了面貌肤色外，还有什么与中华有关呢？于是华文教育除了语言文化教育之外，还有族群身份认同的教育，这也是海外华文教育与国内语文教育一个非常重要的区别。

　　国侨办主任裘援平倡导的华文教育"三化"（正规化、标准化、专业化），为海外华文教育在未来一个时期内的工作指明了努力方向。"三化"概念是在充分调研海外华文教育的历史与现状，结合当今教育发展大方向大趋势的基础上提出的，切中要害且非常及时。教育有自身的规律，有客观的标准。正规化应该成为海外华文教育的

"及格线"，没有办学正规化，华文教育无法获得信任，也将难以为继；标准化可视作海外华文教育的"良好线"，每个行业都有自己的行业标准，教育也不例外，没有标准就没有目标，也就丧失了竞争力；标准不会一成不变，它是动态的，怎样废旧立新，这就需要专业水准，因此专业化才是海外华文教育的制高点——"优秀线"。"三化"概念内涵丰富，需要做的工作太多，这就需要一支专业的队伍，他们不光专业素质过硬，有很强的调查研究和产品研发能力，还有一点非常重要，他们有华文教育的情怀，耐得住寂寞，甚至甘受清贫。

从国内看，专业的研究者大都在大学，许多研发工作也在大学进行，华文教育后备人才培养更是基本在大学校园里，因而大学成为华文教育事业非常重要的后方基地，有关部门应当也完全可能对大学华文教育工作给予足够重视。

众所周知，"学科"在大学的话语系统中绝对是个热词。它与人的关系十分密切，一名教研人员不属于任何一个学科，这在大学里无法想象。然而很不幸的是，华文教育直到现在还不能被很多人承认为一门独立的学科。华文教育要依托大学来发展，首先要成为一门独立的学科，这个目标在许多有识之士的奔走呼吁和有关部门的努力运作下已经实现。学科有强弱之分，大学是靠实力说话的，强势学科因为得到政策倾斜，享有更多资源，发展成效非同一般；弱势学科的日子显然没有那么好过，这些学科又分为两种：受保护的基础性学科，以及走市场的应用类学科。前者虽不富裕，却也不用担心饭碗；后者则不然，没有市场支持或不能很好地适应市场，学科也就走到尽头了。华文教育是个新学科，是应市场的需要而产生的，但它同时又在国家"走出去"战略中肩负着重要使命；需求是市场导向的，运作加入了政府行为。有市场需求，学科就有了存在的价值；有政府加入，学科就有了运作的资源。基于这一点，我们认为华文教育学科实际上有很好的发展基础和生态环境，这一点优于许多新的学科，是业内同行需要清楚认识和倍加珍惜的。

一方面，华文教育作为大学的一个学科，自然应当遵循学科发展的一般规律，需清楚道出：①学科的内涵和外延、理论基础和方法论体系；②代表性的研究成果和一批有影响的专家学者；③对人类社会的贡献及对其他学科的影响等。另一方面，它毕竟不是一个普通的学科，这体现在：①学科的交叉性。华文教育是个交叉学科，涉及语言学、文学、心理学、教育学、计算机科学等，随便都能数上几个。②对象的复杂性。华文教育主要研究和服务对象是海外华侨华人子弟，但也不排斥非华裔人士，即便是华裔子弟，也存在地区和代际差异。③方法的特殊性。华文教育虽然作为学科建设于国内大学，但其研究和服务的对象在海外，国内是海外华文教育的后方基地，其研究的成果和研发的产品均应用于海外市场。

从目前情况看，国内建有华文教育学科的院校还十分有限，人才培养的相关专业也仅在少数院校开设，无论在人才培养规模还是科研项目数量上都只能算是刚刚起步，还谈不上质量，更不要说精品。虽说学科发展需循序渐进，但目前面临十分难得的发展机遇，小步快跑的发展模式能够为该学科发展赢得空间和时间，实在不容错过。

　　2013 年是暨南大学华文学院院庆 60 周年。我们举办首届华文教育国际学术研讨会的初衷，除了释放 60 年的华文情怀，还想借此机会将近年海内外华文教育研究的最新成果集中展示。论文集在会议结束后三年终于面世，凝结了同事们的极大智慧和辛劳。我们希望这只是一个开端，我们更期待两年一届的华文教育国际学术研讨会能够将海内外华教界紧密联系在一起，不断创新会议模式、充实学术内涵，为华文教育事业发展做出更多的贡献。

邵　宜

2016 年 4 月 16 日

于暨南大学羊城苑寓所

目　录

序 ……………………………………………………………… 邵　宜（1）

海外华文教育发展研究

　　—— 华文教育国际学术研讨会综述 ……………… 曾毅平　朱庆洪（1）

华文教育认同研究

语言认同与华语传承语教育 ……………………………… ［美］周明朗（12）

华裔学习者跨文化族群认同及其传承语习得研究 ………………… 王建勤（20）

新加坡华语教育历史之殇与儒学认同 …………………………… 蔡明宏（34）

国别与区域华文教育

夏威夷大学和美国的中文教学 …………………………… ［美］姚道中（44）

对东南亚现代华文教育发展的思考 ……………………………… 李小燕（52）

新马华语与汉语国际传播 ………………………………………… 李洁麟（60）

从数理英语化政策看马来西亚华人社会的语言观

　　…………………………………… ［马来西亚］孙招娣　王晓梅（70）

菲律宾华校学生华语学习动机的调查与分析 ………………… 周　静　刘　芸（79）

泰国曼谷地区华裔青少年华语学习及背景情况研究 ……………… 刘　慧（100）

晚清华文教育史研究 …………………………………………… 姚　敏（109）

华文教学标准

试论对外汉语有效教学的标准

　　—— 兼谈课堂教学案例分析 ………………………… 黄晓颖（116）

华语课堂的口语要素教学初探 ………………………………… 林奕高（123）

印尼三语学校华文教学标准探微 ……………………… ［印尼］陈友明（130）

华文教材研究

全球华文教材的现状与前瞻

　　—— 基于教材库的华文教材系统考察 ………………………………

　　………………………… 周小兵　陈　楠　冯火清　郭　琎（144）

海外华语教材的文化"内化" ·················· [香港] 陈学超（154）
华文教材构成要素研究
　　——以美国华裔教材《中国啊，中国！》为例 ··········· 盛译元（159）
印尼小学华文教材混搭情况研究 ············· 蔡　丽　[印尼] 蔡佩珊（171）
华文观光教材电子书之研发
　　——以台湾台东为例 ·················· [台湾] 刘静宜（183）

华文教学法研究

来华华裔学生汉语教学特殊性的思考 ·················· 师玉梅（198）
游戏教学法在新加坡幼儿园华文教学中的运用研究 ········ [新加坡] 魏永秋（204）
游戏教学法在泰国少儿汉语教学中的应用 ··············· 周新新（210）

语言要素及汉字教学

印度尼西亚、泰国留学生汉语擦音发音分析 ··············· 王茂林（218）
印尼留学生汉语发音难点解析
　　——以一节拼音复习课为例 ·················· 张宝成（224）
留学生汉语词汇语义韵学习情况考察 ············· 刘晓梅　邓　婷（230）
东南亚留学生对"着"使用条件的认知及其习得过程影响因素 ·········
　　······················· 丁雪欢　曹莉敏（239）
现代汉字笔画系统简化刍议 ··············· 苏印霞　王汉卫（253）
汉语国际推广背景下华文汉字教学观研究 ··············· 李香平（261）
中级水平留学生对部件熟悉的陌生形声字的语音提取 ·············
　　··················· 张金桥　帅　平　王明月（272）

本体及语用研究

论海外华语语法特征的描写与计算分析
　　——以马来西亚华语语法的研究为例 ··············· 李计伟（282）
指桑骂槐言语行为的交际话语分析 ············· 朱湘燕　周国光（295）
汉语动词用法资源库建设构想
　　——基于大规模语料库、面向汉语教学 ··············· 王　洁（308）

海外华文教育发展研究

—— 华文教育国际学术研讨会综述①

曾毅平[1]　朱庆洪[2]

(1. 暨南大学华文学院；2. 暨南大学华文学院/深圳大学师范学院)

1. 引言

暨南大学华文学院自其前身——广州华侨学生补习学校于 1953 年成立，迄今已走过一甲子的历程。为庆祝 60 周年华诞，学院于 2013 年 11 月 17—18 日举办华文教育国际学术研讨会，旨在以文会友，探讨民族复兴背景下海外华文教育的未来发展。研讨会以"华文教育发展研究"为主题，分题包括：华文教育历史与未来发展、华文教材与教学法研究、华文师资培养与资格认证研究、华语与华文水平测试研究、国别语言政策与华文教育当地化研究、华裔汉语习得与教学类型研究、两岸华文教育研究等。研讨会共有 135 位专家学者参加，主要来自美国、英国、澳大利亚、新西兰、日本、新加坡、马来西亚、泰国、印度尼西亚、菲律宾等国，以及我国大陆、台湾、香港、澳门等地。

研讨会分 4 个时间段进行了 10 场大会特邀学术演讲，91 篇论文分 4 个小组 12 个场次进行了分组发表和研讨。10 场特邀学术演讲为：北京语言大学李宇明教授《大华语的发展趋势》，台湾"中央研究院"曾志朗院士《汉字的识字与阅读》，香港中文大学冯胜利教授《汉语二语专业和教学的几个前沿问题——以 L2 学科独立、本体定位、语言分级为例》，新加坡南洋理工大学教育学院吴英成教授《茶越冲越淡：华裔不同世代双语能力衍变进程》，美国加州大学戴维斯分校储诚志教授《对美国华裔中文教学的若干观察与思考》，台湾世界华语文教育学会董鹏程研究员《就古国文明谈语言的传承：华语文教育产业发展的热度和创新》，中山大学国际汉语学院周小兵教授《全球华文教材的现状与前瞻》，澳门大学人文学院徐杰教授《"外语母语化"的教育理念与教育技术》，日本四天王寺大学胡士云教授《日本的华文教育现状与课题》，台湾高雄师范大学华语文教学研究所方丽娜教授《数位华语教材〈侨教双周刊〉的演进与优化》。大会学术演讲特邀台北教育大学校长张新仁教授、中央民族大

---

①　本综述依据会议论文及提要、会议记录及录音、会议新闻稿、大会报告 PPT 等整理。记录人：钟吉鸿、王虹骄、周伶俐、韦芝萍、李舒、黄良程、王冕、王艺文、骆含宇、付先绪。

学戴庆厦教授、上海师范大学范开泰教授、美国夏威夷大学姚道中教授、北京大学李晓琪教授、香港教育学院陈学超教授、台北教育大学人文艺术学院颜国明教授、美国国防语言学院林柏松教授8位先生担任主持和点评人。

2. 报告和论文的主要观点、内容

报告和论文的主要观点与内容分9个方面综述如下：

2.1 华文教育中的认同问题

周明朗《语言认同与华语传承语教育》，提出了"语言认同过程"理论。他认为语码的学习、储存和使用需要与语言学习者的身份认同相匹配。华裔学生对华语的认同有别于非华裔学生对国际汉语的认同，因此华语教育与国际汉语教育的对象有着重大的认知差别。他分析了华裔学生学习华语的身份认同困惑，提出了相应的华语教育理念、华语教学法、华语教材编写方法和华语教师培养方法，希望能解决华裔学生华语学习中的认同问题，达到华人身份与华语语码的有机匹配。吴英成分析了华裔学习者身份认同转型所带来的对汉语、汉文化认同的影响，进而具体描写了华裔双语能力的衍变进程。蔡明宏《新加坡华语教育历史之殇与儒学认同》，认为儒学已成为新加坡的国家意识，建立在儒学认同上的华语推广，可避免华语和英语的狭路相逢，是华语进入"高声誉领域"的必由之路；儒学与华语的完美结合的华语"雅化"策略，有利于摒弃"经济压人"，强调"文化动人"，寻找语言生态平衡点，走有新加坡特色的华语教育之路。王建勤《华裔学习者跨文化族群认同及其传承语习得研究》指出，华裔学习者在双向族群认同过程中，由于所在国的社会文化环境及其传承语教育的政策不同，有"适应策略""保留策略"和"同化策略"三类认同策略。针对华裔学习者双向族群认同的两难选择，他提出了"跨文化族群认同"的第三选择。

2.2 国别华文教育的成就、困境与未来发展

国别和地区华文教育的宏观研究，主要涉及美国、日本、东南亚、新西兰等国和我国台湾、大陆潮汕地区。姚道中从美国中文教师学会、中文水平测试、教材、电脑教学、孔子学院、星谈计划等几个方面介绍了夏威夷大学在美国中文教学发展方面所做出的贡献。储诚志分析了华文教育在美国陷入窘况的五大原因：第一，关于汉语作为传承语教学的严谨的学术探讨尚处于起步阶段，对其社会、心理、教育、语言学习诸方面的属性特质的认识还很不充分，不能为华文教学提供系统可靠的学术指导。第二，教材的内容定位与学生的兴趣脱节，中国传统的"传道"与"留根"理念和内容较多，或者与美国社会中学生的心理意趣和实际生活不相关联。第三，教学方法与教材体例机械乏味，教师常常按照个人所习惯的中国语文或外语教育的传统理念与方法对华裔子弟进行教学，与华裔子弟所习惯的美国学校以学生为中心、启发互动、让学生高度参与、鼓励批判性思考、挑战认知、充满趣味的教学方式形成巨大反差。第四，汉字的书写要求过高而实用性却不大，减弱了学生的学习兴趣。第五，教材语言

项目的选用缺少多维度的科学考量，与合理可行的实用交际能力培养脱节。语言点难度常常过大，生词密度过高，字词等语言项目的选择和安排很少进行系统的量化分析及合理的分布控制与重现。

胡士云《日本的华文教育现状与课题》，从旅日华侨华人的概况和华文教育、华侨华人的语言意识和华文教育、日本的相关政策、日本的华文教育课题、新设华侨子弟学校的构想等方面介绍了日本的华文教育。他认为日本现有中文学校远不能满足需求，设立新的华校迫在眉睫，呼吁中国相关部门将华侨的华文教育纳入国民教育体系，甄别各国国情，有计划、有目的、有目标、有步骤地在海外创建华文学校，使华文教育惠及殷切盼望母语教育的海外学童。李莹梳理了近代以来日本华文教育的发展脉络，对日本华文教育发展的现状和特点进行了分析，对其面临的若干新课题进行了探讨。刘文影《近年来奥克兰华文教育的现状和发展趋势》，分析了过去10年新西兰华文教育由中国台湾、香港体系到以大陆体系为主的转化，用历史分析、比较分析等方法，从新西兰的移民政策、本地文化习俗和生活方式、经济发展历史和现状，以及本地华人学习华文的特点等方面，探讨了新西兰华文教育的未来发展趋势。

东南亚是华侨华人最为集中的地区，东南亚华文教育是本次研讨会关注的重点之一。李小燕《对东南亚现代华文教育发展的思考》，从现代教育理论角度分析了东南亚华校应具备的功能及其发展背景，认为东南亚华文教育面临的主要困难是：区域国家对汉语教育的政策依然保守、大多数华校课程设置不健全、教育层次衔接不合理、师资数量不够且水平参差不齐、华文教育经费不足、教材不够丰富和不够本土化。陈之权认为，新加坡具有文化多元、学习者背景多样的特点，是华文教学很好的试验场，应反思多元文化对华文教学的挑战。杨军平《乐学善用理念下新加坡华文教学的省思》认为，新加坡当下的华文教育已经处于低谷期，他分析了在新加坡教育部母语检讨委员会明确提出"乐学善用"的母语教学理念的背景下，新加坡华文教学所面临的诸种困境。祝家丰《政治海啸与政治博弈下的马来西亚华文教育发展机遇和挑战分析》观察了2008—2013年，大选博弈及华人社会的政治态度对华文教育的冲击，认为马来西亚的华文教育发展模式避不开政治因素的纠葛，探讨了该国华教在政治新形势下的机遇、挑战及华社的因应方法。孙招娣、王晓梅《从数理英语化政策看马来西亚华人社会的语言观》，认为马来西亚华人社会内部普遍认同华语并坚持母语教学，同时华社重视英语的价值，并尊重马来语的地位，华社的语言观对语言政策的制定具有参考价值。李洁麟《新马华语与汉语国际传播》，分析了新加坡与马来西亚华语传播的背景差异及华语在两国传播的趋势和策略。郑相斌在分析泰国与外语有关的语言政策的基础上，对有关华语教学的语言政策提出了改进建议。刘慧对泰国曼谷地区100位华裔青少年的华语学习情况及其家庭和学校等背景进行了调查，对泰国华语教学的性质做了进一步界定。黄晓燕《泰国华裔留学生汉语使用任务需求分析》反映了泰国华裔留学生对58项汉语使用任务的重要性、使用频率和难度的认知情况，以及在学术、社会、职业领域中的典型汉语使用任务的需求情况。周静、刘芸《菲律宾华校学生华语学习动机的调查与分析》总结了影响学习动机的六大因素，提出了激发菲律宾学生华语学习动机的策略。

2.3 两岸华文教育发展研究

董鹏程回顾了台湾的华文教育发展之路，指出华文教育产业的推广必须依赖不断创新的思维、方式和策略，呼吁两岸应建立华文教育合作机制，加强交流和沟通。任弘回顾了鸦片战争以来海外华文教育的发展，认为未来中国人和中华文化在世界上将扮演更重要的角色，两岸应共同努力，让华文教育更好地协助全世界华人延续中华文化。张光正以英语学习为借镜，强调语言环境和交际原则对华语能力发展与教学效果提高的重要性，主张两岸高校加强合作。姚敏《晚清华文教育史研究》通过对大量清朝原始材料的收集、整理和分析，以清政府在国内的华文教育举措和华文教育在海外主要侨居国的发展状况为主线，分析了晚清国内华文教育的特点，揭示了晚清影响华文教育的主要因素：清政府的政策支持、措施得当；保皇派及革命人士的积极运作以及华侨商会的鼎力相助。虞海村《潮汕地区华文教育的发展问题研究》论述了广东著名侨乡潮汕地区的华文教育发展现状、问题及对策，主张从"建基地""设基金"两方面入手，加强和改善该地区的对外华文教育。李嘉郁《孔子学院与海外华文学校的整合和互补》，探讨了如何立足当地，实现我国汉语国际教育和华文教育的国家资源在孔子学院与华文学校之间的合理配置，以利于汉语国际推广与中华文化传承的有效进行。刘峰《试论新形势下发展海外华文教育的大局观和本土观》提出，对海外华文教育的形势要有整体、动态的了解和把握，要充分调查和掌握海外华文教育发展中新出现的共性特征；海外华文教育要适应所在国的特征和需要，要充分融入当地的教育体系，具体工作要有微观把握。

2.4 华文教育、教学标准研究

黄晓颖《试论对外汉语有效教学的标准——兼谈课堂教学案例分析》详细阐述了对外汉语有效教学的概念、特征、标准及对外汉语课堂教学评价的依据。陈友明《印尼三语学校华文教学标准探微》指出，三语学校的质量标准尚未建立，质量控制管理方面存在严重问题，必须从课程大纲、教学目标、评估标准的制定入手提高教学水平。王晶《对外汉语教学之中国文学课程的文化坐标》建议古代部分的教学内容应着重于主流强势的中国传统文学，近现代则应本土和外来并重，注意选取全球文化主流母题，适当选取更具中国特色的文化主题。林奕高《华语课堂的口语要素教学初探》指出，华语课堂教学和研究的口语要素包括叹词和语气词、重复、重音、语速和音高、连读、断连、话语标记、插入语等。刘莉应用语义场、交际功能、认知功能等理论，对《分级词汇表》一级名词进行分析，确定"再选择基础词汇"。林柏松就中美汉语口语水平考试的口试方式、考试内容、评分标准和口语水平分级等进行了对比，提出以汉语作为外语的口语水平考试应该遵循交际性、个人化和综合评估等原则。

2.5　华文师资培养研究

针对海外华文教育现状和未来发展，杨玲认为海外华文教师培养，在战略层面，要处理好"输血"与"造血"的关系；在学历化方面，要处理好"名"和"实"的关系；在专业化方面，要发挥好认证和竞赛的杠杆作用；在短期培训方面，要实现策略转型；在管理方面，要在海内外建立华文教师服务中心，全面统筹协调相关事宜。彭小川认为语言本体教学和教育类教学不可或缺，要处理好两者之间的关系；华文教师要具有深入浅出的能力，要通过再学习改进自己的知识结构，以利于教学水平的提高。翟宜疆《"文化认同"与东南亚本土华文师资培训刍议》认为，招收东南亚国家华裔子弟攻读汉语国际教育硕士是师资本土化的一项积极措施，对这类学生的培养应区分其"文化认同"和"国家认同"，区分"华族"与"中华民族"等概念。熊玉珍《新一代技术支持下的海外华文教师专业发展》，立足新一代信息技术的特点，构建了在以云计算为核心的新一代信息技术支持下，华文教师专业发展的"培养""研究"和"应用"的一体化模式。张宝成基于丰富的教学实践，指出研讨式教学法在师资培训中最符合参培学员的需求，能更好地发展华文教师的教学能力。

2.6　华文教材研究

华文教材也是本次研讨的热点之一，共有 17 篇论文报告，宏观论题涉及全球华文教材研发、教材编写理念、教材历时考察及国别、地区教材研究。微观论题包括具体教材评价、特定对象教材要素分析、分项语言能力教材及专门用途汉语教材研究、教材使用研究等。周小兵介绍了全球汉语教材库建设情况，阐释了华文教材类型、华文教材的微观考察、华文教材的前瞻等课题。他认为，未来的华文教学首先要确定华文教学的性质；其次需加强华人现状研究，以便更好地分类教学；最后要开发多媒体教材、课外读物等，取材可适当介绍当代中国，同时兼顾教材的本土化。陈学超《海外华语教材的文化"内化"》认为，教材编写既要设计"语法点"，又要顾及"文化点"；必须克服常见的文化"空载"和文化"超载"两种偏向；应该将第一语言中"习而不察"的文化适应，转为"习而必察"的文化移入，编写教材时自觉地进行文化"内化"。龙藜《对外汉语教材中的价值取向探析》认为教材具有价值赋予功能，当前教材主要有本土化、普世化、弘扬化和实用化四种价值取向，前两种主要存在于文化内容的选择中，后两种主要存在于文化内容的展示中。刘映荷以学习目的为观照，分析了华文教材的实用性。王衍军选择 20 世纪 50 年代以来的 6 套对外汉语教材，建立语料库，分析教材文化词汇，考察了文化词汇的分布变化、复现率等。

国别及地区教材研究涉及我国大陆、台湾以及美国、印尼、菲律宾、马来西亚、新加坡、泰国所编教材的评价和使用研究。方丽娜以台湾《侨教双周刊》电子版为语料，考察其教学重点，指出未来的教材除了应兼顾主流教育的课程架构与华文教育的文化传承外，更需注意以文化带领语言学习，用华语来描述世界；教材需内蕴主题式教学的规划，以及沉浸式教学的概念。盛译元分析了美国华裔教材《中国啊，中国!》

的语音、词汇、语法、汉字的分布和编排。宗世海、刘芸在华文教材质量控制的原则下，研究了《菲律宾华语课本》中学阶段主教材的汉字、词汇和语法点的编写，评价了以上项目在分布、难度、重现率等方面的合理性。李小凤《东南亚华文教材使用状况调查及当地化探讨》，以东南亚 8 国 29 个城市或地区的教材使用数据做综合分析，考察了高使用率、出版份额、自编或合编情况以及教材当地化面临的问题。蔡丽、蔡佩珊《印尼小学华文教材混搭情况研究》通过实地调查、访谈，对印尼 14 个城市的 106 所小学混搭使用华文教材的类型、原因、使用效果进行了研究，指出了混搭的优缺点，并提出了改进建议。

关于教材构成要素的研究，祝晓宏《汉语教材例句的典型性考察》认为教材例句的评价可由多标准简化为单标准，以"典型性"为衡量教材例句的基础标准，并以此设计出一个基于层级划分思想的等级。卢艳、宗世海《海外华文教材（小学、初中）写作练习设计分析》调查了三套教材的写作练习，并与人教版《语文》对比，认为海外华文教材写作题型应更加多样化，题量应适当增加并应根据题型的重要程度改善题量，加大应用文写作，适当增加简单的说明文和议论文，随年级逐步设定字数限制。曾祥燕认为，教材编写应有一个体裁大纲，各种体裁的出现应该有一个符合写作规律的训练顺序。

分项语言能力教材研究方面，齐婉先《中高级华语文阅读课程之教材分析与教学策略》，选取《今日台湾》《从精读到泛读》两套教材，应用整体语言理论的观点，分析阅读教材意义与功能兼顾的情况，并省思其教学策略。郑维宇以《博雅汉语》《阶梯汉语》《新实用汉语课本》为例，分析了初级汉语精读教材课文的功能项目。王咏雪以《速成汉语基础教程》《基础汉语》教材为例，就对外汉语速成初级综合课教材的编写提出了改进建议。

关于专门对象和专门用途教材，石慧敏《少儿对外汉语教材话题选择与课文内容编排研究》，调查确定了少儿感兴趣的话题和老师认为重要的话题，提出应从话题数量、比重、再现率、编排方式以及体裁上加以改进，对不同性别的少儿采取更为科学的编排方式。刘静宜《华文观光教材电子书之研发——以台湾台东为例》，比较了两岸旅游观光教材用语上的差异，以 SWOT 分析了电子书之市场需求，并以台东为例，介绍了观光教材电子书的研制。刘莹、周静琬、姚兰《全球商务华语教材之课堂教学研究》介绍了以台湾商务为核心的《全球商务华语》线上教材的内容、形式、特点、课堂教学设计，以及 App Store 销售的情况。

2.7 华文教学研究

教学法关注的重点有体系创新、汉字及语言要素教学的具体方法、听说读写教学法，以及针对特定对象和不同国别学习者的教学法等。范静哗《语言能力的诊断性描述与干预性教学》考察语言能力的描述、语言诊断以及干预性教学对语言教学的意义，分析了三者的相互关系。冯胜利在论述汉语国际教育、二语教学学科定位的基础上，以丰富的实例阐释了如何将"结构—功能"语法、韵律语法、语体语法三个层面的汉语本体研究成果运用于对外汉语教学，强调教学以本体研究的理论创新为基础，以及本体成果向教学的转化。徐杰探讨了一种新的语言教学设想，即抓住儿童语言习得爆炸性的关键期，在两年时间内，采用经过论证的科学的教材、教法与教师，营造一个多媒体全息的外国气氛的外语环境，以提高学习效率。孙瑞介绍了"翻转课堂"教学模式在对外汉语教学中的运用。杨海明从科学性、实践性与可操作性三个角度讨论了海外华裔留学生的华文学习效益。孙瑞、李丽虹分析了地方院校对外汉语教学存在的主要问题，认为通过实施以整合教学资源为基础、提升师资水平为关键、优化教学模式为核心、健全制度为保障的综合改革，可以较好地解决当前存在的问题并切实提高地方院校的对外汉语教学水平。

关于汉字及其教学的研究，曾志朗从神经心理学的角度研究了汉字的识别与阅读过程，包括视觉信息处理、音素意识及汉字阅读学习、汉字阅读学习的认知挑战、认知神经学角度的汉字阅读学习研究等方面。他指出，掌握语言是先天的，阅读则需要教，阅读和写字有基因与遗传因素，汉字同音字太多，汉字学习需要左右脑同时工作，形声字不一致会影响汉字阅读。苏印霞、王汉卫认为，在不引起重新认读的前提下，笔画系统至少可以由现在的 32 种简缩为 25 种，降幅高达 20% 以上。徐新伟通过考察东南亚华文媒体汉字字义，辅以古文献语料及用法，对通用型语文字典中义项缺失的汉字进行了相关补正。李丽娜描写了汉字在越南岱族社会传播中，功能和形符两方面的变异。李香平《汉语国际推广背景下华文汉字教学观研究》提出，华文教育要树立科学的汉字观和汉字教学观，即要考虑汉字本身的构形生成性和使用职能，建立核心基础汉字表，根据华文学习者的层次和需要建立汉字能力培养与测评机制，将汉字文化作为华文中高级汉语学习者汉字学习的重要内容之一。张金桥、帅平、王明月等研究发现中级水平留学生对部件熟悉的陌生形声字语音提取主要采用"读形旁""读声旁"和"类比"三种策略，尤其以"读形旁"和"读声旁"等"读半边"策略为主。邹琳以"等级大纲"为研究范围，对独体字数量、等级、笔画、构件等进行归类统计，从构件、独体形近字和充当音符的独体字三个角度分析了独体字特点及其教学思路。

关于语音、词汇教学有王茂林的《印度尼西亚、泰国留学生汉语擦音发音分析》，张宝成的《印尼留学生汉语发音难点解析——以一节拼音复习课为例》，邓瑶的《老挝汉语初学者语音偏误分析及教学策略》，杨万兵、文雁的《东南亚地区中级水平留学生汉语句读意识与标点符号使用实验研究》。刘晓梅考察留学生汉语词汇语义韵学习情况发现，即便是中、高级汉语水平留学生，其汉语词汇语义韵的学习效果也并不乐观，与母语者存在巨大的反差。她从教学重点、辞典编撰、学习者三方面提出了教学策略。金红菊《略论华文中级阅读教学的猜词策略》总结了语素、语境、语法三种猜词策略，其与汉字教学结合，则有形旁和声旁策略。

　　关于口语、听力及幼儿华语教学，闫淑惠《留学生汉语口语话轮交接研究》，发现留学生对话轮交接技巧和使用呈现出以下特点：一是集中选择某一两种方式或技巧；二是有很强的个人倾向性色彩；三是重合作、少竞争。王硕《以"别说"为例看华语口语的语块教学》，认为语块教学法是一种行之有效的华语口语教学方法，教学中要注意区分语块的地域性和语体风格，设计好对话、合理的上下文、合适的情景。蔡乔育《计算机辅助华语听力教学策略运用之实验研究》，设计了听前、听中和听后三阶段的计算机辅助华语听力教学策略，实验结果显示具有显著效果。刘琨《论留学生汉语言本科专业的现代汉语教学》讨论了留学生与国内本科生现代汉语课教学上的差异。魏永秋《游戏教学法在新加坡幼儿园华文教学中的运用研究》调查了游戏法的应用现状，针对新加坡存在的问题，提出了改进建议。周新新《游戏教学法在泰国少儿汉语教学中的应用》，分析了泰国儿童的特点，设计了汉语词汇游戏教学模式图，通过对比实验，发现"分析—设计—运用—反思—改进"的游戏教学模式能对儿童汉语词汇成绩、汉语学习态度、学习动机以及学习焦虑产生正面影响。夏诚华《华语文教学系所学生在韩国实习之研究》跟踪中原大学的教学实习，对学生实习报告进行分析，认为实习若无完整之规划及督导，对学生职场专业能力培养弊多于利，甚至会误导学生将实习经历当作未来职场之真实情景，从而减弱从事专业工作的动机。

2.8　华文习得与偏误分析

　　师玉梅提出，要重视来华华裔学生语言、文化背景的调查研究，加强习得特点、习得顺序、共性和个性特点的研究。丁雪欢、曹莉敏研究了东南亚留学生对"着"使用条件的认知及其习得过程的影响因素，认为"着"的习得主要受句子结构及意义的复杂度、形式的明晰度等语言的标记性及目的语使用频率的影响。蔡建丰、游青青《菲律宾华裔中学生汉语正反问习得考察》描述了正反问的习得顺序、典型的偏误特征。关于偏误研究的论文还有李欣欣《第十一届汉语桥比赛中留学生的口语偏误》，曾小丽《印度尼西亚学习者汉语限定性状语偏误分析》，张舸《"越 A 越 B"的习得偏误考察》，孙玉卿、刘岳《中、高级留学生同音字书写偏误研究》，骆健飞《美国华裔留学生书面语写作的偏误分析与习得研究》等。马燕华《论二语习得偏误分析之偏误》以近 30 年来对外汉语较有影响的偏误分析专著为研究范围，分析了不同时期汉语偏误分析的特点，认为从汉语语法规律、汉外对比出发分析偏误失之偏颇，提出应更多地从同化视角研究外国人的汉语偏误。

2.9　面向华文教育的汉语本体与语用研究

　　戴庆厦《汉语的特点是什么》认为汉语属于超分析性语言，隐性特点丰富，语义具有超强伸张力，特别注重韵律。认识到汉语独有的或起关键作用的特点，在教学研究中就会减少主观性、片面性。准确把握汉语的特点必须进行语言比较，要从汉语本身提取认识，防止非汉语眼光。侍建国《论汉语乡音的母语意识》概括了"乡音"的两个含义：一是大多数人说的乡土口音，它体现了说话人的区域身份；二是汉语各地方言的语音特点，它属于方言学的研究对象。公民区域身份与公民语言能力有关。汉民族将共同语看作全民母语，带乡音特色的"普通话变体"就是全民语言的交际形式。而汉语方音特点属于"普通话变体"的语音特性。公民语言能力和"普通话变体"的特性都跟汉民族的母语意识有关。

关于华语及其变异研究，李宇明提出了"大华语"的概念，对大华语的发展方向、发展前景等进行分析，探讨了大华语在语音、文字、语法和标点符号方面的标准，他认为须加强各华语区的方言调查和语言使用调查，制定语言文字政策与语言协调方略，呼吁建立"大华语区语言协调会"。李计伟《论海外华语语法特征的描写与计算分析——以马来西亚华语语法的研究为例》从特征计算和特征分析两个角度展开对华语变体语法的动态、立体考察。方清明描写了海峡两岸汉民族共同语程度副词使用上的差异。

相关本体及语用研究论文还有王文龙《基于语料库的虚词对比研究——介词"从""自""自从"辨析》，麦涛《汉语"全"的双重句法地位与英汉浮动量化句法比较分析》，翟宇佳《"怎么"非疑问用法研究》，朱湘燕、周国光《指桑骂槐言语行为的交际话语分析》。王洁《汉语动词用法资源库建设构想——基于大规模语料库、面向汉语教学》，设计选取约 200 个 HSK 甲乙级常用单义动词，从语料库中提取体现用法的各种信息，建立资源库，为华文教学选择典型例句、典型搭配、典型句式提供统计依据。

3. 结语

本次研讨会所反映出的华文教育研究中比较突出的动向，一是从认同的视角切入，探讨华裔与非华裔汉语学习的性质、特点差异，进而寻求文化身份认同与族裔语言认同的匹配机制；二是从语言生态的角度，探讨华文教育与所在国政治环境、语言环境、社会文化环境的共生关系，大选博弈及其结果对华文教育发展的影响，在特定国家或地区尤其值得跟踪研究；三是对华文教育史的研究，既有华人播衍海外文化血脉存续、交融发展的人文价值，又对当代华文教育具有鉴古明今的作用，华文教育史可以从更广泛的人文视角去解读；四是华文教学的研究除常规的应用语言学视角之外，还引入教育学视角，做现代教育理论角度的阐发；五是华文教材和教学法的研究，除技术层面的形而下研究之外，还深入到了价值赋予和内在意蕴等方面的形而上探索。总之，随着汉语国际化进程的加快，华文教育实务更加多姿多彩，实践的丰富呼唤理论阐释更为多元和透彻，世界华文教育的发展期待理论和方法上的创新。

【作者简介】

曾毅平，暨南大学汉语国际推广中心主任，华文学院教授、博士生导师、副院长。朱庆洪，暨南大学华文学院 2013 级博士生，深圳大学师范学院讲师。

华文教育认同研究

语言认同与华语传承语教育

［美］ 周明朗

（美国马里兰大学语言学院）

1. 引言

随着中国经济实力的壮大，汉语也上升为全球强势语言之一。汉语全球化具有三大特征：一是普通话在海外华人社区迅速普及，正在逐步取代汉语方言；二是普通话、拼音、简体字被外国大、中、小学普遍采用为汉语教学标准，基本取代了国语、注音符号和繁体字；三是中国通过孔子学院等形式在海外大力度地开展汉语国际推广活动（周明朗，2009；Zhou，2011）。虽然汉语全球化的第一、二大特征分别关联到华语和国际汉语，但是中国的汉语国际推广主要目标是外国大、中、小学的国际汉语教育，很大程度上忽视了华语教育。这个现象产生的主要原因是虽然中国教育界看到了华语教育和国际汉语教育的共性，却没有充分认识华语教育和国际汉语教育的差异（郭熙，2006，2012）。

这个问题产生的原因主要有两个：一个是全球化时代华人社区分布的变迁，另一个是华人居住方式和子女教育方式的转变。在全球化时代，华人社区首先出现了地理分布上的变化。中国改革开放以后，大量中国人走出国门，走向世界，通过留学、经商等方式定居北美、欧洲和大洋洲。进入 21 世纪后中国人又开始流向南美和非洲。全球化改变了以前华人仅聚居东南亚诸国的情况。根据 2010 年的统计，世界华人的总数为 3 956.8 万人，胜过一个中等国家的人口总数。①其中亚洲有 2 981.5 万人，美洲有 725.5 万人，欧洲有 131.7 万人，大洋洲有 94.5 万人，非洲也有 23.6 万人。同时，由于从事的工作种类、受教育的程度、生活理念等的转变，新华人一般不聚居，而通常散居在当地国民之中。他们送孩子接受当地的国民教育，让孩子迅速融入居住国主流社会。为了维系与祖居国的种种关系，保持华语作为华人子弟的传承语，新华人创办周末华语学校，让华人子弟学习华语和中华文化。例如在美国，大陆背景的全美中文学校协会就有 410 多所华文学校，7 000 多名教师，10 万之众的学生；台湾和大中华背景的全美中文学校联合总会也拥有近 10 万学生，分布于美国 50 个州中的 47 个。

---

① http：//www. ey. gov. tw/cp. aspx? n =72560941EC641862.

在全球踊跃学习汉语和华人热情办学的大好形势下，华人子弟的华语水平并不乐观。例如在美国，大学汉语一年级常常会出现不少华裔学生。有的学生还嘲讽地对他们的汉语老师说："学习汉语太'容易'了。我从五六岁起每个周末都被爸爸妈妈送去中文学校学习。"这样的学生成了习惯性的华语一年级复读生。华人子弟学习华语为何进步不如人意呢？他们学习华语难在何处？语言环境当然是一大问题。他们走出家门就得用当地主流语言交流，甚至在家里很多话题都必须用当地主流语言才能交谈。更大的问题在于语言认同和身份认同。有的孩子有华语认同困难，常说："我是美国人，为什么要说汉语？"有的孩子有认同分裂，产生认同选择困难，例如看中美球队比赛时说："我是美国人，希望美国队赢球。我爷爷奶奶是中国人，我不希望中国队输球。"这样的孩子选择语言学习和语言使用也有同样的困难。当然，有些孩子具有双重身份认同，说："我是美国人，也是中国人。"这样的孩子比较容易对学习华语产生兴趣。上述现象在欧美华人社区十分常见，在东南亚诸国的华人社区也有自己的华语认同问题。因此，探讨如何帮助华人子弟解决华语学习中遇到的认同困惑是华语教育的关键。这个关键涉及华语教育的理念、教学法、教材编写、教师培养四方面。

2. 语言认同过程理论

语言学一般认为"语言认同"是语言的一个功能（Crystal，1987；Fishman，1999），这是一个整体概念。本文提出，"语言认同"可以分解为两个建构、一个过程：个人多重身份库建构，个人语码库建构，语码与身份相匹配的过程（Zhou，2012）。

第一，每个人都有多重身份，这些身份反映个人在不同社会关系中的不同角色（Brewer，2001；Burke，2009）。这个身份库可以形象地展现于图1。

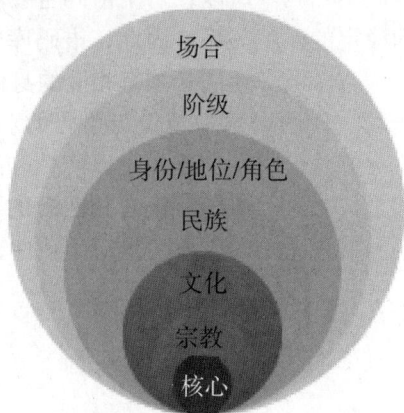

图1　个人多重身份库

场合
阶级
身份/地位/角色
民族
文化
宗教
核心

在不同的场合，根据不同的人际关系，个人会按照自己的阶级、地位、角色、民族、文化、宗教等从自己的身份库中确定一个身份或几个身份跟别人交流，因此身份库常常处于动态待命的状态之中。

第二，每个人都有一个语码库（Wardhaugh，1991；Holmes，2001）。这个语码库既可能是单语多码，也可能是多语多码，如图 2 所示。

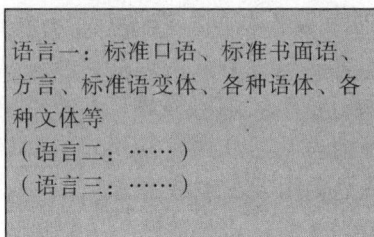

语言一：标准口语、标准书面语、
方言、标准语变体、各种语体、各
种文体等
（语言二：……）
（语言三：……）

图 2　个人语码库

单语者的语码库中可能有母语的标准语、标准语的变体、方言等。多语者有母语的，还有第二语言的，甚至有第三语言的各种语码等。

第三，每当需要用语言表达的时候，说话人根据场合和人际关系，从自己的多重身份库中确认一个身份或角色；同时也从自己的语码库中选定一个合适的语码，建立这个身份与被选择的语码的匹配。这个匹配过程是能动的、多变的，因为说话人会根据对话人的情形不断地调整自己的身份，转用更合适的语码（Auer，1998；Myers-Scotton，1993；Norton，2000）。因此，个人多重身份库中没有不能通过语码表达的身份。与此同时，一个语码也需要被身份不断地选定和使用，以保持其本身在语码库中的活性，不然就成了惰性码甚至死码。所以，每个语码也会积极跟某一个或某一些身份和角色挂钩，寻求长期的稳定的匹配关系。因此，语码库中很难存活不跟身份相匹配的语码。这一原则决定，语言学习和使用必须有相应的身份的支撑。

图 3 展示了人们学习语言、使用语言中身份与语码的双向的、能动的动态关系。没有相匹配的语码，说话人会有身份表达困难，难以产生和维护一个有效的身份，以至于最终淡化这一身份，甚至失去这一身份。没有相匹配的身份，学生难以学会一种语言，因为这个语言的语码即使进入了语码库，也缺乏活性，最终成为死码。

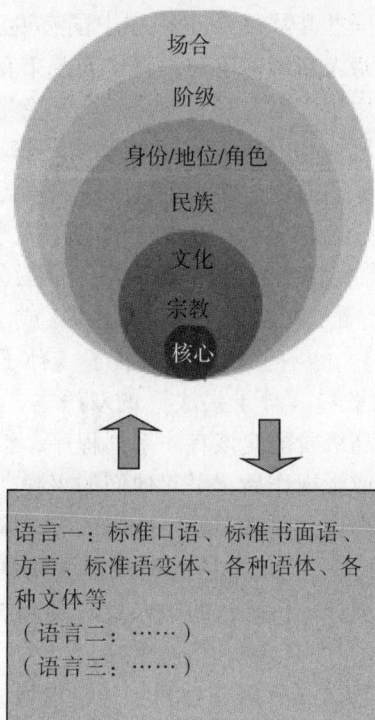

图 3 语言认同过程

3. 华语作为传承语的教育方法论

上述语言认同过程理论说明，习惯性的华语一年级复读学生实际上有华人身份认同困难。这类学生代表了多数华人子弟学习华语的实际情况。华人父母要求甚至强迫孩子学习华语，可是这些孩子人虽在华语课堂，心却在华语课堂之外，因为他们缺乏华语认同的身份感。没有华人身份相匹配，孩子们没有学习华语的动机，他们被迫学习的那点华语在语码库里成了惰性码或者死码。结果，这些孩子学来学去，只能来来去去说那么几句华语。因此，华语教育有别于国际汉语教育，华语教育要以帮助华人子弟建立和强化华人身份作为教学指导思想，而国际汉语教育则不能以这种思想为指导。

说明了华语教育与国际汉语教育的差异，本文以语言认同过程理论为基础，提出以下四点来概括华语教育的特性。

第一，华语教育的总体指导思想是帮助华人子弟建立与华语相匹配的华人身份认同。具体可以从两个方面进行操作。一个方面是从大到小，把华人这个大身份转化为小角色的身份。例如，一些华人子弟可能有只会说汉语的爷爷奶奶和外公外婆，他们需要用华语跟老人交流；另一些华人子弟也许在中国有说汉语的堂/表兄弟姊妹，他们也需要用华语跟在中国的亲人交流；还有一些华人子弟在中国参观访问，交了说汉语的朋友，所以他们也需要用华语跟这些朋友交流。无论是通过课堂操作还是通过教材编排，华语教育的初级阶段应该有一个程序能够启动华人学生充当孙子、堂/表兄弟姊妹、朋友这些角色，让他们通过这些角色进入华语学习语境。另一个方面是从抽象到具体，把"中国"这个概念具体化。例如，有些华人子弟可能通过看《水浒传》的卡通片，进而发展到看《水浒传》电视连续剧，最后发展到看华文小说《水浒传》；还有些华人子弟刚开始看电视剧《射雕英雄传》，成了郭靖和黄蓉的粉丝，因而爱看华文小说《射雕英雄传》；也有些华人子弟看了《孙子兵法》的英译本，产生了兴趣，努力争取提高华语水平看《孙子兵法》的双语本，最终读《孙子兵法》的华文原版本。在华语教育的中高级阶段应该有一系列程序，给华语学生引进合适的中国经典读物和大众读物的卡通或影视作品，引起他们的兴趣，进而给他们介绍这些作品的华文原著。华语教育可以通过这些教学程序把华人子弟眼中抽象的中国变成学生眼中的"绿林好汉"中国、"武林"中国、"战略战术"中国。当学生通过华文阅读走进这些具体化的、形象的中国，他们确认的华人身份成为华语学习和使用的基石，同时华语也成为他们华人身份的标志，两者相辅相成。

第二，华语教育的课堂教学法应该以有利于华语语码跟华人身份的匹配为原则，在课堂上创造条件让学生在学习华语的过程中"社会化（socialize）"为说流利华语的华人。语言社会化的理念认为，人们通过学习一种语言成为那个社会的一员，通过一种语言表达成为那个社会的一员（周明朗，1994）。具体来说，我们日常使用语言的时候，都承担着一个身份，充当着一个角色，以这个身份进入这个角色说话。华语作为传承语教学也应当遵循语言社会化这个理念，让学生通过学习华语成为传承语社会的一员。在课堂上，华语教学法要让学生以某个身份说话，进入某个角色说话。这个教学法的实践可以分两步走。第一步是先把课文中的语言功能剥离出来，然后按语境操练。例如，初中级华语课本中有打招呼、道别、敬酒菜、送礼等功能性语言。教师可以给某一个功能语言，如打招呼，安排不同的语境，如与生人、熟人、好友、长辈、领导、玉皇大帝说话等，一个一个地操练，让学生学会当什么角色说什么话。第二步是把课文话剧化、故事化、情节化。若课文是文章，话剧化的具体做法是找出课文中的各种人物角色，按照情节分段，把这些人物角色和情节段落分配给学生人数相当的小组，让学生先在小组里，然后在全班把这篇课文当话剧来表演。通过课文话剧化的操练，学生可以熟悉课文内容，了解课文中的人物角色，熟练地按照不同功能使用课文中的语言。若课文是会话，故事化的具体做法是，先让学生在学生人数与对话角色相当的小组里按情节分段轮换角色操练会话，然后再让学生以对话中的每个角色的身份把对话的内容当作故事来陈述。通过课文故事化操练，学生按功能使用了课文中的语言，学会了从不同角色的角度陈述同一个事件。除了课堂操练以外，教师还可以把以上某些活动当作作业安排在课外进行。

第三，华语教材的编写也需要充分利用华语语码跟华人身份相匹配的原则，传达中华文化，创造浓厚的趣味性，编排出高度的课堂操作性。华语教材除了按语言学习渐进的原则组织语言资料以外，还有一个同样重要的功能是宣传中华文化，培养华人高尚的品格，以便华人身份与华语语码能恰当匹配。要达到这个目标，华语教材需要有选择性地传播中华文化价值观，需要用海外华人子弟可以接受的方式讲中国故事。具体来说，华语课本要考虑其内容和价值观与华人子弟居住国的价值观兼容的问题。因为这两种价值观若相冲突，大多数华人子弟会抵制这种相冲突的中华价值观，从而抵制华语学习，疏远甚至拒绝认同自己的华人身份。例如，《孔融让梨》这个故事的传统解读是较难为美国生长的华人子弟接受的，因为这个故事中传统的"让"的价值观与这些华人子弟的美国价值观相冲突，"让"的这种价值观不会帮助他们成为成功的、对社会有贡献的美籍华人。所以，这个故事在华语课本中至少可以提供两种不同于传统的解读：一是"让"，可以把大梨让给兄长，自己再选一个小梨，因为人小吃不完一个大梨，其结果有可能是浪费，而浪费行为是被西方学校教育所摒弃的；二是"不让"，"不让"是真实表达自己，因为自己饿了，需要吃一个大梨。加上传统解读，学生可以三选一，还可以再产生自己的第四种或更多的解读。

华语教材要怎么讲中国故事才能让华人子弟接受中国故事，热爱中国故事？其中的重要方法之一是华语教材必须编得有浓厚的趣味性。这种趣味性是针对华人子弟的背景、年龄等因素而言。具体做法是：①华语教材的内容要避免"假""大""空"；②华语教材的内容要力争具体化、人物化、人性化。例如，教材中若编排现代中国历史上的淮海战役，就需要把这场战役的政治放到课本以外，而聚焦在这场战役里国共双方将领采用的战略战术上，同时兼顾介绍战地的人文地理。华裔学生读了这样的课文，产生了兴趣，就会自己去寻找读物，去了解淮海战役的全景。在学生主动想了解淮海战役之前，他们看到的应该是一篇高度可读的课文，否则就走不到全面了解那一步。所谓高度可读性是指这篇课文应该跨越政治、文化、地域等因素。这篇可读课文既介绍了"共军"将领粟裕采用了什么战略战术，决策过程中有什么困难，是否有过误判，如何调整自己的战略战术，如何利用当地地形等；也介绍某位"国军"将领采用了什么战略战术跟粟裕对抗，结果如何，有何反思等。整篇课文像在讲中国现代史上的一个战例，包括其人文地理因素，而不是仅仅为了介绍一段政治历史。如此，教材便可让学生从一个战役了解到现代中国的政治、军事、人文、地理等。

华语教材的编排还需要与教学法相呼应，充分考虑到课文在课堂上的可操作性。课文采用的文章要有利于话剧化，即有故事，又有多个人物角色，有丰富的情节。这种课文便于教师让学生分组活动，编排话剧，演绎不同人物角色，按不同的情节说不同的话语。课文采用的会话，除了会话人的多样性以外，还要有观点的多样性、情节的多样化。这种课文不但易于让学生有兴趣地排练话剧，演绎不同的角色，而且可以让学生练习讲述同一个故事中的多个角度的观点。

　　第四，华语师资培训既需要考虑华语教育的以上三个特点，在国际汉语教育师资培养的基础上增加华人历史、国别华人社区研究、华语专论、华语教育概论、华语教学法等课程，还需要安排专门的华语教育实习。这样有的放矢的培训，一是让他们认识到华裔学生对华语认同的重要性，二是让他们掌握教师在语言课堂发挥作用的方法（周明朗、符平，1998）。只有这样培养出来的华语教师才能胜任华语教学。

4. 结语

　　本文指出，华语教育不同于国际汉语教育，华语教育的最大挑战是华人子弟对华语和华人身份的认同困惑，即华人身份的认同缺失、认同分裂、认同重叠。本文根据语言认同过程理论提出，面对这一挑战的策略是化抽象认同为具体身份，建立身份与华语语码的直接匹配。这一策略在华语课堂和华语课本上的实践方法为：①语言操练角色化；②角色演练巩固身份；③身份语码匹配升华认同。

　　在汉语迅速全球化的今天，华语教育与对外汉语教育的异同不仅仅是一个学术问题，更是一个亟待解决的语言政策问题。能否全面地认识这个问题，解决这个问题，涉及中国能否为华语教育提供正确的教学指导思想、行之有效的教学法、优良的师资和实用的教材，事关中国是否能在日益重要的世界华语教育中起积极的主导作用。

参考文献

［1］郭熙，2006. 海外华语教育研究的现状与展望［J］. 世界汉语教学（1）.

［2］郭熙，2012. 华语研究录［M］. 北京：商务印书馆.

［3］周明朗，2009. 世界华语大同？汉语国际推广与跨境语言规划的理论思考［R］. 第二届全球华语论坛.

［4］周明朗，1994. 语言社会化过程与初级汉语作为外语教学［J］. 语言教学与研究（3）.

［5］周明朗，符平，1998. 教师在语言课堂中的作用［J］. 世界汉语教学（1）.

［6］AUER P（ed.），1998. Code-switching in conversation：language，interaction and identity［C］. London：Routledge.

［7］BREWER M B，2001，The many faces of social identity：implications for political psychology［J］. Political psychology（1）.

［8］BURKE P J，2009. Identity Theory［M］. Oxford：Oxford University Press.

［9］CRYSTAL D，1987. The Cambridge encyclopedia of language［M］. Cambridge：Cambridge University Press.

［10］FISHMAN J A，1999. Sociolinguistics［A］∥J A FISHMAN（ed.）. Handbook of language and ethnic identity［C］. Oxford：Oxford University Press.

［11］HOLMES J，2001. Introduction to sociolinguistics［M］. 2nd edition. Essex：Longman.

［12］MYERS-SCOTTON C，1993. Social motivations for code-switching：evidence from Africa［M］.

Oxford：Oxford University Press.

［13］NORTON B，2000. Identity and language learning：gender，ethnicity and education change ［M］. Essex：Pearson Education Limited.

［14］WARDHAUGH R，1991. An introduction to sociolinguistics ［M］. Oxford：Blackwell.

［15］ZHOU M，2012. Language identity as a process and second language learning ［A］∥W M CHAN，K N CHIN，S K BHATT & I WALKER（eds.）. Perspectives on individual characteristics and foreign language education ［C］. Boston/Berlin：De Gruyter Mouton.

［16］ZHOU M，2011. Globalization and language order：teaching Chinese as a foreign language in the United States ［A］∥L TSUNG & K CRUICKSHANK（eds.）. Teaching and learning Chinese in global contexts ［C］. London：Continuum.

【作者简介】

周明朗，美国马里兰大学语言学院副教授，中文部主任，兼任北京语言文化大学客座教授，新疆师范大学新疆双语教育研究中心客座研究员；主要研究方向为社会语言学、双语现象、语言与民族、国际汉语教育。

华裔学习者跨文化族群认同及其传承语习得研究

王建勤

（北京语言大学/对外汉语研究中心）

1. 序言

近些年来，"华裔传承语"（Chinese Heritage Language）的习得与"族群认同"（Ethnic Identity）研究引起第二语言习得研究领域的极大关注。原因一是亚洲移民，特别是移居欧美国家的华人华侨数量急剧增长（Kim Kondo-Brown，2006：2）。据统计，目前世界各国的华侨华人达到 4 800 万，而移居欧美国家的新移民达 600 多万。[①]二是学者们对移民族群认同及其传承语习得的认识发生了变化。有些学者已经认识到，"多语"（multilingual）、"多文化"（muticultural）并不会引起社会分裂与政治动荡，相反，"多语""多文化"无论是对传承语学习者还是对国家都是不可缺少的文化、经济和政治资源（Krashen，1998；Fishman，1990；Peyton，Ranard and McGinnis，2001）。

然而，到目前为止，学者们关注的主要是移居欧美国家的华裔族群认同与传承语习得研究，而对东南亚地区华裔族群认同及其传承语习得研究则少有涉及。为此，本文在考察欧美国家华裔族群认同及其传承语习得现状的同时，还将考察东南亚国家华裔族群认同及其传承语习得面临的问题和挑战。限于篇幅，本文只考察北美的美国、东南亚的印尼和泰国三个国家的华裔传承语学习者。

较早的少数族裔的传承语研究可以追溯到二十世纪六七十年代，但是，直到 20 世纪 80 年代，少数族裔学习者的族群认同及其传承语习得研究才逐渐成为第二语言习得研究学者关注的领域。研究的问题主要包括少数族裔传承语的习得、发展以及传承语的丧失与转用研究（Krashen，1998；Grace Cho and Krashen，1998；Kimi Kondo-Brown，2005；Silvina Montrul，2011）；少数族裔的族群认同建构及其传承语发展的研究（Lucy Tse，1998）；影响传承语习得的态度、动机等情感因素的研究（Fay Shin and Krashen，1998；Lucy Tse，1998；Jeff McQuillan，1998）。

相比较而言，有关华裔族群认同与传承语习得研究则比较少，研究的问题主要包括华裔的传承语保持与发展（Guofang Li，2006；Evelyn Yee-fun Man，2006；魏岩军、

---

① 参见中国新闻社《世界华商发展报告》课题组的《2008 年世界华商发展报告》（2009）。

王建勤等，2012）；华裔传承语学习者的族群认同研究（王爱平，2004，2006；石维有，2009；Ka F. Wong and Yang Xiao，2010）。然而，目前关于华裔学习者的族群认同研究大都限于母语族群的认同研究及其对传承语习得与保持的影响，而很少涉及华裔传承语学习者的"双向认同"研究，即学习者对母语族群和主流族群的认同研究，以及"双向认同"对学习者传承语习得与保持和发展的影响。华裔传承语学习者作为一个特殊的群体，在主流社会要应对两种截然不同甚至相互矛盾的生活方式：一方面，他们要面对母语族群语言与文化传承的压力；另一方面，他们又要尽快融入主流社会，以免被视为另类。换句话说，华裔传承语学习者既要面对华裔族群的认同，又要面对主流社会族群的认同，有学者称其为生活在"两种文化夹缝中"的群体。有鉴于此，本文主要探讨三个问题：华裔传承语学习者的双向族群认同倾向与策略；华裔传承语学习者双向族群认同策略对其传承语习得的潜在影响；华裔传承语学习者族群认同的跨文化视角及教学对策。

2. 华裔传承语学习者双向族群认同倾向与策略

"族群认同"，按照 Robert 和 Phinney 等（1999）的观点，是指个体对一种文化、社团及群体的依附感、归属感，以及基于这种归属感所表现出的行为倾向。因此，无论是哪种族裔背景的传承语学习者，在不同的社会情境对族群认同都会做出不同的选择，如选择"同化策略""保留策略"或者是"适应策略"（Schumann，1978）。但是，与传统的第二语言学习者或外语学习者不同的是，华裔传承语学习者将面对双向族群认同，在这种情境下，他们将会做出何种选择，采取何种策略是本研究拟探讨的首要问题。

2.1 研究目的

本研究试图通过对两个地区、三个国家具有相同族群背景的传承语学习者双向认同选择倾向的比较，进一步揭示华裔传承语学习者在族群认同上采取的不同策略，以及族群认同建构的特点。

2.2 研究方法

2.2.1 调查对象

为了进一步考察华裔传承语学习者在族群认同上的选择策略，本研究分别对美国、印尼、泰国华裔传承语学习者的族群认同及语言保持的现状进行了较大规模的调查研究。调查对象的具体情况如下：

表 1　华裔传承语学习者的基本情况

	分类	美国	印尼	泰国
总人数（人）		296	111	120	65
年龄范围（岁）	16～20	70	75	25
	>20	41	45	40
性别	男	50	40	13
	女	61	80	52
出生地	移民地	63	119	65
	非移民地	48	1	0
教育背景	高中	11	57	39
	大学	100	63	26
学汉语时间（年）	≤1	37	31	13
	1～3	37	70	19
	>3	37	19	33

2.2.2　测量方法

本研究主要采取问卷调查的方法。问卷设计根据 Zea, Maria Cecilia 和 Asner-Self 等（2003）设计的"多维文化适应量表"（multidimensional acculturation scale）做了适当的修改，作为本文双向族群认同研究的问卷。因此本研究的问卷包括两个维度的测量，即母语族群认同维度与所在国主流族群认同维度。每个认同维度包括 6 个题目，两个维度共 12 个题目，从不同角度测量学习者对两个族群的认同程度。施测方法是要求调查对象在填写本人的背景情况后，在所给题目对应的 6 点量表上画出自己的选择。为便于 3 个国家的华裔学习者准确理解题目的内容，题目分别用英语、印尼语和泰语译出。试题举例：

母语族群认同试题：

I have a strong sense of belonging to my own ethnic（Chinese）group.
（我对自己所属的族群社团具有强烈的依附感。）1—2—3—4—5—6
1 = strongly disagree　2 = moderately disagree　3 = slightly disagree
4 = slightly agree　　5 = moderately agree　　6 = strongly agree

主流族群认同试题：

I feel a strong sense of attachment towards the local ethnic group.
（我对本地主流社团具有强烈的依附感。） 1—2—3—4—5—6
1 = strongly disagree   2 = moderately disagree   3 = slightly disagree
4 = slightly agree   5 = moderately agree   6 = strongly agree

这个量表实际上与学习者不同的认同倾向和认同程度相对应，"不认同倾向"包括"高度不认同"（1点，strongly disagree）、"中度不认同"（2点，moderately disagree）和"低度不认同"（3点，slightly disagree）；"认同倾向"包括"低度认同"（4点，slightly agree）、"中度认同"（5点，moderately agree）和"高度认同"（6点，strongly agree）。根据调查对象在6点量表上的选择，本研究将对其认同倾向和认同程度进行详细的统计分析。

2.2.3 实施过程

本次调查在美国主要由参与问卷调查的学校老师负责实施，采用纸质版问卷；在印尼和泰国由参与问卷调查的学校老师负责实施，主要采用电子版问卷。调查结束后，本次调查从美国6所高校共回收问卷176份，有效问卷111份；从印尼部分高校和高中回收问卷151份，有效问卷120份；从泰国部分高校回收问卷65份，有效问卷64份。

为了保证问卷调查的可靠性，我们对本次问卷的信度进行了检验。母语族群认同总量表信度系数为0.887，分量表信度系数为0.86；当地主流族群认同总量表信度系数为0.877，分量表信度系数为0.824。因此，本次族群认同量表的信度系数是相当高的。

2.3 结果与讨论

为了考察华裔传承语学习者双向族群认同策略，本研究对三个国家的华裔学习者母语族群和主流族群的认同倾向进行了统计分析。

2.3.1 华裔学习者双向族群认同倾向分析

表2　双向族群认同倾向差异比较

	美国	印尼	泰国
母语族群	24.87	23.07	22.49
主流族群	25.22	19.83	27.16

以国别为被试间变量，认同倾向为被试内变量的 3×2 的方差分析显示，国别的主效应差异显著（$F_{[2,293]} = 18.516$，$p = 0.001$），即三个国家的华裔学习者族群认同倾向不同；双向族群认同倾向主效应差异不显著（$F_{[1,293]} = 2.862$，$p = 0.092$）；但

是，认同倾向与国别交互作用显著（$F_{[2,293]} = 39.3$，$p = 0.001$），进一步简单效应检验显示，印尼华裔学习者双向认同倾向差异显著（$F_{[1,120]} = 43.202$，$p = 0.001$）。

母语族群认同好于主流族群认同；泰国华裔学习者双向认同差异显著（$F_{[1,64]} = 48.916$，$p = 0.001$），但与印尼华裔学习者不同的是，泰国华裔学习者对主流族群的认同明显好于对母语族群的认同，详见图1。

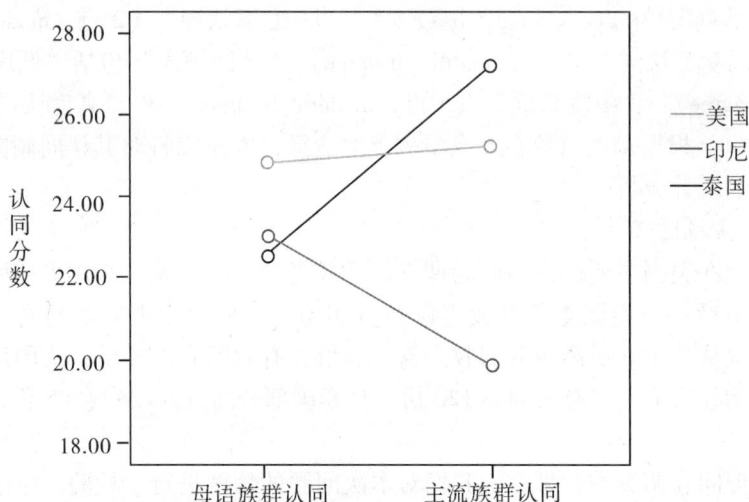

图1 美国、印尼、泰国华裔学习者族群认同倾向比较

从图1可以看出，三个国家的华裔学习者跨族群认同表现出不同的认同倾向。从这些认同倾向可以看出，三个国家的华裔学习者在跨文化族群认同上采取了不同的认同策略。按照 Schumann（1978）的理论，美国华裔学习者采取了"适应策略"，即学习者不仅保留了母语族群的生活方式和价值观，而且能够适应主流族群的生活方式和价值观，因此他们对母语族群的认同程度和主流族群的认同程度都比较高（母语族群认同分数 24.87，主流族群认同分数 25.22）；与美国华裔学习者不同的是，印尼华裔学习者更倾向于"保留策略"。所谓"保留策略"是指学习者更倾向于保留母语族群的生活方式和价值观，而在某种程度上拒绝接受主流族群的生活方式和价值观。因此，印尼华裔学习者母语族群认同程度（认同分数 23.07）高于主流族群认同程度（认同分数 19.83）；同为东南亚地区的华裔传承语学习者，泰国华裔学习者则显示了与印尼学习者完全不同的认同倾向，即采取了"同化策略"。换句话说，泰国华裔学习者更倾向于主流族群的认同，在三个国家中认同程度最高（认同分数 27.16），而对母语族群的认同程度相对比较低（认同分数 22.49）。

上述分析表明，美国、印尼和泰国华裔学习者在双向族群认同上采取了完全不同的策略。造成这种差异的原因有多种，除了情感因素，即华裔学习者的态度和动机外，我们认为，这种认同策略的差异主要与华裔学习者所在国的社会文化环境、政府对待华侨华人的政策以及对待华裔传承语教育的政策密切相关。

首先，在我们调查的范围内，美国华裔传承语学习者大约50%是出生后移民美国的（见表1）。这些新移民移居美国后，首要任务是融入主流社会，因而对主流族群具有较高认同倾向。与此同时，来自家庭和华人社区的影响，华人社团正面评价的增加，以及美国政府对少数族裔传承语教育政策的变化，在某种程度上使华裔学习者对母语族群认同得到了鼓励和加强。因此，美国华裔学习者对双向族群认同采取"适应策略"，应是符合情理之事。

其次，印尼和泰国华裔学习者虽然同属东南亚国家，但采取了截然相反的认同策略。这种差异显然与印尼和泰国对华侨华人采取的政策有关。有研究表明，印尼华裔学习者之所以具有强烈的"华人认同意识"，是印尼政府强制推行同化政策的必然结果，或者说是政府排华政策促成了印尼华人的"华人身份认同"（王爱平，2006；Mely G. Tan，1998）。与印尼华裔学习者形成鲜明对照的是，泰国华裔学习者在族群认同上被称作"泰国、菲律宾型"认同模式（向大有，1992；石维有，2009），相比较而言，泰国政府对华人采取宽待政策，因此，泰国华人长期以来在泰国落地生根，融入泰国社会，被自然同化（王爱平，2006）。由于这些因素的影响，印尼华裔学习者采取"保留策略"，泰国华裔学习者采取"同化策略"亦是合情合理之事。

2.3.2 双向族群认同程度分析

表3反映的是华裔学习者在母语族群和主流族群两个维度上认同程度分布情况。表中的数字显示的是三个国家的华裔学习者在双向族群认同尺度上认同分数的分布频次。

表3　双向族群认同分数分布频次　　　　　　　　　　　　　（%）

	认同维度	低认同	中认同	高认同
美国	母语族群	52	33	15
	主流族群	49	36	15
印尼	母语族群	64	32	4
	主流族群	76	22	2
泰国	母语族群	78	20	2
	主流族群	48	44	8

从表3我们发现，三个国家的华裔学习者在双向族群认同分数的分布上显示出一些值得关注的特点和倾向。为了便于观察，我们用图2来展示表3的数据。

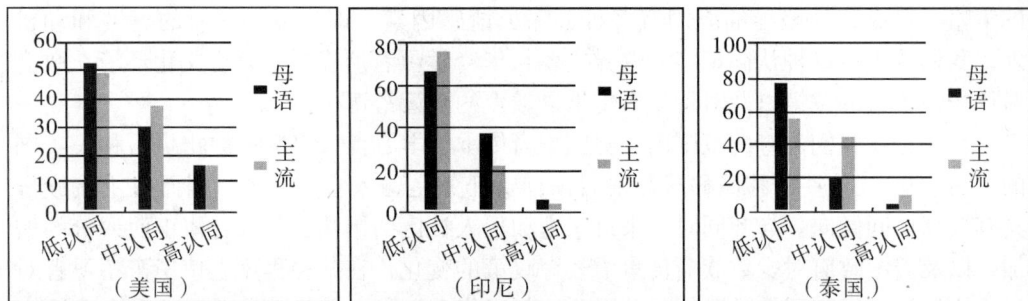

图2　三个国家华裔学习者族群认同程度差异比较

从图2我们看到，三个国家的华裔学习者在双向族群认同分数分布上有两个明显的特点：一是三个国家的学习者都不同程度地存在着"低认同"倾向，美国在双向族群认同上选择"低认同"的学习者分别占总数的52%和49%，印尼高达64%和76%，泰国分别占78%和48%；二是这种"低认同"倾向，不仅表现在母语族群认同上，在主流族群认同上也同样存在"低认同"倾向。因此，我们认为，这一倾向比较真实地反映了华裔学习者在双向族群认同上处于一种"两难境地"。换言之，无论母语族群还是主流族群，对许多华裔学习者来说，想说爱谁都不容易。

华裔学习者面临的这种两难选择，许多学者都做过类似的调查。Wong（2010）的研究发现，美国华裔学习者对自己族群身份的认同常常处于一种游离状态，他们有时称自己中国人，有时称自己美国人，有时称自己中国—美国人。他们认为，相对美国人，他们更像中国人，相对中国人，他们更像美国人。王爱平（2006：284）在对印尼华裔学习者身份认同的调查中也发现，许多学习者谈到自己的身份认同时常常感到痛苦和困惑，甚至有相当一部分学习者说不清楚自己的身份。这也许能够说明华裔学习者在双向族群认同上选择"低认同"的原因。华裔学习者这种特定的认同模式，一方面反映了学习者对两个族群都缺少归属感，另一方面反映了他们族群认同的矛盾心态，他们难以面对"我是谁"的现实问题。很显然，华裔学习者这种认同模式具有一定的普遍性，并且在一定程度上阻碍了华裔学习者双向族群认同建构与发展。因此，华裔学习者将不得不面对双向族群认同建构带来的挑战。

2.4　结论

上述分析表明，华裔学习者双向认同的两难选择在一定程度上反映出族群认同与建构的复杂性，双向族群认同似乎并不能为华裔学习者族群认同问题提供一个理想的解决方案。因此，学习者必须在双向族群认同之外寻找新的精神家园，以解决族群认同的两难困境。正如有学者指出的那样，或许存在一个"第三族群"（ethnic American group, ethnic Indonesian group and ethnic Thai group etc.）——跨文化族群认同也许会为他们展现一个更为宽广的世界。

3. 华裔传承语学习者族群认同策略对其传承语习得的潜在影响

关于族群认同与传承语习得的关系问题，学者们从两个方向做了探讨：一是族群认同的建构与发展是否有助于学习者传承语的习得和保持；二是传承语的习得是否有助于族群认同的建构与发展。有研究表明，传承语能力的获得和发展是族群认同建构的重要途径，传承语习得水平的提高有助于族群认同的发展；也有研究表明，族群认同的建构为传承语的习得和保持提供了良好的动机，族群认同的发展也同样会促进传承语的习得和发展。然而，族群认同是以何种方式促进语言习得的发展，族群认同在多大程度上会促进传承语的习得和发展，仍然是有待进一步探讨的问题。

3.1 研究目的

本研究将进一步考察美国、印尼、泰国华裔学习者采取的不同的族群认同策略对其传承语习得与保持的影响；此外，分别考察美国、印尼和泰国华裔学习者母语族群认同程度对其传承语习得与保持的影响。

3.2 研究方法

3.2.1 调查对象

为了考察华裔学习者族群认同策略对其传承语习得的影响，本研究仅涉及三个国家对母语族群采取认同策略的华裔学习者，即在 6 点量表上选择认同平均分数为 4 分以上的学习者。另外，为了考察华裔学习者母语族群认同程度对语言习得的影响，本研究根据认同平均分数将调查对象分为两组，即"低认同组"和"高认同组"。即平均分为 3.5～4.5 分的学习者为"低认同组"，4.5 分以上的学习者为"高认同组"（详见表 4、表 5）。

3.2.2 测量方法

为考察族群认同对传承语习得的影响，本研究的调查对象在完成族群认同问卷调查后，还要根据问卷中提供的"汉语水平自测量表"对自己的汉语水平进行自测。该量表是根据《欧洲外语学习、教学与评估共同参考框架》中的"语言水平自测表"修改而成的。自测内容包括听、说、读、写四项技能指标，每项技能分为"三等六级"，即"初级使用者"（A 等），包括"入门级"（A1 级）和"初级"（A2 级）；"独立使用者"（B 等），包括"中级"（B1 级）和"中高级"（B2 级）；"精通级"（C 等），包括"高级"（C1 级）和"精通级"（C2 级）。每个级别都有对应的语言水平的描述。为了验证"汉语水平自测量表"的可靠性，我们对量表的信度进行了检验。本次语言水平自测信度系数为 0.827。说明本次语言水平自测信度非常可靠。

3.3 结果与讨论

3.3.1 华裔学习者母语族群认同策略对其传承语习得水平的影响

为了考察华裔学习者母语族群认同策略对传承语习得的影响，我们将采取三种不同认同策略的华裔学习者分为三组，即"双向认同"（美国）、"母语认同"（印尼）

和"主流认同"（泰国）。详见表4。

表4　三国华裔学习者传承语习得分数比较

	双向认同（美国）	母语认同（印尼）	主流认同（泰国）
听说水平	3.01	2.75	3.02
读写水平	2.29	2.68	2.94

以认同组类型为被试间变量，听说水平和读写水平为被试内变量的 2×3 的多因素方差分析显示，认同类型的主效应差异不显著（$F_{[2,151]} = 1.178$，$p = 0.311$）；听说水平与读写水平差异显著（$F_{[1,151]} = 16.393$，$p = 0.001$）；但听说、读写水平与认同类型交互作用显著（$F_{[2,151]} = 12.298$，$p = 0.001$），进一步简单效应检验显示，双向认同类型华裔学习者在听说水平与读写水平上差异显著（$p = 0.001$），听说能力好于读写能力。方差分析结果表明，三种不同类型的华裔学习者认同策略的选择对其传承语的总体习得水平并没有产生直接的影响，但三个国家的学习者在听说习得水平和读写习得水平上表现不同。这种不同主要表现在双向认同类型学习者在听说能力和读写能力上发展不平衡，但这些传承语技能习得水平上的差异可能并不是由其采取的不同认同策略类型造成的。换言之，华裔学习者族群认同策略类型对其传承语习得的影响可能是潜在的、间接的。

3.3.2　华裔学习者母语认同程度对其传承语习得水平的影响

本文关于华裔学习者母语族群认同程度的研究表明，华裔学习者普遍存在着"低认同"的选择倾向。那么这种认同程度上的差别对华裔学习者的传承语习得会产生哪些影响呢？为了探讨这一问题，我们根据认同分数的高低将华裔学习者分为低认同组和高认同组，以考察不同认同程度对其传承语习得的影响。详见表5。

表5　华裔学习者认同程度对语言水平的影响

	语言水平	美国	印度尼西亚	泰国
低认同	听说水平	2.97	2.34	2.89
	读写水平	2.23	2.19	2.88
高认同	听说水平	3.24	3.03	3.35
	读写水平	2.48	3.03	3.30

本研究分别对三个国家低认同组和高认同组华裔学习者对传承语习得水平的影响进行方差分析。方差分析结果显示，美国华裔学习者认同程度高低对其传承语习得水

平的影响不显著（$F_{[1,84]} = 1.491$，$p = 0.225$）；听说水平与读写水平差异显著（$F_{[1,84]} = 57.355$，$p = 0.001$），即美国华裔的听说水平好于读写水平；认同程度与语言水平的交互作用不显著（$F_{[1,84]} = 0.031$，$p = 0.86$）。显然，方差分析的结果并没有显示出我们所预期的效应，但是我们并不能由此推断族群认同程度高低对语言习得水平不存在影响。因为从前面对华裔学习者双向族群认同程度的描述统计结果中可看到，美国华裔学习者在族群认同程度上差异并不明显。由此我们可以推断，美国华裔学习者族群认同程度对其传承语习得没有产生预期的影响，可能是因为美国华裔学习者族群认同程度本身差异就不显著造成的。

对印尼华裔学习者两组认同程度对其传承语习得影响的方差分析显示，印尼华裔学习者母语族群认同程度的主效应非常显著（$F_{[1,82]} = 11.962$，$p = 0.001$），即高认同组的传承语习得水平好于低认同组；但与美国华裔学习者不同的是，印尼华裔学习者的听说、水平与读写水平差异不显著（$F_{[1,82]} = 0.982$，$p = 0.352$）；听说、读写水平与认同程度的交互作用也不显著（$F_{[1,82]} = 0.982$，$p = 0.352$）。方差分析结果表明，印尼华裔学习者母语族群认同程度对其传承语习得产生了显著的影响，即认同程度越高，其传承语习得水平也越高。我们认为，这与印尼华裔对母语族群的高度认同策略密切相关（参见 2.3.1 节）。印尼华裔学习者与美国华裔学习者还有一个不同点，即听说水平和读写水平并没有表现出明显的差异，但这种差异，我们很难从认同高低上给出解释。这可能与东南亚华裔传承语使用的范围和教学环境有关，其原因有待进一步研究来证实。

关于泰国华裔学习者母语族群认同程度效应的方差分析显示，泰国华裔学习者认同程度对传承语习得的影响差异不显著（$F_{[1,44]} = 1.698$，$p = 0.199$），即泰国华裔学习者母语认同程度对其传承语习得没有产生直接的影响。这一点似乎与美国华裔学习者的表现一致。不过，虽然二者的结果一致，但是原因大不相同。美国华裔母语族群认同程度差异不明显，因而对传承语的习得水平的影响也没有显示出差异。泰国华裔学习者由于在族群认同上采取"同化策略"，对主流族群高度认同，对母语族群认同则相对比较低，因此在传承语习得水平上没有显示出族群认同效应。此外，泰国华裔学习者在听说水平和读写水平上差异不显著（$F_{[1,44]} = 0.097$，$p = 0.757$），与认同程度的交互作用也不显著（$F_{[1,44]} = 0.031$，$p = 0.861$），这一点与印尼华裔学习者相似。

3.4　结论

从上述三个国家的华裔学习者母语族群认同程度对其传承语习得影响的分析可以看出，尽管三个国家的华裔学习者族群认同效应各不相同，但是，我们仍然能够看出两个重要潜在影响：一是族群认同的高低对学习者的传承语习得都存在不同程度的影响，只是表现形式不同而已；二是从族群认同对语言习得水平的影响的分析中，我们依然看到了华裔学习者族群认同策略对其传承语习得的潜在影响，因为华裔学习者传承语习得水平的差异，我们基本上都可以从学习者的认同策略中得到解释。

4. 华裔传承语学习者族群认同的跨文化视角及教学对策

从上述研究，我们可以得出两个基本结论：一是华裔学习者面对双向族群认同采取了不同的认同策略，这些策略学习者的传承语习得水平存在不同的影响，尽管这种影响是潜在的、间接的；二是华裔学习者在双向族群认同中普遍存在着"低认同"倾向。这种低认同倾向对学习者传承语习得同样产生了不同的影响。那么，这两个结论对华裔学习者族群认同和传承语习得研究意味着什么呢？我们认为，上述结论将使华裔学习者族群认同和传承语习得研究面临两个挑战：一是如何解决华裔学习者双向族群认同面临两难选择问题；二是采取何种教学策略提升华裔学习者的族群认同感，促进传承语的习得。为此，本文将对上述问题做进一步的理论探讨。

4.1 华裔学习者族群认同的跨文化视角

华裔学习者族群认同上面临的两难选择并不是这个群体独有的现象，其他族裔的学习者也同样面临这种两难困境。因此，这是华裔族群认同研究不得不面对的挑战。

4.1.1 族群认同的理论导向及面临的困境

按照传统的族群认同理论，华裔学习者面对双向族群认同可以有三种策略选择：一种是"适应策略"，在我们调查研究中，美国华裔学习者采取了这种认同策略；一种是"保留策略"，即印尼华裔学习者选择的认同策略；另一种是"同化策略"，即泰国华裔学习者选择的认同策略。但是，这三种认同策略仍然无法解决华裔学习者普遍存在的两难选择。虽然"适应策略"似乎给华裔学习者提供了解决双向族群认同的途径，但事实上，正如有学者指出的那样，如果学习者面对的是两种完全不同甚至是对立的文化，学习者很难在两者之间游刃有余（Epstein，2009：329）。在我们的调查中，即使美国华裔学习者采取了"适应策略"，但是采取这种策略的学习者大都是采取低认同倾向的学习者。在面对"我是谁"的身份认同问题时，许多学习者认为自己是"中国—美国人""中国—印尼人""中国—泰国人"，对自己的身份认同依然很纠结。

另外，有学者认为，族裔学习者族群认同建构的过程是一个动态的发展过程（Tse，1998）。按照这种理论，如果我们把华裔学习者族群认同的建构过程看作一个连续体，那么美国、印尼、泰国学习者的族群认同分别处于这个连续体不同的发展阶段。但是，按照这种理论假设，这些学习者最终要向主流族群认同过渡，实现主流族群的认同。问题是，有研究表明，有相当一部分学习者可能终生都会停留在认同建构过程的某个阶段上，如两难选择阶段，因此，华裔学习者在族群认同上面临的两难困境仍然无法解决。

4.1.2 族群认同的跨文化视角

针对上述问题，有学者提出了族群认同的"跨文化视角"（Transcultural Perspective）。"跨文化"是 20 世纪 80 年代初出现的概念，90 年代中期，这一概念在西方落地生根。"跨文化"意味着"当跨越不同文化的边界并吸收这些文化时，个体最初的文化认同开始扩散"，换句话说，"跨文化就是使每个人摆脱赖以生存的文化范围，或者说，超越自己文化认同的界限"（Epstein，2009：334）。按照这种理论，华裔学习者应采取开放的心态，接受不同的文化。跨文化被看作扩展自己已有文化和族群认同限制的一种方式。通过多种文化的融合，每一种已有文化的内涵都得到扩展和丰富，而不再仅仅局限于用种族和肤色来定义文化传统。

按照族群的跨文化观点，对于华裔学习者来说，在族群认同上不必再纠结于双向族群的"二选一"困境。事实上，华裔学习者已经不同程度地融合了两种甚至是多种文化和族群的特点，那么，族群认同为什么不可以有第三种选择?! 带有两个族群文化特点的身份认同，事实上已经是客观存在的"第三族群"，他们需要一个更为包容、更为广阔的精神家园。"第三族群"认同不仅有利于双向认同，而且有利于双语或多语的习得与保持。

4.2 族群认同的力量与传承语教学策略

Krashen（1998：3）在研究中发现，按照常理，多数移民都不愿意放弃自己的传承语。但是，事实恰好相反，传承语没有得到保持和发展，这些移民成为语言转用的牺牲品。Krashen 指出的这一问题对于华裔传承语教学无疑是一大挑战。面对这一挑战，有学者认为，最好的办法就是大力推广传承语教学来解决华裔学习者的传承语习得与保持问题。有研究表明，传承语的习得会提高学习者对母语族群的认同程度。然而，我们在教学中也经常遇到这样的现象，华人的孩子不断地问父母，我为什么要学汉语? 很多华裔学习者是为了父母在学传承语。

因此，我们认为，传承语教学应该充分利用族群认同的力量来激发华裔学习者积极的学习动机。

首先，家庭、父母对待传承语的态度是影响传承语习得的重要因素，父母的坚持是传承语习得与保持的前提。

其次，华语社团以及政府的语言政策也是激发华裔学习者传承语习得和保持的重要因素。

再次，父母、学校对学习者传承语的价值的认知对华裔学习者传承语习得也具有重要的影响。传承语教学应该鼓励学习者双向认同，使学习者成为附加型双语者，而不是削减型的双语者。

最后，传承语教学应针对不同类型的学习者采取不同的教学策略。不同类型的学习者族群认同的策略不同，传承语的水平和技能也有差异，传承语教学应因材施教。与此同时，还可以通过提高学习者的习得水平，促进学习者族群认同的建构与发展。

参考文献

[1] 石维有，2009. 华裔国家认同与泰国 1932 年立宪革命 [J]. 广西师范大学学报（哲学社

会科学版）（4）.

［2］王爱平，2004. 文化与认同：印尼华裔青少年调查研究［J］. 中国人民大学学报（6）.

［3］王爱平，2006. 汉语言使用与华人身份认同——对 400 余名印尼华裔学生的调查研究
［J］. 福州大学学报（哲学社会科学版）（4）.

［4］魏岩军，王建勤，等，2012. 影响美国华裔母语保持的个体及社会心理因素［J］. 语言教
学与研究（1）.

［5］向大有，1992. "大框架下多模式"的走向——兼论海外华人的国家认同与民族同化［J］.
八桂侨史（2）.

［6］TAN M G, 1998. 印尼之华裔：身份认同问题［J］. 华裔东南亚人.

［7］CHO G & KRASHEN S, 1998. The negative consequences of heritage language loss and why we
should care［J］// KRASHER TSE L & MCQUILLAN J(eds.). Heritage language development.

［8］EPSTEIN M, 2009. Transculture：a broad way between globalism and multiculturalism［J］.
American journal of economics and sociology（68）.

［9］FISHMAN J, 1990. Empirical explorations of two popular assumptions：inter-polity perspective on
the relationships between linguistic heterogeneity，civil strife，and per capita gross national product［A］//
G IMHOFF（eds. ）. Learning in two languages［C］. New Brunswick, NJ：Transaction Publishers.

［10］KONDO-BROWN K, 2005. Differences in language skills：heritage language learner subgroups
and foreign language learners［J］. The modern language journal（89）.

［11］KONDO-BROWN K, 2006. Heritage language development：focus on East Asian immigrants
［J］. John Benjamins Publishing Company.

［12］KRASHEN S, 1998. Heritage language development：some practical arguments［C］//KRASH-
EN,TSE L & MCQUILLAN J（eds. ）. Heritage language development.

［13］KRASHEN S, 1998. Introduction［C］// KRASHEN, TSE L & MCQUILLAN J（eds. ）.
Heritage language development.

［14］LI GUOFANG, 2006. The role of parents in heritage language maintenance and development：case
studies of Chinese immigrant children's home practices［A］//KONDO-BROWN K(eds. ）. Heritage language
development：focus on east asian immigrants［C］. John Benjamins Publishing Company.

［15］MAN EVELYN YEE-FUN, 2006. First language use and language behavior of Chinese students in
Toronto，Canada［A］//KONDO-BROWN K(eds. ）. Heritage language development：focus on East Asian
immigrants［C］. John Benjamins Publishing Company.

［16］MCQUILLAN J, 1998. The use of self-selected and free voluntary reading in heritage language
programs：a review of research［C］// KRASHEN,TSE L & MCQUILLAN J（eds. ）. Heritage language
development.

［17］MONTRUL S, 2011. Introduction：Spanish heritage speakers：bridging formallinguistics，psycho-
linguistics and pedagogy［C］//Heritage language journal,8（1）.

［18］PEYTON J K, RANARD D A & MCGINNIS S, 2001. Charting a new course：heritage language
education in the United States［C］//J K PEYTON D ARANARD & S MCGINNIS（eds. ）. Heritage lan-
guage in America：preserving a national resource. McHenry, IL：Center for Applied Linguistics.

［19］ROBRT R E, PHINNEY J S, et al. , 1999. The structure of ethnic identity of young adolescents from diverse ethnocultural groups ［J］. The journal of early adolescence, 19 (3).

［20］SCHUMANN J, 1978. The acculturation model for second language acquisition ［C］∥GIN-GRAS R(eds.) . 1978 second language acquisition and foreign language teaching. Arlington, VA. : Center for Applied Linguistics.

［21］SHIN F & KRASHEN S, 1998. Do people appreciate benefits of advanced first language develop-ment? Attitudes towards continuing first language development after "translation" ［C］∥KRASHEN TST L & MCQUILLAN J(eds.) . Heritage language development.

［22］TSE L, 1998. Ethnic identity formation and its implications for heritage language development ［C］∥KRASHEN, TSE L & MCQUILLAN J (eds.) . Heritage language development.

［23］WONG KA F & XIAO Y, 2010. Diversity and difference: identity issues of Chinese heritage lan-guage learners from dialect backgrounds ［J］. Heritage language journal, 7 (2) .

［24］ZEA, MARIA CECILIA, ASNER-SELF, et al, 2003. The abbreviated multidimensional accul-turation scale: empirical validation with two Latino/Latina samples ［J］. Cultural diversity and ethnic minor-ity psychology, 9 (2).

【作者简介】
王建勤，北京语言大学教授、博士生导师，主要研究方向为第二语言习得理论。

新加坡华语教育历史之殇与儒学认同[①]

蔡明宏

（福建师范大学）

1. 引言

从开埠到 20 世纪 40 年代末的一百多年里，新加坡的移民主要来自中国。据新加坡政府 2006 年统计，新加坡的华人约占人口总数的 77.3%（任梦，2007）。毫无疑问，新加坡是一个以华人为主的社会。然而经过第二代、第三代的原移民繁衍，新加坡的华人对中国已经逐渐疏离。现如今，在一个华人群体庞大、华人血脉绵长的国度里，华语的普及和发展呈现出令人担忧的状况。须知，语言不仅是交际、思维的工具，同时也是文化的载体，语言符号本身承载着相应的文化理念、价值观念，华语的低迷隐喻着中华传统文化精髓在新加坡失去了固本的根柢。作为一个在全球化进程下多语言环境的非常有代表性的国家，新加坡政府在多元种族、多元文化、多元语言的权衡和夹缝中始终小心翼翼、步履审慎，其语言政策也体现出迥异于其他东南亚国家的独特表征。研究新加坡的华语发展规律和未来走向，具有极为重要的意义。

2. 新加坡华语举步维艰之生存现状

2.1　日趋贫瘠的华语社会土壤

早在殖民时代始，懂得英语的新加坡人就已占优势，人们普遍把精通英语的人视为第一等，懂得华语的视为第二等。精通英语的人才在社会上拥有更多的发展机会和晋升空间，而只通华语的人才往往无法获得公平发展的机会。新加坡逐渐成为一个按照语言划分阶级的社会，华语在社会上的使用局限于"低声誉领域"，贩夫走卒、老弱文盲、巴士菜场是华语的主要群体和阵地，说华语成为中下层社会的标志。

重英文、轻华文的遗风留韵让新加坡的华语社会土壤日趋贫瘠，贫穷、边缘、非主流等符号成为华语发展趋势的标签。华语虽然承载着祖辈的历史和印记，但负荷不了当今社会给予的前途和希望，日趋式微、步入低谷的新加坡华语在踉踉跄跄的时代脚步中显得凌乱和缺乏导向。

---

①　[基金项目] 2012 年度教育部人文社会科学研究规划基金项目《20 世纪以来东南亚地区华语教育的历史和现状研究》（12YJA740047）。

2.2 华人子弟淡薄的华语情感

随着时间的推移，华人第二、三代子弟对华文的情感逐渐淡薄。祖籍国对他们而言非常抽象，再加上从小受新加坡政府对"新加坡人"意识树立的影响，他们缺乏在汉语中成长的社会环境，看不到社会上华文教育的实用之处。

新加坡国立大学社会学系高级讲师张汉音博士在他所做的一个关于文化价值观的抽样调查中发现，近四分之一华族学生不想做回华人。张汉音博士指出，许多新加坡华人缺乏对本身文化的认同感和自信，新加坡华人对自身族群的认同感甚至比马来族及印度族都要来得薄弱（徐峰，2008）。众所周知，对族群的认同和文化的自信是一种语言得以传承延续、历久弥新的重要支撑，而新加坡华人青年情感上对中华文化的温润穆雅、灵动精深已失去了深度体验和幽思追慕，没有了文化为依托的华语显得干瘪空洞，连仅存的交际工具性特质都受到了威胁。语言和文化的承传受到了前所未有的挑战，失根的事实让人不得不对新加坡华语的未来充满了悲凉的揣度。

2.3 华语家庭堡垒的最后失守

华人家庭曾被认为是海外华语生存繁衍的最后一个坚实堡垒，无论社会和时代如何动荡变化，家族血脉都维系着一个族群百年来的文化沉淀，都苍浑悠远地记录着某种口口相传的语言背后对历史尘埃的冲破和呼应。然而，在新加坡这个国度里，当华语成为贫穷和边缘化的身份符号，反过来也在加剧华语在家庭中使用率的下降。"这种贫穷和边缘化的自卑意识，反过来又导致了华语家庭运用的急剧下降。"（赵守辉、王一敏，2009）

新加坡 2000 年人口普查统计数据显示，5 岁至 14 岁的华人在家里讲华语或方言的百分比，从 1990 年的 76.15% 跌至 2000 年的 63.19%。讲英语的家庭在逐渐增多，讲华语的家庭在不断地萎缩和减少，有专家担忧，这种"脱华入英"的趋势，"在相差 10 岁年轻族群间以超过 10% 的速度推进，如果没有太大的变动，快则 10 年，慢则 20 年，英语将成为新加坡华人最主要的族群母语，而华语将变为透过课堂学习的外来语"（徐峰，2008）。

新加坡的华裔家庭缺少印尼、菲律宾等其他东南亚国家家庭氛围中浓郁的华语情结和乡土情怀，不仅无法抗拒社会上日趋萎靡的华语使用空间带来的影响，甚至以一双无形之手将华裔青少年推离华语成长的襁褓。

然而，纵观新加坡的华语教育历史，新加坡政府为了振兴华语也可谓不遗余力。从"二战"后迄今六七十年来，华语教育进行了多次自上而下、波及面广的重大改革。改革虽然取得了一定的成效，但不仅无法扭转现今华语推广的颓势，甚至有人认为如今日趋式微的华语现状是新加坡长期语言政策实施的必然。其中诸多因素，值得深究和反思。

3. 新加坡华语政策之殇

"二战"后，东南亚多个国家实行了双语政策，如菲律宾的菲律宾语必知语双语政策、印尼的印尼语必知语双语政策、马来西亚的马来语必知语双语政策，唯新加坡独树一帜，确定前殖民者的英语为必知语。

3.1 20世纪50年代始推行的双语政策

所谓双语政策，即新加坡学生在语言学习方面要求掌握两种语言，英语及一种母语。双语政策表面上维护了新加坡多种族社会语言发展规划的平衡性，在某种程度上抵消了新加坡多种族社会的分化现象，协助新加坡国民构立了较为统一和集中的国家意识与政治认同。但是从语言的发展历史来看，双语政策是华文学校变质的开端。

首先，在双语政策下，华文学校急剧减少，华校学生转读英文学校，华语教育失去了发展的基地。"到了1984年，新加坡全部在校中小学生中，在华校读书的不到1%，有人认为，其时新加坡的华文教育大势已去。"（耿红卫，2006）其次，双语政策其实是一种非平行的双语教育，华文只是单科教学，其余课程教学语言一律使用英文，这必然导致华语使用范围萎缩，弱化了华语生存发展的空间。最后，双语政策限制了母语教学的比重，束缚了华语向更高层次发展的可能性。

双语政策的施行在某种程度上促使华语发展并失去了固本和扩展的力量。有人将新加坡经济奇迹的成就归因于双语政策的施行，但近年也有越来越多的专家提出质疑，具有和新加坡同样可比性的中国台湾与香港，并未施行双语政策，在经济上依然获得了成功的反证，也有亚洲、非洲一些落后国家采取英语或法语为官方语言，在经济上并未摆脱贫困的例证。因而，双语政策施行的利弊在政治、经济和文化领域是否实现了"双赢"，抑或实际上促成了"两伤"，很难仓促下一个定论，然而显而易见的受益对象是英语的一枝独秀。双语政策带来的华语滑坡的事实让新加坡政府无法回避，而英语的一枝独秀也非新加坡政府语言发展策略的本怀，媒体宣称双语政策让新加坡人成为"东"不成"西"不就的文化变色龙，专家学者更是警戒"如果政府不采取切实有效的措施扩展华语的应用空间、提升华语的实际地位，双语政策有可能会演变成一种有名无实的局面，新加坡人兼通双语的竞争优势也将一去不返"（徐峰，2008）。

3.2 20世纪90年代始的两次华语教育改革

自20世纪90年代起，新加坡政府采取了两次声势浩大的华语改革。

第一阶段的改革始于在20世纪90年代，新加坡推行了华语作为母语的精英教育策略，力图培养一批华族文化传统、历史、文学和艺术根基深厚的核心分子。此次教育改革是由于新加坡政府意识到了华文中蕴藏着深邃的文化道德和价值理念，意识到了轻华文、重英文可能带来的不容忽视的后患，意识到了新加坡华人若不使用华语，其社会本质就会改变，变成一个以英语为主或西化的社会，这对新加坡的发展并非好事。但怎样的华文教育程度才能保证华人拥有相应的文化价值观？目前的教育政策和教学水平能实现这一目标吗？为此，进入 21 世纪，新加坡政府开始了更为详尽细致的华语教育改革。

第二阶段自 2004 年始，新加坡的华语策略为普及和应用策略。新加坡教育部成立"华文课程与教学检讨委员会"，进行了一项万人大调查，并邀请中国内地和香港的专家学者作为海外顾问团。2004 年 11 月，该委员会向国会提交了《华文教学改革白皮书》，对华语教育进行了重大改革和对华语教育政策一再放宽，但也带来一系列的不良后果。第一，重听说、轻读写导致了"有语无文""强语弱文"现象的产生。第二，取消华文为必修科，取消华文与升学挂钩等措施产生了连锁负面反应。第三，华文 B 的设置成为众多学生避难就轻、逃避华文学习的捷径。因此该举措存在诸多争议，有议员认为，"如果学生无法达到这个水平，我们就必须从教育的角度去寻找原因，而不是通过降低水准的方便做法来解决问题"，"我们能把华文水平降低到什么程度，是华文课程或是华文 B 课程？然后又是什么，是华文 C 课程吗？我不认为这是正确的途径"（周聿峨，2001）。第四，华文仍属于单科教学，每周只有几节课，均未改变其余的科目皆以英文教学的现状。华文使用、学习的空间范畴并未得到拓展。

纵观新加坡政府建国以来采取的华语教育政策，一些以批判眼光分析新加坡语言政策的学者认为，以语言生态平衡为核心的语言政策，只是人为地限制了华语的发展。虽然新加坡政府表面上推广华语不遗余力，但实际结果是华语领域不断被英语侵占和蚕食，华语被有"预谋地围堵"。"欲夺先予""明升暗降"被认为是新加坡政府对待华语政策的实质，无论是"讲华语运动""特选学校"，还是"华语精英"政策的鼓吹，其实都是华语遭受官方政策更大打击之后的一种脆弱无力的安慰和补偿。小心翼翼奉行多元种族策略的新加坡政府，"绝不可能大张旗鼓地因华语经济价值的提高，而将其提升到两大族母语之上"，更不可能提升至与英语并驾齐驱的地位。虽然华人占大多数，但是"语言地位在很多情况下并不是一个简单的人口统计学问题"（赵守辉、王一敏，2009），一切语言政策都只有在社会稳定、政治平衡、族际和谐这个范畴内进行解决。

4. 新加坡华语教育未来发展之路

新加坡的华语教育历史从开创华侨私塾的崇文阁算起，至今已有 150 余年的历史。建国以来的 40 余年中，新加坡政府为了促进华语教育更是花费了不少人力物力，采取了多种政策措施，探索了多种途径，然效果并不尽如人意。诚然在新加坡这个国家，语言牵扯到种族、文化、经济、社会、国家权力构成等一系列错综复杂的问题，假如仍然缺乏对新加坡民族母语教育政策的重新审视和定位，新加坡的华族身份认同问题、新加坡华语继承的延续性问题将更加严重，新加坡的华语教育发展之路的探索已时不我待，值得引起重视。

4.1 强化华语功利性特质将导致文化猜忌

汉语是世界上使用人口最多的国家，海外华人广泛分布在世界各国，汉语已经成为使用频率逐渐增高的国际性语言。近年来中国蓬勃发展的经济状态、积极开放的对外交流姿态，都增加了华语的实用价值。一些专家学者建议通过强化华语的商业性、功利性、实用性和工具性价值，以期引起新加坡各界对华语的重新考量和关注，希望通过中国国力提升和在全世界华语世界取得的瞩目经济成就，为汉语在新加坡的推广提供强大支撑力和影响力。然而，在新加坡这个多元种族并存的国家，单方面地强调某种语言的压倒性经济价值和商业地位，将会打破新加坡政府一直以来小心翼翼维护的语言平衡策略。因为其他两种母语（马来语和泰米尔语）在经济价值方面不可与华语同日而语，这必然会引起这两个族群的不安。单纯依靠华语的商业地位以显性方式打造华语形象，只会更让新加坡政府心存疑虑。须知，新加坡历史上对华语的推广经历了"怀疑—削弱—推广"（樊荣、彭爽，2009）的政策调整，对华人的"离心"的顾虑古已有之。单纯强调华语的经济性特点和单向的华语灌输将会在新加坡这个多元文化与多元民族的国家，对其他民族产生某种程度的压力，进而导致某种文化猜忌，为了避免语言资源的失衡，从政府到民间层面都可能因此对华文教育产生阻力。

4.2 儒家文化的推广有利于华语教育的发展

中国文化并不是侵略性的文化，历史上东南亚各国对华人语言的打压政策很大程度上都是源于对中国文化的不理解。而中国作为"和平崛起"的国家，在汉语国际推广过程中更应将儒家文化中的温润平和、和谐共处等理念散播到所在国，让他们悦纳华语，这也是我国和平发展的国家战略的具体体现之一。因而，"以经济为矛、以语言为翼"的语言发展策略从某个层面上易导致"经济压人"的反效果，所在国政府出于维稳心态也必然加以抗拒。新加坡政府不可能让华语凌驾于其他语言之上，一厢情愿地强制推广华语效果不佳，历史上的讲华语运动也并不成功，只留下"有活动无运用"的笑柄，所以华语在新加坡的推广不能只关注语言的交际性、功利性、工具性，而应为华语重新定位，从儒学入手，摒弃"经济压人"，强调"文化动人"，倡导"雅化"策略，寻找新的语言生态平衡点。

4.2.1 儒家思想文化在新加坡的传播基础

自华人移居新加坡，儒家文化也随之而至。有人言，新加坡华人的历史有多长，儒家文化的发展就有多久。而自开埠百余年来，更有两次规模颇大、影响深远的儒学运动，第一次在19世纪90年代，第二次始于20世纪80年代。有学者将其划分为"民间振兴"和"朝野同倡"（朱仁夫，2003）两个时期。

20世纪初，新加坡历史上曾经掀起了一场儒家复兴运动，当时新加坡华人移民为了避免在异国他乡"数典忘祖"，一些精通中西文化的华人精英意识到生活在文化夹缝中的新加坡华人有失根的危险，必须振兴华语，再现儒家传统。于是，在当时办报兴学、尊孔读经的风气下，培育出了大批修身、齐家、治国、平天下的有识之士。在

"天下兴亡、匹夫有责"的儒家思想教育之下，新加坡华人和新加坡其他国民一起，摆脱了殖民统治，在 1965 年迎来了国家的独立。此后，儒家运动虽陷入低潮，但儒家文化思想深深融入了华人的家庭伦理、生活观念和思想情操中。

20 世纪 70 年代，面对全国西化带来的身份危机和道德忧虑，以及儒学在国际地位上的复苏，新加坡总理李光耀倡导复兴儒学，在 20 世纪 80 年代创造了"独尊儒术"的儒学盛况。新加坡教育部在宗教知识课里增设"儒家伦理"科目，并出版教材，使新加坡成为世界上第一个把儒家伦理编成教材并在学校正式开设儒家伦理课程的国家。进入 20 世纪 90 年代后，国家虽停止了儒家伦理课程，但其青年一代的思想教育仍吸收了大量的儒家思想精华。同时社会上也开展了各种各样的宣传推广活动，在倡导节约、孝亲尊老、宣扬孔子思想等方面做出了切实的举措，这些都塑造了新加坡这个国度浓郁的儒家氛围。

4.2.2 儒家思想文化承载了"雅化"华语的使命

如前所述，新加坡的华语相对于英语的使用范畴和发展空间，可谓处于"低声誉领域"，以至于在某种程度上成为贫穷、边缘化、非主流的身份符号。国际语言规划学者一致认为，提升语言地位最有效的途径是"雅化"，使该语言进入"高声誉领域"。首次提出"声誉规划"的是旅居芬兰的德国学者哈尔曼，他认为声誉规划的目的在于改变人们对待语言的感情、态度、看法（赵守辉、王一敏，2009）。唯有将该语言提升至高声誉领域，才能从根本上改变民众的轻视、抗拒的态度，改变该语言荒芜、边缘的趋向命运，同时也避免政府语言决策上行与民众奉行下效之间拉锯而产生的消耗。

新加坡政府也意识到了这一点，为了提高华语的声誉和形象，华语在新加坡获得了许多富有感情的称法，如"打开另一道文化之门的钥匙""传递文化基因的圣火"（吴元华，1999），"精通英语加华语才能长剑和短刃共舞"（吴英成，1998）。这些都是新加坡政府为了扭转华语的低声誉领域形象而做出的一些努力，以期引起民间力量对华语声誉形象的重新评估和重视。而我们也注意到了提升华语的声誉地位，其落脚点不在于语言的交流工具特性，而在于语言背后承载的文化观念，在于儒家思想影响下的亚洲文化价值观在思想品德、道德情操、价值观念、思维方式、审美情趣、学术思想等层面对于一个国家、民族、社会的引领和融入。其实早在 1999 年，当时的新加坡副总理李显龙就在国会的政策声明中提及华文教学不仅是听说读写的教学，更重要的是灌输华族文化与传统价值观。在这种理念引领下，以儒家思想为代表的亚洲文化价值观为新加坡的繁荣和腾飞起到了功不可没的作用：儒家文化思想中的"自强不息、四海为家"是当时华人移民移居新加坡的动力源泉，儒家伦理本身的积极、乐观，强调变化中奋进的思想推动了新加坡的发展，而勤俭节约、互敬互惠、公平正直、诚信友善等思想又成为新加坡华人商户秉承的宗旨。这些儒家规范的人际关系价值观成为新加坡人区别于西方人的根柢和特征之一，成为新加坡人具有的平衡的、与英语世界相辅相成的世界观。

面对新加坡英语成为大部分新加坡人工作、生活的通用语言的现实，寄望于华语在新加坡日常生活中能够普及、通用，甚至超越英语暂时还是一种奢望，提出华文教育应"跳出传承文化传统和民族价值观的道德范围，成为生活和经济实用语文"（吴元华，2004），更是缘木求鱼的一种构想。摆脱华语的工具性指向，重拾儒家文化的精髓才是"雅化"华语高声誉梯阶的一条必由之路。

5. 结语

可以说，建国 40 余年来，新加坡政府为了提升华语水平进行了多次改革，采取了多种措施，设置了多套方案，但新加坡的华语状态仍然堪虞，华语的生存现状举步维艰，华语逐渐地边缘化、荒芜化，华人子弟面对日趋式微的华语意兴阑珊，亲英远华的家庭氛围又让华语失去了固本培元的最后堡垒。新世纪始新加坡政府的普及华语政策尽管一而再、再而三地降低了华语的标准和难度，强化华语的工具性、商业性、交际性特征，然而，以简化学习为妥协、以低水准要求为让步、以功利性目标为诱因更让人对华语的未来充满忧虑，引起社会诸多争议，人们怀念儒家思想文化得到极大传承、弘扬的过往："新加坡华文教育的实施与中华文化的承传，在 20 世纪 80 年代以前仍保留得相当完整，所培养出来的华校生，一般都知书识礼，具有刻苦耐劳、爱国爱民的情操和品格。"（杜珠成，2006）80 年代以后，无法不让人慨叹的是"华文成为单科教学，华文科每周上课的节数和时间大为减少，教材经过一再的改编，其程度也降低了许多"，"近年来，新加坡学校沿用的华文教材，经过多次的改编，目的在于配合第二语文的低水准。课文的内容方面，具有中华文化内容的篇章也减少了"（杜珠成，2006）。剥离了传统文化滋养的华语显露出先天不良的表征，回顾新加坡的华语教育历史，传统的儒家文化培育出的华文文化精英在新加坡的历史上发挥了很大的作用。当时传统的华文知识分子风云一时，通过舆论和文学针砭时弊，甚至掀起运动和思潮。当时的华校培养出了一大批杰出的人才，在教育界、文化界、经济界、政府部门和其他专业领域都表现出色。因而，令人疑虑的是，在倡导华语交流性、经济性和工具性语言政策的今天能培养出华语精英吗？

中国自改革开放以来，经济发展迅猛，令世界瞩目，华语在新加坡也开始炙手可热，从政治领袖到平民百姓都表现出了关注和热忱。经济利益虽然也是华语升温的主要原因，但华语热的兴起和持续需要有更深层次的内在动因，即把华语作为载体，留根留文，保留中华文化，弘扬儒家思想文化精髓。古老的东方文化赋予了华语崭新、丰富、深远的文化价值，越来越多的国家重新评估和定位东方文化、儒学精髓，这是新加坡华人世界和全球华人世界接轨对话的宏大背景与终极诉求。当对外汉语教学的主战场从境内转向境外，我们更应该寻求国内对外汉语教学的运作模式及研发成果与国外实际状况的顺利对接。面对新加坡英语市场对华语资源的掠夺和覆盖的现实，任何悲观的揣测、高调的寄望都缺乏客观和理性。新加坡政府的语言政策始终以平衡和维稳为方向，将英语作为华语教育发展的假想敌和拦路虎加以敌对与对抗，都是对新加坡多元种族、多元文化、多元语言社会现状的无知和妄断。

在20世纪90年代，新加坡政府发表了《共同价值观白皮书》，提出了国家至上、社会为先，家庭为根、社会为本，社会关怀、尊重个人，求同存异、避免冲突，种族和谐、宗教宽容五大共同价值观。这五大共同价值观正是儒家八德"忠、孝、仁、爱、礼、义、廉、耻"的总结和概括，注重以德治国，强调家庭伦理，趋向和睦大同。新加坡政府和精英层在华语层面之上，关注的是几千年的儒学文化给这个建国只有40余年的国家带来的浸润和影响，关注的是儒家伦理建构带来的文化道德重建和经济迅速发展的"双赢"，儒学已成为新加坡的国家意识，高举儒学旗帜的华语也必然能够趁势而上，成为引领新加坡走向国际儒学平台的引路石。而这才是避免华语与英语在语言层面狭路相逢时而产生窘迫和狭隘的最终解决途径，也是让华语高瞻远瞩地进入高声誉领域的必由之路。因而，我们应摒弃狭义的工具性语言束缚，并为此纠偏，将儒学与华语进行完美结合，走有新加坡特色的华语教育之路。

参考文献

[1] 杜珠成，2006. 新加坡华文教育与中华文化的承传关系 [J]. 海外华文教育 (2).

[2] 樊荣，彭爽，2009. 汉语国际推广中的"文化融合"问题——以新加坡华文教育政策为例 [J]. 东北师大学报（哲学社会科学版）(5).

[3] 耿红卫，2006. 新加坡华文教育史简论 [J]. 船山学刊 (2).

[4] 任梦，2007. 探讨华文教育的发展和方向——以新加坡华文教育为例的研究 [J]. 黄河之声（科教创新版）(7).

[5] 吴元华，1999. 母语，打开文化宝库的钥匙 [M]. 新加坡：SNP 泛太平洋出版有限公司.

[6] 吴元华. 华语文在新加坡的现状与前瞻 [N]. 联合早报，2004–06–28.

[7] 吴英成. 英语与华语是长剑与短刀共舞——第20届讲华语运动的新起点 [N]. 联合早报，1998–09–21.

[8] 徐峰，2008. 新加坡华语地位的变迁与华文教育所面临的挑战 [J]. 中文自学指导 (6).

[9] 赵守辉，王一敏，2009. 语言规划视域下新加坡华语教育的五大关系 [J]. 北华大学学报（社会科学版）10 (3).

[10] 周聿峨，2001. 新加坡华文教育的机遇与困惑 [J]. 暨南大学华文学院学报 (1).

[11] 朱仁夫，2003. 儒学传播新加坡两百年 [J]. 云梦学刊 (6).

【作者简介】

蔡明宏，福建人，福建师范大学海外教育学院讲师，硕士，研究方向为海外华文教育。

国别与区域华文教育

夏威夷大学和美国的中文教学

［美］ 姚道中

（美国夏威夷大学）

1. 引言

夏威夷地处太平洋的中间，于 1959 年成为美国第 50 个州。夏威夷大学成立于 1907 年，至今已经有 100 多年的历史。夏威夷大学虽然处于偏远的小岛，可是跟美国的中文教学有颇深的渊源。①美国的中文教学已 100 多年的历史。在这 100 多年中，最初的半个世纪中文教学发展的速度非常缓慢，只有少数几所大学设有中国语言及文学课程，美国耶鲁大学于 1877 年开始教授中国语言及文学，哈佛大学也于 1879 开班教授中文。除了耶鲁和哈佛这两所名校之外，其他较早设置汉语课程的大学还有加州大学伯克莱校区（1896）、哥伦比亚大学（1901）（姚道中、张光天，2010：773 ~ 774）、芝加哥大学（1936）和斯坦福大学（1937）（常宝儒，1979：152）。夏威夷大学在 1921 年已经开设了中文课程，是最早开设中文的大学之一。②著名的语言学家赵元任曾于 1939 年在夏威夷大学教过中文。③ 夏威夷大学的中文教学值得一提，并不只是历史悠久或者曾有名人在此执教，而是因为夏威夷大学的中文老师们参与了美国中文教学发展过程中的一些重大事件并且做出了贡献。美国的中文教学从第二次世界大战以后开始加快成长的脚步，到了最近十多年更是以几何级数在快速成长。最近半个世纪美国中文教学越来越专业化，全美中文教师学会于 1962 年成立，曾在夏威夷大学任教（1964—1974）的杨觉勇是创办人之一。美国第一个全国性的中文测试在 1986 年问世，这个项目的主持人是夏威夷大学的李英哲。随着中文教学的需要，美国大学的老师们编写的中文教材也越来越多，夏威夷大学老师们编写的教材在美国颇受欢迎。本文旨在指出夏威夷大学跟美国中文教学的发展有着密切的关系，并从美国中文教师学会、教材、测试、电脑教学、孔子学院、"星谈计划"等几个方面来介绍夏威夷大学的老师们在中文教学上所做的贡献。

---

① 本文决定采用"中文教学"，而不用"汉语教学"，是因为美国的中文教学在早期比较复杂，和现在的汉语教学有区别。目前的汉语教学教的是普通话，听、说、读、写四项技能都包括在内。美国早期的中文教学以培养汉学家为主，注重的是文言文和阅读的技能。本文也将略微介绍夏威夷大学台语课程。

② 第一位在夏威夷大学教授中文的老师是王天木。根据夏威夷大学的记录，王天木是一位进士，于 1905 年获得日本中央大学法学士学位（University of Hawaii, 1921—1936）。

③ 根据夏威夷大学的课程记录，赵元任曾在 1939 年夏天教过一门密集中文课，主要教学生阅读。

2. 中文教师学会

第二次世界大战期间，美国政府由于战争的需要推动了外语教学，其中包括中文。1958 年美国政府通过了"国防教育法"（National Defense Education Act，简称 NDEA），拨款资助大学开设中文课程。随着中文教学的发展，美国的中文教学越来越专业化。1962 年美国成立了"中文教师学会"，中文教师学会成立至今已经超过半个世纪。在过去的 50 年里，夏威夷大学的老师们积极参与中文教师学会各方面的工作，他们担任过的职务包括执行秘书长、理事、中文教师学会学报编辑、中文教师学会通讯录编辑等。美国著名语言学家德范克（John DeFrancis）是中文教师学会第一届理事会的会长，他于 1966 年接受了夏威夷大学的聘请前来任教。1966 年中文教师学会开始出版学报，1969 年德范克成为中文教师学会学报的主编，一做就是十年。中文教师学会成立至今夏威夷大学一共有九个老师为学会服务。九个人服务的年数加起来一共有 56 年，远远超过了美国其他大学为中文教师学会服务的记录。①

国际闻名的语言教学家 Ronald Walton（1943—1996）为美国中文教学做出了巨大的贡献，中文教师学会为了纪念他，于 1988 年设置了 Walton 中文教学终身成就奖。第一个获得这项荣誉的是夏威夷大学的德范克，曾经在夏威夷大学任教的杨觉勇于 2001 年得到了这项成就奖，另外还有两位夏威夷大学的老师——李英哲（2008）和姚道中（2010）也获得了这项殊荣。从 1998 年到 2012 年一共有 17 位老师获得了 Walton 中文教学终身成就奖，夏威夷的老师占了将近四分之一。

3. 中文教材

美国的中文教师有不少人编写了中文教材，夏威夷大学的老师们也在这方面做出了贡献。下面介绍一些比较受欢迎的教材。

3.1 德范克系列（DeFrancis series）

夏威夷大学老师编写的教材广为全美采用的首推德范克编写的一系列中文教科书。1961 年德范克接受美国西东大学祖炳民的邀请编写中文教材，这套教材共 12 册，

---

① 夏威夷大学的老师曾经担任过中文教师学会职位的名单及职务如下：德范克，为中文教师协会服务 11 年，1966 年任理事会主席（德范克于 1966 年从西东大学转到夏威夷大学工作），1969—1978 年任学报主编；杨觉勇，3 年，1967—1968 年任理事，1969 年任理事会主席（杨觉勇于 1974 年转到西东大学任教，继续为中文教师学会服务）；蓝瞻梅（James Landers），7 年，1972—1973 年任技术编辑，1974 年任技术编辑、学报代理编辑，1975—1978 年任学报副编辑；郑良伟，3 年，1976—1978 年任理事；李英哲，3 年，1978—1980 年任理事；贺上贤，3 年，1984—1987 年任理事；任友梅，15 年，1995 年任理事，1996 年任理事、中文教师学会年会主席，1997 年任理事，1998 年任中文教师学会副主席，1999 年任中文教师学会主席，2000 年卸任中文教师学会主席，2001—2009 年年任中文教师学会执行秘书长；姚道中，8 年，1995—2002 年任通讯录编辑［姚道中在和丽山学院（Mount Holyoke College）任教时曾于 1990 年至 1992 年担任理事，1995 年来夏威夷大学执教］；唐润（Stephen Fleming/StephenTschudi），3 年，2001—2004 年任理事。

包括初、中、高三个等级，每一等级都有拼音课本、汉字课本和阅读课本。这套由美国耶鲁大学出版的教材被称为"德范克系列"，二十世纪七八十年代成为美国用得最广的中文教材（任友梅、吴文超，2009）。这套教材也是美国最先采用拼音的教材，对美国中文教学界产生了巨大的影响。德范克于1966年接受夏威夷大学的邀请前来任教，夏威夷大学另外一位老师荣滕家毅（Yung Teng Chia-yee）曾经参与德范克系列的编写工作。荣滕家毅除了帮德范克编写"德范克系列"之外，还为德范克系列的中级阅读教材编写了两本补充读物《武松打虎》和《孙中山先生传》。另外，荣老师自己也编写了一些补充读物，如《牛郎织女》[①]等。

德范克除了编写"德范克系列"这套教材之外，对汉学界还有一项重大的贡献，就是编著了《ABC汉英词典》。这本词典的特色是"所有词目，不管是单字词还是多字词，都完全依照汉语拼音字母顺序排列……改变了通常采用的先排音节、后排汉字的'音节·汉字双层序列法'，具有首开风气的革命意义"（梅俊杰）。

3.2 中文交流 (Communicating in Chinese)，环球汉语 (Encounters：Chinese Language & Culture)

夏威夷大学中国研究中心副主任任友梅是享誉国际的语言教学家，也是美国中文教学界最先采用任务教学法的老师，经常被邀请到各地去示范她的教学法。1993年她出版了《中文交流》这套注重任务教学法的教材，书中有许多课堂活动，受到中小学的欢迎。几年前美国耶鲁大学出版社和中国合作编写了一套新颖的多媒体教材《环球汉语——汉语和中国文化》，邀请任友梅和耶鲁大学的孟德儒（John Montanaro）担任主编。耶鲁大学和外文局组成的摄影团队到中国各地去拍了不少视频，任友梅担任他们的顾问并且把这些视频编入教材。"环球汉语"第一阶段的两册初级教材已经出版，"在美国中学和大学试用，受到教师和学生的喜爱"（刘思恩，2013）。任友梅目前正在继续编写"环球汉语"第二阶段的中级教材，并且邀请了夏威夷大学的唐润参加编写工作。任友梅还特别于2013年6月14日前往北京参加了"环球汉语"第二阶段的开幕仪式。

3.3 中文听说读写 (Integrated Chinese)

姚道中于1995年到夏威夷大学任教。来夏威夷大学之前他曾在美国印第安纳大学东亚暑期中文学校担任过校长的职位。为了暑期班中文课程的需要，他和其他老师一起编写了暑期班的教材。[②] 1997年美国剑桥出版社（Cheng & Tsui）决定出版他们编写的教材，书名为"中文听说读写"（Integrated Chinese），供美国大学一年级和二年级中文课程使用。这套教材出版后有不少大学采用，"在美国汉语教学界受到普遍的

---

① 《牛郎织女》现在仍可买得到，可是荣滕家毅编写的其他几本补充读物 *The poet Li Po*，*The heartless husband*，*The bookworm* 已经绝版了。

② 《中文听说读写》最早的作者共有七人。姚道中和刘月华为主编，另外五个作者是：毕念平、陈雅芬、葛良彦、史耀华、王晓军。

欢迎，已经成为主要的汉语教材"（武海涛，2002）。2000 年《中文听说读写》的作者们修订了第一版，出了第二版，2007 年又大幅度修改内容，调整版面，加入许多彩色图片，出了第三版。跟课本配套的有习题、习字本、教师手册、网站等资源，目前这套教材不仅为大学采用，许多中学也选它为中文教材。

4. 美国的中文测试

4.1　中文水平测试

美国的中文教学界一直到了 1980 年代才有全国性的水平测试。1981 年夏威夷大学李英哲申请美国教育部的经费资助，编写了一套中文水平测试。那年美国教育部还收到了另外一份来自 John Clark 的编写中文水平测试的申请书。美国教育部委任的评审官理查德·汤姆逊（Richard Thompson）觉得这两份申请书目的大致相同，就建议他们两人合作。John Clark 当时在美国应用语言中心（Center for Applied Linguistics）任职，应用语言中心就成为这项测试的总部。他们邀请了美国其他大学的一些老师参加这套测试试题的编写工作。当时还在和丽山学院任教的姚道中也获邀参与这项计划，为试题提供素材。夏威夷大学除了李英哲之外，还有贺上贤参加了编写试题的工作。这套试题命名为"中文水平测试"（Chinese Proficiency Test，CPT），花了两年（1982—1984）时间完成，第一年编写和测试，第二年出版使用。1984—1986 年教育部又资助他们设计《中文说话测试》（Chinese Speaking Test，CST），于 1986 年正式推出让全国采用。CPT 测试内容包括听力、阅读和语法三个部分，CST 内容测试说话；成绩则根据美国外语教学委员会（American Council for the Teaching of Foreign Languages）"制定的等级来决定，考题从最容易的初级到最难的优级都有，所以任何程度的学生都可以参加这两项测试。《中文水平测试》和《中文说话测试》经过了 20 多年仍然在为美国的中文教学界服务。

4.2　AP 中文测试

美国有两项全国性的测试对中小学中文教学的成长具有推动的作用：一项是在 1994 年推出的 SAT Ⅱ 中文测试[①]，另一项是在 2007 年推出的 AP 中文测试。姚道中于 2005 年被邀请担任 AP 中文测试项目第一任的阅卷主任（Chief Reader），阅卷主任负责聘请美国的中学和大学老师参加批改考卷的工作。每年 6 月 100 多位老师集中在一起利用一个星期在电脑上批改 AP 中文测试的试卷。夏威夷大学除了姚道中担任过阅卷主任的职务以外，还有 10 位老师和研究生参加过 AP 中文阅卷工作。[②]

[①]　姚道中在和丽山学院任教时参与了 SAT Ⅱ 中文测试编写的工作，还担任了命题小组的主任。

[②]　从 2007 年到 2013 年，夏威夷大学的老师和研究生一共有 10 人参加了 AP 中文改考卷的工作，名单为：王海丹、吕中瑛、肖旸、黄格飞（Ka Wong）、方美钏（Chanyaporn Parinyavottichai）、黄孟珠、胡小明、耿昌勤、周颖、吴淑玲。

4.3 电脑自适中文阅读测验（Computer-Adaptive Test for Reading Chinese，CATRC）

姚道中来夏威夷之前于 1990—1993 年利用"超卡"（Hyper Card）制作了一套在麦金塔（Macintosh）电脑上使用的自适中文阅读测验，他邀请了夏威夷大学的任友梅和杨百翰大学的齐德立参加编写考题的工作。电脑自适中文阅读测验的第一个版本共有 446 道考题，姚道中到了夏威夷之后继续编写试题，1998 年时题库增加到 614 题。这套试题让美国的大学免费使用，美国明德大学中文暑期班和印第安纳大学东亚语文暑期学院的中文学校曾将这套试题作为入学及结业测试的一部分。由于"超卡"后来已经过时，十多年前明德大学语言试验室的 Alex Chapin 为这套测试制作了网络版本，称为 Web-CATRC（姚道中，2001）。前几年美国杨百翰大学以 CATRC 为基础，制作了中文 Web CAPE，已经正式启用。

5. 电脑教学和远距教学

5.1 电脑教学

前面提过，夏威夷大学李英哲是美国第一位想到开发中文水平测试的老师，他也是很早就想到利用电脑来设计中文自学课程的老师。他于 1991 年申请到了美国政府的研究基金，制作了一套中高级网上课程"中闻：中文新闻网路课程（ChiNews：Chinese News CAL Software）"，让美国学生在网上免费学习中文。这套课程包括了 50 课电视新闻和 90 课广播新闻，每课都有提示问题引导学生进入学习。课文采取多种显示方式，学生可以选看一般排列、拼音音节排列或词语排列，看不懂的词语只要用鼠标点击一下便可听到读音。课文内不同词性的词汇用不同的颜色显示，有助于学生了解语法。每条词汇的解释带有例句和英文翻译，帮助学生掌握词汇的意思。每课还有理解测试，让学生了解自己的学习成果，整个课程的设计相当周全（姚道中，2002）。

5.2 远距教学

夏威夷州由许多岛屿组成，绝大多数居民住在 4 个比较大的岛屿上：夏威夷岛（大岛）、茂宜岛、欧胡岛和可爱岛。夏威夷州所有的公立大专学院都属于同一个系统，共有 10 个校区，包括 3 个大学校园和 7 个社区学院，分散上列 4 个岛屿，夏威夷大学的校本部设在人口最多的欧胡岛。夏威夷大学的中文课程历史悠久而且颇具规模，别的岛屿只有设在大岛的大学开设初级中文课程。为了给其他岛屿想学中文的学生提供方便，夏威夷大学在 1995—1997 年得到了政府的资助利用"互动电视"（interactive television）进行远距教学。老师在校本部上课，学生在其他地方看着电视屏幕上课，老师通过互动电视设备指导学生做练习。1999—2002 年夏威夷大学再度获得美国政府的资助发展中文和韩文网络课程，这次计划包括了设计两门高级中文课程，一门是三年级阅读和写作，另一门是听力、阅读和写作课。上课的资料放在光盘上先发给学生，学生上网学习。老师设计了一些活动放在网上让学生做，每一课都有一系列的活动，包括预备活动、主要活动和接续活动。从 2002 年到现在夏威夷大学的老师们一直不断地在设计新的网络中文课程。① 夏威夷大学的远距中文课程不仅为夏威夷的学生服务，也为美国其他地区的学生服务。

6. 台语（闽南语）

夏威夷大学的郑良伟是研究台语的权威，他从 1990 年开始在夏威夷大学开设台语课程。夏威夷大学的台语课程包括"台语口语""台语阅读"和"高级台语"等，夏威夷大学是美国少数几个开设台语课程的大学之一。其他开设台语的大学还有宾夕法尼亚大学（1993 年开始）、斯坦福大学（1995 年开始）、哈佛大学（2001 年开始）等名校。这里要特别提一下夏威夷大学跟哈佛大学台语课程的关系。哈佛大学于 2001年开始开设台语课程，第一位台语老师是夏威夷大学毕业的语言学博士李勤岸。2004年蔡蓉芝在哈佛大学教台语时选用的教材包括了郑良伟等人编写的《生活台语》。郑良伟于 2002 年退休，他退休后的台语课程由李英哲接续。夏威夷大学训练出来的博士黄孟珠和太田希罗（Justin Ota）也教过台语。夏威夷的台语课程开设了 20 年之后随着李英哲的退休（2010）而停办。

7. 孔子学院

中国国家汉语推行办公室（汉办）于 2004 年开始在全球各地成立孔子学院，目的是推广中国的语言及文化。孔子学院通常由中国国内的大学和国外的大学一起合办。夏威夷大学的孔子学院是跟北京的外国语大学合作办理的，是全美第六所孔子学院，于 2006 年 11 月正式开始营运。夏威夷大学的孔子学院的服务对象包括在校的学生、教职员和社会人士。到目前为止开设的中文课程包括：商用汉语、儿童汉语（初级、高级）、成人汉语（1、2、3、4 四个等级），还有特地为东西文化中心和夏威夷大学的教职员开设的汉语课，夏威夷大学孔子学院还负责管理两所孔子课堂，在夏威夷各地的中小学教授中文。② 孔子学院的老师也经常支持夏威夷大学本身的汉语课，夏威夷大学的孔子学院还参与了美国政府推出的"星谈计划"。

---

① 夏威夷大学开设过的远距中文课程从初级到高级都有。一年级到三年级的课程由唐润和吕中瑛负责，吕中瑛也教翻译课，中文和商用中文由姜松和王海丹负责，任友梅曾经教过早期的互动电视课。

② 夏威夷大学的孔子学院设有美方院长和中方院长。头几年的美方院长由任友梅和姚道中共同担任，2009年之后由任友梅一人负责；中方院长、教师和志愿者则由北京外国语大学选派。下面是历年由北外选派来夏威夷孔子学院和孔子课堂服务的名单，中方院长：朱梅萍（2006—2009），姚虹（2009—2010），李期铿（2010—2014）；教师：朱传路（2006—2009），贺军（2009—2010），舒宁（2010—2012），查芸芸、董旭（2012—2014）；志愿者：向征（2008—2009），周晋岚（2009—2010），唐宇宁（2010—2011），尹玉璐（2011—2012）；孔子课堂老师：焦姣（2011—2012），贾喆（2011—2012），石惠（2011—2012），屈耀佳（2013—2014），刘美仪（2013—2014）。

8. "星谈计划"（STARTALK）

"星谈计划"是美国政府推动的"国家安全语言专案"的一部分，目的是培养更多"关键语言"（中文和阿拉伯文列为首选）的师资。"星谈计划"从 2006 年开始资助全美各地的学校利用暑假办理培训班，夏威夷大学是最早申请到基金的学校之一。每所学校可以设计自己的课程，夏威夷大学的"星谈计划"课程由任友梅主持，注重"任务教学法"（Task-Based Language Teaching，TBLT）和"行为情境教学法"（Teaching Proficiency through Reading and Storytelling，TPRS）。从 2007 年开始，每年 7 月来自美国各地的老师和学生在夏威夷大学上三个星期的课。老师们分为两个级别，少数是受聘来讲课的（每年 5 人），多数是来学习教学法的（每年 15 人）。来学习汉语的学生（每年 25 人）都是中学生，有些是完全不懂汉语的，有些是稍有汉语背景的。课程以学习汉语为主，每天上六小时语言课：两小时听说课，两小时阅读课，一小时写作课，以及一小时多媒体实验室的课。除了汉语课之外，学生还有一个小时的课（STEM）① 和一个小时的武术课。学生们每天都参与一个小时的文化活动，包括书法、象棋、剪纸、歌唱及游戏。周末还有文化参访，参观珍珠港、中国城等地。

9. 结语

从上文可以看出，夏威夷大学的中文课程不仅历史悠久，而且在夏威夷大学执教的中文老师们在许多方面对美国整个中文教学界做出了极大的贡献。过去的半个世纪，美国中文教学界所发生的一些大事，几乎每件都有夏威夷大学的老师参与。美国中文教师学会的成立杨觉勇有一份功劳，美国第一个中文水平考试的完成要感谢李英哲。过去几十年在美国流行的中文教材有一些是夏威夷大学的老师编写的，夏威夷大学的老师们也积极地利用科技来设计网络课程及测试。美国最近十年内有助于推动中文教学的一些组织及事项，如孔子学院和"星谈计划"，夏威夷大学也都率先参与。夏威夷大学对美国中文教学所做出的贡献应该在美国中文教学史上占有一席之地。

参考文献

［1］常宝儒，1979. 美国汉语教学和汉语研究概况［J］. 语言教学与研究（1）.

［2］李勤岸. 北美地区台语文之研究、教学及推广［EB/OL］. http：//ip194097. ntcu. edu. tw/chuliau/thuikong/khinhoaN/PakbiTGB. pdf.

［3］刘思恩，2013. "环球汉语——汉语和中国文化"首发典礼在北京举行［EB/OL］. http：//gb. cri. cn/42071/2013/06/14/6071s4148357. htm.

---

① STEM 是 science, technology, engineering, math（科学、技术、工程和数学）四个词的缩写。"科学、技术、工程和数学"教育是美国联邦政府教育改革的一个比较新的概念，夏威夷大学的"星谈计划"利用简单的中文让学生做跟"科学、技术、工程和数学"有关的活动。

［4］梅俊杰．论德范克主编的《ABC 汉英词典》的实用性——兼与北外《汉英词典》（修订版）对比［EB/OL］．http：//bilex. gdufs. edu. cn/doc/nanjing-lunwen/nj – 25. doc.

［5］任友梅，吴文超，2009. 美国中国语文学家德范克教授不幸逝世［EB/OL］．http：//xian-daiyuwen. com/viewnews – 483. html.

［6］武海涛，2002. 直面美国汉语教学［J］．神州学人（9）．

［7］姚道中，2001. 网上电脑自适中文阅读测验简介［A］//第二届全球华文网路教育研讨会论文集［C］．台北：侨委会全球华文网路教育中心．

［8］姚道中，2002. 美国中文网路教学现况简介［A］//吴淮南,何文潮, 王长发．国际汉语教学研究［C］．南京大学学报（高等教育科学专辑）．

［9］姚道中，张光天，2010. 美国汉语教学历史回顾与现状［A］//张海惠. 北美中国学——研究概述与文献资源［C］．北京：中华书局．

［10］郑良伟，赵顺文，方南强，1993. 生活台语［M］．台北：自立晚报文化. Chinese Language Teachers Association［EB/OL］. http：// clta-us. org/Confucius Institute：University of Hawaii at Manoa［EB/OL］. http：//confuciusinstitutehawaii. org/.

［11］FLEMING, STEPHEN, DAVID HIPLE & DU YUN. Foreign language distance education：the University of Hawaii experience［EB/OL］. http：//nflrc. hawaii. edu/networks/tr25/TR25 – 2. pdf.

［12］GUILING（GLORIA）HU & SHUHAN C Wang. STARTALK：Resources for Chinese teachers and learners［EB/OL］. http：//www. mandarininstitute. org/node/122.

［13］LIN MEI-CHUN, 2001. Harvard University to begin teaching Hokkien in the fall［EB/OL］. Taipei Times. http：//www. taipeitimes. com/News/local/archives/2001/09/06/0000101741.

［14］STARTALK, 2007. Summer program information［EB/OL］. https：//startalk. umd. edu/2007/programs/University of Hawaii, 1921 – 1936, Catalogue and announcement of courses［EB/OL］. http：//evols. library. manoa. hawaii. edu/handle/10524/19.

【作者简介】

姚道中，美国夏威夷大学东亚语言文学系中文课程部主任、孔子学院院长、美国AP 中文测试中心核心成员、中国汉办特聘海外专家、厦门大学和海南大学客座教授，主要研究方向为中文教材及教学。

对东南亚现代华文教育发展的思考

李小燕

（暨南大学华文学院）

1. 东南亚现代华文教育发展的有利条件

1.1 全世界追求和平和发展的政治大环境

"二战"以后，东南亚各国先后独立。在当时冷战的大环境下，各国推崇狭隘的民族主义，把语言看作民族国家的象征，将排斥其他民族语言、全力推进国语优先的语言教育政策作为巩固新生政权的有力工具。在这种背景下，东南亚各国的华文教育以及华校很难得到发展。

20 世纪后期以来，在后现代主义、科学主义以及民主、平等等思潮的影响下，全世界各国都积极寻求对话，改变意识形态的对立，以和平和发展为主题，顺应合作、互利、多元化发展的时代潮流，纷纷制定出比较开放的语言教育政策，以实现经济发展、社会稳定、民族和谐的目标。在这种良好的政治背景下，海外华人才有机会去争取自己的合法权益，东南亚各国的华文教育和华校才得以获得快速发展的良机。

1.2 全球化为海外现代华文教育发展提供了最好的机遇

近年来，伴随着和平与发展的世界主题，全球化的浪潮把有利于经济发展的契机带给亚洲所有的国家。首先是中国经济实力的腾飞带来的巨大影响。中国经济上的迅速发展，一方面使中国综合国力增强，国际地位和国际影响力日益提高；另一方面也为东南亚各国带来了经济实惠，为当地的华人提供了心理和感情上的安全感与优越感。其次是东南亚各国的经济也得到全方位的改善。东南亚各国和中国大陆、台湾、香港之间日益繁荣的贸易、文化往来，都为华文的升温创造了有利的条件。菲律宾的经济学家未那洛·维礼牙示认为中国的普通话已经成为亚洲地区的功能语言，在亚太地区，中国的普通话比英语管用（周聿峨，1996）。

1.3 中华文化的强大魅力

华文教育在东南亚各国的发展历史悠久，在数百年的发展中历经沧桑、几经磨难。在风云变幻的东南亚，华文教育始终生生不息、弦歌不绝，一个重要的原因是中国绵绵千年、博大精深的文化太有魅力。这种魅力让一代又一代的华人虽然身处他乡异地，虽然曾经备受欺凌，但还是一直眷恋他们热爱的中华文化，并愿意通过各种努力来传承这种文化。没有中华文化伟大的独特魅力，也就没有今天如火如荼的"华文热"。

1.4 海外华人的自强不息

虽然良好的政治环境和中国的经济实力为海外华文教育的发展提供了强大的动力，但我们也要清醒地认识到，今天海外华文教育的发展与海外华人的努力和争取是分不开的。在东南亚各国，华人虽然只占所在国总人口的2% ~ 10%，但他们的力量是不能低估的。海外华人凭借智慧、勤劳以及积极创业的进取精神，获得了一定的经济成果，在当地国的经贸发展和文化发展中占有重要的地位。他们居住相对集中，重视子女的教育，大多数有优于当地普通居民的生活条件，有能力承担子女的教育费用（周聿峨，1996）。这些为当地国的发展做出很大贡献的华人，希望能够通过对华文和中华文化的学习与传承，保持自己的民族特性、实现自己的尊严和提高竞争能力。无论是在最艰难的时候，还是在环境有利的时候，那些不辞辛苦、无私奉献、不计回报的海外华人都在为华文教育的发展进行着艰辛的努力，他们才是推动华文发展的主要力量。

2. 海外现代华文教育以及现代华校面临的困难

2.1 东南亚各国对汉语教育政策仍然保守

由于受地缘政治因素的影响，东南亚各国对华语普遍持谨慎态度（江健，2011），所以东南亚各国在汉语教育政策上一直采取的是有限度的开放，既能满足社会发展的需要，又不会把汉语教育提高到英语教育的程度。在大多数东南亚国家，华文教育都还不能进入国民教育体系。在印尼，政府对华文的禁令并没有正式废除，虽然汉语将作为第四种选修外语进入国民教育体系，但并没有获得重要的地位。大多数国民学校还没有开设汉语课，即使在一些华人办的国民学校开设了汉语课，但学生并不参加国考，成绩并不影响升留级。在马来西亚，政府的政策偏向于支持所有学校用马来语和英语进行教学，不承认华文独立中学的统考文凭，其统考成绩不能成为进入政府所办大学的资格依据。在缅甸，华校尚未得到政府的正式承认，不能和当地的国民教育接轨。在菲律宾，华语教学没有列入国家教育体系，华语成绩不作为升学要求（蔡昌卓、杨林，2009）。

英语因为其中立性以及其他民族语言所不具有的"工具性依附"功能和价值杠杆作用，将会在许多东南亚国家继续享有除了国语以外的重要地位（江健，2011）。如果英语在融入世界主流文化中仍然扮演重要角色的话，华文教育的发展就会在一定程度上受到影响。

2.2 华校发展经费不足

当前在全球汉语热的环境下办一所华校很容易，但能够把学校办好，能够让华校得到社会认可并达到国民教育的水平，能够让学生喜欢并真正学到东西有利以后的发展，这就需要大量的资金投入。事实上，今天很多华校的办学经费都非常有限，正如孙浩良（2007）说的，大家是在用业余的方式从事专业的教育，其难度是可想而知的。海外华校的办学经费主要依靠华人社会自筹，完全得不到国家的投入，这就导致发展华校的经费不充足也不稳定。捉襟见肘的资金投入，导致大部分华校的场地简陋、办学设备不齐备、教师酬劳低。对于一个现代学校来说，除了符合现代标准的教室、完备的教学设备、科目齐全的专业教师以外，还应该配置有运动场以及图书馆等，而这些，大多数华校在短时间内是不可能拥有的。从整体的角度来说，华校的校舍和国民学校的校舍是完全不可同日而语的（蔡昌卓、杨林，2009）。

2.3 大多数华校的课程设置不健全

作为一所现代化的学校，向学生传授各科知识、培养学生的基本素质和能力，使他们全面发展成为合格的现代公民，是其理所当然的任务和职责。受到经费、师资、教材和教学设备等因素的影响，大多数华校的教育并不能达到现代学校的标准，开设课程科目有限，涉及面太窄，不利于学生的全面发展。比如，按照现代化学校的标准，作为一所独立的小学，必须开设体育、音乐、美术、社会、数学、科学等课程，中学必须开设物理、化学、数学、生物等课程。在现实社会中很多华校没有能力开设这些课程，从而严重影响学生进一步的发展，使他们难以具备向更高方向努力的能力。在马来西亚，目前只有15%的华文小学的学生能进入华文独立中学学习，并且部分学生是因为英语和马来语成绩差才到华文独立中学去，华文独立中学与国民中学并不是在同等条件下竞争的（蔡昌卓、杨林，2009）。

2.4 各个层次的衔接不合理

现在在东南亚很多国家华校都得到了非常大的发展，各个国家基本上都有了小学、中学和高等教育，教育体系比较完备，但存在严重的层次衔接不合理的现象，东南亚各国各个教育层次的华校需要在衔接上进行宏观的统筹规划。首先，由于学生接触汉语课的起始时间严重不一，有的从幼儿园就开始，有的到高中才开始，再加上不同学校开设的课时不同，使得各个教育层次很难制定明确的教学任务和教学内容，造成了诸多混乱和无序，效率低下，严重影响了华文教育发展的质量和速度。其次，目前重视的还只能是小学和中学的华文教育。涉及高中和大学的华文教育，无论是师资、教材还是教学法等，都极其薄弱，教学质量更加不能保证。一些大学中文课的教学情况和高中的差异不大。

2.5 华文师资水平有限

厦门大学中文系主任李无未认为从事华文教学需要两方面的素质：其一，教学者需要接受过语言和教育学的训练，假如没有这样的资质，国外的学校和同行们很难认可，授课的效果客观上也难达到预期；其二，教学者需要对中国文化有深入了解。如果教学者没有过硬的中国文化功底，在国外的授课不但无益于国学的传播，还容易让人对国学产生曲解。①很显然，能够满足这两方面素质的华文教学者在当地国的人数非常少，有大量的华文教师只是会说汉语而已，或者只在中国经过短暂的培训。近年来暨南大学的华文教育系虽然培养了一批符合要求的华文教师，但远远不能满足东南亚华文教育发展的需要。国家汉办每年公派的汉语教师和庞大的志愿者队伍本来就是针对对外汉语推广的，所以对华文教育的发展影响不大，再加上他们不熟悉当地文化、不会当地的语言、流动性大，因此所起的作用更加有限。

2.6 缺乏合适的教材

教材在教学中是关键的一环，它是教育者传递知识的工具，是学习者获取信息的桥梁。合适的教材会起到确定教学方向和内容、规范教学范围、确保教学的系统性和有序性的作用。只有有了好的教材，教师们才能因地制宜、有的放矢地开展教学活动。由于受国家政策、生活习惯、学时学制等影响，海外华文教育对教材的需求千差万别，但是目前，适合当地国情、校情的"本土化"教材还很缺乏。②李无未认为，目前我国对外汉语教材存在问题的原因是多方面的。首先，很多教材没有考虑到国别特点，在针对不同民族、地区和不同年龄段的受众时欠缺全面考虑，导致一部分教材在国外"水土不服"。其次，我国对对外汉语教材的研究还明显不够。最后，多数对外汉语教材没有和当前的政治、经济、文化等各方面形势相结合，思路跟不上时代的变迁。③

2.7 语言环境复杂、华文教育发展不平衡

首先，东南亚各国的语言环境非常复杂，一般都同时使用多种语言，比如自己的母语、英语以及其他各种民族语言。即使在使用华语的地区，情况也比较特殊。因为海外华人来自中国不同的地方，不同的地方都说不同的方言，最常见的有闽南语、客家话和粤语等。使用语言种类的多元化，是东南亚各国典型的语言环境特征。这就导致华人日常使用华语的机会不多，学生在学习以普通话为主的华文的时候，实际生活中很难找到交流沟通的对象。在会说华语的人中，大约80%的人也只会一般会话，还远远不能提升到阅读、鉴赏的层次（蔡昌卓、杨林，2009）。

3. 从现代教育理论的角度分析现代华文教育的发展

3.1 现代教育理论视野下现代学校的功能

根据现代教育理论，现代学校教育有自己的特殊任务和功能。这些任务和功能包括以下内容：第一，普及义务教育，给公众提供最基本的知识和技能；第二，培养公

---

① 管克江，裴广江，邹老鹏，焦翔. 本土化，突破发展的瓶颈——对外汉语教学思考（下）［N］. 人民日报，2010－7－29.

② 管克江，裴广江，邹老鹏，焦翔. 本土化，突破发展的瓶颈——对外汉语教学思考（下）［N］. 人民日报，2010－7－29.

③ 海外华文教育亟须创新［N］. 西安日报，2011－11－1.

民意识，现代公民意识的内涵主要包括国家意识、法律意识、民主意识、公德意识、文化意识和环境意识；第三，通过学校教育获取社会认可的学历是学校教育使命的一部分；第四，维护社会稳定，现代教育理论认为教育发展与改革的根本价值取向，就是巩固和发展一定的社会经济制度与政治制度，维护社会的稳定（叶澜，2007）。作为现代教育一部分的华校，只有根据现代教育理论具备了现代学校的功能，才有可能被当地国纳入整个国民教育体系，才可能具有生存和发展的能力。

3.2 现代教育理论视野下现代华文教育的价值观

以前对华文教育的理解是比较狭义的，基本上指的是针对海外华人所进行的母语教育。这种价值观在特殊的时期曾经带给海外华人巨大的精神慰藉和凝聚力，但到了全球化的今天，狭义的理解已经不能与时俱进。现代社会已经赋予华文教育新的价值观和含义。首先，华文教育有一定汉语教学的意义。在华文教育发展的过程中，应该强调华语是一门有用的语言，是联合国通用语文之一，是研究人类文明财富东方文化的工具（蔡昌卓、杨林，2009）。也就是说，华文教育首先要突出其实用的价值。其次，华文教育同时弘扬着伟大的中华文化。中华优秀文化是全人类共同的财富，是世界文明重要的组成部分，弘扬中华优秀文化是对人类文明的贡献（潘懋元、张应强，1996）。通过传承博大精深的中华文化，华人能够获得民族特性和自尊，其他国家的人能够从中汲取营养充实自己。1988年1月，集聚于巴黎的全世界诺贝尔奖得主，提出了"如果人类要在21世纪生存下去，必须回头2 500年，去吸取孔子的智慧"的大会宣言（李锁华，1995）。现代华文教育价值观突破了只有华人才学华语的概念，发展华文教育成为各个国家发展本国经济和文化的刚性需求，华文教育将为所在国经济和文化的发展以及社会的稳定做出必要的贡献。

3.3 现代教育理论视野下现代华文学校的培养目标

在时代需要的背景下，现代华校具有双重的培养任务。首先，华校作为现代学校的一部分，必须根据现代课程理论，合理设置课程，传授全面的知识和技能，完成国家基本的义务教育，培养出能满足现代社会要求、有现代意识的现代公民。其次，华校必须有机地融合中华文化与当地国文化，同时传承和发展中华文化和当地国文化中那些先进、优秀的内容。传承中华文化是华校的使命之一，因为中华文化的博大精深和无穷魅力是值得全人类共同分享的宝贵财富，而传承当地国有价值的文化也是使华校融入当地国的一座桥梁。

在经济全球化和文化多元化的今天，只有华校完成了现代教育理论规定的基本任务，传授了社会需要的知识和技能，传承了真正意义上的多元文化，培养了社会需要的人才，才能为当地国的经济发展和社会和谐稳定做出贡献，才会不辜负现代教育的使命。也只有这样，华校才可能取得当地国政府政策和经济上的双重支持从而获得发展的原动力，才会更好更有尊严地在当地国得到发展。

4. 对发展现代华文教育有效的建议

4.1 成立华文教育基金会，规范捐款的管理

当前海外华校的经费来源主要是依靠华人社会的捐赠。由于这种资金来源没有约束性和强制性，所以极不稳定和平衡，导致有的华校经费充足，有的华校经费入不敷出。为了保证更大规模和高质量的华校有序地发展，建议成立区域性或全国性的华文教育基金会。马来西亚沙捞越州诗巫省华文独立中学董事联合会设立教育基金统筹统办的做法值得借鉴和推广（蔡昌卓、杨林，2009）。具体做法就是在不同的区域或全国设立华文教育基金会，通过这个基金会全面宣传捐款的意义，制定捐款奖励办法和捐款管理章程，积极筹集资金。然后，这个基金会对所有的捐款进行统筹管理，保证该区域内或全国内的每所华文独立学校每年都可以从这个华文教育基金会获得固定的资助，这样就可以保证该区域甚至全国的华校统一薪酬、统一收费、统一师资标准等，从而实现捐款管理制度化、系统化和组织化，有助于华文教育和华校的可持续性发展。

4.2 设置全国性的华文教育教学管理中心，规范华校的教学

当前，海外华文教育整体发展水平不高。除了部分华校以外，大多数华校的课程设置不健全、各个教育层次衔接不合理、华文师资水平参差不齐、华文教材种类少，并且很多出现"水土不服"等问题，导致华文教育发展效率比较低下，影响了华文教育整体发展的质量和速度。为了更好地发展各国的华文教育，建议成立全国性的华文教育教学管理中心。新加坡教育部成立华文教研中心的做法值得借鉴（蔡昌卓、杨林，2009）。具体做法就是在东南亚各个国家成立全国性的华文教育教学管理中心，通过这个中心对各地的华文教育、华文教学进行标准化和规范化、宏观性和政策性的管理。首先，对全国范围内的华文基本教学进行管理，比如编写切合当地实际情况的教学大纲、指导华校安排课程、对使用简体字和普通话以及汉语拼音系统进行统一规定、设置各个教育层次的华文教学任务与目标等方面，逐步实现华文教育有序和规范的发展。其次，制定华文教学师资招聘标准以及对全国范围内的教师进行统一、有针对性的培训，培训的内容可以包括文化素养方面（阅读与鉴赏、文化历史知识等）、教学素养方面（课程设计、差异性教学等）等。事实证明，"内部造血"是解决海外华文教育师资问题的根本之道。①最后，在有关专家的指导下，编写与时俱进的教材和海外华人少儿中文读物。海外华文教育的发展离不开好的教材，而编写好的教材，也离不开海外华人的努力。

---

① 管克江，裴广江，邹老鹏，焦翔. 本土化，突破发展的瓶颈——对外汉语教学思考（下）［N］. 人民日报，2010 – 7 – 29.

4.3　华文教育应该积极与世界汉语教学接轨

现代华文教育已经不再是针对海外华人所进行的母语教育，而是各个国家为了发展本国经济和文化的一种刚性需求，所以华文教育有了更加广泛的实用价值，从这个角度来说，华文教育有一定的对外汉语教学的意义。目前，汉办的机构健全，实力相对强大，在汉语推广和世界汉语教学发展过程中办学经费充足、学科建设趋于成熟、师资队伍整体水平较高。所以，海外华文教育在发展的过程中应该积极与世界汉语教学进行接轨。一方面华文教育和世界汉语教学可以共享很多资源，另一方面华文教育可以借鉴汉语教学已经成熟的教学经验。

4.4　华文教育的发展必须使用先进的科学技术，必须贯彻终身学习的哲学思想

互联网改变了世界的联系方式，也改变着华文教育的传统方式（周聿峨，1996）。进入全球化时代的华文教育不仅拥有良好的政治、经济发展空间，也拥有前所未有的科技和思想发展空间。简要地说，现代科学技术和终身学习的哲学思想给华文教育的发展提供了无与伦比的时代机遇。首先，从学习的方式来说，华文教育的推进，不仅可以在学校里进行，同时还可以通过网络、媒体、报纸杂志、远程教育等方式多角度、多方位立体地进行。其次，从学习的时间来说，华文的学习可以是一生的事业。在终身学习视野里，个人的学习活动会超越传统教育的范畴，完全是个人自主地积累、运用和创造知识的过程。面对新的挑战，愿意学习华文的人都能在终身学习思想的指导下自觉地运用现代科学技术去获得有价值的知识和能力。

5.　结语

随着中国在世界上的地位日益提高，汉语一定会成为真正的世界性和国际性的语言。这是发展海外华文教育的最好契机（孙浩良，2007）。所以，现在是发展华文教育最好的时代，真正顺应了天时、地利和人和。为了华文教育有一个更加繁荣的发展前景，我们需要更加团结，胸怀更加广阔，眼光更加长远，考虑问题更加全面和理性。虽然华文教育发展进入了高速公路，但我们也要意识到发展海外华文教育仍然是一项任重道远的事业。我们需要大量的人才，这些人才不但需要具备专业知识和技能，更需要有牺牲和奉献精神。另外，我们也要认识到，未来华文教育和华校的发展绝对不会是畅通无阻的。华文教育的地位和运作既不是政府单方面决定的，也不是华人所能主宰的，而是有着多种因素的制约，华文教育的每一个进展，常常是斗争、磋商、协调和相互让步的结果（周聿峨，1996）。

无论困难有多少，挑战有多大，我们都坚信，海外现代华文教育和华校的发展正走在通往更加繁荣的道路上。

参考文献

[1] 蔡昌卓，杨林，2009. 东盟教育［M］. 桂林：广西师范大学出版社.

［2］江健，2011. 东南亚国家语言教育政策的发展特征及趋势［J］. 比较教育研究（9）.

［3］李锁华. 高科技时代的课题：发掘中国传统文化的精神资源［N］. 人民日报，1995－06－30.

［4］潘懋元，张应强，1996. 海外华文教育与弘扬中华优秀文化传统［J］. 教育研究（6）.

［5］孙浩良，2007. 海外华文教育［M］. 上海：上海人民出版社.

［6］叶澜，2007. 教育学原理［M］. 北京：人民教育出版社.

［7］周聿峨，1996. 东南亚华文教育［M］. 广州：暨南大学出版社.

【作者简介】

李小燕，暨南大学华文学院华文教育系教师，教育学硕士，主要研究方向为儿童心理发展与教育。

新马华语与汉语国际传播

李洁麟

（暨南大学华文学院）

1. 新马华语的地位

华语是汉语的海外区域变体，是汉语在海外与外族语言或当地方言经过长期接触、融合而逐渐形成的一种变体。新马华语因地理和历史等因素，具有较强的区域特征。随着历史的演变，马来西亚在摆脱殖民统治后选择了单语制，确定本土语言马来语为唯一的国语和官方语言；新加坡则在宣布独立建国后实行多语制，将马来语、英语、华语及泰米尔语同列为官方语言，其中马来语仍为国语，并实行双语制。因此，新马两国华语在不同的语言政策下走向了不同的发展道路，其华语的地位，亦有很大的差别。

1.1 马来西亚华语的地位

马来西亚华族主要来自中国东南沿海地区的省份，如福建和广东。马来西亚华语使用人数约 600 万。由于马来西亚华族长期以来对华文教育的坚持和抗争，使马来西亚保留了较好的华文教育传统，形成了一套完整的华文教育体制，为华语在大马土地上的传承奠定了较好的基础。

华语长期受制于国语政策，政府对华语的态度始终是压制，这客观上激发了马来西亚华族的抗争意识，亦在很大程度上决定了华语的生存和发展。在语言管理方面，马来西亚华族成立了华语规范化委员会及正音委员会，采用与中国大陆一致的汉语方案；在教育领域，华族重视教育，董教总的角色就像是民间的华族教育部。在其影响下，大约八成的华族子女在全国大大小小的 1 200 多所华校就读，因华文独中只有 61 所，故只有将近两成的华族学生升入华文独中，独中的文凭目前并未获政府承认。在华族家庭领域，华语或其方言仍是华族家庭的主要用语，也是华族社区的常用语言。

在华文媒体方面，马来西亚主要以报纸为主，其影响较大的华语报纸有《星洲日报》《南洋商报》《光华日报》《光明日报》《中国报》等。这些华文报纸同时有自己的网络介质，均采用简体字。虽然马来西亚华文报纸总数比新加坡多，但读者并不多，报纸的覆盖面集中在华族内部。

1.2 新加坡华语的地位

与马来西亚一样，新加坡华族主要来自中国福建和广东，华族方言有十多种。

1979 年的"讲华语运动"，使华语取代方言成为华族的共同语，成为维系华族、传播华族文化价值观的重要语言。

华族人口占新加坡总人口的七成以上，华语的理论使用人口最多，而其实际的使用情况是：虽然华语是新加坡法定的四大官方语言之一，但国会中通常很少用华语发言和讨论；虽然华语是双语教育制度下学校必须教授的民族母语之一，但华族年轻人的华语读写能力日益低下；虽然华语显然应该是华族家庭的主要用语，但当前华族家庭的年轻人已更习惯用英语与家人交流，华语向英语的家庭语言转移趋势非常明显；虽然华语媒体一直存在，均采用中国的简体字，但近年来如《联合早报》《联合晚报》《新明日报》等主流华文报纸的读者流失率逐渐走高，剩下华语电台和电视台继续维持较为固定的受众群。此外，华族方言基本灭绝，只有少数华族老年使用。

2. 新马华语传播的内力与外力

中国汉语国际传播正在以汉语传播史上从来没有出现过的速度、广度和深度向世界各地扩散。汉语的全球传播和英语的全球传播的起点不同，它并非通过殖民过程强制地传播开来，而是通过劳工和移民的方式在海外主动传承下来。因此，海外华语的属性首先是民族的，其传播方式首先是自发的、主动的，这是海外华语传播的内在驱动力（内力）；而当前汉语大本营——中国开展的汉语国际传播，则好比是一种来自汉语主场的外在驱动力（外力），为海外华语在新时期的传承和发展注入了新的活力，特别是在新马这两个拥有大量华族人口的国家，其华语的传承和发展走到了关键的历史时期。

2.1 内力：新马华语传播基本面貌

新马华族人口虽有优势，但华语的地位并不与其成正比。在马来西亚，马来语作为国语理所当然覆盖了政治、经济、外交、军事、教育等重要领域；在新加坡，多语制下英语独大、华语式微的局面早已形成。两国华语的运用和实践领域，主要集中在教育、传媒及华族社区/家庭领域。

2.1.1 教育领域

马来西亚华族占其国内人口的 23.6%，人口超过 620 万，是马来西亚的第二大民族。马来西亚华族非常重视民族母语学习，其华文教育的发展是在马来西亚董教总领导下长期不断抗争的结果。马来西亚已被认可为世界范围内除中国大陆、香港、澳门及台湾地区以外唯一拥有从初级到高等教育的完整的华文教育体系的国家。现阶段马来西亚的华文教育，"学前教育、小学教育由 1 291 所华小承担，其中开设学前教育的华小有 417 所；初中教育、高中教育、技职教育由 61 所独中承担；高等教育（大专）由 3 所民办高职院校承担"。在国民小学阶段，"共 153 所国民小学开设交际华文课程，78 所国民型中学开设华文必修课，24 所寄宿中学向马来学生提供华文课程，16所师范学院开办中小学中文教师培训课程"。马来西亚华小已被纳入国民教育体系，华小以华语作为行政、考试和教学媒介语，较好地传承了马来西亚的母语教育。"截至2011年1月，全国共有华小1 291所，共计609 191名学生，占国内小学生总数的20.12%。近年来，进入华小就读的华裔子弟维持在95%左右，华小师资37 068人，每年约有1万名或10%左右的华小毕业生进入独中就读。"（刘世勇、武彦斌，2012）华文独中共61所，学生近7万，华族学生占绝大部分。也有马来族、印度族的学生，还有来自新加坡的华族学生，为数甚少。1975年开始每年举办一次的独中统考是专为独中学生开设的考试，发展至今，已有超过800所国内外大专院校接受独中统考生源。但目前独中统考并未获政府承认成为进入马来西亚国立大学的资格证书。华文大专教育方面，已有3所华教高等学府，此外，马来亚大学、博特拉大学、国民大学等国立大学均设立了中文系。

新加坡的华族人口占全国人口总数的七成多，华语传播拥有绝对的人口优势，这是新加坡华语传播的天然条件。但新加坡的华语自其建国后，在英语独大的环境下逐渐走向弱势，其华语的传承远未及马来西亚。新加坡华语教学是双语教学中的重要一翼，华文是华族学生在学校中学习的母语。自1987年全国统一民族语文源流学校后，包括政府特意保留的特选学校在内，均全面实行了以英语为第一语言、母语为第二语言的双语教育。在英语全面占领教育领域的情势下，华语颓势越来越明显，这促使政府在1992年到2004年这短短的12年里，先后进行了三次华文教学的重大检讨与改革。通过对语言分流制度的细化、保留华文特选学校、开设华文B课程等具体措施，政府希望以此减轻学生的语言学习负担，提高学生学习华语的兴趣，以保留新加坡的东方价值观。

当前新加坡的华文教育可归纳为三种方式：学校的华文课程，社会的华文培训、补习中心，与中国高校合作办学。与马来西亚一样，新加坡的华文教育体系比较完整。不同的是，新加坡华文教育的每一个阶段都属于国民教育体系。目前，有30多所中小学开设华文课，10所大学设有中文系，有近90所周末华文学校。粗略统计，新加坡学习华文的中小学生有1万多人。问题在于，这些改革和措施并未能达到传承华语、传递东方价值观的美好理想，新加坡华语教学面临着前所未有的困境：华语地位逐渐走向低阶，华族华语水平大幅滑落，学生"强语弱文"（徐峰，2008），华族的身份认同浮现危机。来自官方的数据显示，"2004年开始，以英语为家庭用语的小一新生人数已超过以华语为家庭用语的学生，2009年以英语为家庭用语的小一新生达到60%"（吴英成，2010）。

2.1.2 传媒领域

新马两国都可以说是海外华文传媒最早诞生的国家之一，倚靠华文传媒和对华文教育的坚持，新马华族保持了自己鲜明的民族特性。马来西亚华文传媒的主体力量是华文报刊，其市场化程度很高，《星洲日报》《南洋商报》《中国报》和《光明日报》占据了大部分市场份额，总发行量超过100万份。原因主要是在马来西亚国语政策的统治下，其国内的大众传媒包括广播电台、电视台等主流媒体的控制较强，广播电视节目中很少出现华语节目。20 世纪 90 年代末开始，华语的经济价值逐渐显现。2003 年马来西亚的 TV2 电视台播出中文新闻后获得了较高的收视率，此后电视台逐步开设了华语音乐、华语电影电视等华语节目。一项调查显示，"在马来西亚 600 多万华人中，每天阅读华文报章的人数保持在 230 万到 260 万之间。华文媒体所涵盖的华人家庭则达到60%，剔除20% 不懂华文的华人家庭，华文传媒涵盖华人家庭高达80%"（赵胜玉，2011）。可见，华文报纸对马来西亚华族的影响很大。

新加坡因采用多语制，其国内的华文传媒具有多语的特色，基本上新加坡的大众传媒都使用四种官方语言文字。当前新加坡主要有两个媒体集团：新加坡报业控股有限公司及新加坡传媒公司，前者是私营上市公司，后者是官方企业。传媒是国家的喉舌，新加坡政府也不例外地对传媒进行严格控制，因而其国内的华文媒体变化较少，状态稳定。电视方面，新加坡的华语节目颇受欢迎。新加坡报业控股 2010 年率先打破垄断局面，开设华文电视新闻部门，组建"优频道"制作华文新闻节目，目前已成为其国内第二大受欢迎的华文频道，仅次于拥有近半个世纪历史的新传媒第八频道。报纸方面，1989 年改组的新加坡报业控股下有固定的华文报纸集团，《联合早报》《联合晚报》《新民日报》等华文报纸总发行量月 50 万份，读者百余万。在网络兴起之后，华文报纸也有自己的新闻网站，如知名的"联合早报网"。

总的来说，马来西亚华文传媒的优势在于华文报纸，新加坡华文传媒的优势则集中在网络、电视和广播领域。随着中国汉语国际传播步伐的前行，新马两国的华文媒体也积极与中国媒体合作，共同向海外发出响亮的华声。

2.1.3 社区、家庭领域

马来西亚华族在以董教总为首的华社带领下，经过长期的坚持，为自身接受母语教育、保证母语传承奠定了良好的基础。马来西亚华族社区及家庭领域是华族母语得以世代传承和发展的土壤，其华语使用环境较好。但近年来有调查显示，在马来西亚重视英语教育的趋势下，华族家庭年青一代的家庭用语逐渐呈现出从华语方言向华语和英语方向转移，但目前趋势并不明显（洪丽芬，2008）。新加坡情况则不然，华语方言已于 1980 年代被华语取代，华族家庭在 1990 年代则已开始出现华语向英语的转移趋势，近年来家庭华语转移情况严重。尽管官方倡导了长达 33 年的华族内部"讲华语运动"，再加上三次双语政策的改革，但均未能力挽狂澜。社区和家庭领域的华语正在流失，华语传承前景不容乐观。

2.2 外力：中国汉语国际传播的基本面貌

汉语走出中国、走向世界，可追溯到中国先秦时期，以汉唐为盛，"汉字文化圈""西洋汉学"就是最好的证明，而"海外华语""华文教育"是汉语在海外传播和发展的集中体现。进入 21 世纪，随着中国经济的高速发展和国际地位的逐步攀升，"汉语"的国际话语权逐渐加强，"汉语国际传播"被赋予了新的历史意义，成为全球范围内多元语言传播的一种客观进程。中国政府对汉语国际传播事业的重视加快了汉语在新时期的全球传播速度。从传播的观点出发，笔者将汉语国际传播的现状分成四个类型：

2.2.1　汉语的人际传播

人际传播是最基本、最古老的语言传播类型，即个体与个体之间面对面的信息沟通和情感交流。除一对一或一对多的课堂汉语学习外，海外华侨华人家庭的华语传承和保持，是典型的华语人际传播类型，是其在海外传播最古老、最直接、最有效的方式，至今仍是汉语国际传播的主力军。海外 3 000 多万华侨华人家庭和亲属之间的语言环境，使汉语在海外的传播和发展得到了最基本的保障。海外华语传播是汉语国际传播的一支主体力量，是其不可分割的重要组成部分和研究内容。

2.2.2　汉语的组织传播

组织传播指的是具有某种特定目的的组织所从事的信息活动，其过程包括四个方面：社会化过程、行为控制、决策控制和冲突管理。汉语在海外的组织传播，主要体现在教育领域，它是当前中国语言政策中关于汉语国际传播战略的集中体现。如国家汉办/中国孔子学院总部重磅推出的孔子学院/课堂、汉语教师中国志愿者项目等，均由该总部批准设立；汉语教师的人员设置和派出，教学活动的安排和设计等，都须通过孔院总部的同意后实施，并对其教学活动和人员设置等保留最终解释权。截至 2013 年 3 月，中国已在世界范围内 110 个国家设立了 410 所孔子学院、552 家孔子课堂，孔院注册学员达 65 万余人；向 132 个国家派出汉语教师和志愿者 1.1 万人；已组织 45 个国家 1.2 万名本土教师来华或在当地进行汉语教材培训；汉语水平考试（HSK）、少儿考试（YCT）等各类汉语考试人数高达 317 万。2013 年，孔院总部启动"孔子新汉学"计划，目的是使汉语国际传播融入国外的高等教育系统，全面提升汉语的国际传播水平和高度。

此外，还有分布在海外大大小小的华校。据中国华文教育网的不完全统计，仅在东南亚范围内，办学规模较大、办学历史较久的知名华校就有将近 150 所（不含马来西亚的华文独中），它们与近年来新建的孔子学院一样，是汉语国际传播的海外接力棒，更是当前海外华语传播的主力军。

2.2.3　汉语的大众传播

汉语的大众传播指通过大众传播媒介向世界传播汉语信息的过程，是汉语人际传播和组织传播通过传媒的延伸，包括报纸、杂志、书籍、广播、电视、电影、网络等。中国境内的大众传媒承担着介绍中国、传播中国信息的重要责任。海外的华文传媒，是华语及其文化在海外传播的重要渠道。据学者统计，海外华文传媒至今已有超过两个世纪的历史，"在海外共有 52 个国家和地区出现华文报刊，累计总数 4 000 多种。目前仍在出版的印刷媒体有 500 多种，其中每天出版的日报 100 多家，以报纸形式、定期出版的期报 180 多家，各类刊物 230 多种。目前海外华语广播电台 70 多家，华语电视台几十家"。中国的汉语传媒和海外的华文传媒，构成了全球范围内庞大的汉语大众传播体系。

2.2.4 汉语的网络传播

网络是当今信息社会最大众化的传播类型，它涵盖了其他传播类型的特点，颠覆了传统的传播类型，其传播的覆盖面超大。汉语传播与网络的结合，实现了人际、组织、大众传播中各种汉语资源的高速融合，加速了汉语的国际传播。汉语的网络传播类型非常丰富，有综合类型的网站，发布大量有关的汉语资讯，也有汉语教学研究、汉语学习考试、高校等汉语组织机构类型的网站，亦有包括报纸、期刊、杂志、电视、电影在内的大众网站，包括论坛、博客、微博、微信在内的小众类型的微传播空间。这些网络传媒的数量之大无法统计，传播范围之广无法量化，这是一个超越空间与时间概念的全新的传播领域。通过网络进行的汉语国际传播，打破了国与国之间的界限、民族与民族之间的距离。当前，运用现代信息技术和多媒体网络教学已成为汉语国际传播的一大发展方向，其传播特性契合当今地球村多元的文化视野。

3. 内外合力的新马华语传播

全球化的国际环境，使语言多元化、文明多样性成为共识。作为当今世界第二大经济体的中国，其发展引起了全球的高度关注。了解中国，与中国谋求政治、经济、外交、军事等各方面的合作，掌握汉语是一个重要的途径，这为汉语走出国门、走向世界迎来了一个新的历史时期。汉语在世界各地的加速传播始于 2004 年，发展至今，越来越多的国家把汉语教学纳入其国民教育体系，如新加坡、马来西亚、泰国、爱尔兰等，这是中国汉语国际传播主战略的体现。在拥有大量海外华侨华人的国家，华族把学习华语及其文化作为保留民族传统、文化价值观，维系民族情感的纽带，如新加坡、马来西亚、泰国、菲律宾等，海外华语传播已成为汉语国际传播的重要组成部分。汉语的对外传播，有助于增进国际社会对中国的认知和理解。当前的汉语国际传播，凸显了海外华语的经济价值，为华语在海外的发展迎来了一个全新的历史时期。新马两国的语言政策，近年来也随着汉语全球传播的战略而有所调整。笔者认为，从语言经济资源的角度来看，新马两国华语的传承，正处于一个从过去"被压制"的被动传播阶段向"被需要"的主动传播阶段发展。马来西亚应在内力较足的基础上加强与官方、与外力的协调；新加坡应在内力渐弱但官方鼓励的前提下倡导与外力的合作。

3.1 语言多元化和文明多样性是经济全球化与世界多极化的客观要求

讨论华语传播问题必须对新马两国华语环境保持一个客观清醒的认识。当前新加坡是一个英语独大的语言社会，马来西亚则采取着力强调并发展英语的语言政策，华语在这两个国家的发展，首先必须满足以英语为主体的语言环境的要求。我们知道，英语的全球传播浪潮是任何国家的语言政策均无法阻挡的国际趋势，新马两国，包括中国亦如是。当前国际互联网近九成的信息是用英语传播，联合国的各类场合几乎全部使用英语，更不用说国际经贸、法律及科技领域。经济全球化虽客观推动了中国的汉语及海外华语的传播，但最大的赢家还是英语。汉语或华语，其与英语至少在当前并不在同一个层面上竞争。我们应该认识到，汉语和华语之间是一种多元并存、各司其职的关系。新马华语传播，内力和外力的合作，是在倡导语言的多元化、维护文明的多样性，这也是经济全球化和世界多极化的客观要求。笔者认为，当前无论是马来西亚、新加坡还是中国，都在谋求国家经济发展与国际合作。只有符合多元特性，才能形成语言与语言之间、国家与国家之间、国家与国际之间的良性互动格局。

3.2 积极发挥官方华语协调机构的主导作用

在汉语国际传播的形势下，新马两国政府对华语在新时期的传承和发展都给予了不同程度的关注与重视。马来西亚方面，2004年2月12日，成立了"马来西亚华语规范理事会"（Majlis Pembakuan Bahasa Cina Malaysia），隶属于国家新闻部，其成立的目标是规范马来西亚华族的语言文字工作，倡导华社与华文传媒使用规范华语，使马来西亚的华语与汉语国际传播的规范接轨。2006年2月，该理事会转由教育部主管，由时任教育部副部长任职理事会主席。2008年3月，在第三任主席、时任教育部副部长魏家祥的主持下，理事会成立了六个华语规范工作小组，分别为译名组、信息组、语音组、语法组、文字与词语组及出版组。成立至今，理事会开展了许多华文译名的规范工作，举办了多场马来西亚华语规范问题的讲座，并实施了一系列加强和规范华语的运动，同时开展了"普通话水平测试"等。

无独有偶，新加坡于2005年初成立了"推广华文学习委员会"，直属教育部政务部长领导。该委员会积极开展推广华文学习的活动，活动内容涵盖新加坡的学前华文教育、华文阅读、华文写作等多方面，并同时与各华社、华族团体、华文传媒、华文学校保持密切合作，目的是为新加坡中小学阶段的学生营造一个良好的华文学习环境。2011年1月，教育部宣布在未来五年，为该委员会和各学校拨款4 500万新币，加强学生的华文学习推广教育；同年4月，教育部再次宣布，在未来五年拨款1 200万新币，用以资助华族社区的华文学习。近期，该委员会推出了一系列的华文阅读计划，希望通过学校、社区、家庭三方面的联合，为新加坡营造一个课内课外的华文大环境。

可见，新马两国对华语在新时期之于国家发展的价值和定位都有了明显的调整。上述两个官方的华语协调机构，都从国家行为的角度为华语的规范和学习起到了促进作用。这足以说明两国华语地位的提高，其语言价值已进入国家公共治理的大视野。因此，只有积极发挥官方协调机构的主导作用，在平衡内力的前提下，才能为外力的参与奠定良好的官方基础和政策保障。

3.3 以高等教育合作打开新马华语传播的新格局

高等教育阶段的华文教育，已经发展成为新马两国国民教育体系中的一个组成部分。与中国高等教育机构的合作，将为两国学生提供了更多的学习华文、深入了解中华文化的高等教育机会，这是高等教育国际化的需要，也是两国培养华文人才的一种途径。近年来，两国与中国在高等教育领域的合作越来越多。

马来西亚与中国于 1974 年建交。随着中国经济的发展、汉语经济价值的提升，马来西亚政府逐渐放宽了对华文教育的压制态度，逐步认识到华文教育是其国民教育的一个重要组成部分，并在两国的教育领域陆续开展合作。2011 年 4 月，两国签署了"学历学位互认协议"；2012 年，马来西亚率先单方面承认中国 146 所大学文凭；2013 年中国承认的马来西亚大学共 32 所，这意味着具有 12 年华教背景的马来西亚学生能持独中文凭到中国高校继续升学，在很大程度上帮助解决了独中学生接受高等教育的问题。在马来西亚现有的 400 多家高等院校中，华文教育高等学府有 3 所：新纪元学院和韩江学院学生各约 1 400 名，南方学院学生约 1 200 名。马来亚大学、博特拉大学等知名学府也都相继设立了中文系。近年来，马来西亚高校与中国高校的合作步伐加快，目前，中国在马来西亚的留学生 1 万多人，马来西亚在华留学生 1 000 多人。2013 年，厦门大学在马来西亚建立分校，这为华文独中的学生提供更多的国内升学机会。

新加坡与中国建交于 1990 年，两国在教育领域展开了较频繁的合作。1999 年开始，两国陆续签订了一系列的重要合作协议，如《中新两国教育部关于教育交流与合作备忘录》《中新两国关于互换优秀大学生备忘录》《中新两国关于选派初三毕业生备忘录》《关于合作建设新加坡第四所公立大学的谅解备忘录》等。2006 年，中国在新加坡成立了第一所海外学校——汉和国际学校。目前，中国共有 16 所高等院校在新加坡开办了 20 多个学位课程的教育项目合作，在新的各类留学人员超过 4 万，在华的新加坡留学生约 3 200 人。中新两国的"文化浸濡活动"多次开展，大学生交流计划受到了两国学生的欢迎（蔡昌卓，2010：266）。其中，新加坡国立大学设立了中华语言文化教学与研究中心，新加坡南洋理工大学、义安理工学院等也开设了商用华文、公务华文等实用型的华文课程。

可见，近年来新马与中国在高等教育领域开展华文教育已有一定的基础。笔者认为，新马华语的传播，作为汉语大本营的中国责无旁贷，这对马来西亚接受华文教育的学生的升学，对新加坡华族文化的传承、身份的认同，对华裔青少年增进对祖（籍）国的了解，将起到积极的作用。

3.4 采用现代信息技术与华语教学结合的方式推动华语传播

新马两国华语传播首先具有人口方面的优势，两国都把华语教学纳入国民教育体系。在马来西亚，据不完全统计，有八成以上的华族选择上华文学校，其最大的特色在于拥有 61 所华文独中；在新加坡，华族人口近八成，华文作为母语课程在任何类别的学校开设，且保留了中小学阶段的华文特选学校。这些学生是新马华语传播的生力军。笔者认为，新马华语传播在年青一代中具备了基本的内力条件，那么外力的推动就需要选择一种合适合理的介入方式。年青一代对现代信息技术的兴趣较大，接受能力很强，再加上两国政府均高度重视教育技术的发展，信息技术的大众普及程度较高。尤其是微传播媒体的出现，创造了微博、微信、微电影、微小说等微文化产品，微环境下云资源的融合达到了前所未有的高度，极大拓宽了学生与华语网络资源的接触面。新马两国年青一代华语的传承与发展，应从年青一代的生活方式、阅读和学习习惯寻找突破口，将华语与现代信息科技紧密结合，让华语真正融入他们的生活中。

4. 小结：国际传播视野下的海外汉语传播

综上所述，笔者认为，马来西亚华族有较好的华文教育传统，华族自觉保留民族语言及其文化的意识较强，华语传播的内在驱动力较足；新加坡华族在国家谋求外向型经济发展战略的影响下，对华语持务实态度，偏重语言的经济价值，华语传播的内在驱动力较弱。面对这样的现实，如何因地制宜地在新马等海外国家开展汉语国际传播工作，除了具体的工作方法外，还需自审我们的传播视野、传播态度和传播思路。

4.1 传播视野：国际传播跨文化视野下的汉语和华语

国际传播指的是一种跨国界、跨民族的信息沟通和文化交流，起点是语言传播。语言既是其传播媒介，亦是其传播内容，输出的是语言，最终输入的是文化。因此，它也是一种跨文化传播。华语形成于海外，是汉语的一种海外变体，华语本身就承载着这种汉语变体的文化，适应海外的生存和发展。汉语走向世界，是中华文化国际传播的最佳途径，与华语相遇不可避免。我们要考虑的是，依托华语在当地已有的传播者、传播地图、传播路径及受众，尊重本土语言与文化，使汉语走得更稳，走得更远。因此，不仅在华族众多的新马两国，在任何国际进行的汉语国际传播，都应站在国际传播的跨文化视野下，处理好汉语与当地华语、当地语言的关系，做到互相尊重、多元并存、差异互补。

4.2 传播态度：海外华语传播是汉语国际传播的重要组成部分

海外华语传播具有悠久的历史，这主要体现在海外华文教育的传承及海外华文媒体的发展。当前海外学习汉语的人数是3 000多万，海外华侨华人占了绝大部分，他们既是汉语国际传播的海外主力军，亦是生力军。通过他们的主动再传播过程，即汉语及其变体华语的结合过程，形成了汉语国际传播中的一个特殊的语言接触阶段。对这个阶段的观测和研究，将使我们更好地反观汉语，更好地回馈海外汉语学习者。这个汉语国际传播的动态过程的良好展现和运转，海外华语传播功不可没，它是汉语国际传播的重要组成部分。

4.3 传播思路：从对外汉语教学、汉语国际推广到汉语国际传播的演变

"对外汉语教学"起步于20世纪50年代，"汉语国际推广"加速于2004年，随后"汉语国际传播"概念得到了更多学者的支持。这个概念的演变过程告诉我们，不仅要"教学"，还要"推广"，但其实它们都是"传播"。换言之，不仅不能局限于汉

语国际教育，也要考虑"推广"的方法，更重要的是，必须遵循语言传播规律来做好中国的汉语国际传播事业。那么，摆在前面的问题是，我们还未真正建立起汉语国际传播的理论体系，还局限于汉语国际教育领域，还局限于怎么"推广"。可喜的是，越来越多的学者从语言学、教育学、传播学、历史学、心理学、社会学等领域重新审视汉语国际传播多学科的参与讨论，丰富其语言管理和语言实践活动，为汉语、为海外华语铺设一条和平的传播道路。

参考文献

[1] 博纳德，斯波斯基，2011. 语言政策——社会语言学中的重要论题 [M]. 张治国，译. 北京：商务印书馆.

[2] 蔡昌卓，2010. 东盟华文教育 [M]. 桂林：广西师范大学出版社.

[3] 洪丽芬，2008. 试析马来西亚华人母语的转移现象 [J]. 华侨华人历史研究（1）.

[4] 刘世勇，武彦斌，2012. 马来西亚华文教育现状与发展策略 [J]. 东南亚纵横（9）.

[5] 李洁麟，2013. 传播学视野下的汉语国际传播 [J]. 新闻爱好者（2）.

[6] 吴英成，2010. 汉语国际传播：新加坡视角 [M]. 北京：商务印书馆.

[7] 吴元华，2008. 务实的决策——新加坡政府华语文政策研究 [M]. 北京：商务印书馆.

[8] 徐峰，2008. 新加坡华语地位的变迁与华文教育所面临的挑战 [J]. 中学自学指导（6）.

[9] 许小颖，2007. 语言政策和社群语言——新加坡福建社群语言学研究 [M]. 北京：中华书局.

[10] 叶玉贤，2002. 语言政策与教育——马来西亚与新加坡之比较 [M]. 台北：前卫出版社.

[11] 郑良树，2007. 马来西亚华文教育发展简史 [M]. 上海：外语教学与研究出版社.

[12] 张西平，柳若梅，2008. 世界主要国家语言推广政策概览 [M]. 上海：外语教学与研究出版社.

[13] 赵胜玉，2011. 马来西亚新加坡华文传媒综述 [J] // 世界华商经济年鉴编辑委员会. 世界华文传媒年鉴. 北京：世界华文传媒年鉴社.

【作者简介】

李洁麟，暨南大学华文学院办公室副主任，博士，助理研究员，主要研究方向为语言政策。

从数理英语化政策看马来西亚华人社会的语言观

[马来西亚]　孙招娣[1]　王晓梅[2]

（1. 马来亚大学语言暨语言学院/马来西亚华人研究中心；2. 马来西亚沙巴大学）

1. 前言

马来西亚是个多元语言和多元文化的国家。马来西亚一如其他的前殖民国家，独立时选择了最大土著群体（马来人）通用的马来语为国家官方语言，并以前殖民者的语言——英语作为第二语言。同时马来西亚联邦宪法赋予人民学习和使用母语的权利。Gill（2005）认为马来西亚政府对教育的控制相当严格，而且教育语言政策的制定是自上至下的模式，学校的教学媒介语必须由马来西亚政府制定和通过。例如，20世纪 60 年代华文中学的改制、70 年代英文学校的改制等。近年来的数理英语化政策也是其中一个由中央政府授意推行的教育语言政策。该政策从提出、执行至废除，引起各阶层不同的反应，甚至出现截然相反的意见。而这些不同的声音反映了不同利益团体对不同语言的观念，我们尤其关心华人社会内部的语言观。

本文的理论框架主要是依据 Spolsky（2004）的语言管理模型，这个模型把语言规划分为三个部分，即语言实践（Language Practice）、语言观念（Language Ideology）和语言管理（Language Management）。他认为语言观念指的是一个语言社群对共用的语言产生共同的信念。语言观会影响语言社群对语言的实践，并体现为具体的语言管理政策。

Silverstein（1994）认为语言观念是语言使用者对使用的语言的观念合理化或语言结构和使用的感知，Woolard（2001）则认为语言观念是某个语言族群对他们的语言的共同信念。语言观念调和语言使用者的社会特征。这是因为，人类依赖他们的语言模式来填补他们在社会中的位置。

而 Marsh 主张通过英语科教导数学和科学概念，学生同时也以母语接受数理科知识（Faizah Mohamad Nor，2011）。而马来西亚的数理英语化（ETeMS）则是以英语取代母语作为媒介语教授数理各科知识。

本研究的主要目的即是探讨马来西亚数理英语化政策所反映出的语言观。我们首先简述马来西亚教育语言政策的演变，然后介绍数理英语化政策的来龙去脉，之后通过分析马来西亚的华文报纸《星洲日报》及英文报纸《星报》所刊登的有关华人社会及华人读者针对该政策的言论和报道，讨论马来西亚华人的语言观并做总结。

2. 马来西亚教育语言政策的演变

李洁麟（2009）把马来西亚的语言政策发展史划分为五个阶段，第五阶段的增设是以 2002 年后政府推行数理英语化的教育语言政策为基础的。本研究采用她的划分法。

2.1 殖民时期

1951 年，英政府颁布了《巴恩报告书》。这份报告书建议设立国民学校，以马来语或英语作为教学媒介语。该建议包括了华语学校和泰米尔语学校，而华语和泰米尔语只被视为学校的一门语文科目（Mok Soon Sang，2000）。该报告书遭到当时华人和印度人的强烈反对，所以英政府又颁布了《芬吴报告书》。这份报告书提出，政府应提供华文学校师资和设备。英国政府也鼓励当时的华人接受三种语文的教育，即华语、马来语和英语。

《1952 年教育法令》只接受《巴恩报告书》的建议，只成立以马来语和英语作为教学媒介语的学校。如果有至少 15 位学生家长或监护人要求，母语班即华语和泰米尔语将会在学校教授。1956 年的《拉萨报告书》支持马来语教学。学校按制度只分为公立学校和公立型学校。公立学校以马来语作为教学媒介语，而公立型学校则包括华语学校、英语学校和泰米尔语学校这三种语文源流的学校。马来语和英语为必修科目，所有学校必须教授这两种语文。

2.2 独立早期

1960 年，《拉曼达立报告书》只承认国民小学（以马来语为主要教学媒介语）和国民型小学（以英语、华语或泰米尔语为主要教学媒介语）。20 世纪 60 年代，只有改制为英语学校的华文中学才能享有政府的津贴。经国会通过的《拉曼达立报告书》便成为《1961 年教育法令》。

2.3 新经济政策时期

马来西亚于 1970 年开始推行新经济政策，1975 年所有的英语学校被改制为国民小学。这时的教育语言政策规定马来语为各校主要教学用语，而英语则成为第二语言。1980 年后，用英语教学的课程全部改用马来语。1983 年更进一步规定所有大学一年级的课程必须用马来语教授，但英语仍然被视为第二语言。

2.4 新发展政策时期

20 世纪 80 年代末，马来西亚教育部发现许多小学生的数学和理科的成绩不理想而开始重视英语。《1995 年教育法令》是以 1956 年的《拉萨报告书》、1960 年的《拉曼达立报告书》原则、国家教育理念符合国家宏愿作为基础而制定的。马来语是全部教育机构的主要媒介语，而在国民型中小学则是必修的科目。

2.5 新世纪信息科技时期

配合新世纪信息科技迅速发展的需要，英语成为获取新信息科技的主要桥梁。

2002 年，时任首相马哈迪公布从 2003 年开始，国内各类型小学一年级和中学一年级都以英语教授数学和理科各个科目。这就是所谓的数理英语化的教育语言政策。

3. 数理英语化政策

马来西亚政府推行数理英语化教育语言政策的主要目的是要提升国人的英语语言能力。使用英语作为数学和科学科目的教学媒介语将有助于增加英语的使用频率，进而帮助新生代通过信息科技获取新知识（Faizah Mohamad Nor，2011）。

该项政策推行了九个年头后，于 2012 年 1 月正式以软着陆的方式取消。我们把这九个年头分为三个阶段：①政府提出数理英语化概念并通过落实此教育语言政策；②数理英语化教育政策的执行；③取消数理英语化教育政策。

3.1 执行前：提出数理英语化概念至通过落实此教育语言政策

2002 年，时任马来西亚高教部部长公布了国立大学毕业生失业人数高达 4 万名的数据，而马来籍占了大部分（Gill，2005），造成这问题的其中一个原因是国立大学毕业生的英语掌握能力低下，私人企业家甚至批评这些大学毕业生的英语沟通能力偏弱（Nik Hairi Omar，2012）。针对这个问题，马来专栏作家阿旺苏隆于 2002 年 5 月在《马来西亚前锋报》建议政府复办英殖民政府时期曾设立的英语学校，以解决新生代英语掌握能力不达标的问题。

马来西亚内阁否决了复办英校的提议，不过同意把英语科提升为学校的重要科目。接着教育部同意华文小学增加英文课节数，并且在国民小学实行以英语教数理科的方案来提升在籍学生的英语语言能力。前首相继而宣布从 2003 年起，全国中小学生将会以英语作答数理科考卷，这引起了马来西亚华人社会强大的反弹。该政策提出的初期只建议在国民小学执行，但经过几番讨论后却涉及全国的学校。基于马来西亚政府拥有制定教育语言政策的最终决策权力，经过一番谈论和协商，英语教数理科政策铁定于 2003 年 1 月新学年开始在全国中小学一年级全面执行。华文小学则只落实"2—4—3 方案"，即 2 节英文、4 节英语教数学和 3 节英语教科学，华文小学也同时以华语教授数学和科学。

3.2 执行中：数理英语化政策的执行期

从 2003 年 1 月的新学年开始，马来西亚教育局全面推行以英语作为小学和中学一年级数学和理科各个科目的教学媒介语。由于华文小学以双语的方式教授数理科，造成课程重复的现象，从而加重了教师的负担。

2004 年，时任教育部长希山慕丁表示政府对于学生的数理科的考试成绩感到满意，这也意味着数理英语化的效果良好。可是 2005 年，马来作家协会在第二届马来人教育大会上报告，高达 50 万名马来学生在数理英语化教育语言政策推行下，数理科的成绩严重落后，他们甚至面临被教育系统淘汰而辍学的下场。①在压力下，政府宣布将会检讨数理英语化政策的成效。同时，政府也很坚决要继续执行该项政策。同年12月，董总举办"反对数理英化"大会，参加大会的文教人士达两千多人。②

3.3 废除：反对至取消数理英语化政策

政府虽面对各方的反对声浪，但基于新政策下的学生还未参加统一的考试，加上学生、家长和各利益团体所持的意见不统一，所以该政策还是继续推行。

执政成员党中的巫统青年团团长凯里也表态反对这项政策。2007年11月，时任教育部部长才宣布迟至两年后即2010年之前会对这项政策做出决策性的宣布。2008年开始传出将会废除数理英语化政策的消息，至8月，教育部已召开了两次针对该项政策的圆桌会议。③

2009年3月，5 000名"废除英语教数理联盟"示威者游行至国家皇宫提呈备忘录，惊动了政府，下定决心要解决问题。同年10月，时任教育部部长丹斯里慕尤丁宣布：数理英语化教育语言政策于2011年撤除，以"巩固国语（马来语）及加强英语"政策来替代。2010年，教育部指只有小学一年级的学生将接受母语教数理科，中学则可以选择以英语或马来语来教授。

2011年，马来西亚教育家长行动组织（PAGE）促使支持数理英语化的家长公开表态，以争取政府允许家长决定子女学习数理科的媒介语。该组织是为了争取继续数理英语化政策而成立的。虽然他们一再争取，但政府宣布废除数理英语化政策已是最终的决定，不会有任何更改。

4. 研究结果分析

本研究的材料来自2002—2013年于《星洲日报》和英语《星报》刊登的有关数理英语化政策的报道和读者的评论。

4.1 研究语料

本研究使用的新闻篇章共98篇，其中69篇来自《星洲日报》，而其余的29篇则来自《星报》。这些报道根据各利益团体的性质而归纳成四大类，即政府和政党、社会团体、读者、专栏作者。采用的篇章除了包括代表政府、政党和社会团体对于数理科英语化曾发表过的言论外，也包括来自读者（包括社会人士、学生和家长）或专栏作者（只选用华人作者）的言论和意见。为了能全面反映马来西亚华人的语言观，本研究涵盖了中文报道和英文报道。

---

① 若不检讨英文教数理政策，50万马来学生将辍学［N］. 星洲日报，2005 – 3 – 7.
② 英语教数理推行8年"大事记"［N］. 星洲日报，2009 – 7 – 9.
③ 英语教数理课题，董教总：指意见参半，教部圆转移视线［N］. 星洲日报，2008 – 8 – 28.

表1　研究语料的分布

编号	利益团体	《星洲日报》	《星报》	篇数
1	政府和政党	11	6	17
2	社会团体	25	5	30
3	读者	17	18	35
4	专栏作家	16	0	16
	总数	69	29	98

4.2　语料分析

我们对98篇语料的基本立场进行了初步的分析，发现大致上反对推行该项教育语言政策的比例比较大。在98篇中有超过60个百分点（62篇的报道）反对推行这项政策。但是中文报与英文报的立场有所不同，中文报更偏向反对的立场，而英文报则偏向支持的态度。

表2　报纸对数理英语化政策的立场

报纸名称	支持政策		反对政策		总数
	数量	百分点	数量	百分点	
《星洲日报》	17	24.6	52	75.4	69
《星报》	19	65.5	10	34.5	29
总数	36	36.7	62	63.3	98

4.3　不同利益团体的语言观

我们分析了不同利益团体在数理英语化政策执行前后的态度与立场，从中推演出他们对英语与母语的看法与观念。

4.3.1　政府和政党

马来西亚政党分为组成政府的执政成员党和在野的反对党。政府、执政党和反对党基于各自的立场或支持或反对政府推行数理英语化政策。这反映出他们对三种语言即英语、华语和马来语不同的语言观。

政府的主要观点是：英语被视为能够使马来西亚进步和追上全球化步伐的语言。这是因为英语具有很高的经济价值，它也是重要的资信语言（Nor Liza Ali，2003）。学生通过数理英语化政策，一方面学习数理各科目，另一方面能提升英语的掌握能力。① 将来这群学生到外国深造时将事半功倍，他们能够轻易地适应使用英语国家的生活②，英语进而能提升他们在外的竞争能力。

另一方面，使用英语作为小学至大学阶段的教学媒介语能够吸引外国学生，使马来西亚成为他们选择的国家之一。这能达成政府欲发展马来西亚成为学术中心的目标。除此之外，数理英语化政策的推行能提升英语的使用，使马来西亚成为多元语言和多元文化的社会。③

而反对这一政策的政党却认为，数理英语化政策不但不能提升学生的英语能力，反而将导致学生对数理各个科目的兴趣和掌控能力降低。④ 这是因为郊区的学生基于生活环境因素，向来较少有机会接触和认识英语。一些英语基础较弱的学生，数理科的成绩也受影响。这会形成郊区学生的学术表现比不上市区学生，同时造成郊区学生和市区学生的学术鸿沟继续扩大。⑤

华语作为学生的母语将有助于学生学习数理科，可达到事半功倍的效果。使用学生的母语教授数理科能够使华文小学在数理科持续地有卓越的表现，并同时保有华文小学的特征。⑥ 数理英语化可能进一步引起母语教育的危机⑦，所以该教育语言政策的失败引出保留马来语作为教学媒介语的回响。⑧

4.3.2 社会团体

参与讨论马来西亚政府推行数理英语化政策的社会团体包括八大乡团中俗称"民间教育部"的马来西亚华校董事联合会总会（董总）和马来西亚华校教师会总会（教总）。其他的社会团体包括了地缘性的同乡会及职业和商业专属联合会。基于这些团体的创办目标和功能各不相同，所以这些社会团体反映出的语言观也不甚相同。

整体来说，这些团体较偏向于反对政府实行数理英语化政策。由于这些团体包含了专业的教育组织，所以他们的语言观是由宏观的教育原理出发，但也表现出他们对母语教育的执着和立场。

教育专业组织认为数理学问不只是通过英语才能学习的，联合国也确定了传授知识，使用母语是最有效的方式。⑨ 这些教育专业组织坚持学生在小学阶段以母语吸收数理知识是最有效和符合教育原则的做法。⑩ 同时，他们不否定英语在全球化冲击下

---

① 新闻部政次：提升学生程度，英语教数理华小不会变质 [N]. 星洲日报，2005 - 4 - 13.
② 教长：小学就要打好基础，英语教数理不从中学开始 [N]. 星洲日报，2007 - 10 - 29.
③ 翁诗杰：提升高教水平，大学理工数学系英语教学 [N]. 星洲日报，2007 - 11 - 14.
④ English policy avidly followed [N]. The Star, 28 November 2007.
⑤ 英语教学影响深远，公正党吁各造深思 [N]. 星洲日报，2002 - 5 - 14.
⑥ 李家全：英语教数理不当，速恢复母语教数理 [N]. 星洲日报，2007 - 11 - 17.
⑦ Education, religious rights debated [N]. The Star, 28 July 2002.
⑧ 公正党：扫除母语教育危机，有赖实现宪法精神 [N]. 星洲日报，2002 - 7 - 31.
⑨ Groups give ministry time to review English policy [N]. The Star, 6 May 2009.
⑩ 郭全强劝华小董事部：慎重看待英语教数理问题 [N]. 星洲日报，2002 - 7 - 15.

的重要性，所以这些教育组织不反对学生在升上中学再以英语学习数理科。政府推行数理英语化政策的最终目标是要通过英语教数理来加强英语和数理科水平，这是不符合教育原理的。该政策在孩子无法听懂英语时强加实行，使孩子无所适从，降低了他们的学习兴趣。① 老师的教学和学生的学习也受到严重影响，结果，该政策的实行不但没提高学生的英语水平，反而拉低了数理科的学术成绩。

但从微观的角度来看这项教育语言政策，教育专业组织和地缘性乡团认为此语言政策的推行边缘化了各民族的母语（这包括了华语、马来语和泰米尔语）。② 城市家长对英语教学的偏爱不单令华人社团觉得这是华教发展的危机③，甚至也会造成华小的特征和本质丧失的局面④；马来人也担心国民小学在该语言政策之下变质，马来民族的特征也因此而消失。

马来族群不但要维护马来语作为国家语言和官方语言的地位，还要使马来语成为媒体、商业、经济、科学与技术和旅游业的语言。因此，《1996 年教育法令》的最终目标，即以国语作为各教育机构的教学媒介语的忧虑再次在华人社会中出现。

相反，职业和商业专属联合会则有不同的语言观。这些团体从孩子未来出路的角度认为，提升英语符合国际现实的趋势。英语是研究和开发领域重要的沟通语言⑤，市场上 90% 以上的参考资料、论文和研究报告都是以英语书写的；加上工商界日渐全球化，未来欲与国际厂商进行生意来往，英语已是必备的条件，所以他们认为不应该再自我限制，应向外跨出一步，以开诚的态度接受数理英语化的教育语言政策。又或者政府应该与时并进，兼用双语教授数理科，让家长选择。⑥

4.3.3 读者

与以上的两组利益团体相比，读者群较能感受这项政策的实行，因为他们包括了学生、学生的家长、执行政策的老师和校长以及一些欲发表意见的社会人士。他们基本上支持政府推行数理英语化政策，甚至对政府废除这项政策而感到失望。

十一年的教育语言政策只推行了九年便宣布取消，以马来语取代英语教学不但浪费公帑和资源，也被认为是开倒车的行为。⑦

在讲究全球化的时代，数理科必须以国际化的语文那就是英语来进行教学。⑧这样不仅能够帮助新生代搜寻参考资料与获得信息，而且许多国际性的研讨会都偏向以

---

① 吡董联：好现象［N］. 星洲日报, 2005 - 3 - 29.
② 郭全强：看到问题症结，马来族群感受负面冲击［N］. 星洲日报, 2005 - 3 - 29.
③ 马来文教协：捍卫母语教育——盼恢复母语教数理［N］. 星洲日报, 2008 - 2 - 19.
④ 新校园需 1 300 万建费　新纪元先启建 2 大楼［N］. 星洲日报, 2007 - 4 - 15.
⑤ 胡万铎：本着民族正义，马华须确保华小不变质［N］. 星洲日报, 2002 - 7 - 31.
⑥ 数理科英语教学合时宜，工程师协会全力支持［N］. 星洲日报, 2002 - 5 - 12.
⑦ 锺廷森：防浪费公款——采购小组应有私人界代表［N］. 星洲日报, 2011 - 1 - 16.
⑧ A step backwards for education［N］. The Star, 2 November 200 (Letters/Opinion).

英语进行。① 长远来看，这对学生的学习和工作有很大的帮助。在跨区域学习方面，数理科英语化能够起减轻压力和增加信心的作用。②

可是，负责执行和教授数理科目的老师则持有不同的观点。首先他们质疑实行该项政策的主要目标，究竟是英语程度的问题，还是解决科学或数学教学的问题？政府推行教育政策时，目标非要明确不可。一些教育工作者认为英语虽是城市沟通语言和商业语言，当局做决定时看到的是西海岸（有较多和较先进的大城市），但郊外偏僻地方老师的英语素质必须要正视。政府推行数理英语化政策令教师们面对更重的工作负担和压力，加上参考资料虽多是英语，但学生的英语水平不高，不能理解，结果更糟。③

4.3.4 专栏作者

专栏作者们以他们的专业知识和民众的反应，对课题进行更深入的剖析。根据收集的研究资料，大部分的专栏作者对政府推行数理英语化教育语言政策不赞同。这与家长的意见基本一致，即小学数理科以母语教授，但中学则以英语教授，这样可帮助学生衔接大学课程。如果当初该政策只在中学和大学实行，或许早已开始收效。④ 尤其现在已是 E 时代，上网要英语，找工作要英语，沟通要英语，去外国旅行要英语，学术和科技咨询更要英语，英语是优势语言。⑤

英语虽重要，但不能以降低母语教育质量为代价，数理英语化政策使得华人社会觉得有必要捍卫母语教学和巩固华小的地位。⑥ 这是因为一个民族的力量，源于他对母语的掌握，母语是华族文化的源头。

他们甚至不苟同前首相针对数理英语化政策被取消后发表的"学生会变得更加愚笨"的言论，掌握英语并不一定会使马来西亚新生代比没掌握英语的更加聪明。⑦ 前首相的这种想法是严重缺乏自信，并且是自我矮化的行为。

5. 结语

从提出概念、推行至取消数理英语化政策，马来西亚各阶层的华人社会对不同的语言持有不同的观念。有的华人是基于英语的外在价值（Kaplan，2011）而通过学习英语来达到目标。英语具有很高的经济价值，也是信息科技、经济和世界语言，马来西亚工商界要走向国际化和全球化不需要英语。也有的华人是基于英语固有的价值来提升英语的掌握能力。参考资料、论文和研究报告都是以英语书写，国际性的研讨会

---

① 迈向全球化须英文学数理 ［N］. 星洲日报，2011 – 11 – 6.
② We can be truly global if we do it all in English ［N］. The Star, 9 March 2009.
③ Enlish vital in securing a place globally ［N］. The Star, 26 July 2002.
④ 小学教数理英语教学可行吗？［N］. 星洲日报，2002 – 5 – 22.
⑤ 竹健. 聆听民意 ［N］. 星洲日报，2009 – 7 – 14.
⑥ 鹰眼. 中学国语教数理科前明智 ［N］. 星洲日报，2009 – 7 – 14.
⑦ 张立德. 马来社会如何看英语教数理 ［N］. 星洲日报，2005 – 3 – 29.

较多以英语进行，学生掌握英语有助于提升在外国深造时的适应力和竞争能力。数理英语化政策也能减轻学生的学习压力进而提升学生的学习信心。现今已进入 E 时代，国人无时无刻不需要英语。可是现实中，数理英语化政策扩大了郊区学生和市区学生的学术鸿沟。英语基础较弱的学生面对进度不达标而辍学的危机。英语掌握能力没有提升，反而抹杀了学生学习数理科的兴趣。

基于教育原理，以母语教授数理科是最有效的，母语教授数理科能够使华文小学生更易吸收数理知识，他们能在数理科持续地有卓越的表现，并同时保持华文小学的特征和本质。华语/母语是文化的源头，维护文化的立场是不能妥协的。

马来语作为国家语言和官方语言的地位是不容置疑的。政府于 30 年前错误地以马来语替代英语成为教育的主要媒介语，造成了新生代英语掌握能力低下的问题。取消数理英语化教育语言政策以马来语取代英语教学不但浪费公帑和资源，也是开倒车的行为。

总的来说，马来西亚华人社会不排斥英语的使用，但前提是人民必须先学好母语，打好基础，再配合英语的使用，才能迈向全球化。

参考文献

［1］李洁麟，2009. 马来西亚语言政策的变化及其历史原因［J］. 暨南学报（哲学社会科学版）（5）.

［2］FAIZAH MOHAMAD NOR，2011. Should English for teaching mathematics and science（ETeMS）in Malaysia be abolished?［J］. Journal of world applied sciences（12）.

［3］GILL SARAN KAUR，2005. Language policy in Malaysia：Reversing direction［J］. Journal of language policy（5）.

［4］KATHRYN A WOOLARD & BAMBI B SCHIEFFELIN，1994. Language ideology［J］. Annual review anthropology（23）.

［5］MOK SOON SANG，2000. Pendidikan di Malaysia［M］. Kuala Lumpur：Kumpulan Budiman Sdn Bhd.

［6］NIK HAIRI OMAR，2012. Graduates' employability skills based on current job demand through electronic advertisement［J］. Journal of Asian social science（8）.

［7］SPOLSKY BERNARD，2004. Language policy：Key topics in sociolinguistics［M］. Cambridge：Cambridge University.

［8］STANTON WORTHAM，2001. Language ideology and educational research［J］. Linguistics and education（12）.

【作者简介】

孙招娣，马来亚大学语言暨语言学院教师。王晓梅，马来西亚沙巴大学教师。

菲律宾华校学生华语学习动机的调查与分析

周 静 刘 芸

（暨南大学华文学院）

1. 引言

通过我们在菲律宾两年的实际教学和管理中发现，学习动机是汉语学习中最重要的情感因素之一，在菲律宾华校学生学习华语时起着重要作用。学习动机并非孤立地存在，而是处于与众多相关因素的联系之中。因此，对学习者学习动机进行全面的调查研究有利于找出菲律宾华语教学效果不够理想的原因，对华校的教学与管理有重要的参考价值。

本研究在借鉴国内外第二语言习得相关理论的基础上，从教育、二语习得、学校管理的角度出发，通过调查问卷的形式对菲律宾华校密三密斯光华中学学生的华语学习动机进行了调查和分析。本研究的目的是了解菲律宾华校学生的华语学习动机情况，并结合菲律宾国内实际，对华校的华语教学和管理提供一些借鉴与参考。

2. 菲律宾华校学生华语学习动机的调查

2.1 问卷设计

本研究的调查问卷结合学生实际情况，在 Robert C. Gardner 的 ATMB 基础上改造而成的。问卷共30题，包含动机强度、家长的鼓励程度、学习外语的兴趣、对华语教师的评估等12个动机因素。问卷结果以6度测量，最低1分，最高6分，由低到高代表不同意到同意，分值以中间值3.5为界。

态度/动机测验量表（AMTB）是为检验与二语学习的相关因素而制的。Gardner 等把这些因素按五个维度12动机因素进行划分，分别是：动机（Motivation）、融合性（Integrativeness）、对学习环境的态度（Attitudes toward the Learning Situation）、语言焦虑（Language Anxiety）及其他因素。各个维度都有其相应的测量项目。

表1是邱传伟（2005）根据 Gardner 和 Mac Intyre 1993 年的 AMTB 制作而成的。表2是本调查问卷题项按照 AMTB 维度的归类。

表 1　态度/动机测验量表（AMTB）

维度		测量项目
动机	获取目标的愿望	学习二语的愿望
	获取目标的努力程度	动机强度
	对任务的满足感	对学习二语的态度
融合性	对目标语社团的积极态度	对目标语者的态度
		学习外语的兴趣
		融合性取向
对学习环境的态度	对语言学习环境的反应	对二语教师的评估
		对二语课程的评估
语言焦虑	运用目标语时对环境表现出的焦虑反应程度	二语课堂焦虑度
		二语运用焦虑度
其他	获取目标语的实用或功利性目的 家长的鼓励程度 获取目标语的目的	工具性取向
		家长的鼓励程度
		取向指数

表 2　问卷题项与动机因素归类

动机因素	问卷题号
1. 学习外语的兴趣	1，12，19
2. 家长的鼓励程度	2，13，16，27
3. 动机强度	8，15，25
4. 华语课堂焦虑度	10，17
5. 对华语教师的评估	14，20
6. 对学习华语的态度	3，7，28
7. 对华语人群的态度	11，21
8. 融合性取向	4，22
9. 学习华语的愿望	5，23
10. 对华语课程的评估	18，26，30
11. 华语运用焦虑度	24，29
12. 工具性取向	6，9

2.2 调查对象及问卷的发放与回收

本次调查的受试者均来自位于菲律宾棉兰老岛奥三米市的密三密斯光华中学中学部的学生。发放问卷共 68 份，回收 61 份，回收率为 89.7%，其中有效问卷 50 份，有效率为 82.0%。

2.3 调查对象基本情况

本次调查主要是考察菲律宾华文教育菲化大背景下，影响学生学习华语的动机因素。在数据统计方面，兼顾各变量如性别、学习华语时间、是否有华裔血统等的影响。受试对象中有华裔血统的为 40 人，所有对象年龄均在 12～16 岁，男生 23 人，女生 27 人，具体详见表 3。

表3 学生信息表 （单位：人）

是否华裔			性别		年龄	学习华语时间	
是	否	未知	男	女	12～16 岁	5 年以上	5 年以下
40	8	2	23	27	50	40	10

2.4 数据分析方法

本文使用 SPSS 19.0 软件对调查数据进行描述性统计（Descriptive Statistics），用 Microsoft Excel 对数据进行归类、绘制图表、进行独立样本 t 检验，目的是了解华校学生华语学习动机的基本情况，以及了解动机因素与学生背景资料之间的关系。

3. 菲律宾华校学生华语学习动机分析

菲律宾华校学生的华语学习动机调查包括对学习动机总体情况的描述，以及学生以性别、血统、学习时间为维度表现出的动机情况。

3.1 动机因素介绍

动机是激励个体从事某种行为的内在动力，常表现为为达到某种目的而付出努力的愿望。第二语言习得的动机是推动学习者学习并达到掌握第二语言目的的一种强烈愿望。由于角度的不同，动机有不同的划分。

动机有外部动机和内部动机之分。外部动机是指学习者希望得到他人的认可或赞许，避免批评或惩罚而努力学习，取得好成绩的需要。内部动机是源于学习者自身需要的动机，是一种要求了解和理解事物、掌握知识的需要。

动机还有近景动机和远景动机之分。近景动机是指与学习活动直接联系的具体的动机。这类动机作用的范围小、时间短，但通常十分强烈。远景动机则是与长远目标相联系的动机。这类动机有较深的思想基础，比较稳固，发挥作用的时间较长。

3.2 学习动机的总体情况

为了具体地了解菲律宾华校学生的学习动机情况，笔者对每一个动机因素进行统计分析。表 4 是学习动机各题项的描述性统计。

81

表4　学习动机因素各题项描述性统计

题项	N	Minimum	Maximum	Mean	Std.
Q1	50	2	6	5.26	1.121
Q2	50	1	6	3.42	1.762
Q3	50	2	6	5.16	0.912
Q4	50	2	6	5.28	1.031
Q5	50	1	6	4.08	1.066
Q6	50	1	6	4.78	1.329
Q7	50	2	6	4.30	1.129
Q8	50	1	6	3.56	1.296
Q9	50	1	6	4.78	1.266
Q10	50	1	6	2.78	1.345
Q11	50	1	6	3.70	1.432
Q12	50	2	6	5.26	1.139
Q13	50	1	6	4.60	1.457
Q14	50	1	6	4.66	1.118
Q15	50	1	6	4.46	1.343
Q16	50	1	6	3.50	1.657
Q17	50	1	6	3.66	1.586
Q18	50	1	6	3.88	1.272
Q19	50	1	6	5.26	1.157
Q20	50	1	6	3.88	1.380
Q21	50	1	6	3.88	1.304
Q22	50	1	6	4.88	1.350
Q23	50	1	6	4.60	1.385
Q24	50	1	6	3.72	1.457
Q25	50	1	6	4.16	1.184
Q26	50	1	6	3.80	1.107
Q27	50	1	6	4.24	1.465
Q28	50	1	6	4.48	1.313
Q29	50	1	6	3.64	1.352
Q30	50	1	6	3.80	1.262
Valid	N	50			

3.2.1　高分题项及分析

得最高的四个题项是 Q4、Q1、Q12 和 Q19，它们分别是：

Q4：学习华语很重要，这样我与说华语的人一起时感觉更自在。（Studying Chinese is important because it will allow me to be more at ease with people who speak Chinese.）

Q1：我希望能流利地说多种外语。（I wish I could speak many foreign languages perfectly.）

Q12：我真的很想学多门外语。（I would really like to learn many foreign languages.）

Q19：要是我打算居住他国，我会学习他们的语言。（If I planned to stay in another country, I would try to learn their language.）

得分高的四个题项属于两个动机因素，其中 Q4 属于融合性取向，Q1、Q12、Q19 属于学习外语的兴趣。

从高分题项归入的动机因素（融合性取向与学习外语的兴趣）可以看出两点：

（1）学生对外语有兴趣。

菲律宾华校学生对学习外语本身存有很大兴趣，这可能与菲律宾多民族多语言的社会环境有关。菲律宾有两种官方语言——菲律宾语和英语，这是每个受教育的菲律宾国民都掌握的语言；在吕宋岛以外地区生活的人还会说本地区方言；而闽南语则是当地华人的主要交流语言。在这种多语言的环境下，可以想象，学生对学习多种语言的行为感到习以为常，也保持着相当的兴趣，甚至对学习外语有一种自信。

（2）学生重视华语的交流作用。

得到最高分的题项是 Q4，表明学生认为交流时的自在感是他们学习华语追求的最大结果。Q4 属于融合性取向，反映的是融合性取向的交流需求。这也可以反映出，学生普遍认为学习华语的目标是有效地与说华语人群交流。

3.2.2　低分题项及分析

得分低的四个题项是 Q10、Q2、Q16 和 Q8，它们分别是：

Q10：我觉得在华语课堂上主动发言让我尴尬。（It embarrasses me to volunteer answers in our Chinese class.）

Q2：我的父母帮助我学习华语。（My parents try to help me to learn Chinese.）

Q16：我的父母鼓励我在华语上遇到问题就请教老师。（My parents urge me to seek help from my teacher if I am having problems with my Chinese.）

Q8：我的华语没有落下，因为我几乎每天都坚持学习。（I keep up to date with Chinese by working on it almost every day.）

以上四个题项属于三个动机因素：家长的鼓励程度（Q2 和 Q16），华语课堂焦虑度（Q10），动机强度（Q8）。

低分题项反映了三种情况：

（1）家长对华语学习支持不多。

家长对学生学习华语提供的帮助与鼓励不大。由于问卷中没有其他科目的参照，所以不能确定这一现象是否只存在于华语一科。单从华语科目的情况看，这与华校学生的组成以及家长自身华语水平不无关系。如今，华校已经不是单纯的华人子弟学习的场所，一些纯正菲律宾血统的学生也进入了华校学习。这些菲律宾血统的学生，家长本身并不会华语，所以也不能够给他们提供华语学习上的帮助。另有些华裔学生的家长是由于自己没有进入华校学习，只会说闽南语，不会说普通话，也不会认读华文。还有一个原因是，大部分家长平日忙于工作，与孩子相处的时间很少，所以没有时间关心孩子的学习。

（2）学生对华语课堂并不感到焦虑。

学生在华语课堂上焦虑低于中间值。反映在学生的平时课堂表现，就是学生们在华语课堂上普遍以轻松的心态面对，甚至出现懒散的现象，这表明学生对华语课程不大重视。华语并不是菲律宾学生的必修科目，华校的学生只要英文科目毕业了，也就是国家承认的中学毕业生了。所以学生明白即使华语成绩不好，也不会影响自己中学毕业的资格。

何况，现行华语成绩的计算方法又保证了他们的华语成绩表上一定会有个体面的数字。这是个有趣的现象，我们可以看到，学生学习外语的兴趣很高，甚至对学习华语这门外语的兴趣也不算低，但他们对待华语课堂是公认的不重视。究其原因，应该与我们的课程没有符合他们对华语的期待，以致他们失去了对华语课堂的兴趣有关。

（3）学生学习动机强度低。

学生的华语学习动机强度较低。换言之，学生学习华语上普遍不努力。这也许与菲律宾学生的学习习惯有关，因为根据平时观察，菲律宾学生中主动学习的很少。将30个题项按AMTB的维度归入12个动机因素进行统计，具体见表5。

表5 12个动机因素的描述性统计

动机因素	N	Minimum	Maximum	Mean	Std. Deviation
1. 学习外语的兴趣	50	2.67	6.00	5.260 0	0.899 21
2. 家长的鼓励程度	50	1.00	6.00	3.940 0	1.141 25
3. 动机强度	50	2.33	6.00	4.060 0	0.922 61
4. 华语课堂焦虑度	50	1.00	6.00	3.220 0	1.165 67
5. 对华语教师的评估	50	1.00	6.00	4.270 0	1.143 79
6. 对学习华语的态度	50	2.67	6.00	4.646 7	0.943 79

（续上表）

动机因素	N	Minimum	Maximum	Mean	Std. Deviation
7. 对华语人群的态度	50	1.00	6.00	3.790 0	1.225 12
8. 融合性取向	50	2.50	6.00	5.080 0	1.051 53
9. 学习华语的愿望	50	1.50	6.00	4.340 0	1.085 34
10. 对华语课程的评估	50	1.00	5.67	3.826 7	1.001 68
11. 华语运用焦虑度	50	1.00	6.00	3.680 0	1.172 65
12. 工具性取向	50	1.50	6.00	4.780 0	1.152 46
Valid N（listwise）	50				

12 个动机因素中，得分最高的三项排列是"学习外语的兴趣" > "融合性取向" > "工具性取向"，得分最低的三项排列是"华语课堂焦虑度" < "华语运用焦虑度" < "对华语人群的态度"。

高分项目的结果表明，学生对外语学习本身具有普遍的兴趣，这一点结果对学习华语是很有利的。同时，学生普遍肯定了华语在交流方面的作用。

从低分项目的结果可以看出，学生对华语课及华语运用持轻松面对的态度，紧张度很低。而在面对华语人群的态度上，学生们不太积极。

3.3 性别与学习动机的关系

从数据的描述性统计结果看，学习动机在性别上存在一定差异。总体上看，男生的得分比女生低。笔者经过逐项对比，统计了性别上差异较大的问题。其中男生得分显著高于女生的有 2 个，女生得分显著高于男生的有 7 个。

男生比女生得分高的有 2 题：

Q2：我父母帮助我学习华语。

Q15：我在华语课上有问题时，我总是请教老师。

女生比男生得分高的有 7 题：

Q28：我喜欢学习华语。

Q30：华语是我喜爱的科目之一。

Q25：我很努力学习华语。

Q17：班上其他同学华语说得比我好，我对此感到担忧。

Q18：我很喜欢华语课，我希望以后能学更多华语。

Q22：学习华语很重要，因为我能更自如地与说华语的人交流。

Q13：我父母觉得我应该在求学阶段坚持学华语。

数据表明，无论是对学习华语本身还是对华语课，女生的兴趣都比男生大。同时，女生愿意付出时间和精力来学习华语，也比男生更在意华语成绩。

3.4 动机与血统的关系

以血统为维度的描述性统计显示，学生是否为华裔对动机因素有显著影响。在12个动机因素中，除了第一项（学习外语的兴趣）之外，非华裔学生的得分均比华裔学生低。按得分差异大小排列依次是：第十项（对华语课程的评估）＞第五项（对华语教师的评估）＞第九项（学习华语的愿望）。差异最小的是第十一项（华语运用焦虑度）与第三项（动机强度）。

这些题项得分的显著差异表明，华裔学生明显地比非华裔学生喜爱华语科目，对华语教师的评价也相对较高，学习华语的意愿也更强烈。这与他们本身是华裔有关，他们认为华人就应该学习华语，因此对华语也自然更看重一些。

从那些得分差异不明显的题项可以看出，无论是华裔还是非华裔，学生们对运用华语的紧张度没有太大的差别，都是比较低的。而华裔学生在动机强度上只比非华裔学生大一点。这表明两者的华语学习习惯没有显著差异，见表6。

表6 华裔学生与非华裔学生动机因素的数据统计

动机因素	华裔学生动机因素的描述性统计			非华裔学生动机因素的描述性统计		
	Mean	Std. Deviation	Analysis N	Mean	Std. Deviation	Analysis N
1. 学习外语的兴趣	5.250 0	0.898 72	40	5.250 0	1.035 10	8
2. 家长的鼓励程度	4.012 5	1.039 22	40	3.625 0	1.439 25	8
3. 动机强度	4.116 7	0.929 26	40	3.791 7	0.501 98	8
4. 华语课堂焦虑度	3.250 0	1.080 12	40	2.812 5	1.533 84	8
5. 对华语教师的评估	4.362 5	1.018 97	40	3.687 5	1.646 15	8
6. 对学习华语的态度	4.758 3	0.893 11	40	4.166 7	0.796 82	8
7. 对华语人群的态度	3.837 5	1.242 35	40	3.437 5	1.116 04	8
8. 融合性取向	5.212 5	0.953 32	40	4.687 5	1.193 36	8
9. 学习华语的愿望	4.462 5	1.015 19	40	3.812 5	1.193 36	8
10. 对华语课程的评估	3.975 0	0.931 83	40	2.958 3	0.785 53	8
11. 华语运用焦虑度	3.762 5	1.203 56	40	3.500 0	1.101 95	8
12. 工具性取向	4.912 5	1.049 34	40	4.375 0	1.060 66	8

3.5 学习时间与学习动机的关系

学习动机因学习时间的不同而存在差异。学习时间在五年以上的学生在学习动机各因素均显著大于学习时间在三年以下的学生。

五年以下学习时间得分最高的三个动机因素依次是学习外语的兴趣、融合性取向、对学习华语的态度。其中低于中间值（3.5 分）的动机因素有六个，依次是华语课堂焦虑度、学习华语的愿望、家长的鼓励程度、华语运用焦虑度、对华语课程的评估、对华语人群的态度，统计数据见表7。

表7　五年以下学习时间的描述性统计

动机因素	Mean	Std.	Deviation
1. 学习外语的兴趣	4.800 0	1.008 60	10
2. 家长的鼓励程度	3.200 0	1.606 41	10
3. 动机强度	3.800 0	1.102 19	10
4. 华语课堂焦虑度	3.000 0	1.290 99	10
5. 对华语教师的评估	3.850 0	1.334 37	10
6. 对学习华语的态度	4.066 7	1.274 63	10
7. 对华语人群的态度	3.450 0	1.116 79	10
8. 融合性取向	4.150 0	1.248 33	10
9. 学习华语的愿望	3.050 0	1.039 50	10
10. 对华语课程的评估	3.266 7	1.303 37	10
11. 华语运用焦虑度	3.250 0	1.060 66	10
12. 工具性取向	3.850 0	1.270 39	10

五年以上学习时间得分最高的动机因素依次是：学习外语的兴趣、融合性取向、工具性取向，低于中间值的动机因素是华语课堂焦虑度，统计数据详见表8。

表8　五年以上学习时间的描述性统计

动机因素	Mean	Std.	Deviation
1. 学习外语的兴趣	5.375 0	0.844 58	40
2. 家长的鼓励程度	4.125 0	0.930 26	40
3. 动机强度	4.125 0	0.876 04	40
4. 华语课堂焦虑度	3.275 0	1.143 26	40
5. 对华语教师的评估	4.375 0	1.084 57	40

（续上表）

动机因素	Mean	Std.	Deviation
6. 对学习华语的态度	4.791 7	0.797 74	40
7. 对华语人群的态度	3.875 0	1.249 36	40
8. 融合性取向	5.312 5	0.867 41	40
9. 学习华语的愿望	4.662 5	0.835 03	40
10. 对华语课程的评估	3.966 7	0.876 41	40
11. 华语运用焦虑度	3.787 5	1.186 93	40
12. 工具性取向	5.012 5	1.009 49	40

从统计数据看出，学习外语的兴趣、融合性取向、工具性取向是对学生影响较大的动机因素。学习时间在五年以上的学习动机各因素的得分都明显地比五年以下的得分高。

3.6　对调查结果的检验

为了保证以性别、血统、学习时间为维度的可行性，我们将分组数据进行独立样本 t 检验。表9是性别的 t 检验结果，表10是血统的 t 检验结果，表11是学习时间的 t 检验结果。

表9　性别的 t 检验结果

t 检验：双样本等方差假设		
	5.188 406	5.320 988
平均	4	4.274 972
方差	0.264 587	0.331 164
观测值	11	11
合并方差	0.297 876	
假设平均差	0	
df	20	
T Stat	−1.181 55	
p（$T < =t$）单尾	0.125 622	
t 单尾临界	1.724 718	
p（$T < =t$）双尾	0.251 244	
t 双尾临界	2.085 963	

表9的 p 值为 0.251 244。根据独立样本 t 检验的原理,若本测试的 $p < 0.05$,证明男女在动机因素上存在差异。现在检验所得的 $p > 0.05$,表明性别对学习动机无明显影响。

表 10　血统的独立样本 t 检验

t 检验:双样本等方差假设		
	5.25	5.25
平均	4.242 045	3.714 015
方差	0.323 845	0.311 987
观测值	11	11
合并方差	0.317 916	
假设平均差	0	
df	20	
T Stat	2.196 261	
p($T < =t$)单尾	0.020 016	
t 单尾临界	1.724 718	
p($T < =t$)双尾	0.040 032	
t 双尾临界	2.085 963	

表 10 的 p 值为 0.040 032 < 0.05,证明华裔与非华裔的分组是成立的,华裔组与非华裔组之间在学习动机上存在显著差异。

表 11　学习时间的独立样本 t 检验

t 检验:双样本等方差假设		
	4.8	5.375
平均	3.539 394	4.300 758
方差	0.172 348	0.357 784
观测值	11	11
合并方差	0.265 066	
假设平均差	0	
df	20	

（续上表）

t 检验：双样本等方差假设		
T Stat	− 3. 468 14	
p（$T < =t$）单尾	0. 001 214	
t 单尾临界	1. 724 718	
p（$T < =t$）双尾	0. 002 428	
t 双尾临界	2. 085 963	

表 11 中 p 值为 0. 002 428 < 0. 05，因此对学习时间的分组具有统计学意义，两组数据之间存在显著差异。由此可得出结论，学习时间对学习动机有显著影响。

经过检验，得出的结论有两点：

（1）性别对学习动机并没有显著联系，所以之前对性别的分组不成立。

（2）血统与学习时间和学习动机之间关系显著，对血统与学习时间的分组成立。

3.7　结论

根据前面的调查数据，现对菲律宾华校学生华语学习动机的基本情况进行总结：

（1）共有五项学习动机因素得分高，按分数由高到低排列分别是：学习外语的兴趣 > 融合性取向 > 工具性取向 > 对学习华语的态度 > 学习华语的愿望。

（2）教师评估得分中等，说明华文教师做得不错，同时也存在提升空间。

（3）动机强度属于中等水平。

（4）家长对子女学习华语提供的鼓励与帮助程度一般。

（5）学生对华语课程的评价不算高，只略微高于中间值。

（6）对华语人群的态度评价不高。

（7）在华语运用与华语课堂上，焦虑度属于中等偏低水平。

4. 菲律宾华校学生华语学习动机的动因

根据菲律宾华校学生华语学习动机的调查分析，我们可以总结如下：

（1）学生对学习外语的兴趣普遍很高，对华语的兴趣不小，但对华语课堂普遍不重视，学习强度不高。

（2）家长对学生的华语学习鼓励不多。

（3）学生对说华语人群的态度不太积极。

（4）性别对学习动机没有显著影响。

（5）血统对学习动机的影响很大，华裔学生几乎各项得分都显著地比非华裔学生高，但是在学习强度上没有差别。

（6）学习时间对学习动机的影响很明显，学习时间在五年以下的各项动机水平都比时间在五年以上的低。

之所以有以上的学习动机呈现，主要原因来自于外部因素和内部因素。

4.1 外部因素的影响

影响菲律宾学生华语动机的外部因素主要包括社会环境、家庭环境、课堂学习环境三个方面。

4.1.1 社会环境

菲律宾的社会环境指的是多语言环境、中国对菲律宾社会的影响以及菲律宾华人社会的影响三个方面。

（1）多语言环境。

学生对外语存有普遍兴趣，我们认为是菲律宾整个大语言环境影响的结果。菲律宾语言多样，会说多种语言的人数较多，学校也多采用双语教学，所以学生学习外语的兴趣较高。华校学生在校学习三种语言：菲律宾语、英语和华语，学生们对这三种语言的态度不是一成不变的。在廖赤阳、黄端铭、杨美美（1996）对首都马尼拉所在的大马尼拉区华校学生的调查中，学生对三种语言的爱好程度依次是英语、菲律宾语与华语，其中对华语的爱好远低于前两者。而陈君楣（2006）对学生的语言态度调查显示，在中英菲三种语言中，学生最倾向菲语，对菲语的语言态度最好，但是不存在"重英轻汉"的现象。

在菲律宾，语言环境大致可归为菲语环境、英语环境与华语环境。

① 菲语环境。

菲语环境指的是包括国语菲律宾语在内的菲律宾各民族土著居民使用的语言。菲律宾的土著语言有一百多种，以马来语系为基础。在西班牙占领之前，土著居民讲各自部族的语言。西班牙占领后，并没有推行全民的西班牙语教育，因为害怕各部族的土著语言统一后会联合造反。因此，西班牙语在菲律宾只是少数人的语言，大部分菲律宾平民仍然使用本民族或本地区的语言。

1946年，菲律宾独立。为了全国有属于自己的统一语言，他们在他加禄语（即吕宋岛大马尼拉区及周围几个省的主要语言）基础上建立了菲律宾语。现在，超过半数的菲律宾人在公共场合用菲律宾语进行交流，其国语地位已经奠定。

② 英语环境。

1898年，美军进驻菲律宾，占领伊始就积极地普及英语。如今，菲律宾的高校、政府机构和大部分媒体都使用英语，英语广泛地用于商业、旅游和正式文件中，是菲律宾的官方语言之一。

③ 华语环境。

华语在菲律宾，仅在菲华社会这一特定群体内使用。菲律宾华人基本上是闽南人，相互联系十分密切，经常举办各类活动。菲律宾华人间交流的华语实际上是闽南语，并非本文讨论的普通话。在公开交流场合，华人并不使用闽南语，而多数用英语或菲语。

菲律宾有一定数量的华语媒体。菲律宾有六种华文报纸，分别是《世界日报》《大公报》《联合日报》《菲华日报》《商报》及《环球日报》；也能够收看一些华语电视频道，如中国中央电视台、香港、台湾等电视台的节目。因此，在菲律宾学习华语还是有一定的语言环境的。但是，学生们并没有充分利用这种语言环境，在家看华语电视和读华文报纸的学生很少。

（2）中国对菲律宾社会的影响。

中国经济的发展与中菲关系的深入在刺激学习华语方面起了良好的促进作用。首先，在经济全球化的大背景下，中国经济的持续高速发展吸引了越来越多的海外投资者，菲律宾与中国之间的经济交往也更加频繁与深入，对通晓中文的人才的需求量有了较大增加。其次，随着菲律宾与中国交往的深入，更多菲律宾人见识到中国悠久的历史和灿烂的文化，来华的菲律宾人逐年增加。2008 年北京奥运会进一步宣传了中国，扩大了中国的国际影响，也使菲律宾人对中国有了更多的兴趣。

（3）菲律宾华人社会的影响。

菲律宾语是国语，英语是另一强势语言，两者在菲华社会这个圈子有巨大的影响力。尤其是英语，甚至可以说是社会地位文化水平的象征。华人在菲律宾的经济社会地位一般比较高，受教育程度普遍较高，各方面条件也比较优越，因此菲律宾华人倾向说英语的人很多。闽南语作为华人圈子的专属语言，使用得也很频繁，但是很多华人只能够用闽南语交流，并不能理解华语普通话。事实上，菲律宾说华语普通话的人群大部分不是当地华人。甚至其他当地语言，由于菲律宾华人自我身份认定为菲律宾人，所以使用的场合与频率也不少。华校学生置身于菲华社会或者为了更好地融入菲华社会，有可能会认为学习普通话是可有可无的事情。

4.1.2 家庭环境

家庭环境的影响随着时代变迁一直处于变化中，如今，家庭为孩子提供的华语环境经历了随母语的消退而逐渐回升的过程。

（1）华语的母语地位。

20 世纪 50 年代，菲律宾老一代华侨的父辈由于都处于艰难创业阶段，照顾子女及一切家庭琐事都亲力亲为，因而有较多的时间与子女相处，为孩子创造了讲华语的环境，所以当时的孩子都会说华语。当时学生在学校学习华语的情形就相当于现在中国方言区的学生学习语文一样，他们已经是会听会说，在学校里只需要学习读和写，并且以前华校教的就是闽南话。这就是为什么以前华校学生的华语听说读写能力都比现在的学生高的原因。

（2）母语地位消退。

20 世纪中后期经济开始腾飞，华人的生意规模也逐渐扩大，因此商务更加繁忙，对家庭的照顾更为减少。家中的孩子与父母见面的时间很少，倒是与菲人保姆、司机朝夕相对，自然而然地，菲语成了孩子的第一语言，甚至父母与孩子交流大部分也采用菲语。这样一来，菲语的母语地位得到强化，华语的母语地位逐渐丧失。加上现在多数学校开始提倡学习普通话，而即使会华语的家长中懂普通话的也不多，因此孩子已经没有什么机会从懂华语的父母得到更多帮助了。

（3）华语地位回升。

近年来，随着中国市场的开放，一些菲律宾华人企业积极拓展中国市场，与中国企业开展合作，相关的华人家庭就有了更多与中国人打交道的机会。这种家庭环境下的孩子比其他学生更加看重华语的作用，学习华语时更加主动，华语水平也比一般学生水平高些。同时，随着中国旅游的发展和中菲文化交流的加强，菲律宾来华旅游的人数逐渐增多，越来越多的学生参加来华夏令营等交流活动，学习汉语的动机也有所增强。

4.1.3 课堂学习环境

现在，华校是菲律宾学生学习华语的主要环境，对部分学生来说甚至是唯一的环境。因此，华校在激发学生的学习动机中扮演的角色就显得尤其重要。而课堂作为学生接受华语知识与熏陶的重要场所，对学生的学习动机影响尤为深远。课堂学习环境包括很多方面，这里，我们主要从教师与教材两方面来说明课堂学习环境对学生学习动机的影响。

（1）教师对学生学习动机的影响。

教师是课堂教学实施的核心，对学生的学习动机有重要影响。

① 教师的个人素质。

这主要体现在教师的专业能力上。一位好的教师，专业知识非常丰富，其渊博的学识与修养自然能吸引学生的注意，这本身对学生是个很好的模范作用。由此学生对教师产生钦佩之情，学习的愿望也随之更加强烈。

来自密三密斯光华中学的华语教师受到学生的喜爱，相信与他们的个人素质有着密不可分的关系。该校华语教师总数 13 人，其中本地教师 2 人，他们都有近 20 年的教学经验。其他教师均为来自中国大陆地区的志愿者，年龄在 20 岁左右，研究生学历，有着语言教育或教育专业背景，并且都获得了汉语国际教育资格。

志愿者教师具备一定的外语能力，有好几位志愿者教师是英语专业背景，所以英语能力很强，与学生交流的障碍相应比较少。而当地教师经验丰富，管教学生得心应手。

② 教师的态度。

教师表现出对目的语的喜恶会影响学生的学习动机。如果教师对目的语很喜爱，他会花更多的心思以更灵活生动的方式教授学习内容，增加学生学习的兴趣和信心。相反，要是教师从心底并不热衷目的语，那他对教学投入的热忱就很有限，学生获得的趣味刺激也相应减少。

由于菲律宾华校有相当数量的外来师资，这些教师对菲律宾的国情不甚了解，而且自己也需要适应异国生活，精力被分散。所以这些外来的教师即便有满腔热情，服务初期都很难全身心地投入教学中，但随着自身适应情况的改善，对工作的热情就得到更多的发挥。

③ 教师的教学行为。

一个内容翔实、形式生动、安排紧凑的教学过程通常会给学生留下好的印象。同样地，及时清楚的课后作业反馈也是学生喜爱的。在这个方面，志愿者教师在课堂管理上尚存提升空间。而菲律宾本地的老师虽然课堂教学经验丰富，课堂管理得心应手，但他们在教学方法上倾向翻译法，容易造成部分语言的偏差，教学形式也比较单一。

④ 教师的期待。

学生对教师期待很重视。教师对学生的期待越大，学生的自信心就越大，学习的动力就越强，学习的时间也越久。

⑤ 教师与学生的关系。

"喜欢老师"是学生学习的重要动力之一。良好的师生关系有助于学生从情感上亲近教师，从而更愿意上该教师的课，也更有学好这门课的动力。在密三密斯光华中学，留任的志愿者教师与学生已经相当熟悉，建立了深厚的感情。本地教师与学生之间的感情自不必说。

（2）教材对学习动机的影响。

教材是教师教学和学生学习所依据的材料，是语言输入的主要来源。在教学活动中占有很重要的地位。在第二语言教学中，教材起着纽带的重要作用，教材的好坏直接影响学生的学习动机。一套合适的教材，具有针对性、实用性、科学性、趣味性和系统性五个特点，这也是影响学习动机的五个方面。

① 教材的针对性。

针对性是指教材要适合使用对象的特点。有针对性的教材充分考虑了学习者的各种因素，学习者在使用时得心应手，从而增强了信心，对学习也更有兴趣。

② 教材的实用性。

实用的教材从学习者的需要出发，编写的内容既是学习者进行交际活动所必需的，也是学习者急于要掌握的。同时，语言材料真实。这样，学习者能够即学即用，一方面解决了交流问题，另一方面又增加了自信心和成就感，使得学习者产生更大的学习动力。

③ 教材的科学性。

科学的教材，其内容组织符合语言教学的规律，循序渐进地安排教学内容，由易到难，由简到繁，由浅入深。题材内容从日常生活交际开始，逐步扩大到其他方面，并且特别注意知识点的重现率，循环复习。这样的教材不仅使学习者能按部就班地学习，且效果事半功倍，学生容易从中获取满足感。如果教材编写不科学，学生就要投入更多的时间和精力，且学习效果不见得理想，这样的话，学生学习的兴致自然就降低了。

④ 教材的趣味性。

教材内容和形式生动有趣，能吸引学习者，使学习者产生学习兴趣和动力，让相对来说比较枯燥的语言学习过程变得轻松愉快。教材版式设计活泼醒目，装帧美观大方，插图生动有趣等也能使学习者对学习产生兴趣。

⑤ 教材的系统性。

系统的教材在基本知识介绍和技能训练方面平衡协调，有一定的章法。学生用书、教师手册、练习本、单元试题各部分分工合理。系统的教材能给学生一个正规的印象，有助于提高学习的兴趣。学生循着系统的步骤学习，学习效果较好，也能增加自身的成就感。

4.2 内部因素的分析

调查结果显示，影响菲律宾学生学习动机的内部因素主要有两个：血统与学习时间。

4.2.1 血统对学习动机的影响

因血统而造成的学习动机差异是显著的，但也有个别动机因素受血统的影响很小。以下是学习动机差异的介绍及原因。

（1）学习动机的差异。

血统对除了第一项（对外语的兴趣）没有影响之外，比较其余十一项得分，非华裔学生的得分均比华裔学生低。其中得分差异最大的几项依次是：对华语课程的评估、对华语教师的评估、学习华语的愿望。差异最小的是华语运用焦虑度与动机强度。这些显著的差异表明，华裔学生明显比非华裔学生更喜爱华语科目，对华语教师的评价也相对较高，学习华语的意愿也更强烈。

但是华裔学生与非华裔学生的华语学习习惯没有显著差异，体现在：无论是华裔还是非华裔，学生们对运用华语的紧张度都没有太大的差别，但都高于中间值，两者在华语课堂的焦虑上都低于中间值，华裔学生在动机强度上只比非华裔学生大一点。

（2）形成的原因。

形成这种现象的原因有两个方面：一方面因为很多华裔学生的家里有华语环境，他们多数会用闽南话交流，这是他们学习华语的优势。而一些家庭甚至有在中国的亲戚朋友，彼此来往较多。来自这些家庭的学生，无论是自身的华语水平还是对华语的学习意愿都更为强烈，因为他们觉得这是交流的必要。另一方面，家中长辈的民族归属意识也是动力。他们的这种归属意识使他们希望自己的后代能够传承中华文化，拥有中华民族的传统美德。来自华裔家庭的孩子在家中长辈的影响下，对中华民族自然存有一份感情，从而使他们内心深处认为学习华语是应该的。

4.2.2　学习时间对学习动机的影响

学习动机受学习时间的影响。总体上，学习时间五年以上的学习动机各因素显著大于五年以下的。以下是影响两种学习时间的动机因素情况及原因。

（1）学习动机的差异。

五年以下学习时间得分最高的三个动机因素依次是：学习外语的兴趣＞融合性取向＞对学习华语的态度；五年以上学习时间得分最高的三个动机因素依次是：学习外语的兴趣＞融合性取向＞工具性取向。由此可以看出，两组学生对学习外语的兴趣以及融合性取向都比较重视。在学习时间较长的一组，学习动机各因素的水平均比另一组水平高，而学生也更加注重工具性取向。

（2）形成的原因。

接受调查的学生年龄全部在 12～16 岁，学习动机以学习时间为维度产生差异的原因在两个方面：第一，那些学习时间在五年以上的学生大多从 3 岁（幼儿园小班）开始学华语，少数从 6 岁（小一）开始。这是因为密三密斯光华中学从幼儿园小班就开始教授华语，这也是大部分菲律宾华校的做法。由于初学华语时年龄尚小，他们对语言本身还未形成难易的概念，也没有别的语言先入为主。在经历了多年的华语学习后，他们对华语已经相当熟悉，对华语学习也有了惯性。即使学习华语不算得心应手，但也是心中有底。第二，学习时间在五年以下的学生在学习华语之前已经接受了多年的英语教育，因此初接触华语感受到的冲击较大，毕竟华语是与菲语、英语完全不同的语言。并且，通常这些学生都是家中没有华语环境，由于转学才开始学的华语，所以他们本身并不认为学习华语十分必要。

总之，影响菲律宾华校学生华语学习动机的包括外部因素与内部因素。外部因素包括社会环境、家庭环境、课堂学习环境方面。社会环境是指多语言环境、来自中国的影响、菲华社会的影响三个方面。家庭环境方面，主要探讨的是华语母语地位的变迁。课堂学习环境方面，说明教师与教材对学习动机的影响很大。内部因素有血统与学习时间两方面。血统对学习动机的影响显著，华裔学生在情感上倾向华语，有比非华裔学生更好的华语环境与学习动力。学习时间对学生学习华语有重要影响，学习时间长的学生动机较强，并且学习时间还影响了动机因素的排序，工具性取向在学习时间较长的一组受到更多的重视。

5. 激发菲律宾华校学生华语学习动机的策略

为了激发学生的华语学习动机，华校可以采取三个方面的策略：培养更强师资、规范教学和建设中华特色的校园文化。

5.1　培养更强师资

在师资培养方面，菲律宾华语教师存在年龄的断层、依赖外来师资、专业程度不高等问题。针对这些问题，华校一方面要引进年轻的外来高水平师资以解决当前的师资短缺问题，同时也要注意吸收并稳定菲律宾本国华语教师以支持华校的长远发展，促进华语教师的结构优化；另一方面，要注意提高华语教师的全面素质，组织教师相互学习、集中培训，通过教师自身魅力来吸引学生的兴趣，激发学生的学习动机。

5.2　规范教学

在教学方面，力求更加科学规范。首先要有一套科学规范、适合本校学生的教材。考虑到学生的需求与兴趣，结合华文教育的教学目标，提供相关的补充材料，确保学生学到的是他们需要的、感兴趣的内容。如此更能激发他们的学习动机，使学习华语的兴趣与信心得到增强。其次在课堂教学中引进多媒体手段，培养、激发和形成最佳的学习动机，让学生接受视觉和听觉的双重刺激，增加华语学习的乐趣。最后，在课外活动方面，要丰富学生的生活，增加语言实际应用的机会，让学生在课外活动中巩固旧知识，学习新知识。

5.3　建设中华特色的校园文化

最重要的是，要形成以强大的中华文化为支撑的校园文化。校园文化的作用是通过日常生活，在潜移默化中对学校成员产生影响。对学生来说，身处一个充满中华文化气息的环境，就意味着不知不觉地受到中华文化熏陶。长期下来，学生自然而然熟悉中华文化进而产生认同。

6. 结语

通过以上的调查与分析，我们可以比较清晰地看到菲律宾华校学生学习华语的动机，并且找出原因，采取对策，提高学生学习的动力，从而提升海外华文教学的效率，让老师做到有的放矢；也希望能够为菲律宾华文教育管理机构、学校等提供有益的借鉴，能够使学校达到最大限度地激发学生学习华语动机的目的。

参考文献

[1] 曹萌，2009. 浅论二语习得中的动机因素 [J]. 商丘师范学院学报，25 (1).

[2] 陈君楣，2006. 菲律宾华校学生中、英、菲语言态度、语言学习动机的比较研究 [D]. 福州：福建师范大学.

[3] 崔立斌，2005. 美国学生的汉语学习动机调查研究 [A] // 北京师范大学汉语文化学院. 语言学与应用语言学第一辑 [C]. 北京：中国社会科学出版社.

[4] 邓云娟，2008. 动机与第二语言习得 [J]. 当代教育论坛（学科教育研究）(6).

[5] 范启华，2009. 教育菲化案及其对菲律宾华文教育的影响 [D]. 福州：福建师范大学.

[6] 菲律宾华教中心，2003. 《华文教育》文集10——华语教学现状呼唤华语教学改革 [C]. 菲律宾：菲律宾华教中心出版部.

[7] 菲律宾华教中心，2003. 《华文教育》文集4——探索华语教学改革新路向 [C]. 菲律宾：菲律宾华教中心出版部.

[8] 菲律宾华教中心，2003. 《华文教育》文集8——探索第二语言教学的可喜成果 [C]. 菲

律宾：菲律宾华教中心出版部.

[9] 菲律宾华教中心，2006. 2004—2005 年度华语督导看华校华语教学［C］. 菲律宾：菲律宾华教中心出版部.

[10] 菲律宾华教中心，2007. 2005—2006 年度晋总华语督导看华校华语教学［C］. 菲律宾：菲律宾华教中心出版部.

[11] 菲律宾华教中心，2008. 2006—2007 年度晋总华语督导看华校华语教学［C］. 菲律宾：菲律宾华教中心出版部.

[12] 菲律宾华教中心，2009. 第八届东南亚华文教学研讨会论文集［C］. 菲律宾：菲律宾华教中心出版部.

[13] 菲律宾华教中心，2004. 第三届东南亚华文教学研讨会论文集［C］. 菲律宾：菲律宾华教中心出版部.

[14] 冯小钉，2003. 短期留学生学习动机的调查分析［J］. 云南师范大学学报（对外汉语教学与研究版），1（2）.

[15] 郭亚萍，2009. 印尼留学生汉语学习动机调查研究［D］. 厦门：厦门大学.

[16] 黄端铭，2008. 华校学生减少问题初探［A］//菲律宾华文教育综合年鉴（1995—2004）［C］. 菲律宾：菲律宾华教中心出版部.

[17] 黄年丰，2008. 外国来华留学生学习动机调查和对策［J］. 中国成人教育（9）.

[18] 黄琬蓉，2009. 菲律宾华文教育的机遇和挑战［A］//首届华文教育论坛论文集［C］. 菲律宾：菲律宾华教中心出版部.

[19] 江新，2000. 汉语作为第二语言学习策略初探［J］. 语言教学与研究（1）.

[20] 邝永珍，张余萍，2009. 菲律宾华语教学漫谈［A］//首届华文教育论坛论文集［C］. 菲律宾：菲律宾华教中心出版部.

[21] 蓝小玲，1999. 菲律宾华文教育的现状与改革［J］. 世界汉语教学（2）.

[22] 李淑慧，2009. 菲华教育的现状和历史使命［A］//首届华文教育论坛论文集［C］. 菲律宾：菲律宾华教中心出版部.

[23] 连榕，杨丽娴，2008. 菲律宾华校中学生华文学习心理的现状研究［J］. 教育评论（6）.

[24] 廖赤阳，黄端铭，杨美美，1996. 菲律宾华人学生文化背景与认同意识的调查［J］. 华侨华人历史研究（2）.

[25] 林美美，2009. 圣心学校华文教育面临的挑战与机遇［A］//首届华文教育论坛论文集［C］. 菲律宾：菲律宾华教中心出版部.

[26] 卢伟，1995. 菲律宾华裔青少年华语教育个案调查与分析［J］. 世界汉语教学，9（2）.

[27] 陆蓉，2007. 二语学习动机国内研究回顾［J］. 天津城市建设学院学报，13（3）.

[28] 吕必松，2005. 语言教育与对外汉语教学［M］. 北京：外语教学与研究出版社.

[29] 倪传斌，王志刚，王际平，姜孟，2004. 外国留学生的汉语语言态度调查［J］. 语言教学与研究（4）.

[30] 欧阳琬瑜，2009. 菲律宾华文教育的现状与对策［A］//首届华文教育论坛论文集［C］. 菲律宾：菲律宾华教中心出版部.

[31] 秦晓晴，2002. 动机理论研究及其对外语学习的意义［J］. 外语研究（4）.

［32］邱传伟，2005. 二语/外语学习动机研究发展述评［J］. 天津外国语学院学报，12（2）.

［33］沈亚丽，2009. 来华留学生汉语学习动机与学习策略及其相关性研究［D］. 上海：上海交通大学.

［34］苏志能，2009. 菲律宾华校面临之机遇与挑战［A］∥首届华文教育论坛论文集［C］. 菲律宾：菲律宾华教中心出版部.

［35］王爱平，2000. 东南亚华裔学生的文化认同与汉语学习动机［J］. 华侨大学学报（人文社会科学版）（3）.

［36］王晓旻，张文忠，2005. 国内外语学习动机研究现状分析［J］. 外语界（4）.

［37］吴健美，2009. 菲律宾教育之现状及历史使命［A］∥首届华文教育论坛论文集［C］. 菲律宾：菲律宾华教中心出版部.

［38］徐茗，2005. 菲律宾华文教师对华文教育态度的调查研究［J］. 世界汉语教学，19（4）.

［39］延辉，李小华，2008. 第二语言习得动机模式研究述评［J］. 重庆工学院学报（社会科学），22（2）.

［40］原一川，尚云，袁焱，袁开春，2008. 东南亚留学生汉语学习态度和动机实证研究［J］. 云南师范大学学报（对外汉语教学与研究版），6（3）.

［41］张亚玲，郭德俊，2001. 学习策略教学对学习动机的影响研究［J］. 心理科学，24（3）.

［42］张莹，孙涛，姚平平，2008. 试论二语习得中的学习动机［J］. 科技信息（33）.

［43］章石芳，卢飞斌，2009. 菲律宾华裔中学生族群文化认同调查研究［J］. 福建师范大学学报（哲学社会科学版）（6）.

［44］章石芳，2005. 华语教学的内在动机诱导及教学策略［J］. 云南师范大学学报（对外汉语教学与研究版），3（6）.

［45］章石芳，2004. 论转型时期的菲律宾华文教育［J］. 福建师范大学学报（哲学社会科学版）（6）.

［46］赵国坤，2010. 学习动机与二语习得［J］. 考试周刊（33）.

［47］赵咏，2009. 第二语言学习动机理论的发展及其存在的问题［J］. 社会科学论坛（学术研究卷）（7）.

［48］周璇，饶振辉，2007. 二语学习动机研究的方向问题［J］. 外语界（2）.

【作者简介】

周静，暨南大学华文学院华文教育系教授，硕士生导师，主要研究方向为对外汉语教学研究、汉语教材与教学资源研究等。刘芸，暨南大学华文学院 2008 级语言学及应用语言学硕士研究生。

泰国曼谷地区华裔青少年华语学习及背景情况研究[①]

刘　慧

（暨南大学华文学院/海外华语研究中心）

1. 调查的缘起

华语是"以普通话为核心的全球华人的共同语"（郭熙，2006），随着华语热的兴起以及国家对华文教育事业的日趋重视，东南亚地区的华语教学研究引起了学者们的关注。关于东南亚华人社区及其在华语教学中的重要地位，郭熙（2006）、李宇明（2009）等学者已在相关论述中有所提及，此不赘述。

对以往东南亚华文教育的研究成果进行梳理之后不难发现，一方面，东南亚地区华侨华人数量众多，自古以来就深受中华文化的影响，东南亚的华文教学相对于其他地区如美洲、欧洲来说，历史更加悠久，氛围也更浓厚。另一方面，东南亚地区的华语教学也呈现出国别化的特点：马来西亚的华语教学具有相对独立且完整的体系，当地华人的华语水平也较高；新加坡的华人数量占总人口的近80%，华语作为其母语理应得到较好的维持和发展，但由于新加坡政府在政策方面向英文教育倾斜，导致近年来新加坡华裔青少年的华语水平呈现下降趋势（郭熙，2008）。印尼的华语教学始于1690年，由于印尼政府曾采取限制打压等措施，其间几起几落，而今印尼的华语教学也进入了平稳发展时期。

泰国的情况与上述各国又有所不同。由于泰国政府采取包容性强的多元文化政策，经济上依靠华侨华人实施王室垄断贸易制度，政治上从中央到地方行政管理都任用有才能的华侨华人（石维有，2009），因而华侨华人融入当地社会的程度较高，国家认同感高于族群认同感，泰国华裔新生代学习华语的现实性动机强于象征性动机。

在对相关研究成果进行统计分析后我们发现，从对外汉语教学视角出发，对泰国学生的汉语语音、词汇、句式等习得情况进行考察的文章较多，如对泰国学习者汉语塞擦音的知觉同化与区分的研究（梅丽，2011），对中高级阶段泰国学生学习汉语离合词偏误的考察（兰海洋，2011），对泰国学生汉语差比句习得的特点及偏误分析

---

① ［基金项目］教育部社会科学基金青年项目"跨域双向互动视角下的现代汉语评价系统研究"（批准号：12YJC740064）；暨南大学"华侨华人研究"优势学科创新平台项目"华裔学习者华语及中华文化习得研究"（批准号：52701018）；暨南大学第十二批教改项目资助。

（陈晨，2011）等。而从华语教学的视角出发，考察泰国华裔青少年的家庭背景及华语学习情况的研究成果很少，这也是我们今后需要重点关注的方向。

笔者利用 2010 年和 2011 年暑期暨南大学赴泰国曼谷面授的机会，采用问卷调查和访谈的方法，调查了该地区 100 位华裔青少年的华语学习、家庭和学校等情况，他们分别来自 100 个华裔家庭。并对其中的 7 位调查对象做了个案考察。现代语言教学理论一向重视对教学对象即学习者情况的分析，因此我们希望从学习者的视角出发，调查并分析泰国曼谷地区华语教学的特点，并对今后的教学提出一些意见和建议。

2. 调查内容

本次调查内容可分为华裔青少年背景情况及学习情况调查两大类。其中背景情况的调查包括家庭背景和就读学校的调查，学习情况方面主要包括学习者的个人情况、学习兴趣、动机、成绩等。我们共发放问卷 100 份，回收有效问卷 96 份，回收率为 96%。具体的数据分析将在下面详述。

2.1 背景情况的调查

华人移居泰国的历史非常悠久，可上溯至十三四世纪，据史料记载，16 世纪初，泰国的阿瑜陀耶（Ayutthaya）地区已经有华人聚集区。据有关学者的保守估算，截至 2007 年，泰国华人共有 700 万，占泰国总人口的 11% 左右（庄国土，2009）。

数百年来，泰国华人家庭在华语传承和族群认同方面发挥着重要作用。考察泰国华裔青少年所在家庭和就读学校等情况，对于了解当地华语教学的特点是非常必要的。从语言使用情况来看，被调查者的家庭可以大致分为三类。

2.1.1 主要以华语为交际语言的家庭

这些家庭多为新一代移民家庭，父母大都来自中国大陆和港台地区，为工商业界人士，由于经商的关系后来定居泰国，他们的子女大都在泰国出生，或者很小的时候就随父母赴泰定居。这类家庭的亲属大多仍居住在大陆或港台地区，因此他们常常往返于泰国和家乡。在族群认同和文化认同方面，他们多认为自己是中国人，在家喜欢观看大陆及港台的电视节目，喜欢去华人开的餐馆吃中国菜，社交圈集中在以交际语言为华语的商会侨社。

2.1.2 主要以泰语为交际语言的家庭

该类中大部分为第三代或第四代的华人家庭，家中的曾祖父母或祖父母从中国各地漂洋过海来到泰国，由于泰国早期实行限制华语教学的政策，因此这些华裔家庭的下一代大都已经不会说华语了，主要的交际语言为泰语。

该类家庭中还有一种情况是，来自中国的男性工商业者也就是新一代移民和泰国本地的女子结婚。虽然父亲是中国人，但常年忙于经商，抚养下一代的责任落在了泰籍母亲身上。由于母亲的华语水平有限，家里的交际语言以泰语为主，子女平时接触华语的机会也不多。

2.1.3　同时以华语和泰语为交际语言的家庭

这些家庭跟2.1.2所述的家庭一样，都是第三或第四代以上的华人家庭，祖父母或曾祖父母从中国各地来到泰国。虽然泰国早期实行限制教华语的政策，但在家长的努力之下，自孩子出生起就注意培养他们说华语，在家中常常用华语交谈。对这些家庭来说，身处泰语为主的社会环境，如此长期坚持实属不易。另外还有一种情况是，中国的男性工商业者来泰经商，和泰国当地女子结婚，虽然母亲的华语不太好，但由于父亲一直坚持参与下一代的教育，教子女说华语，同时孩子的母亲也教孩子说泰语，因而创造了双语的交际环境，孩子既会说泰语，也掌握了不少华语。

上述三类家庭中华裔青少年的母语都是华语，第一类和第三类家庭中的华裔青少年学习华语的时间与其年龄基本相同。而第二类家庭中的华裔青少年的母语尽管也是华语，但最先习得的语言是泰语而非华语。

2.2　华裔青少年就读学校的类型及特点

受调查的华裔青少年所就读的学校按照教授课程所使用的语言来看，可以分为：①以泰语教学为主，同时开设华语选修课的学校；②以英语教学为主，同时开设华语选修课的学校；③以英语教学为主，同时开设华语必修课的学校，每周讲授华语课程的时间约为7小时。

2.2.1　第一类学校的特点

之前除了一些华校以外，一般的泰国学校很少有开设华语的课程，近几年来随着华语学习热潮的出现，部分学校为了顺应家长及社会的需求，开设了华语为第二语言的选修课程。聘请当地华教师资或国家汉办派出的志愿者担任华语老师。

如果所就读的泰国学校没有开设华语选修课，大部分华裔学生会选择在假日补习华语，参加社会上举办的各种华语补习班，或者聘请华语家教，以提高自己的华语水平，此外还有部分华裔家长参与到子女的华语教学当中，亲力亲为教授华语。

2.2.2　第二类学校的特点

泰国华裔青少年除了就读一类学校之外，还常被父母送到以英语教学为主的国际学校。这类学校主要聘请以英语为母语或者官方语言的外籍教师，学生来自多个国家，课程设置和教学方法仿照英美等西方国家，虽然学费较第一类学校高，但仍受到华裔家长的青睐。

在此类学校中，华语课程为外语选修课程，华裔青少年除了在校选修该类课程以外，还被家长送往校外的华语补习班。原因是此类学校开的华语课程都是作为第二语言来进行教学的，课程内容相对简单。此外还有部分华裔家庭为子女请家教或是父母自己教，不过存在一些不足之处，如难以持之以恒，课程内容缺乏系统性，教学进度不好控制等。

2.2.3　第三类学校的特点

此类学校如曼谷的中华国际学校，1995年创校，早期由台商筹资创办，目的是使华人子弟能有较好的学习环境学习母语，创校之时是泰国唯一一所将华语作为第一语言教学的国际学校，开设有"中文母语班"和"中文外语班"两种华语课程。

"中文母语班"每周一至周五约有 7 小时的教学时间，周六还开设有 4 小时的华语学习班。"中文外语班"可供华语零起点的学生选择，每星期约有 1.5 小时的授课时间。除了华裔青少年之外，还有许多来自其他国家的学生包括泰籍学生在此学习华语。

3. 华裔青少年学习情况调查

在掌握被调查者性别和年龄等个人情况的基础上，我们调查了其学习成绩、动机、兴趣等情况。

3.1 被调查者的个人情况

被调查者的个人情况主要是指他们的年龄及性别。他们的年龄和性别分布情况如表 1 所示：

表 1　被调查者年龄和性别统计情况

年龄	9 岁	10 岁	11 岁	12 岁	13 岁	14 岁	15 岁	16 岁	17 岁	18 岁	19 岁	20 岁	21 岁	22 岁
男	2	1	3	4	7	4	5		5	3	1	1	1	1
女	2	3	5	8	9	2	9	1	3	5	1	3	3	3

由表 1 可见，被调查泰国华裔青少年年龄分布区间为 9～22 岁，大部分集中在 11～18 岁，即被调查者多为初中或高中学生，男女的性别比例为 1：1.46。

2.2 小节介绍了被调查者所就读的三类学校，在这三类学校就读的学生数量分布如表 2 所示：

表 2　被调查者在不同类型学校的就读统计情况

学校类型	第一类学校	第二类学校	第三类学校
被调查者的数量及比例	10 人，10.4%	56 人，58.3%	30 人，31.3%

由表 2 可以看出，被调查的曼谷华裔青少年过半就读于以英语教学为主、同时开设华语选修课的学校，其次是以英语教学为主、同时开设华语必修课的学校，只有少数就读于泰语教学为主、同时开设华语选修课的学校。

被调查者对华语的喜爱程度即学习兴趣如表 3 所示：

表3　被调查者对华语的学习兴趣统计情况

学习兴趣	很喜欢学华语	比较喜欢学华语	不太喜欢学华语	讨厌学华语
人数及比例	10人，10.4%	56人，58.3%	26人，27.1%	4人，4.2%

由表3可以看出，大部分被调查者学习华语的兴趣较强，兴趣较弱或者没有兴趣的只占被调查者总数的31%左右。

被调查者的学习动机如表4所示：

表4　被调查者学习动机统计情况

为什么要学习华语	①祖先是华人	②父母期望我学好华语	③希望到中国留学	④华语很有用	⑤华语很好听，汉字很美	⑥希望以后来中国旅游	⑦希望用华语交朋友
人数及比例	16人 16.7%	64人 66.7%	8人 8.3%	52人 54.2%	10人 10.4%	12人 12.5%	10人 10.4%

我们给"为什么要学习华语"设置了几个答案选项，被调查者可以进行多项选择，其中第①和第②选项属于象征性动机，第③～⑦选项属于现实性动机，在象征性动机中选择"父母期望"的人较多，占被调查总人数的66.7%，可见华裔家庭背景和父辈的督促教育是促成被调查者学习华语的主要动力之一。此外，超过半数的被调查者都意识到华语是非常有用的，这属于现实性动机，无论是华裔还是非华裔学习者，大都具有此种意识。

在华语的学习成绩方面，我们要求被调查者填写的是其最近一次华语期末考试的成绩，由于每所学校的命题难度不一，因此我们只能大致了解其华语学习的优劣情况。我们将学习兴趣和成绩进行了关联性考察，发现被调查者的学习成绩和学习兴趣之间不存在显著相关性，如表5所示：

表5　被调查者学习兴趣和学习成绩之间的关联性调查

成绩	A	B	C	D	E	F
很喜欢	8		2			
比较喜欢	24	24	2		6	
不喜欢	16	2	4	2		2
讨厌		4				

由表5可见，不喜欢学习华语的被调查者中，有16位成绩为A，而讨厌学习华语的被调查者的成绩均为B。

之所以会出现学习兴趣低下但学习成绩并不差的现象，原因非常复杂。一方面，华裔青少年年龄较小，身处泰语为主的社会环境，缺乏学习华语的动力和兴趣。另一方面，华裔家长出于华人族群认同和中华文化传承的需要，坚持"学习华语要从娃娃抓起"的理念，对子女的华语学习非常重视。因此，尽管子女学习华语的愿望并不强烈，但在家长的坚持下，还是掌握了一些华语的知识和技能。我们认为，青少年学习兴趣的可塑性很强，通过家长和老师努力，加上其对华语重要性的认识和华裔身份认同性的不断增强，其对华语的学习兴趣也会不断提高。

3.2 个案考察

我们从以华语为主要交际语言、以泰语为主要交际语言、以华泰双语为交际语言的三类华裔家庭中各选取了几位调查对象和他们的家长，进行了个案考察，方法主要采用口头访谈。

3.2.1 以华语为主要交际语言的华裔家庭的个案考察

我们选取了一对兄妹作为个案考察的对象，他们的年龄分别是15岁和13岁，父母均来自中国大陆，属于新一代移民家庭。两年前他们就读于以英文为主的国际学校，当时主要是由母亲在家中教授华语，使用的是大陆的小学语文教材，每周学习时间为2小时，母亲辅导兄妹朗读、背诵，写汉字，做课后练习。经过8年左右的家庭学习，他们的华语在听、说、读方面进步较大，但汉字书写能力较弱。为了使他们的听说读写能力方面得到均衡发展，家长将他们转到了开设有华语专门课程的中华国际学校，其华语水平又有了较大的进步。

3.2.2 以泰语为主要交际语言的华裔家庭的个案考察

我们在中华国际学校找到了4位来自以泰语为主要交际语言的华裔家庭的青少年，年龄分别是14岁两位，15岁两位。他们在学校所学的是把华语作为第二语言的课程，每星期的学习时间为1.5小时。我们同时也对其进行了问卷调查，结果如表6所示：

表6 四位来自以泰语为主要交际语言的华裔家庭的青少年学习情况调查

调查对象	学生甲	学生乙	学生丙	学生丁
学习态度	很喜欢学华语	比较喜欢学习华语	不喜欢学习华语	比较喜欢学习华语
学习时间	在中华国际学校学习了8年	在中华国际学校学习了10年	在中华国际学校学习了6年	在其他学校学习了3年，在中华国际学校学习了5年

（续上表）

调查对象	学生甲	学生乙	学生丙	学生丁
学习成绩	华语成绩 A 英语成绩 A 泰语成绩 A	华语成绩 B 英语成绩 B 泰语成绩 B	华语成绩 C 英语成绩 B 泰语成绩 A	华语成绩 E 英语成绩 B 泰语成绩 B

由表6可见，学生甲、乙、丙学习华语的兴趣、成绩和学习的连贯性之间的关联度比较强。而学生丁的学习兴趣和成绩之间似乎关联度不大，访谈中我们得知学生丁之前曾在两所国际学校就读过3年，其间几乎没有学习过华语课程，之后在中华国际学校学习了5年，由于华语基础较薄弱，因此成绩不太理想，但在访谈中他表示希望学好华语。

3.2.3　以华泰双语为交际语言的华裔家庭的个案考察

此类家庭我们访谈到了一位华裔少年，年龄为13岁。他是这个家庭中的第四代成员，他的父母是华裔第三代成员，只会说简单的华语。由于父母亲均毕业于泰国著名的朱拉隆功大学，自身的文化水平较高，也非常重视子女的华语教学。当他出生后，母亲就边学华语边教他，有意在家中营造说华语的氛围。他入学后，每周日都去中华语文中心学习华语；此外，母亲每周六还带他参加华语教会的活动，听华语福音，唱华语歌曲。因此这位少年的华语听说水平较高，能够流利地和我们交谈，但是写作水平较低，在汉字书写和作文方面的能力有待提高。

4. 调查结果的分析及启示

4.1　语言不仅是交际工具，也是认同工具

对于泰国华人而言，华语在泰国的普及程度相对马来西亚、新加坡等东南亚国家而言，并不算太高，华语在当地的交际功能也不算非常突出，但他们仍坚持教授后代学习华语，因为华语是他们作为族群认同和文化认同的工具。这里的认同不仅包括对自身属于华夏子孙的身份认同，也包括对中华文化的认同。这是华语教学与对外汉语教学最大的不同，也是华语教学历经数百年，即使面临所在国政策的钳制仍具有顽强生命力的重要原因。正如郭熙（2007）所指出的，认同工具目的华语传承教学更多的是指向社会集体利益，它以社会集体利益、文化传承、族群认同建构等为目标，通过华文教学达到华文教育的目的。

4.2　华裔家庭中的第三代成员在华语传承过程中发挥着至关重要的作用

在泰国的华裔家庭中，第一代成员来自中国，能够熟练地使用华语进行交际，在家庭中也使用华语交谈，因而他们的子女即第二代成员也能较为熟练地掌握华语，与父母进行交流。

第二代成员大多出生在泰国或是自幼来到泰国，在学校和社会环境中习得了泰语，成为双语者，因此他们可以与他们的子女即第三代成员用泰华双语进行交谈。

第三代成员与当地社会的融合度较之前两代成员而言更高，同时作为华人的族群认同和文化认同感更弱，对华语的语感也更为模糊。如果没有父母的主动引导，第三代成员很可能就丧失了使用母语的能力。

由此可见，华裔家庭的第三代成员是海外华语教学的重要突破口，如果他们的华语学习收效良好，那么华语的代际传承就可以延续到第五代甚至第六代华人，这也是广大海内外华文教育工作者希望看到的结果。

4.3 家长在华裔子女的华语学习过程中起着关键性的作用

本次调查结果显示，多数华裔青少年年龄尚幼，缺乏学习华语的自觉性，他们学习华语的动机是出于父母的期望，或是听父母说学习华语对于将来留学及工作很有用处。个案访谈也证明，尽管在曼谷缺乏华语交际的大环境，但只要父母坚持用华语与子女沟通，将子女送入学校学习华语课程，同时及时跟进和辅导子女的华语学习，华裔青少年是可以较好地掌握华语的。由此可见，华裔青少年在华语学习方面的进步与家长的努力和坚持密不可分。

4.4 培养和激发华裔青少年的华语学习兴趣值得关注

从调查结果来看，一些学习兴趣较低的华裔青少年目前的华语考试成绩处于中上水平，但不可忽略的是，他们的成绩与父母刻意营造华语家庭氛围密不可分。从长远来看，他们的华语水平很可能在此阶段就止步不前，无法得到进一步提高，原因是其本身缺乏学习华语的兴趣和动力。

如何实现"要我学华语"到"我要学华语"的转变？我们认为，可以从"三教"即教材、教师、教法入手，培养和激发华裔青少年的学习兴趣。

在教材编写方面，重视教材的本土化和趣味性，例如针对目前许多青少年喜欢看漫画书的特点，可以用漫画系列丛书的形式编写一些生动有趣的华文课外读物，也符合华裔青少年听说能力强、读写能力弱的特点。

在师资方面，除了汉办派出志愿者和中泰之间的师资交流之外，还需重点培养本土师资，这一方面可以保证其教学的持久性和延续性，另一方面也可以利用本土教师熟悉当地风土人情和语言的优势，提高教学效率。

在教学方法方面，可以针对不同教学对象的特点灵活实施，尽量多元化，采用游戏、歌唱、表演、观看华语动画片等形式，寓教于乐，提高其学习的积极性和自觉性。华裔青少年的华语语感大多比较好，可以充分发挥他们的这一优势，鼓励其诵读一些华语经典诗文，对于将来他们了解中华文化也大有裨益。

参考文献

［1］陈晨，2011. 泰国学生汉语差比句习得的特点及偏误分析［J］. 云南师范大学学报（对外

汉语教学与研究版），9（4）.

　　[2] 郭熙，2006. 论华语研究 [J]. 语言文字应用（2）.

　　[3] 郭熙，2006. 海外华语教学研究的现状与展望 [J]. 世界汉语教学，20（1）.

　　[4] 郭熙，2007. 华文教学概论 [M]. 北京：商务印书馆.

　　[5] 郭熙，2008. 多元语言文化背景下母语维持的若干问题：新加坡个案 [J]. 语言文字应用（4）.

　　[6] 李宇明，2009. 海外华语教学漫议 [J]. 暨南大学华文学院学报（4）.

　　[7] 兰海洋，2011. 中高级阶段泰国学生学习汉语离合词偏误分析 [J]. 四川教育学院学报，27（7）.

　　[8] 梅丽，2011. 泰国学习者汉语塞擦音的知觉同化与区分 [J]. 世界汉语教学（2）.

　　[9] 石维有，2009. 华裔国家认同与泰国 1932 年立宪革命 [J]. 广西师范大学学报（哲学社会科学版），45（4）.

　　[10] 庄国土，2009. 东南亚华侨华人数量的新估算 [J]. 厦门大学学报（哲学社会科学版）（3）.

【作者简介】

　　刘慧，汉族，山东东明人，暨南大学华文学院华文教育系副教授，博士，研究方向为现代汉语语法、华语研究。

晚清华文教育史研究

姚 敏

（北京华文学院）

1. 引言

中国人移居海外虽然已经有两千多年的历史了，但并没有真正意义上的侨务工作，直到 1840 年鸦片战争之后，西方列强用武力敲开了中国的大门，大量的移民开始向国外流出，形成了近代史上向海外移民的第一次大高潮。而清政府对华侨的政策也随着时势的变化发生了根本性的改变。清朝初期实行了严厉的海禁令和限制华侨归国禁令，充分体现了对出国华侨的不信任感。到了清中期，又颁布了更为严格的法令，既禁止清民从海路和陆路偷越出境，也颁布了很多禁令限制华侨归国。彼时的清政府认为华侨出国会通盗为匪，视华侨为汉奸、边蠹，完全忽视了华侨对国家经济利益的作用。直到鸦片战争以后，内忧外患使清朝社会传统的闭关锁国思想和看似牢固的政治格局发生了巨大变化，清朝政府不得不打开国门，放眼看世界。随着移民和华工数量的不断增加，他们意识到海外华侨、华人社团已经成为一股不容忽视的力量，要充分利用华侨经济力量振兴商务、巩固海防。特别是百日维新运动时期，清政府意识到了实行"新政"的必要性。在教育方面实行了废八股、开新学、设立学部、派遣留学生等举措，这些都有助于推动海外华文教育的发展。针对广大华侨华人的华文教育也是在这个时候掀起了一个全新的篇章。

华文教育从地域来划分包括了海外华文教育和国内华文教育两部分，前者通常由海外华侨华人在当地举办，属于民族语言文化教育，是华侨华人所在国教育体系中的组成部分。而后者则是中国面向广大海外华侨、华人开展的汉语言及文化教育，属于中国教育的一个组成部分（叶静，2012）。本文以清政府的华文教育举措和海外主要地区华文教育在晚清时期的历史发展为两条主线，揭示清廷政策措施对海外华文教育的影响以及海外各国、各地区华文教育的发展特点。

清政府决定在东南亚及北美华侨较多的地区筹建华文学校，派遣中国语文教师到这些学堂去，向来这些学校学习的华侨及其子女传播中国文化，让他们了解中国。在清政府"多设侨民学堂"政策的推行下，海外华侨及侨社团体纷纷在自己的侨居地充分挖掘潜力，有钱出钱，有力出力，掀起了一场声势浩大的"大兴华文教学"的热潮。而晚清政府不仅承认了海外华文教育是中国国民教育的一部分，还专门派出官员到海外考察华侨教育，并且支持和帮助华侨在海外兴办学校。这些举措一方面能够在海外华侨社会中广泛宣传中华文化，另一方面也能用此办法来维护清朝封建专制的统治。从客观上看，晚清政府的"侨教"政策推动了海外华侨教育事业的兴起与发展，并为后来海外华侨教育事业的蓬勃发展奠定了基础。

2. 清政府对海外华文教育的举措

2.1 设劝学所，派视学员巡查华侨学务，鼓励和扶持侨校的发展

随着海外华侨学校的日益增多，清政府及沿海督抚不断派员到海外侨校"劝学""视学"，加强对侨校的联系和管理。1905年前后清政府相继在荷属巴达维亚（雅加达）、英属马来亚、新加坡的槟榔屿等地设立了劝学所；并陆续派官员到南洋，或协助成立学务总会，或宣讲中国传统文化，或调查华侨教育情形。如1904年清政府特派考察外埠商务大臣兼南洋学务大臣张振勋到南洋考察商务兼理南洋华侨学务。张到槟榔屿后，立即发动当地华侨绅商创立中华学校，并代表清政府赐给槟榔屿平章会馆所办的中华学校御书匾额"声教南暨"一块和《图书集成》一套。1906年商部又为该校咨请学部查核立案与发放关防（刘锦藻，1988）。

在中央派出官员的同时，地方督抚也加强了与海外侨校的联系。光绪三十一年（1905），粤督岑春煊派知府刘士骥到南洋召集各埠代表甲必丹等在万隆开学务会议，奉朝旨敦促兴学（教育部中国教育年鉴编审委员会，1934）。1906年7月，刘士骥召集各中华会馆负责人开会，会上成立了"中华总会"作为团结华侨、管理侨校的组织。刘士骥归国后，粤督旋即又于1906年8月派汪凤翔为荷属东印度华侨劝学总督兼视学员驻扎于巴达维亚。汪到任不久便制定《爪哇学堂章程》作为统一各侨校的标准，同时改"中华总会"为"爪哇学务总会"，作为管理华侨教育的专门机构。

除南洋之外，1907年初，学部还派出内阁侍读梁庆桂到北美筹办侨民兴学事宜，下文将详述。

2.2 制定华侨学堂规则，并准予华侨学堂在学部立案

清政府一方面不断派员巡查华侨学务，因地因势统筹联络侨情、劝励绅董、整理学规、培养师资、编设学科、补助经费等事宜，使华侨子弟获得经史大义和世界知识的训练和陶冶；另一方面"宣谕华侨，务以忠君尊孔为宗旨"，使华侨"知身居海外，仍在圣朝轸念之中"，以便"维系人心，潜消隐患"。[①] 试图通过规定华侨学堂的教育宗旨、准予侨校立案、颁布华侨学堂规则等途径，把华侨教育纳入清末的教育系统之中，加强对华侨教育的全面管理。如前面谈到汪凤翔设立的爪哇学务总会就是管理华侨教育的专门机构，该会的宗旨和会章明确要求加入该会的各地侨校每年须将侨校情况呈报学务总会，再由学务总会向清学部汇报。

---

① 《东方杂志》第四年第七期，1907年7月。

2.3　鼓励国内教员和师范生到海外侨校任教，解决侨校师资困难

随着该时期海外华侨学校的增加，侨校面临着师资严重不足的困难。为改变这一情况，学部奏请清廷，鼓励教员及师范生到南洋各地侨校执教，对于到南洋侨校执教者给予优于内地教员的奖励。《光绪谕折汇存》卷二十中记载："到海外华侨学堂充当教员者，三年届满，如果成绩优著，即照异常劳资给奖；如由内地师范生派往各处充当义务者，在堂三年，准作为义务年满；如果成绩优著，并照（师范生）五年届满之条给奖。"清廷批准了这一奏请，并鼓励国内教员到南洋等地任教，在一定程度上解决了华侨师资的困难，推动了华侨学校的发展。

2.4　开创国内华文教育之始，设立暨南学堂，鼓励华侨子弟归国就读

暨南学堂，是晚清唯一一所侨民教育机构。光绪三十三年（1907）四月两江总督端方奏请开办于南京。光绪三十四年（1908），江苏提学司李瑞清禀请扩充。民国初元（1912）废止，七年后恢复。端方出于"维侨情而弥隐患"①的考虑，奏准设立暨南学堂于南京鼓楼薛家巷，招收南洋各岛及檀香山、旧金山等处侨民子弟，以"宏教泽而系侨情"。

暨南学堂的办学初衷是作为补习班性质，让侨生在该校补习国文、国语等各项学科一年之后，再经过考试后分送到各学堂就读。但从 1908 年下学期，暨南学堂改为中学附属高等小学。自改办以后，暨南学堂章程明确，管理有方，学生勤奋学习。暨南学堂的创建推动了南洋华侨创办教育、学习祖国文化的热情，华侨子弟以到暨南学堂求学为荣。

上述华侨教育措施，对于近代华侨教育的第一次迅猛发展发挥了重要的推动作用。这一时期，清政府对华侨教育政策做了重大调整，与海外华侨的联系也达到空前的规模和水平。

3.　海外华文教育

海外华文教育是我国华文教育的有机组成部分。早在清朝初年就已出现了华侨自设的私塾、蒙学。

3.1　南洋华文教育

南洋地区即今天的东南亚地区，从地理位置上与我国山水相依，自古就有中国与南洋的交往史。明清之季，基于中国海外贸易发达或政治避难等原因，到南洋的华侨更多了。晚清时期，英国、荷兰殖民统治下的南洋，正处于加速开发过程中，对劳动力的需求量非常大。由于国内战乱和灾害不断，大量华工去南洋谋生，民间称"下南洋"，从而形成了庞大的南洋华侨群体。他们与祖国血脉相连，文化相承，有千丝万缕的亲情联系。华侨教育是华侨社会生活的组成部分，华侨教育的发展水平反映着华

---

① 《江宁学务杂志》，光绪三十三年七月第五期。

侨社会的发展和华侨社会功能的完善。而在这方面，南洋也是走在前面的，如雍正七年（1729）荷印首府巴拉维亚的明城书院，是目前见于史料最早的由华侨创办的学校。18 世纪末 19 世纪初，在海峡殖民地已经出现了华侨创办的私塾。1815 年，在马六甲共有 9 间华侨创办的私塾，其中 8 间专供福建籍学童攻读，约有学生 150 名；另外一间则供广东籍学童就学，学生有 10 多名。而新加坡在 1829 年就已经有 3 间华侨私塾。至 1884 年，海峡殖民地华侨创办的私塾共有 115 间（Lee Ting Hui, 1957）。

至 19 世纪末，除海峡殖民地外，其他各州也开始陆续出现华侨创办的私塾。这一时期的华侨私塾教育，大抵与中国实行的一样。到 20 世纪初，南洋地区的私塾受到了巨大冲击，主要是清政府教育制度的变革。清政府下令出使英国的大臣和驻新加坡、槟榔屿的总领事劝谕各地华侨兴办学堂，领事还兼有倡导和视察学堂的职责，并于 1904 年创办了槟榔屿中华学校。之后又有近 20 家新式华侨学堂相继创办，数量居当时环球华侨学校之首。

南洋地区华文教育发展兴盛的主要原因在于"日本、朝鲜、美洲、英属澳洲、非洲各埠华侨，多是单身出洋经营工商业，不携家室；侨童较少，设学自寡。而南洋各岛埠华侨，则多侨居数世，生养蕃孳，儿童既多，设学亦众，其中以荷印最为突出"（别必亮，2001：13 – 26；林莆田，1995：61）。

3.2　美国华文教育

美国早期的华文教学多在私塾或专馆。光绪年间，华埠设立私家专馆 10 余间，每间有学生二三十名，在下午 5 点到 8 点上课。很多老师是在科举考试中落第，并因各种缘由出洋的秀才、举人，他们使用传统的中式教材，教学生写字和珠算。但这些专馆费用较高，低收入家庭一般负担不起。

光绪十二年（1886），经清政府驻三藩市总领事欧阳明倡议，驻美公使张荫桓同意，正式筹备华文学校。光绪十四年（1888）四月，正式开办华文学校。起初学校定名为金山中西学堂，后更名为大清书院。其时，学生有 16 人，分为两个班；教师设正副教习 2 名，由秀才或举人充任（潮龙起，2010：116）。这可以说是清政府的华侨教育之始。

除此以外，一些传教士于 19 世纪 60 年代在教会学校也开始附设华文班。最早初具规模的当属开办于 1881 年的华童学堂，也称华人主日学校。虽然一开始仅有 17 名男童报名入学，但到了 1882 年，已有 50 名男童和 2 名女童在这所学校学习中英文课程。再如 1883 年，基督教青年会聘请旧金山牧师薛满兴主持檀香山福音堂的中文班。华人基督教会也开办了一些中文班，大多是用粤语授课。1890 年，圣彼得教堂开办了一个用客家方言授课的中文班（麦礼谦，1999）。

到 19 世纪末，学龄儿童增多，传统的私塾开始迎合教会和家长的要求，出现教会与私塾合作办学的倾向，如檀香山 1899 年创办的中西学院，使用中英文教学，成为檀香山华侨社区办学的滥觞（潮龙起，2010：116）。

1907 年，清政府委任内阁侍读梁庆桂到北美各埠兴学，他会同旧金山领事许炳榛协力筹办华侨学务，并从各会馆绅商董事中挑选 21 人组成学务公所，重建了遭地震毁坏的大清学堂，并改名为大清侨民公立小学堂。学校开办时共有 110 名学生，教学语言以粤语为主，教学内容包括经学、修身、国文、历史、地理、习字、体操和唱歌等。大清侨民公立小学堂的建立，标志着美国的华文教育进入了新的发展阶段。新式学校逐渐取代了旧式的私塾、学馆，学校不但传授国学，而且学习西方科学文化。在梁庆桂的推动下，美国萨克拉门托、芝加哥、西雅图等地各大华埠先后开办了侨民学堂。

3.3　日本华文教育

日本华侨社会形成较早，开始华人居住在长崎。从 1856 年到明治初期，来日本的中国人渐渐增多，在这一时期横滨和长崎形成了唐人街。到 20 世纪初在日本华侨社会形成了"帮"组织，它管理医院、善堂、墓地和书院。"二战"开战的时候日本有位于函馆、仙台、静冈、京都、岛根、长崎的 11 所华侨学校，现存仅有东京中华学校、横滨山手中华学校、横滨中华学院、大阪中华学校、神户中华同文学校（吴建一，2002）。

1895 年孙中山领导第一次广州起义失败后，1897 年流亡横滨，同年孙中山和陈少白为了向华侨宣扬革命思想创办了中西学校。中西学校的宗旨是把中华民族的三民主义和西方思想结合起来。孙中山在日本建立了兴中会横滨支部，1905 年在东京结成了"中国革命同盟会"。当时横滨大约有 2 000 人，其中也有不少康有为的支持者。1898 年戊戌变法失败后，康有为和梁启超等亡命日本。同年梁启超控制中西学校，把中西学校改名为大同学校。这所学校有 400 个学生，他们用广东话来教学。1905 年，孙中山重新创办了华侨学校，这所学校有 200 个学生，也用广东话上课。同年，浙江华侨创办了中华学校，他们用宁波话教学，学生大约有 100 人。

1899 年康有为和梁启超在神户创办了华侨同文学校，这所学校的名誉校长是原首相犬养毅。这所学校有幼儿园、小学、初中，一共有 121 名学生，用广东话来教学。1899 年梁启超创办东京高等大同学校，这是在东京的第一所华侨学校，他就任校长，日本人柏原文太郎当干事（吴建一，2002）。

4. 晚清华文教育的特点

华侨教育不仅关系到华侨的民族认同感，还关系到华侨群体在居留地的生存竞争和发展，是华侨社会生活的一个重要方面。晚清华侨教育的一系列政策无疑开启了华文教育历史上的第一个高潮，而这一系列举措的推出也说明了晚清政府在思想意识上开始重视海外华侨，特别是华侨教育对于凝聚人心、传承中华文化的作用。

综观各国、各地区侨校，其特点不尽相同，基于地域及人口分布等原因，侨校的发展并不十分相似。东南亚地区华文教育起步较早，对中华文化的传承可以说是一脉相传。而美国早期主要是由清政府助推以及宗教势力促成的；日本是革命党人的大本营，其华文教育则主要是由保皇派和革命派来促成。当然，除此以外，与华侨华商对兴办华侨学校在经济上的大力支持也分不开。海外侨校的建立凝聚了海外华人的中国心，传承了中华民族的优秀文化，开启了华人的智慧，延续了华人生计，并在一定程度上提高了华人在所在国的地位。

参考文献

［1］别必亮，2001. 承传与创新：近代华侨教育研究［M］. 石家庄：河北教育出版社.

［2］潮龙起，2010. 美国华人史：1848—1949［M］. 济南：山东画报出版社.

［3］教育部中国教育年鉴编审委员会，1934. 第一次中国教育年鉴［M］. 北京：开明书店.

［4］麦礼谦，1999. 传承中华传统：在美国大陆和夏威夷的中文学校［J］. 华侨华人历史研究（4）.

［5］刘锦藻，1988. 清朝续文献通考2［M］. 杭州：浙江古籍出版社.

［6］林莆田，1995. 华侨教育与华文教育概论［M］. 厦门：厦门大学出版社.

［7］吴建一，2002. 日本华侨学校的历史与现状［J］. 东南亚研究（4）.

［8］叶静，2012. 海外华文教育的历史与现状［J］. 佳木斯教育学院学报（11）.

［9］LEE TING HUI, 1957. Policies and politics in Chinese schools in the straints settlements and the federated malay states 1784－1941［J］. University of Malaya.

【作者简介】

姚敏，北京华文学院讲师，社科院语用所在读博士，研究方向为现代汉字、词汇及华文教育史。

华文教学标准

试论对外汉语有效教学的标准

——兼谈课堂教学案例分析

黄晓颖

（东北师范大学）

1. 引言

随着中国经济的迅猛发展，全球范围内的汉语热持续升温，汉语学习者与日俱增，孔子学院几乎遍及世界各地。以前在国外更多的是将外语专业作为第二语言之一来开设汉语课，而现在更多的人是选择短期培训的形式来学习汉语，目的是要尽快掌握这一工具，以抓住机遇，与中国进行经贸与文化方面的交流。这一形势对对外汉语师资的数量与质量以及教学效率都提出了更高的要求，但是目前对外汉语教学的质量和效率还远远满足不了这一形势的需要。如何使我们的汉语教学更有效，使学生在有限的学习时间内更快地掌握汉语，这是摆在我们面前亟待解决的课题。那么什么样的教学是有效教学？怎样教学才能更有效？要回答这些问题，首先要明确何为对外汉语有效教学的标准。本文紧密结合教学实践对这一问题进行初步探讨。

2. 对外汉语有效教学的概念及特征

很多学者是着眼于投入产出来界定有效教学的，"（有效教学）是指教师遵循教学活动的客观规律，以尽可能少的时间、精力和物力投入，取得尽可能多的教学成效，从而实现特定的教学目标，满足社会和个人的教育价值需求而组织实施的活动"（张璐，2000）。

2.1 对外汉语有效教学的概念

对有效教学的"有效"较为普遍的解读是：有效果，指教学活动与预期教学目标的吻合程度；有效率，指教学投入与教学产出之比；有效益，指教学目标与特定的社会和个人的教育需求的吻合程度。有效教学理论在教育学领域的研究已有数十年的历史了，而将其系统地应用于对外汉语教学的研究还很薄弱。根据有效教学理论，对外汉语有效教学的"有效"可解读为：教学效率高，即教学投入少，一定教学时间内学生汉语交际能力的提高幅度大，并以全体学生的成长进步作为评价教学有效性的重要依据；教学效果好，即教学活动的结果与教学目标吻合度高，教师善于调动学生积极主动地参与教学过程，学生能够掌握教学目标所规定的汉语言知识、中国文化知识和汉语交际技能；教学效益佳，即教学目标与特定的社会和个人的教育需求吻合度高。就对外汉语教学而言，一方面对汉语国际推广起到积极的作用，另一方面能够满足学生掌握汉语、了解中国文化、运用汉语与中国人进行交流的个人需求。

对外汉语有效教学"就是教师根据学生学习汉语的需求与特点、遵循汉语作为第二语言的教学规律，综合运用一整套激励学生、充分调动学生学习积极性以及发掘学生学习汉语潜能的手段与方法，力争用最少的投入使学生更快地掌握汉语听说读写技能的教学实践活动"（黄晓颖，2011）。

所谓根据"学生学习汉语的需求与特点"是强调因学施教；"遵循汉语作为第二语言的教学规律"是强调有效教学应以科学为前提；"综合运用一整套激励学生、充分调动学生学习积极性以及发掘学生学习汉语潜能的手段与方法"是强调 1 以学为本；"力争用最少的投入使学生更快地掌握汉语听说读写技能的教学实践活动"是强调以学论教，即以在一定时间内学生汉语水平提高幅度为衡量教学是否有效的准绳，这是有效教学的根本。

根据教学投入的大小及教学活动结果与教学预期吻合度的异同，可以分为有效（高效）的、低效的、无效的以及负效的教学。教学投入少、教学活动结果与教学预期吻合度高，如学过一个语言点后，学生在较短的时间内不但理解了，而且会举一反三，能够活用，就是有效（高效）；教学投入大、教学活动结果与教学预期吻合度低，如学过一个语言点后，用了相对较长的时间，学生基本理解了，但不会举一反三，不能活用，就是低效；教学投入大、教学活动结果与教学预期吻合度为零，如教师的话学生听不懂，或教师无端地浪费教学时间，学生毫无所获，就是无效；教学投入大、教学活动结果与教学预期相悖，如教师的讲授中出现了知识性错误，学生非但没有学到正确的知识，反而学到了错误的知识，就是负效。因"有效教学"之"有效"的含义实际上是指"高效"，所以更准确地说，本文所探讨的是如何让对外汉语教学能够高效地进行。

2.2 对外汉语有效教学的特征

对外汉语有效教学具有如下四个特征：

（1）以学为本——关注全体学生的情感需求与发展进步。教师对学生公平热情，一视同仁，给学生均等的参与课堂活动的机会，让每个学生都能快乐积极地学习。

（2）以学为主——关注学生积极主动参与的过程，课堂教学活动以学生为中心，教师精讲，学生多练。

（3）以学施教——关注学生的语言背景、文化背景、汉语水平以及心理特点的差异，遵循汉语作为第二语言的教学特点与规律，灵活运用教学方法与手段。

（4）以学论教——关注一定教学时间内学生汉语交际能力的提高幅度与效率，关注全体学生的成长进步，并以此作为评价教师及教学有效性的重要依据。

3. 对外汉语有效教学的标准

关于对外汉语有效教学的标准的研究，最为全面、深入的当属孙亚玲所著《课堂教学有效性标准研究》①。根据专家学者的观点，结合对外汉语教学实际，笔者认为对外汉语有效教学主要有以下四个标准：

3.1 教学内容实用

学生学习汉语的目的主要是掌握一种交际工具，所以，教学内容的实用性既是对外汉语教学价值的集中体现，也是有效教学的前提条件。对此，赵金铭（2004）指出："对外汉语教学最基本的语言观是，语言是人类最重要的交际工具；最基本的教学观是，要把语言当作交际工具来教，而不能当作知识体系来教；最基本的目的观是培养学习者的汉语交际能力。汉语作为第二语言或外语教学的这些基本特点，直接影响教学的全部过程及其各个环节的安排，影响到'教什么'和'怎么教'的取向，进而影响到教学效率的高低"。孙亚玲（2008）认为"教师是影响教学有效性最重要的因素"。而在笔者看来，教学内容的实用性是影响教学有效性首要的因素。若学习内容的实用价值低，教师教得再好，学生学得再多，而在语言交际活动中却用不上，也是事倍功半。并且，也不利于调动学生的学习积极性。就好比学生要拧螺丝，你递给他一把锤子；学生急需水来解渴，你递给他一瓶酱油。我们一些教材中的《祝福》《红楼梦》（节选）《子夜》《背影》等课文中，有大量生僻的词语、句式，在当今的语言交际活动中几近消失或使用频率极低。这对急需掌握汉语这一交际工具的学生而言，毫无意义，正所谓"远水解不了近渴"。所以，不赞成在语言培训班学习一些距当代社会生活比较久远的文学作品。

3.2 教学目标达成

每门课、每节课都有预设的教学目标，是否能达到这些目标，是我们衡量有效教学的重要标准之一。对外汉语课堂教学的最终目标是让学生具备汉语交际能力。在这一总体目标下还有语言知识目标、功能目标和文化目标之分。语言知识目标主要体现在重点词语和语法结构的活用之上；功能目标主要体现在能够运用所学知识完成某项交际任务之上；文化目标主要体现在能够理解中国人的风俗习惯等，并能入乡随俗。若语言知识目标是掌握"比"字句，那么，学生就应该能够正确运用这一句式表达两项事物的差异；若功能目标是"拒绝"，那么学生就该学会用汉语委婉地、因人而异地拒绝他人的请求。若文化目标主要是理解中国人打招呼的方式，那么学生就应能用此与中国人打招呼。事实上，学生也正是在这样一个个教学目标达成的过程中最终掌握了目的语。因此，只有通过一系列课堂教学活动实现了教学目标，即学生能够将汉语知识活用于真实的交际之中，才能说我们的教学是有效的。

---

① 孙亚玲，2008. 课堂教学有效性标准研究［M］. 北京：教育科学出版社.

3.3　学生积极主动

学生能够积极主动地参与到教学活动中来。因"学生用于积极主动学习的时间越多，其学业成绩就越好"（巴班斯基，2001）。语言学习更是如此，只有学生敢说爱说，才能够更快地掌握目的语。否则，老师讲得再精彩，学生只当听众，是永远无法具备目的语交际能力的。所以，学生是否积极主动也是衡量对外汉语教学是否有效的重要标准之一。关于学生积极参与课堂活动的重要性，希尔伯曼（2008）认为"学习绝不是简单地将信息塞入学生的头脑，而是需要学习者自身的心理参与和操练。解释和示范本身永远不会导致真正的、持久的学习。只有积极的学习才能有此结果"。要调动学生的积极性和主动性，一方面要运用灵活多样的教学方法，使学生始终处于一种兴奋的学习状态之中；另一方面应多设计生生之间的互动，使学生自主运用汉语的机会更多。

3.4　教学活动高效

教学活动高效也就是教学效率高。"所谓教学效率，是学生的学习收获与教师、学生的教学活动量在时间尺度上的量度。"（袁振国，2004）就对外汉语教学而言，如何使学生在有限的学习时间内，汉语水平及交际能力得到最大限度的提高，这也是我们研究对外汉语有效教学的终极目标。

教学活动高效首先表现在教学时间利用充分。课堂教学时间是极其有限的，所以应最大限度地减少浪费。马云鹏（2006）指出："要提高课堂的时间效益，就必须建立合理的教学制度和增强教师的时间观念，将教师、学生可能造成浪费分配时间的人为因素减少至最低限度，保障规定的有限时间落到实处，提高时间的利用率。"充分利用课堂教学时间具体表现在教师按时上下课；提前几分钟进教室，做好上课的一切准备；利用课间或下课时发作业；有难度的费时费力的习题提前留为课后作业；对学习内容区别对待，难者多练，易者少练；尽量用最短的时间让学生明白并掌握所学知识；教学语言应浅显易懂、简洁精练；能巧妙地运用补白艺术等。总之，分分秒秒都被充分利用的课堂，才有可能是高效率的课堂。

教学效率高效还表现在教学投入少，学生收获大。有效教学理论的精髓就是以学论教，即以学生的学习效果如何作为衡量一个教师是否优秀、课堂教学是否有效的最重要尺度。正如巴班斯基（2001）所言："教学效率不是决定于教师打算给学生什么东西，而是决定于学生本身在课堂教学时间里掌握了什么东西。"就对外汉语教学而言，所谓学生收获大就是指通过教师所组织的一系列课堂教学活动，让学生在汉语言知识上有所增加，在汉语言技能上有所提高。当然，这种提高是指学生整体水平的提高，也就是说每个学生在其原有基础上都有所进步。

在以上有效教学标准中，之所以未将有效的教师相关标准列入其中，是因我们在讨论通过教师所组织的有效教学所呈现出的显性的状态与结果。若能使教学达到以上标准，这样的教师也一定是十分优秀的教师。

4. 对外汉语课堂教学评价的依据

任何教学评价都不可避免地带有一定的主观性，所以，对同一教师教学效果的评价难免出现褒贬不一的现象。这是很正常的，但在对外汉语教学中，因班级的不同，学生对教师的评价往往差距悬殊，同一个老师在甲班可能有90%以上的满意率，而在乙班满意率可能不足30%。那么，什么样的教师才算是优秀的教师，什么样的教学才是有效教学，常常会令人感到十分困惑。有人认为能够幽默风趣的就是好教师；有人认为能够讲解清楚明白的就是好教师；有人认为富有亲和力、对学生热情耐心的就是好教师；有人认为课堂气氛活跃的就是好教学；有人认为组织了很多课堂游戏活动的就是好教学……显然，以上都是从某一侧面来评价教师、教学的，而且，基本上是以师论教，即从教师的课堂行为来评价教学，这是不符合有效教学以学论教的原则的。在教学实践中往往会有这样的情形，教师讲得很生动，学生也觉得热热闹闹、轻松愉快地上了一节课，可在知识和技能上所获甚微，这样的教学无疑是低效的。

4.1 走出对对外汉语教学评价上的误区

4.1.1 课堂活动多不等于优质教学

有效教学理论提倡以学论教，即以一定教学时间内学生的进步幅度来评价教学效果与教学效率。就对外汉语教学而言，就是以一定教学时间内学生汉语交际能力的提高幅度来评价教学的优劣。所以，课堂活动再多，学生收获不大，也不能称其为优质教学。优质教学一定是高效率的教学。

4.1.2 师生问答多不等于良好的课堂互动

良好的课堂互动，不只是单纯的师生互动，还要有生生互动。而且，互动的质量与效果是最为关键的问题。这一方面要求教师的提问质量要高，确保问有所获；另一方面要求教师所设计的生生互动能充分调动学生的积极性，能巧妙利用学生间的信息差，使互动效果达到最大化。

4.1.3 学生说得多不等于以学生为主

以学生为主的内涵是极为丰富的，让学生多说只是其中的一个方面。何况学生说得多，并不等于进步大。教师应从时间、内容、质量、秩序等方面对学生的"说"加以控制，以确保通过"说"使学生的汉语水平得以提升。

4.1.4 受到推崇的教学法不等于十全十美的教学法

"教无定法"，所有教学法的优劣都是相对而言的。由于汉语作为第二语言教学的研究还是一个比较年轻的领域，所以，我们常常会因发现一种新的教学法而欣喜。如任务型教学法在对外汉语教学研究领域一经出现，就引来了众星捧月般的追捧，以致遮盖了它的缺陷，似乎这种教学法是最完美的。其实，我们知道，在非目的语环境下使用任务型教学法是极其困难的。

4.2 对外汉语课堂教学案例分析

4.2.1 教学案例

课型：初级 A 班综合课。

教材：《博雅汉语初级起步篇1》（北京大学出版社，2004 年）

教学内容：第23课《你学了多长时间汉语?》，"时量补语"操练部分。

教学实录：

一、复习课文中带时量补语的句子。

师傅换轮胎换了半个小时。/师傅换了半个小时轮胎。

玛丽平时走一个钟头就能到，今天走了一个半小时才到。

张红等了四十多分钟。

二、由这几个句子归纳出时量补语的两种主要形式。

S + V + O + V + 了 + 时间

S + V + 了 + 时间 + O

三、开始操练，操练的形式都是由 PPT 给出一个主语、一个动宾短语或一个离合词，旁边配一幅相关图画，让学生说出完整的句子。PPT 所给信息如下：

主语	动宾短语	时间	图画
他们	写作文	3：00 ~ 5：00	学生在写作文
他	吃早饭	10分钟	一个孩子在吃早饭
她	听音乐	半个小时	一个女孩在听音乐
他们	打篮球	两个小时	两个男生在打篮球
王明	喝酒	四个半小时	一个男青年在喝酒
弟弟	写拼音	10分钟	一个男孩在写拼音
姐姐	睡觉	三个小时	一个女孩在睡觉
妹妹	洗澡	25分钟	一个小女孩在洗澡

每个句子都是先分别让两个学生说出完整的句子，说对后全体学生再一起说一至两遍，然后教师给出正确的句子。

4.2.2 案例评析

上这节课的是一位教学经验非常丰富也颇受学生喜爱的教师。值得肯定的是教师运用了一些行之有效的教学方法：在复习课文环节先集体复述后个别复述，体现了循序渐进的原则；个别作答与集体作答相结合，注意考查每个学生对知识的掌握程度；某个学生说出正确句子后，其他学生再一起说一至两遍，起到了及时强化的作用；学生看着提示语说出正确句子后，教师再给出完整的句子，有助于学生积极主动地独立思考。从教学效果来看，学生看着PPT上的提示语基本都可以说出时量补语的两种形式。但不知学生是否达到了灵活运用时量补语的程度。总的来看，这节课还有一些待完善之处：

首先，操练的题型比较单一。时量补语的位置是偏误率最高之处，所以，还可以用选择正确的位置填空和改错等其他练习形式。

其次，缺乏梯度。每个句子都是给出同样的信息，不利于逐步提高学生运用时量补语的能力。应该不断增加习题的难度，如："时间"一项应像第一个句子那样只给出时间点，让学生自己说出时间段；可以去掉主语或时间词语，让学生任意填上；还可以只给图片不给词语，让学生看图说出相应的句子。

再次，机械操练过多，极少有结合学生自己生活实际的活用练习。只是在学生说出"弟弟写拼音写了10分钟"的句子后，教师问了几个学生"你昨天写作业写了多长时间"。其实，完全可以让学生用时量补语说说自己的一天。

最后，基本是师生互动，没有生生互动。可以两人一组，互相介绍自己的周末生活，先分别写出自己周末常常做的事情，然后两人分别看着对方列出的事情，问对方做某事一般用多长时间，最后每个人再成段介绍一下"我的一天"，还可以介绍对方的一天。

由上述案例可见，有效教学理论为对外汉语教学评价及课堂案例分析提供了科学的依据，使我们能够透过现象看本质，认清什么样的教学是有效的、什么样的教学是低效的甚至是无效的。

参考文献

［1］巴班斯基，2001. 论教学过程最优化［M］. 吴文侃，译. 北京：教育科学出版社.

［2］黄晓颖，2011. 汉语国际推广背景下的有效教学［J］. 东北师范大学学报（哲学社会科学版）（5）.

［3］马云鹏，2006. 课程与教学论［M］. 北京：中央广播电视大学出版社.

［4］孙亚玲，2008. 课堂教学有效性标准研究［M］. 北京：教育科学出版社.

［5］希尔伯曼，2008. 积极学习：101种有效教学策略［M］. 陆怡如，译. 上海：华东师范大学出版社.

［6］袁振国，2004. 当代教育学［M］. 北京：教育科学出版社.

［7］张璐，2000. 略论有效教学的标准［J］. 教育理论与实践，20（11）.

［8］赵金铭，2004. 对外汉语教学概论［M］. 北京：商务印书馆.

【作者简介】
黄晓颖，东北师范大学教授，博士，对外汉语专业硕士研究生导师。

华语课堂的口语要素教学初探

林奕高

（暨南大学华文学院）

1. 引言

我们常遇到这样的情况：许多学习了多年华语的学生一开口说汉语，尽管他们的语音、语法都没问题，但还是让我们这些汉语母语者感觉不太自然、不太贴切，而具体不自然不贴切在什么地方，又往往难以说清。难以说清的原因主要是这些不自然不贴切的地方不是体现在当前我们课堂教学中所强调的语法点、语音三要素（声韵调）中。笔者曾经在来华学习华语的本科四年级学生中做过一个简单的调查，询问他们："如果一个很好的朋友到你家来找你，你很热情地开门欢迎他，见到他后你会说什么？"学生的回答五花八门，其中，比较集中的有"你好""您好""你好，欢迎你""你好，请进""很久不见"等。学生喜欢用"你好"，似乎在他们眼里，所有打招呼的场合都是用"你好"。这与我们的教材不无相关——几乎所有的华语（汉语）教材都会告诉我们，"你好"用于见面打招呼，但它使用的场合以及是否还有其他打招呼的方式，这些至少我在目前一些常用的华语（汉语）教材中并未看到。而中国人在日常生活中用"你好"打招呼的频率到底是多少？他们是怎么打招呼的？笔者曾联同两位中国学生，统计了一天之内打招呼的情况，结果发现在全部 61 次打招呼中，只有 1 次用"你好"，如果算上"××好"的情况，总共也只有两次。

学生口语表达水平未如人意的原因是多方面的，要改变这种状况，重点要从教学材料以及与之相对的课堂教学模式着手，建立起一种基于真实情景口语语料的华语课堂教学模式。本文将重点探讨真实情景口语语料中除了当前教学中所强调的语音三要素（声韵调）、生词及语法点外的其他教学要素，探讨这些要素在当前华语课堂中被忽略的原因。

2. 真实情景华语口语语料中的课堂教学要素

我们所说的真实情景华语口语语料，指的是那些真实反映华语母语者日常生活对白的语料。所谓课堂教学要素，就是指能作为课堂讲练的要点，有教学价值的要素，就像语法点一样，需要通过老师提示讲解和学生练习来习得。当然，真实情景语料中同样也会涉及生词、语法点等内容，但这些并非本文要讨论的重点。本文要讨论的是一些在当前华语（汉语）教材及课堂教学中被忽略或不够重视的要素，而这些要素在汉语日常口语交际中却很常用，在某种程度上反映了汉语的特色。

2.1 叹词和语气词

在语言课堂上曾经听过一个笑话：你在公交车上重重地踩到一个人的脚，如果这个人是中国人，他会大叫"哎哟"；如果是美国人或英国人，他会叫"Och"；而如果是印尼人，他则是叫"Aduh"。这个看似轻松的笑话却包含着重要的语言学信息。疼痛是人类一种共同的生理知觉，而说不同语言的人在遇到疼痛时的表达却各不相同，这种不同与一般词汇发音的不同有着本质的区别。叹词更侧重于本能的反应，是"我们感情激动时，感叹之声"（吕叔湘，1982），不像其他词汇那样具有实质的意义。叹词在某种程度上体现了一种语言的特点。现代汉语中的叹词，如"啊、哎、喂、哎呀、哎哟、哼、嘿、嗬、咦、噢、呸"等，在口语中出现频率很高，熟练掌握能使华语说得更地道。但遗憾的是，这并未在当前的华语教材中体现出来，当然也很少得到华语老师的重视。

与叹词相比，语气词得到重视的情况相对好些，但所谓的好也是针对"吗、呢、吧"几个语气词而言，对"嘛、啊、哦"的重视也明显不够。

2.2 重复

汉语口语中存在大量重复的现象，[①] 如：

（1）"来来来，请坐请坐！"
（2）"你好你好你好！"
（3）"好了好了好了，别啰唆了！"
（4）"吃吃吃，就知道吃！"
（5）"看看看，有什么好看的？"
（6）"谢谢谢谢！"
（7）"诶诶诶诶诶诶，干吗呀，你？"

通过对实际情景的观察，我们发现这些句子中的重复并非简单的词语叠加，往往还伴随着语速的加快，"你好你好你好"的时长并非"你好"的3倍，而要小很多（如图1和图2）。学生在练习模仿时常常因为语速不够，给人不自然的感觉。此外，从理论上来说，重复的次数并不受限制，但在实际口语中，单音节词重复时，范围一般是3～5次，以3次居多；双音节词重复时，一般是2次或3次。这是生理方面造成的还是汉语母语者的习惯，需要做进一步的研究。而对于重复的功能，目前也未见有

---

① 汉语口语中还存在重叠的现象，如"花花草草""看看""研究研究""高高的"等。两者的最大区别是重复在理论上可以不限次数，而重叠往往只是两次。当然，两者还有功能上的区别，这里不再详述。

华语教材做出相应明确的说明。

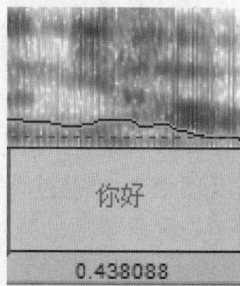

图1 "你好"的时长（秒）　　图2 "你好你好你好"的时长（秒）

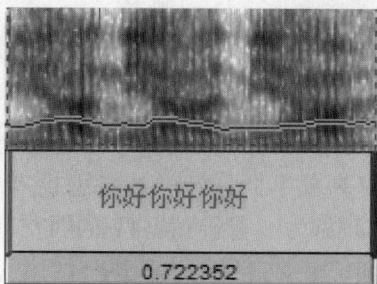

2.3　重音（音强）、语速（音长）和音高

汉语目前的书写体系，无论是拼音的形式还是汉字的形式，都不能体现重音（音强）和语速（音长）这两个特征。而在真实情景口语中，重音却附载着说话者所要强调的信息，是语言表达的焦点所在;[1] 同样，语速（音长）对表达说话者的情感也起着重要的作用，如例（8）。对于音高，声调虽然能起到对字音的区分作用，但到了句子层面，往往就失效了，如例（9）。

（8）A：能帮个忙吗？

B1：好!（语速快，时长短，表非常乐意。）

B2：好!（语速慢，时长长，表不太情愿。）

（9）A：谁去？

B1：你!（音较低、较短，表肯定。）

B2：你?（音较高、较长，表质疑。）

光从字面看，学生很难把握上述两例的读音。

2.4　连读、断连（节律）

恰当的连读能使语言听起来更流畅，而我们的书写系统同样也不能标示这一现象。留学生说话时往往过于追求字词读音的准确性而忽略了在整体语流中连读的应用，从而造成语句表达的生硬。

现代汉语书面语虽然借助标点符号起到标示停顿、语气等的作用，但标点只是起到标示较大停顿的作用，在标点之间仍然存在小停顿。准确把握句子的断连节律，既

---

[1]　汉语可借助某些格式，如"是……的""连……都……"来表示强调，标示焦点，但不如重音来得直接。

是对语句意思准确性理解的要求，如例（10），又能帮助学生更好掌握汉语句子的结构特点，如例（11）。

（10）爸爸和妈妈的朋友都喜欢那家餐厅。

（11）我和朋友/星期天早上/去北京路/买东西。

例（10）停顿不同，句子的意思也有差别，既可以理解为"爸爸/和妈妈的朋友"，也可以理解为"爸爸和妈妈/的朋友"。而例（11）是汉语普通的陈述句式，它一般遵循"谁—什么时候—去哪里—做什么事情"这一结构，各个部分之间可以有小停顿，让学生经常做这样的句式朗读，有助于他们建立起汉语一般语序特点的语感，避免受母语语序的干扰。

2.5 话语标记、插入语

话语标记、插入语大量存在于我们的日常口语中，但我们很难在华语教材上发现它们的身影。或许在教材编辑者看来，这些是多余成分，过滤掉能够使句子更整洁，由此带来的后果则是令语言失去了自然度。

2.6 表情、动作

语言就好比一个人，如果说语法是骨架，词汇语音是血肉，那么要实现成功的交际，还必须在表达时带上个人的情感，这些情感需要借助表情、动作等补充性的成分。表情、动作尽管不属于语言成分，却是真实情景口语中不能缺失的组成部分。比如英美人喜欢耸肩、扁嘴、摆手表示无奈，同样，中国人表示害怕时喜欢边说边连续用手拍胸口等。

当然，真实情景口语语料中还有其他目前华语教材和课堂教学中没有或得不到重视的要素，这需要我们进一步挖掘。

3. 口语要素在课堂教学中没有得到重视的原因

3.1 现有拼音系统不能准确描写

汉语拼音系统管辖的范围只是到字音，而且即使在字音层面，它也未能全部描写，比如某些叹词、拟声词的音，以至于《现代汉语词典》在为这些字注音时，有时需要用附加文字加以注解说明，如《现代汉语词典（第5版）》（P2）对叹词"啊"的注解：ā ①表示应诺（音较短）；②表示明白过来（音较长）；③表示赞叹或惊异（音较长）。至于具体短多少或长多少，这是一个很模糊的概念。而对于音重、音长、句调等就更显得无能为力了。书面系统描摹的不足直接反映到纸质教材上的结果就是缺失，如我们统计了当前使用较广的一套汉语口语教材——《汉语口语速成入门篇（上、下）》（马箭飞，2005）、《汉语口语速成基础篇》（马箭飞，2000），这三本教材中共出现过 6 次叹词，在这些叹词分别为"嗬"（入下，17)①、"喂"（入下，23）、"哟"（入下，28）、"咳"（入下，29）、"嗬"（基，18）、"哎"（基，20）。而据刘蕾（2002）的研究，汉语的叹词大约有 54 个 ②，因此相对而言，这一系列的教材出现叹词的频率还是非常少。口语教材尚且如此，更何况其他类型的教材了。

3.2 教材、教学法原因

当前，我们的华语（汉语）教学材料大部分是纸质教材，这些教材的编写往往是根据编写者的需要对真实语料加以编辑，以求做到精简。而正是这一编辑和精简，使我们的课堂教学材料丢掉了许多地道汉语口语的要素，"书面语是口语的'精制品'，加工整练，但是不少有用的东西——语音的多种变化，却受文字（特指汉字）限制而被'整'掉了"，"学习汉语，单凭课本——书面的语言材料，显然不够，就连用汉语拼音拼写，也还不能完全描摹"（徐世荣，1989），这是其一。其二，真实口语材料一经编辑变成了书面语，教师在课堂上常常使用阅读（朗读）的方法进行教学，脱离了语言使用的环境，这在一定程度上拉开了教学内容与真实口语的距离，学生在学习时又不能完全达到老师的水平，这又进一步拉开了教学内容与真实口语之间的距离。经过这些环节，学生学习所能达到的口语表达水平必定会大打折扣。

3.3 课堂教学强调了语义、语法，忽视了语用

在文章开头所述情景调查中，我们会明显感觉到用"你好"不太合适，这显然不是语义、语法的问题，而涉及语用——"你好"虽是客气礼貌的打招呼用语，但客气礼貌的同时也拉远了对话双方的距离，这与"很好的朋友"显然不相配。语用的讲解需要语境的配合，而这正是许多华语教材所缺乏的；另外，语用讲解的难度相对来说较大，有时需要结合历史文化风俗等知识，这也使一些华语教师避而远之。

3.4 相关理论研究不够

就上述所列课堂教学要素来看，目前对这些方面的研究还远远不够，尤其是结合留学生习得方面的研究更是少之又少。以叹词研究为例，刘丹青（2011）就曾指出："叹词因其特殊性常被视为词类或词汇中的边缘成员甚至非语言成分，在词类研究中受关注很少。"这种特殊性体现在"它是词类系统中唯一不和其他词发生句法组合关系的词类"。此外，"叹词的语音具有一定的超系统性，体现在音节和特殊的音高上"（谢仁友，2008）。当前，对叹词的研究还集中在以下几个问题：其到底是不是词？如果是词，其到底属于实词还是虚词？叹词是否存在声调？在这些叹词的本质属性等问题上，理论研究的不足导致其指导作用的缺失。

---

① 表示《汉语口语速成入门篇（下）》第 17 课，下同。
② 同一个叹词不同的功能分开算，如上述"啊"有三个不同的功能，则算 3 个。

4. 改进措施

华语课堂教什么？怎么教？这些问题值得我们认真思考。我们不能把时间都花在教那些与日常生活口语脱节的所谓生词语法，人为地把语言分为"教学语言"和"生活语言"，放着那些日常说的语言要素让学生自己慢慢去体会，告诉学生说，这些"只能意会，不能言传"。中国人教授英语的经验已经证明是失败的，我们还想用这种方法来教授华语，那只会导致华语传播之路越来越窄。目前迫切需要做的有如下三项工作：

首先，要大力加强华语口语语料库建设。相对于汉语书面语语料库建设，汉语口语语料库的建设明显落后。主要是因为这项工作不像书面语语料有现成的材料，需要录音、转写和标注，工作量很大，需要投入大量的人力物力；此外，硬件和技术方面的原因也制约了口语语料库的建设。虽然口语语料库建设存在困难，但正如沈家煊先生所说，"和书面文献一样，口语作为一种文献，也是一个民族极其宝贵的文化资源"，"现代汉语口语语料库的发展前景是十分广阔的"（姚从权，2004）。不管从经济价值角度，还是从教学科研角度，这项工作都已经迫在眉睫。据报道，中国社会科学院在几年前已经建了一个"现代汉语口语语料库"，但从其介绍的情况来看，局限性还是相当明显的，需要不断地完善。此外，华侨华人遍布世界各地，他们所说的华语也非常有特色，保存他们的声音也是一项迫切而有意义的工作。

其次，我们希望在做好华语口语语料库建设的前提下，能够编写出来源于真实情景口语的音像教学资源，打破当前纸质教材一统天下的局面，为华语课堂教学和研究开辟一条新的路子。

最后，华语教师应该敢于打破旧有的教学模式，探索新的教学模式，积极利用科学技术发展的新成果，使之应用于我们的华语课堂教学和研究。学生没有学好，常常是因为我们没有教好。

5. 结语

"从学术研究的角度看，作为研究对象的语言，活生生的口语才是第一性的，语言结构的规律和语言演变的规律离开了口语材料是无法真正掌握的"（姚从权，2004）。赵元任先生的著作《汉语口语语法》就是以汉语口语作为语料来研究语法的，书中对口语中一些细微的描写让我们感受到语言大师的风范，不得不佩服其敏锐的语言洞察力。而当前学界研究的主流，反而把口语语料搁一边，实在不应该。希望借"华语热"这一契机，唤起人们对真实情景口语语料的重视。

参考文献

［1］安美丽，2010. 汉语口语中的重复话语模式和语用功能探讨［J］. 当代教育理论与实践，2 (4).

［2］马箭飞，2005. 汉语口语速成入门篇（上、下）：第 2 版［M］. 北京：北京语言大学出版社.

［3］马箭飞，2000. 汉语口语速成基础篇［M］. 北京：北京语言大学出版社.

［4］刘丹青，2011. 叹词的本质：代句词［J］. 世界汉语教学，25（2）.

［5］刘蕾，2002. 叹词习得情况的调查与分析［J］. 语言教学与研究（2）.

［6］吕叔湘，1982. 中国文法要略［M］. 北京：商务印书馆.

［7］裴珊珊.2009，日本学生汉语陈述句核心重音的韵律特征［J］. 首都师范大学学报（社会科学版）（A3）.

［8］吴晓波，2011. 印尼语和汉语叹词的对比研究［J］. 剑南文学（经典教苑）（8）.

［9］伍巍，2005. 现代汉语节律的功能——谈口语中的"重音"与"断连"［J］. 修辞学习 (3).

［10］谢仁友，2008. 叹词的本质特点、注音和词形［J］. 辞书研究（3）.

［11］徐世荣，1989. 汉语口语中叹词的熔合现象［J］. 语言教学与研究（2）.

［12］姚从权. 我国自己的大规模口语库即将建成［N］. 中国社会科学院院报，2004 – 11 – 30.

［13］赵元任，1979. 汉语口语语法［M］. 吕叔湘，译. 北京：商务印书馆.

【作者简介】

林奕高，暨南大学华文学院汉语系讲师，主要研究方向为对外汉语教学及华文教育、汉语方言。

印尼三语学校华文教学标准探微

[印尼] 陈友明
（印尼三语学校协会）

1. 印尼三语学校概况

印尼自 20 世纪末实行民主改革以后，随着政府对汉语和华人风俗文化的解禁，各种形式的华文教学机构在各地纷纷兴起。三语学校是印尼华人为了推广华语、弘扬民族文化、按照自己理念而开办的全日制国民学校。这种学校以中小学为主，大多也从幼儿园办起。结合印尼的国情和市场的需求，办学的华社、华人认为这种教学机构既符合国民教育的办学要求，又满足华人社会兴学的期望。它既是三语兼教的、隶属印尼国民教育体制的"三语国民学校"，也是当今印尼华文教育和华文学校的主流与主体。

1.1 适用政策

三语学校隶属印尼国民教育系统，按照印尼教育部关于开办学校的相关政策，它应属于强化型的国民学校 —— 增设、强化某种课程的国民学校。它在印尼文中叫 SEKOLAH NASIONAL PLUS。

1.2 现有数量、办学层次与地区分布

印尼的三语学校现有 50 多所，多是近几年才开始兴建的，也有几所是被"改造"成三语学校的普通学校。由于办学时间还不长，故目前尚为幼儿园、小学阶段的居多。主要分布在爪哇岛以及爪哇岛外的几个省会城市。

1.3 学生概况

三语学校是印尼华人办校的一种形式，所以就学生民族而言，还是以华裔为主。根据能够统计的数据，目前三语学校的总人数大约有 30 000 人。华裔学生约占总数的 84.6%，另有 15.4% 的土著学生。

1.4 华文教师状况

目前印尼三语学校中有华文教师 500 多位，平均每所学校约 10.8 位。但是分布很不平均，多者如雅加达八华学校有中文教师 80 人，棉兰崇文三语学校也有 30 多人，少者则仅有 2 人。华语教师中中国籍教师占中文教师总数的 27%，有相当的比重，应该说三语学校华文教师的状况还是有一定的实力的。

1.5 中文课程

多数三语学校的中文课程还是比较突出的，课时也充足，每天都有中文课。多数

学校除了汉语综合课程外，还加设中文子课程，包括"会话""音乐""电脑""道德""书法"等，但是课时比较少的学校可能就只设汉语综合课程。

1.6 华文教材

小学和中学教材多半使用中国大陆出版的教材，如北京华文学院的《汉语》《说话》，暨南大学的《中文》；幼儿园多使用中国国侨办援助编撰的本土教材《千岛娃娃学华语》。

2. 问题与困境

观察过印尼华文教育和华语教学水平的人基本认为，目前印尼华语学生语言和文字能力较差，水平令人担忧。这一问题的形成原因很多，主要在以下四个方面。

2.1 尚未建立评估方式和质量标准

主要的问题是管理团队，以及相应的培养方案、教学大纲、能力目标、考试大纲、教材建设。说到底就是在质量标准上，还未建立课程、教学大纲和考核、评估制度，课程教学的总目标尚未建立，质量控制存在严重的问题。这是因为在印尼的国民教育体系里，汉语并未纳入小学和初中的课程中，即使在高中也仅仅被作为选修课，所以华文的课程大纲和教学标准必须由三语学校自己来制定。

2.2 华文课的课时问题

一些学校华文课程的学时实在太少，每周甚至不到 4 个课时。由于印尼的语言环境差，太少的课时根本保证不了华文教学的达标。

2.3 教材的使用问题

小学和中学教材选择不合理，运用比较混杂，甚至在一些学校出现小学教材在中学使用，成人教材在小学使用的现象；难易无度，标准不一；有的学校教学进度太慢，小学教材《汉语》《中文》一年才教一册，有的甚至小学毕业才教完三到四册，远远低于教材原定的十二册；会话教材《说话》一册也用不完，而听和说不过关恰恰就是三语学校学生普遍存在的大问题。

2.4 华文师资匮乏、素质欠佳

造成教学效果差的原因还有华文师资的匮乏，这也是多年未能真正解决的瓶颈。当然，这是有历史原因的，30 多年华文教育的断层造成了华文教师的短缺。原有的华校华文教师多已年迈不能上讲台；华文解禁之后到中国留学和学汉语的年轻人，回来大多不愿意当华文教师，尤其是华裔青年，原因是嫌教师行业工资低微没有前途；一些在职的年轻华文教师自身的华文水平低得可怜，有的还不到新 HSK（四级），更不用说掌握汉语教学技能了。鉴于这些原因，一些学校便自行聘请中国籍教师以解决华文师资的困难问题，但是数量还远远不足。

3. 改进的建议

综上所述，质量控制最主要的问题在于印尼华文教学没有明确的教学目标和标准要求。没有目标的教学只能是盲目的教学，学生能力差说明了这一点，教学标准低培养出来的学生水平自然也低。因此想改变这种状况，必须从教学的目标、评估标准和课程的大纲入手，即各个阶段教学目标是何为第一要素。第二则是检测目标的评估标准。第三是学生想要达到能力标准所需学习的课程、教材。第四是完成学习所必需的时间及课时量。第五则是完成教学任务的教师的素质及其教学方法。下面笔者就以上几个问题提出改进的建议。

3.1 须设定三语学校的教学目标和考试标准

三语学校的华语教学是一个过程，这个过程由幼儿园、小学、中学等不同的教学阶段组成。无论是整个教学过程，还是一个教学阶段，都要确定一定的教学目标、教学要求和教学内容，并且把教学任务落实到任课老师。

教学评价是汉语教学的一个重要组成部分。汉语教学评价目标与教学目标、评价内容与教学内容也是一致的。三语学校的建立就是要更好地保障汉语教学目标的达标。目标怎么设定？怎么评测？按照什么标准评测？首先必须设定和确立。下面列举印尼国民教育部、马来西亚华文独中等几个国家的教育机构的汉语教学目标和评测标准以供参考。

3.1.1 印尼国民教育部的汉语教学大纲

自 2006 年汉语已经列入印尼国民教育高中课程，印尼国民教育部对于汉语课程也制定了课程教学大纲。下表摘录《印尼国民教育部制定汉语教学标准和课程大纲》第 12 年级即高中三年级第二学期的教学标准。

表1　印尼国民教育部制定汉语教学标准和课程大纲（摘要）

听力	5. 对于公共服务和工作行业的陈述式或简单对话式口语的理解能力	5.1 在语境中能够准确区分辨别词、词组、句子的汉语拼音的语音 5.2 从各种简单的对话中准确地获取普通的、特定的或详细的信息
说话	6. 对于公共服务和工作行业的陈述式或对话式口语的简单信息的说话能力	6.1 能够运用谦恭语言、准确的汉语拼音语音表达各种信息 6.2 能够流利地、准确地、礼貌地进行简单的对话与交流

（续上表）

阅读	7. 对于公共服务和工作行业的陈述式或简单对话式的阅读理解能力	7.1 准确领会简单文章的主题与内容 7.2 从各种简单文章中准确地获取普通的、特定的和详细的信息 7.3 能够准确和大声朗读简单文章中的汉语拼音或汉字（词、词语或句子）
书写	8. 对于公共服务和工作行业的陈述式或对话式口语的简单信息的书写能力	8.1 准确书写汉语拼音 8.2 按照汉字的笔画、笔顺规范书写汉字 8.3 能够运用文字、拼写、标点符号和符合规范语法书写简单的书面信息

　　以上为印尼国民教育部制定的汉语教学标准和课程大纲，是针对高中阶段的。由于初中和小学阶段汉语并未列入正式课程，所以印尼教育部未订出标准。但是此项大纲写得欠合理，像是照搬其他外语大纲硬套来的。它把汉语简单地分成听、说、读、写四个技能标准，并且笼统地、千篇一律地把各个学习阶段的标准统一化，没有区分度和难度标准（按：各个年级的标准大纲都类似）。编者似乎还缺乏汉语知识，例如，学生的读写能力要求学生会拼写汉语拼音和汉字，竟然把华文当成拼音文，像印尼语或英语那样要拼写词语，不懂得汉语是表意文字而不是拼音文字。印尼这个大纲是针对国立高中的汉语选修班的，课时每周也只有一二节，故上述汉语教学标准和大纲显然不宜为三语学校所采用。

　　3.1.2　马来西亚、新加坡的教学标准和课程大纲

　　邻国马来西亚、新加坡的标准和课程大纲能够采纳吗？众所周知，马来西亚国情虽然和印尼相近，但是其华文教育性质应该不同于印尼。首先，马来西亚没有经历过像印尼那样的华文教育和华语的被封禁，华文教育和华文教师没有断层过；马来西亚华人社群中华语是流通语言，华文学校基本上还是属于母语教学，这也自然影响着马来西亚华人的思维方式。新加坡的情况和马来西亚类似，新加坡的华人占绝大多数，可以说是华人国，日常生活中也多以华语或方言交流。这两个国家华人社群的华文水平显然比印尼的同胞要高得多，他们的教学目标和测试标准对目前的印尼学生来说也是太高了。下面摘要介绍马来西亚华文课程的大纲：

　　马来西亚华文独中初中华文科课程纲要（2000年修订）教学目标：能有效地学习语文，使用规范的语文进行听、说、读、写；具备语文思维能力，能应用华语进行思维活动，发展智力；认识我国多元民族文化和世界优秀文化，着重了解华族文化的渊源和传统，并加以继承和发扬；具有和友族和谐相处、热爱祖国的意识；具备正确的思想和道德观；具备健康的审美情趣与文艺鉴赏能力；能养成学习语文的习惯，能

自觉地学习语文；具备搜集和处理信息的能力。

3.1.3　HSK 水平标准

那么，什么是三语学校较为合理的标准呢？HSK、YCT 汉语考试，是中国国家汉办为鼓励汉语非第一语言的中小学生学习汉语，培养、提高汉语能力而设计的一项国际汉语言能力标准化考试，考查汉语非第一语言的中小学生在日常生活和学习中运用汉语的能力。

笔者认为中国国家汉办制定的汉语水平考试等级标准及其大纲或可作为印尼三语学校的评测标准和教学大纲。因为印尼华裔学生学习汉语的情况其实和外族、外国人一样，其性质乃属于第二语言教学。HSK 各级所定的标准比较适合印尼的汉语考生。截至目前，海外最具公信力和标准型的汉语公开测试还属 HSK 考试。它也可作为衡量学校教学水平的一个标准，以检验学生学习的真实水平。下面让我们看一看新 HSK 水平测试对象和等级标准情况：

（1）考试对象。

HSK（一级）主要面向按每周 2~3 课时进度学习汉语一个学期（半学年），掌握 150 个最常用词语和相关语法知识的考生。

HSK（二级）主要面向按每周 2~3 课时进度学习汉语两个学期（一学年），掌握 300 个最常用词语和相关语法知识的考生。

HSK（三级）主要面向按每周 2~3 课时进度学习汉语三个学期（一个半学年），掌握 600 个最常用词语和相关语法知识的考生。

HSK（四级）主要面向按每周 2~4 课时进度学习汉语四个学期（两学年），掌握 1 200 个常用词语的考生。

HSK（五级）主要面向按每周 2~4 课时进度学习汉语两年以上，掌握 2 500 个常用词语的考生。

HSK（六级）主要面向掌握 5 000 及 5 000 个以上常用词语的考生。

（2）考试等级。

新 HSK 各等级与《国际汉语能力标准》《欧洲语言共同参考框架（CEF）》的对应关系如表 2 所示：

表 2　HSK 与 CEF 的对应关系

新 HSK	词汇量	国际汉语能力标准	欧洲语言框架（CEF）
HSK（六级）	5 000 及以上	五级	C2
HSK（五级）	2 500	五级	C1
HSK（四级）	1 200	四级	B2

（续上表）

新 HSK	词汇量	国际汉语能力标准	欧洲语言框架（CEF）
HSK（三级）	600	三级	B1
HSK（二级）	300	FG 级	A2
HSK（一级）	150	四级	A1

通过 HSK（一级）的考生可以理解并使用一些非常简单的汉语词语和句子，满足具体的交际需求，具备进一步学习汉语的能力。

通过 HSK（二级）的考生可以用汉语就熟悉的日常话题进行简单而直接的交流，达到初级汉语优等水平。

通过 HSK（三级）的考生可以用汉语完成生活、学习、工作等方面的基本交际任务，在中国旅游时，可应对遇到的大部分交际任务。

通过 HSK（四级）的考生可以用汉语就较广泛领域的话题进行谈论，比较流利地与以汉语为母语者进行交流。

通过 HSK（五级）的考生可以阅读汉语报纸杂志，欣赏汉语影视节目，用汉语进行较为完整的演讲。

通过 HSK（六级）的考生可以轻松地理解听到或读到的汉语信息，以口头或书面的形式用汉语流利地表达自己的见解。

3.2　采用 HSK 标准较为合适

考虑印尼学生的实际情况，考试的难度可以适度。太难了，学生会望而生畏，产生悲观情绪甚至望而却步；太容易，也没什么意义，等于学不到什么。因此，怎么制定标准是值得思索和研究的。

从上可知 HSK 水平考试是相对比较系统规范的，各个阶段都写明了考核评测标准，包括学生所需的学习时间和掌握的词汇量等语言能力，印尼学生不会感到遥不可及。有了这个标准，也便于我们设置课程、选择相应的教材和设定课时量，我们的汉语教学也会因此有明确的目标。加上 HSK 考试现在已经十分普及，考点也遍布了印尼全国各地，实行起来并无困难。所以大多数三语学校基本认同以 HSK 大纲和标准作为三语学校华文教学的目标与评估标准依据，制定各教学阶段的水平标准。构想如下：高中毕业生，汉语水平达到 HSK（五级），达到可以运用于本国就业和能够直接进入中国高校就读理工科、文科的汉语水平；初中毕业生，汉语水平达到 HSK（四级）；小学毕业生，汉语水平达到 HSK（三级）或 YCT（四级）。

3.2.1　以 HSK 标准对应各个阶段的汉语教学标准

我们有了汉语水平标准作为目标，三语学校各阶段和年级的汉语课程相应 HSK 水平要求也便于推算出来。以下是笔者推算的 HSK 标准对应学生达标的构想和达标的概率：

表3 各阶段的汉语水平标准构想及其达标概率

学习阶段	年级	相应汉考标准
小学	三年级	70% YCT（一级）
	四年级	95% YCT（一级） 70% YCT（二级）
	五年级	95% YCT（二级） 70% YCT（三级）
	六年级	95% YCT（三级） 70% YCT（四级）或 HSK（三级）
初中	三年级	95% HSK（三级） 70% HSK（四级）
高中	三年级	95% HSK（四级） 70% HSK（五级）

3.2.2 评测标准与教学目标的对应情况

通过解析，并以学生所学汉语教学效果的达标，对相关教学目标、评估标准、课程设置、课程大纲和使用教材的难度、所需课时量等方面进行研究，以 HSK 水平标准换算所需设置的课程及其课程大纲，并通过分解它的难度值换算出完成教学所需的课时量和每周的课时，以及对比其他参加汉考的学校甚至是印尼大学阶段学生的汉语水平，阐述如下：

表4 三语学校与其他学校汉语教学对应标准情况

学习阶段	年级	词汇量（生字）	相应汉考标准	同等标准学校参照
幼儿园	小班	—	—	—
	中班	—	—	—
	大班	约80		

（续上表）

学习阶段	年级	词汇量（生字）	相应汉考标准	同等标准学校参照
小学	一年级	约 200	暂无	暂无
	二年级	约 400	暂无	暂无
	三年级	约 600	70% YCT（一级）	暂无
	四年级	约 800	95% YCT（一级） 70% YCT（二级）	暂无
	五年级	约 1 000	95% YCT（二级） 70% YCT（三级）	暂无
	六年级	约 1 200	95% YCT（三级） 70% YCT（四级） 或 HSK（三级）	苏迪曼将军大学（UN-SUD）三年制汉语专科毕业生
初中	三年级	约 1 600	95% HSK（三级） 70% HSK（四级）	印度尼西亚大学（UI）汉语本科毕业生
高中	三年级	约 2 000	95% HSK（四级） 70% HSK（五级）	亚洲国际友好学院（STBA PIA）汉语本科毕业生（印尼高校最强汉语专业）

表中显示，三语学校高中毕业学生的汉语水平将相当于印尼汉语专业最强的高校毕业生，即 HSK（五级）；甚至三语学校的初中毕业生的汉语水平可以达到相当于一般印尼大学的汉语专业毕业生，即 HSK（四级）水平。

3.3 三语学校需要更高的要求和标准

三语学校既然是华人办学的民族教育形式的学校，自然要求比一般国民学校标准高一些。除了华文一般的主课程以外，还需强化会话和写作，此外还要增设道德、音乐、书法等中华文化课，或也可以对此制定相应技能的考核。

3.3.1 课程定位

三语学校小学部中文课程应该属于必修必考课程，在全部课程中所占比例最高，要达到 1/4 至 1/5。故必须把华文课程摆正定位，方可保证教学效果。下表是三语学校小学各年级中文课程的定量设想：

表5　三语学校小学各年级中文课程课时所占比例

年级	总课时	国民课程		中文课程		英文课程	
		课时	比例（%）	课时	比例（%）	课时	比例（%）
一年级	48	30	62.5	12	25	6	12.5
二年级	56	34	60	14	25	8	15
三年级	60	37	62	13	21	10	17
四年级	60	37	62	13	21	10	17
五年级	60	37	62	13	21	10	17
六年级	64	42	65	12	19	10	16

3.3.2　增加中文科目的课程类型

为了保障华文的教学质量和学生的华文水平，除了主课程外，还需要设置相应的各种类型的华文课程。课程的学时也必须相应增加。

三语国民学校小学中文课程在总的框架内，除此之外还需加设中文子课程，将课程细分为"基础中文"课程及中文子课程。子课程可以包括"会话""音乐""电脑""道德""书法"等；"电脑"课程宜从3年级开始教授，"道德""书法"课程宜从4年级开始教授；"会话""音乐"1～6年级均要开设，其中"会话"课每周3～4课时，书法两三周一次（2课时/次），其他课程以每周1课时为宜。

表6　小学各年级中文科目课程与课时（构想）

序号	科目	一年级/周	二年级/周	三年级/周	四年级/周	五年级/周	六年级/周
1	基础中文	7	10	8	7	7	7
2	会话	3	3	3	3	3	3
3	道德	—	—	—	1	1	1
4	音乐	1	1	1	1	1	1
5	电脑	—	—	1	1	1	1
6	书法①	—	—	—	—	—	—
	合计	11	14	13	13	13	12

---

① 书法：两周一次，未计入课时。

3.3.3　课程大纲设计和教学标准

课标确立之后，就须制定课程大纲。在各个阶段，应有不同的教学目标和教学重点，以此设计大纲。下面是笔者的设想：

（1）幼儿园阶段（初步认识汉语阶段）：学习汉语发音特点，学习部分词语、短句，背诵部分古诗、儿歌。

（2）小学阶段（对汉语的感性认识阶段）：能够自觉区分汉语同其他语言，以识字学习为主，掌握汉字音、形、义，掌握部分简单句型，能够简单会话；高小阶段能阅读小人书、连环画等简易中文书籍。

（3）初中阶段（感性认识到理性认识的过渡阶段）：掌握简单的语法，掌握各种常用句型，有一定的阅读能力，能够进行简单的写作和一般会话。

（4）高中阶段（对汉语的理性认识和运用阶段）：掌握常用语法，有较强的独立阅读能力和写作能力，能够综合地运用汉语。达到可以运用于本国就业，能够直接进入中国高校就读的汉语水平。

3.4　其他还须解决的问题

课程大纲与教学标准是解决三语学校华文教学质量管理最关键的问题，但是其他诸如教材的选用、教学的课时、教师的能力素质和教学方法也是重要的因素。

3.4.1　华文教材的选用

教材的选用是十分重要的，必须根据大纲的设计和考试的标准选择相应的教材。根据调查数据，目前三语学校的小学和初中都使用中国侨办推行的《中文》与《汉语》两种综合性教材。若按照以上设定的 HSK 标准，那么这两种教材的学时和进度也必须对应。为了避免教材使用的不连贯、不衔接、乱套用，必须对教材的难度、汉字量、词汇量、句子句型、语法、教学内容等有一个分析，并制订相应的教学方案。

3.4.2　保证华文课的课时量

为了保证语言教学的效果，课时是最基本的条件之一，而要能达到教学的要求，收到一定的教学效果，必须设置足够的课时。经过推算，每周 8 ~ 9 课时（30 分钟/节）应是必须要保证的。

3.4.3　教师的能力素质和教学法

课堂的教学，教师是决定的因素。一些学校虽然也制订了目标和教学方案，并且也增加了课时，但是课文教学还不能按计划完成，原因是华文教师经常完不成教学进度，造成学生不能达到既定标准，水平不如人意。因此教学管理中，教师的个人素质是关键。华文教学的质量控制就是对华文教师素质的管理。

为了保障教学质量，考虑到印尼华文教师匮乏的现实情况，聘用中国的汉语教师或可以缓解困难；为了保证华文教育的可持续发展，笔者还认为华文教师必须更加学历化、专业化、年轻化。

3.5 小结

我们设计的目标有可能达到吗？笔者对几个已进行 HSK 测评的三语学校进行取样，按其阶段、课程、教材、课时对应 HSK 的成绩，列表如下：

表 7　几个三语学校各阶段汉语水平概况（达标率为 70%）

学校名称	小四	教材	小学毕业	教材	初中毕业	教材	每周课时
丹格朗八华学校	YCT（三级）	《汉语》6~7册	YCT（四级）/HSK（三至四级）	《汉语》9~10册	HSK（四级）	《跟我学汉语》3册	小学 14 节/初中 8 节
普禾格多普华学校	YCT（二级）	《中文》5册	YCT（三至四级）/HSK（三级）	《中文》8~9册	HSK（四级）	《中文》初中版 3册	小学 14 节/初中 8 节
泗水小太阳学校	YCT（三级）	《汉语》6册	YCT（四级）/HSK（三级）	《汉语》9~10册	未开办		小学 14 节
马吉郎培德学校	YCT（二级）	《中文》4册	计划 YCT（三至四级）	《中文》6~7册	未开办		小学 10 节以上
麻里巴班共培学校	YCT（二级）	《中文》4册	YCT（三级）	《中文》6册	HSK（三级）	《中文》初中版 2册	小学 10 节/初中 6 节
任沫任华学校	YCT（二级）	《中文》4册	YCT（三级）	《中文》6册	未开办		小学 10 节以上
北干巴鲁少英学校	YCT（二级）	《中文》2册	YCT（三级）/HSK（二级）	《中文》3册	HSK（三级）	《中文》小学版 5册	小学 5 节/初中 5 节
棉兰崇文学校	YCT（二级）	《汉语》6册	YCT（三至四级）/HSK（三级）	《汉语》8册	HSK（三至四级）	《新汉语教程》3册	小学 7 节/初中 7 节
峇厘文桥学校	YCT（二级）	《汉语》4册	YCT（三级）/HSK（二级）	《汉语》6册	HSK（三级）	《汉语》小学版 8册	小学 7 节/初中 6 节

表中数据显示，目标可以达到的小学阶段有四所学校，即八华、普华、小太阳、崇文。它们小学毕业的学生可达到 YCT（四级）或 HSK（三级）[按：按国家汉办汉考办公室的说明，YCT（四级）基本同等 HSK（三级）]，这些学校所用的课时量基本都在 10 节课以上（崇文虽然只有 7 节课，但每一节课课时 40 分钟，其他大都 30 分钟）。初中阶段达标的则只有八华和普华，这也许是因为其他学校还未开办初中班或就读的是插班生。

从中得知我们制定的标准是可行的，目标是可以达到的，但为此必须要保证华文的课时量以及任课老师的教学技能和个人素质。未能达标的学校我们则要予以鼓励和推动。

4. 结语

当今印尼的华文教育进入了三语学校的时代。2012 年印尼全国华文学校的联合组织——印尼三语学校协会已经成立，为全国的三语学校建立了交流和服务平台。三语学校协会将推动和协助各地华人创办三语学校。

印尼是中国境外华人人数最多的国家，约有 1 000 万华人。二十世纪五六十年代曾经是中国境外华文学校和学生人数最多的国家，最鼎盛时期华校数量达到 1 800 多间，学生有 30 万人，对比现在实成天壤之别。然而这也正说明印尼三语学校极具发展潜力，相信不久印尼三语学校的数量必定会大大增加。我们乐观地估计，10 年之后印尼的三语学校能够达到 200 间，20 年之后达到 400 间，那时将会有 30 多万华文学生，印尼的华文教育将重现昔日的光彩。这也意味着民改之后 30 年，我们已经造就、培养了具有华文和中华民族文化背景的新一代，这等于挽救了我们印尼华族的后代，争得了华族在印尼的一席之地。印尼的华文教育具有广阔的前程和美好的前景！

【作者简介】
陈友明，任职于印尼三语学校协会。

华文教材研究

全球华文教材①的现状与前瞻
——基于教材库的华文教材系统考察

周小兵　陈　楠　冯火清　郭　琎

（中山大学国际汉语学院/中山大学国际汉语教材研发与培训基地）

1. 引言

进入新世纪后，汉语在全球快速推广，面向海外华裔的华文教学发展迅猛，汉语教材研发日新月异。但是，教材研发滞后的情况，也日渐明显。

本文以中山大学国际汉语教材研发与培训基地建设的"全球汉语教材库"相关数据为基础，在与全球汉语教材对比的基础上，从宏观角度考察华文教材的现状与特性，微观考察典型华文教材的特点，并在事实考察、数据统计的基础上，提出建设华文教材的若干建议。

2. 全球汉语教材库简介

全球汉语教材库于 2011 年 3 月初步建成，依托于中山大学国际汉语教材研发与培训基地。该库含国际汉语教材信息 15 000 多册/种；实体教材共 8 787 册/种，其中狭义的华文教材 861 册，约占实体教材的 9.8%。该库信息丰富，支持汉、英、日、韩、德、西班牙、越南、印尼 8 个语种的网上查询。基本实现以下功能：①为各国汉语教学提供全方位的教材信息；②为系统的教材评估、研究提供支持；③为教育、出版机构提供咨询。

2.1 资源类型

2.1.1 纸质教材

无多媒体附载物（磁带、CD、VCD、DVD 等），如《中国啊，中国!》（普林斯顿大学出版社）。该类教材 5 000 余册，约占 58.3%。

2.1.2 附载多媒体的纸质教材

在纸质教材基础上，开发多媒体，如《实用汉语课本》（商务印书馆）、《中文》（暨南大学出版社）、《中文听说读写》（美国）。此类教材 3 500 余册，约占 40.8%。

2.1.3 多媒体教材

如《长城汉语》（先开发多媒体，后开发相应的纸质教材）、《新乘风汉语》（基

---

① 本文采用狭义的华文教材，即指在海外使用的面向华裔的汉语教材。

于网络的多人游戏学习平台，以中国文化为载体、以游戏为手段的互动汉语学习环境）。此类教材70多册，约占0.9%。

2.2 教材分类

2.2.1 课堂教材

课堂教材有5 400多册，占63.2%，含通用汉语、专用汉语和中华文化教材等。通用教材约占课堂教材的94.2%，如《新实用汉语课本》《当代中文》《汉语》（以上中国出版）；国外的《字》（法国）、《你好！》（澳大利亚）等。专用汉语教材约占课堂教材的3.9%，如《新丝路——商务汉语系列教材》《医学汉语·实习篇》等。文化教材占课堂教材的1.9%，如《中国文化》《中国概况》China（美国）等。

2.2.2 读物和自学教材

读物（含汉语、文化等）和自学教材是课堂学习的补充。数量有限，只占11.2%。中国的如《中文天天读》《汉语风》；国外的如《蕴含在中国文化中的汉语》（韩国）等。

2.2.3 实用手册类

此类教材供学习者在日常生活、工作和旅行中查检相关语句，约占4.2%，如《300词畅游中国》。

2.2.4 工具书

工具书包括词典、字典、单词本等，约占5.2%，如《商务馆学汉语词典》《汉语口语常用格式例释》《三千最常用汉字》（印尼）、《中国语辞典》（日本）等。

2.2.5 汉语考试辅导用书

汉语考试辅导用书约占4.0%，服务于HSK考试、中小学汉语考试（YCT）、商务汉语考试（BCT）和各国（如日本、韩国、美国等）自己的各类汉语、汉字考试。

2.2.6 教师培养教材

教师培养教材约占3.7%，如《对外汉语教学入门》《语言教学原理》《对外汉语教学讲义》、商务印书馆"对外汉语教学专题研究书系"、北大出版社"对外汉语教学精品课程书系"等。

2.2.7 教学大纲及字词语法等级表等

此类教材约占0.8%，如《汉语水平词汇等级大纲》《国际汉语教学通用课程大纲》《国际汉语能力标准》《全美中小学中文教师资格标准大纲》等。

2.3 教学媒介语（55种）

2.3.1 单媒介语

单媒介语教材有5 400多册，约占61.6%。汉语媒介语教材在单媒介语教材中占26.8%，主要有两种：①华人较多的东南亚国家使用，如《华文》（马来西亚）、《菲律宾华语课本》（菲律宾）、《小学高级华文》（新加坡）；②中高级教材，如《成功之路——冲刺篇》《汉语综合写作教程》。外语媒介语教材在单媒介语教材中约占

73.2%，分布不平衡。大致排序为：日语25.3%，韩语23.5%，英语11.5%，泰语4.6%，法语3.1%，越南语1.7%，俄语1.3%，西班牙语0.7%，德语0.4%，印尼语0.3%，其他0.8%。

2.3.2　多媒介语

多媒介语教材有3 300多册，约占38.1%，排序为：汉—英、英—汉、汉—韩、汉—法、汉—泰、汉—俄、汉—日、汉—德、汉—西、汉—印尼。

2.4　适用学校

标注适用学校的教材共4 900多册，约占全部教材的56.4%，具体情况如下：

大学教材2 500多册，约占51.1%；中学教材900多册，约占18.4%；小学教材1 300多册，约占26.5%；幼儿园200多册，约占4.1%。跨类情况，小学至中学适用的274册，约占5.5%；幼儿园至中小学适用的8册，占0.2%；中学到大学适用的178册，约占3.6%；小学到大学适用的26册，约占0.6%。

整体看，大学教材最多，小学次之，中学偏少，幼儿园太少。

2.5　适用水平

标注学习者汉语水平的共6 500余册，占教材总数的74.5%。零起点887册，占13.6%；初级2 841册，占43.7%；中级1 125册，占17.3%；高级681册，占10.5%。跨类的教材为：零起点到初级385册，占5.9%；初级到中级324册，占5.0%；中级到高级237册，占3.6%；初、中、高级32册，占0.5%。其中，零起点和初级合计占57.3%；中级次之，17.3%；高级最少，10.5%。依次递减的趋势，大致符合二语学习和教学的实际情况。

2.6　出版地

中国出版4 215册，占48.3%；国外4 409册，占50.5%；中外合作出版99册，占1.1%。国内出版社（含港澳台）218家，大陆143家。出版汉语教材数量排序前几位是：北京语言大学出版社（1 390册）、北京大学出版社（704册）、华语教学出版社（462册）、人民教育出版社（275册）、商务印书馆（266册，含香港）、外语教学与研究出版社（213册）。国外出版社主要分布：韩国（193家）、日本（124家）、美国（76家）、法国（65家）、越南（37家）、英国（30家）、德国（26家）、泰国（11家）、俄罗斯（14家）、新加坡（14家）、菲律宾（11家）等。出版地分布与汉语教学在各国的发展情况基本吻合。汉语学习主要地区在亚洲。日韩汉语学习人数多，出版社数量也多。泰国、新加坡、菲律宾汉语教学比较活跃，出版社数量也不少。美国、法国、英国、德国学习人数快速增加，出版汉语教材的机构数量也快速增加。中外合作出版的，如《加油》（北京师范大学出版集团和Cengage Learning出版社合作编写）、《小学华文》和《小学高级华文》（新加坡EPB教育出版社和人民教育出版社合作出版）、《走遍中国》（外语教学与研究出版社和麦克米伦公司合作出版）等。

2.7 出版时间

2005 年以前出版的 3 325 册，约占 38.1%。2006 年至今出版的 5 417 册，约占 62.0%。2005 年，汉语国际推广成为我国的一项国家策略，推动了各国汉语教学的迅猛发展，国际汉语教材的开发也因此得到了飞速发展。

3. 华文教材的宏观考察

本节考察 861 册注明学习者为海外华裔的华文教材。

3.1 资源类型

含有多媒体（包括多媒体为主和纸质教材 + 多媒体两类）教材数量不到 30%，明显低于全球含多媒体汉语教材的比例。

3.2 教材分类

全球汉语教材与华文教材的类别比例情况见表 1。

表 1　全球汉语教材与华文教材类型情况　　　　　　　（单位:%）

教材类型	课堂教材	读物自学	手册	考试辅导	教师培养	教学大纲	工具书
全球汉语教材	63.2	18.9	4.2	4.0	3.7	0.8	5.2
华文教材	84.3	7.4	2.6	0.4	4.4	0.5	0.4

从表 1 可以看出，跟全球汉语教材相比，华文教材的类别比例有几个特点：

（1）课堂教材比例显著要高，占 84.3%。中国内地出版的如暨南大学编写的《中文》（中学 12 册，小学 12 册），北京华文学院编写的《汉语》，香港出版的《轻松学汉语》等。国外出版的如《双双中文》（美国）、《晓康歌谣》（澳大利亚）、《中学华文》（新加坡）等。

（2）读物内容大多介绍中国文化。如《中国文化常识》《中国历史常识》《中国地理常识》（简称"三常"，中国出版）、《一山还比一山高》（新加坡）、《中文读本系列》（澳大利亚）等。这是因为华文教学承担传播、传承中华文化的任务。

（3）教师培养类稍高，占 4.4%。比较有华文教学特色的如《华文教学概论》（中国，商务印书馆）、《汉语教学法研修课程》（中国，人民教育出版社）；更具通用性质的如《汉语课堂教学技巧 325 例》（中国，商务印书馆）。

（4）其他类型较少。如教学大纲，除了个别国家，如新加坡之外，大多没有清晰具体的华文教学大纲和字词语法表等。

3.3 教学媒介语

华文教材中，使用单媒介语的教材占 53.9%，其中以汉语为媒介语的教材占 52.5%，比例极高。可见，以汉语为单媒介语的教材中，狭义的华文教材是主体部分。

3.4 适用学校与适用水平

如2.4所述,在全球汉语教材中,标注适用学校的教材共4 900多册,约占教材总数的56.4%。我们对华文教材进行了具体统计,发现标注适用学校的占88.3%,见表2。

表2 全球汉语教材与华文教材适用学校标注情况 （单位:%）

教材类型	大学	中学	小学	幼儿园	跨类
全球汉语教材	51.1	18.4	26.5	4.1	9.9
华文教材	2.2	53.0	25.3	8.4	11.1

可见:

（1）华文教材标注适用学校的比例远超过全球汉语教材。

（2）教材适用学校标注更为明确,跨类的数量少于全球汉语教材。

（3）全球汉语教材中大学教材最多,小学次之,中学偏少,幼儿园太少。华文教材以中小学为主,大学教材较少。

全球汉语教材中,标注学习者汉语水平的6 500余册,共占74.5%。华文教材标明适用水平的占50.9%,具体情况见表3。

表3 全球汉语教材与华文教材适用水平标注情况 （单位:%）

教材类型	零起点及初级	中级	高级	跨类
全球汉语教材	57.0	17.2	10.4	15.4
华文教材	46.1	14.5	10.8	28.6

可见:

（1）华文教材标明适用水平的数量低于全球汉语教材,跨类的较多。

（2）在明确标注的华文教材中,趋势跟全球汉语教材一致,都是零起点和初级最多,中级次之,高级最少。

综合表2、表3可知,华文教材对适用对象的标注主要以适用学校和年级为主,这是因为华文教材在华校使用,有明确的教学对象。

4. 华文教材的微观考察

因华文教材以中小学课堂教材为主,本节选择海外中小学华文教材作为代表,考察海外华文教材的特点。选择的教材主要有《菲律宾华语课本》①《中学华文》②《小学高级华文》③《国小华文》④《华文》⑤《美洲华语》⑥。下面从教材的话题、词汇及课文三个方面考察教材的特点。

4.1　话题选择

4.1.1　中国传统文化话题

华文教材一向是民族文化的载体，教学内容反映着中华民族丰厚的文化底蕴，是语文德育的主要依据。长期以来，华文教材在提供学生学习与继承优秀传统文化、强化民族品德教育方面，起着重要的作用。因此在教材话题的选择上偏重于中国文化的介绍，主要展示以传统文化、知识文化为主。例如《菲律宾华语课本》中的《李时珍》《文成公主》《晏子使楚》《梁山伯与祝英台》《草船借箭》《赤壁之战》等；马来西亚《华文》中的《神农尝百草》《一鸣惊人》《端午节》《名落孙山》《半途而废》《乐羊子妻》等；新加坡《小学高级华文》中的《孔融让梨》《精卫填海》《愚公移山》等；《美洲华语》中的《神笔马良》等。这些文章展示了中国的传统故事，传播中华民族的传统美德，但展示中国现状及交际文化的话题较少，仅有几篇，如《菲律宾华语课本》中的《希望工程》。

4.1.2　本土化话题

教材中也选择了很多展现本土传统、现状及自然景观的文章，体现了本土特色。主要有以下五个方面：

（1）介绍本土的传统故事，如：《新加坡啦》《红山的传说》（《小学高级华文》）；《马苏丽的传说》（《华文》）；《三巴乐湖的故事》（《菲律宾华语课本》）。

（2）介绍本土政治、经济现状及生活习俗，如：《认识新加坡》《种族和谐日》（《中学华文》）；《二十四节令鼓》（《华文》）。

（3）介绍本土的自然景观，如：《美丽的岛国》（《小学高级华文》）；《新世界的绿色城市》《到大雅台游览》（《菲律宾华语课本》）。

（4）关于本土的文学作品，如：《热带三友》（《华文》）；《牛水车》《三轮车的故事》（《小学高级华文》）。

（5）关于本土著名人物，如：《甲必丹叶亚来》（《华文》）；《革命伟人黎萨的幼

---

① 由沈文、杨石泉编著，于菲律宾华教中心 2008 年出版，共 20 册，适用于小学至初中。

② 由新加坡中学华文课程组编著，于新加坡教育出版社 2011 年出版，共 6 册，适用于初中。

③ 由新加坡教育部课程规划与发展司小学华文课程组、人民教育出版社课程教材研究所编著，于人民教育出版社和新加坡教育出版社 2011 年联合出版，共 12 册，适用于小学。

④ 由郑秋萍、周纪生编著，于马来西亚 Pan Malayan Publishing CO. SDN. BHD 2010 年出版，共 12 册，适用于小学。

⑤ 由马来西亚董教总全国华文独中工委会课程局编著，于马来西亚华校董事联合会总会（董总）2007 年出版，共 6 册，适用于初中。

⑥ 由许笑浓编著，于北京大学出版社 2010 年出版，共 12 册，对象是小学一年级到高中十二年级的学生。

年》《最早的菲律宾人》（《菲律宾华语课本》）。

4.2　教材词汇

一些教材的词汇除汉语基本核心词汇外，也体现出本土化特点，主要表现如下：

（1）本土常见的人名、地名及事物，如：

木瓜、红毛丹、榴莲、橡胶园、猪笼草、孕妇湖、华社（《华文》，马来西亚）
槟榔树、椰子、热带水果、千岛之国（《菲律宾华语课本》，菲律宾）

（2）具有本土特色的华语词汇，其中又可分为两类，一类词汇在普通话中没有相对应的词，另一类则是普通话中有相对应的词汇，而教材采用了当地使用的华语。
① 普通话中没有相对应的词，如：

宗乡会馆、恳亲大会（《中学华文》，新加坡）
种族和谐日、街场、排屋、娘惹（《小学高级华文》，新加坡）

② 普通话中有相对应的词汇，如：

巴士（公共汽车）、脚踏车（自行车）、搭客（乘客）（《中学华文》，新加坡）
德士（的士）（《小学高级华文》，新加坡）
消拯局（消防队）、轻快车（高铁/动车）、沙池（沙坑）（《华文》，马来西亚）

4.3　课文选材与改编

华文教材的课文有不少是从中国现当代作家的作品改编而来，如鲁迅的《风筝》、贾平凹的《月迹》等；也有一些是从中国中小学课本中改编的，如《小猴捞月》《乌鸦喝水》《司马光救人》等。其改编方法主要有以下几种：

（1）将一些当地不常见的事物换成常见的，例如：

（1a）月亮掉在井里啦！（中国小学语文二年级上《捞月亮》）
（1b）月亮掉进河里啦！（《小学高级华文》三年级上《捞月亮》，新加坡）

新加坡学习者不熟悉"井"这个事物，因此教材将"井"改成当地常见的"河"。
（2）将难度较高的书面语改成较简单的口语，例如：

（2a）我的外祖母去世了。（中国小学语文课本《和时间赛跑》）
（2b）我的外婆去世了。（《小学高级华文》《和时间赛跑》，新加坡）

（3a）有一个叫智叟的老人知道了，就对愚公说……（中国小学语文课本《愚公移山》）

（3b）有一个人知道了，就对愚公说……（《华文》《愚公移山》，马来西亚）

例2中，"外祖母"是书面语，因此换成口语"外婆"。例3中，"智叟"是一个非常见词，因此换成"有一个人"。

（3）降低语法难度，将较复杂的复句转换成简单句，例如：

（4a）那哀痛的日子持续了很久，爸爸妈妈也不知道如何安慰我。他们知道与其欺骗我说外祖母睡着了，还不如对我说实话：外祖母永远不会回来了。

（4b）那时爸爸妈妈不想骗我外婆睡着了，直接对我说：外婆永远不会回来了。

（5a）子子孙孙不停地挖下去，还怕挖不平吗？

（5b）只要我的子子孙孙继续努力，总有一天会把山移走。

（6a）谁有办法把这头大象称一称？

（6b）象这么大，到底有多重呢？（《小学华文》）

例4中将"与其……不如"改成简单句，例5中将反问句改成陈述句，例6中将把字句改成一般句式，这都降低了学习者的阅读难度。

（4）删除较难或不必要的段落：

（7a）从前有个老人叫愚公……他家门前有两座大山，一座是太行山，一座是王屋山。人们进进出出要绕很远的路，很不方便。

（7b）愚公的家门前有两座大山，他们出入市区都要绕远路，多费劲啊！

（8a）官员们一边看一边议论，这么大的象，到底有多重呢？曹操问："谁有办法把这头大象称一称？"有的说："得造一杆大秤，砍一棵大树做秤杆。"有的说："有了大秤杆也不行啊，谁有那么大力气提得起这杆秤呢？"也有的说："办法倒有一个，就是把大象宰了，割成一块一块再称。"曹操听了直摇头。

（8b）曹操想考一考官员们，便问："象这么大，到底有多重呢？"官员们你看看我，我看看你，谁也答不上来。

例7中两座山的名字，海外的学生很难明白，也没有必要交代。文中直接改为"出入市区"，更适合在当地使用。例8中删除了官员们的回答。

5. 结论

基于上面分析，我们建议加强海外华文教材建设，做好以下几方面的工作：

第一，加强对海外华文教学、教材的各种调查和研究。研究教材现状，从教学法、跨文化交际试点、课文选材、字词语法的选择和解释、活动与练习设计、教师学生使用、市场推行等多方面进行静态与动态相结合的调查研究，发现问题，提出具体对策。

第二，进一步认识华文教学的性质（母语？准母语？准第二语言？第二语言？外语？），重视开发多媒体教材、课外华文读物，重视华文教学大纲和相应大纲的编制。

第三，不但要重视传统文化的介绍，也要重视当代文化和当代中国的介绍，方便学习者了解、融入当代中国。

第四，充分考虑当地土生土长华人的学习特点和当地华文使用环境的特点，重视华文教材的本土化建设。具体来说，就是注重中国文化和当地文化的融合，增加本土化的话题、词汇及课文改编。考虑到很多学习者的第一语言为非汉语的事实，在教材编写中应注意学习的难点。

参考文献

[1] 郭熙，2007. 华文教学概论 [M]. 北京：商务印书馆.

[2] 郭熙，2002. 普通话词汇和新马华语词汇的协调与规范问题——兼论域内外汉语词汇协调的原则与方法 [J]. 南京社会科学 (12).

[3] 蔡丽，2003. 海外华语教材选词特点分析研究 [J]. 暨南大学华文学院学报 (3).

[4] 蔡丽，2011. 印尼正规小学华文教材使用及本土华文教材编写现状研究 [J]. 华文教学与研究 (3).

[5] 胡晓慧，2007. 在汉语热中走出去——近年来国内对外汉语教材出版评述 [J]. 中国出版 (12).

[6] 李泉，2002. 近20年对外汉语教材编写和研究的基本情况述评 [J]. 语言文字应用 (3).

[7] 罗春英，2011. 美国大学汉语教材现状对海外教材开发的启示 [J]. 现代教育科学 (3).

[8] 罗春英，2010. 美国汉语教材现状综述 [J]. 江西科技师范学院学报 (5).

[9] 齐沛，2003. 对外汉语教材再评述 [J]. 语言教学与研究 (1).

[10] 邵洪亮，2010. 新加坡华文教材中的区域词汇及其教学处理 [J] //第十届国际汉语教学研讨会论文选.

[11] 周健，2010.《新编菲律宾华语课本》的探索 [J]. 暨南大学华文学院学报 (1).

[12] 周小兵，2009. 对外汉语教学入门：第二版 [M]. 广州：中山大学出版社.

[13] 周小兵，2010. 发刊词 [J]. 国际汉语 (1).

[14] 朱志平，江丽莉，马思宇，2008. 1998—2008 十年对外汉语教材述评 [J]. 北京师范大学学报（社会科学版）(5).

[15] 宗世海，2010. 简论海外华文教学的质量及其控制——以美国和东南亚为例 [J]. 华文教学与研究 (4).

【作者简介】

　　周小兵，中山大学教授，博士生导师，主要研究方向为第二语言教学、现代汉语、应用语言学。陈楠、冯火清、郭琎，就职于中山大学国际汉语学院/中山大学国际汉语教材研发与培训基地。

海外华语教材的文化"内化"

［香港］ 陈学超

（香港教育学院/陕西师范大学国际汉学院、国际汉学研究所）

1. 引言

海外华语教材编写，和其他第二语言教材编写一样，都纠结着一个问题，这就是"语言点"和"文化点"的选择与设计问题，即如何处理语言交际技能和语言交际文化关系的问题。在这个问题上的模糊和争议，形成了"结构为纲"和"功能为纲"两种教材编写观念，从而出现文化"空载"和文化"超载"两种偏颇，直接影响华语二语教材的素质和效能。要解决这个问题，首先要在观念上厘清语言和文化的关系，继而在语言—文化同一性、结构—功能同一性的基础上，深入探讨华文作为第二语言学习过程中的"文化移入"（Acculturation），从而最终解决海外华文教材的文化"内化"的问题。

2. 结构和功能同一的文化教学观

对于语言和文化两个概念的阐释，林林总总，诸多歧义。概括起来，语言和文化两者的关系不外两种：一种是语言文化二元论，即语言和文化是可分的，语言是文化思维的载体，是交际的工具；另一种是语言文化一元论，即语言是文化的另一种解释，是文化的一部分，语言中蕴含着整个文化的世界观、思想模式（胡文仲、高一虹，1997）。大部分学者都看到了语言和文化两个概念关系的复杂性，承认它们之间既不完全等同，又紧密联系、相互重叠。语言教学和文化教学不可分割，文化教学是外语教学不可缺少的部分，对此学界已经达成了共识。

我们所说的语言教学，其实是话语教学。如果把"语言"（Language）换成"话语"（Discourse），就比较容易理解了。因为"话语"超出了静态的语言，也超出了说话的意义，指建构某种意义的语言实践，包括在一定的文化规约下，什么时候该说什么、什么时候该怎么说。美国语言教育家 C. Kramsch（1993）认为："话语是意义的载体与反映，它具有表达双重声音的作用，既表达说话者个人思想和意向（Text），又代表说话人所属语言群体的期望（Context）。两者形影不离，相互依存。"我们的第二语言教学是一种话语教学，是一种交际文化教学，不但要教怎么说，还要教说什么，更要教在什么语境下说什么、怎么说。由此来寻找目前华语文化教学的问题和策略，也许是一把解开教材编写中语言文化观念差异的钥匙。

以往华语二语教材和其他第二语言教材一样，存在着"结构为纲"和"功能为纲"两种倾向。其实，话语结构规则离不开功能，交际功能也离不开话语结构。在教材编写中应该坚持结构与功能结合，话语的结构规则和文化规约同步。只是因为语言文化观念的差异，人们往往偏重结构，或者偏重功能，因而造成了教材编写上出现文化"超载"和文化"空载"两种偏颇。

文化"超载"表现在，有的认为学语言是为了学文化，学文化就是学语言，教材编写不大考虑语言点，主要按照中国文化的某种类别依次介绍，或者诵读经典，学习名著，在学习中华文化中学习华语。早期汉学家在海外华文教学中通过古代诗文翻译教授华语，传教士用英文版《圣经》翻译教授英语的做法也是这样。他们的教授主要是书面的，口语听说的话语教学的自觉不足。虽然有的华语教材也知道要学话语，也有单词、句型和对话练习，但过分强调"功能为纲"，忽略华语语言结构规则，在教材的设计编排内在逻辑上，主要按照文化内容或文化活动情景编排，往往把过多的文化知识堆积在语言课程中，把重点放在文化理解或者对某种"伟大文化"的宣扬，缺少对听说话语运用的"语言点"的精心设计，语言能力训练的自觉性不足。有人认为华语教材的重点是"文化移入"，这其实是把语言和文化教学完全割裂开来，忽略了在华语教学中文化即是一种"语言现实"，文化输入也可以融于听、说、读、写。Kramsch 还批评了有人把文化教学当作听、说、读、写之外的"第五技能"，认为文化不是一种独立的技能，而是存在与四项技能相关的特别层次；支持 L. Damen（1987）关于将文化称作外语教学"第五维面"（the Fifth Dimension）的提法。

文化"空载"——当然语言交际中没有绝对的文化"空载"，只是沿用学术界对跨文化语言教学中缺少文化自觉的一种比喻。以往许多教材受结构主义等语言教学法流派的影响，往往以语言技能为中心，主要学习语音、词汇、语法、汉字等语言要素，进行听、说、读、写基本练习。或者主要强调语构文化、语义文化，而弱化了语用文化。忽略了文化语境和跨文化交际的障碍，在文化教学的目标上未能给予一席之地。编写者的心目中只有语言点，没有文化点；只有第一语言习得的"文化适应"（Enculturation），缺少自觉的第二语言的"文化移入"设计。

华语教材建设中文化"超载"和文化"空载"现象，反映出华语二语教学理论的薄弱，反映出在华语教学中关于结构系统和文化系统结合的研究还很不深入。结构与功能同一的教学观，是解决华语教材编写中文化"内化"的关键。目前，华语教学界"语法大纲""词汇大要"都有了，而且有分类、分级使用的比例，加之不断推出的各种新的语料库，对于"结构为纲"的教材编写比较方便。但是，华语二语教学的"文化语用大纲""文化移入大纲"还不曾见到。这就为华语教材编写中自觉地、系统地进行文化"内化"工作提出了更加艰巨的任务。

3. 文化何以在华语教材中"内化"

要处理好华语教材中文化内容设计，首先要解决文化"内化"问题。所谓"内化"，就是在华语教材中设计文化内容、在话语教学中注重语用文化；而不是另编一本"中华文化教程"，在文化教材中讲华语，或者在文化教材中讲中华文化知识。

交际法提出的"文化作为行为""文化作为意义""文化作为话语"理念，认为日常口语交际，甚至非语言手势、体态、表情都表现了某种文化；语法结构形式中有文化，语音、词汇有文化。语义概念中像时间与空间、定时与定位，言语动作像问候、道歉、质疑、说服、同意、赞扬、批评等表达方式都受文化所制约。这样，目的语的文化就可以从使用目的语的教师或交际者的交际语言行为中领悟出来，可以在语言学习中潜移默化地进行学习，相关的文化价值和行为规范也可以结合目的语的学习使用全面展开。这是对结构主义的反拨和突破，对于文化教学有一定的提升作用。

但是交际法进而认为文化教学具有"非明显性"，"文化教学在语言课程中没有特别和有目的的地位"，不必"强加"到语言课程中去（陈申，2001）。这就是随着交际教学所兴起的所谓语言文化"交际实践融合模式"的重要缺陷。它将文化仅仅局限在"小写 c 文化"（Allen，Valette，1977）① 的范围内，把对第二语言教学中的"文化移入"混同为第一语言的"文化适应"，把第二语言教师对文化的"习而必察"变为"习而不察"，否定了语言文化教学的自觉性和目的性；也抑制了与交际行为有关的更多的"社会文化因素"的教学导入，限制了必要的"大写 C 文化"的输入。更重要的是，导致了第二语言教材编写者对文化点的轻视或模糊，使文化教学处于一种漫无目的的状态。

在这个背景下，我们需要提醒新一代华语教材的编者，应当把教材编写中的文化"内化"放在重要的位置上。

首先，教材中的话语教学的文化"内化"。话语教学中的文化，即语用文化，属于小写 c 文化，是相对隐性的，需要融化在话语教学之中，重在正确得体地使用。从华语教材中最初学习的"我叫王小明"需要知道中国人名姓在前、名在后的文化规范；学习"您""贵姓"需要知道中国人尊称、套语的习惯；学习的"哪里哪里""不敢当"（回应"你真棒""你很漂亮"之类），需要知道中国人自谦的风格，一直到高级班学习的"和为贵""仁者爱人""礼贤下士"需要知道孔孟为代表的儒家文化，等等。这些"文化旁白"或"文化渗透"是绝对需要的，它贯穿教学的始终。学生可以在和母语文化对比中逐渐领悟，在潜移默化中掌握。但教师一定要有"习而

---

① Allen，E. D. & Valette，R. M. 提出，语言教学中的文化定义"从大写字母 C 文化"扩展到"小写字母 c 文化"。前者指"人类文明成果和对文明所做的一切贡献的综合"，后者指"人们的生活方式、行为规范、风俗习惯和传统等"。

必察"的跨文化意识和文化旁白的能力，教材编写者更要清晰了解两种文化的差异，具有精心设计文化点、循序渐进地进行文化"内化"的匠心。这样编写的教材，使学生在了解华语一系列结构规则的同时，也了解到中华民族的一系列文化规约，从而知道在什么语境下该说什么、怎么说，得体地运用华语来进行交际。

此外，教材中配合篇章教学的文化"内化"。语段、篇章、课文往往要叙述、介绍、表述中华文化的故事、现象、思想。对于海外学生来说，了解这些故事、现象、思想，需要一定的中华文化背景来加以说明和解释。这些文化说明，不像语用文化那么隐蔽，有些可能超出"小写 c 文化"，涉及"大写 C 文化"。但要紧密配合篇章、配合话语学习，将之融化在课程教学之中，也是一种"内化"。比如设计《我的家庭》一课，就需要有中国家族文化的说明，包括中国家族与学生母语家族文化的异同；设计《在中餐馆》一课，就需要对中华饮食文化做适当说明，包括中餐、中国饮食文化和学生母语饮食文化的差异。这些说明，这些文化旁白、文化阐释，在教材中有时需要用学生的母语表述，有时需要有多媒体音像材料，它们都属于华语学习不可或缺的一部分。这项工作已经有不少人在陆陆续续地做着，但作为华语教材编写者，系统自觉的行为还有待加强。

4. 华语教材的文化"内化"策略

关于在华语教材编写中如何实现文化"内化"，笔者在此提出以下策略，供今后教材编写者参考。

（1）配合每一课的语言点的设计，自觉设计文化点；像每一个级别的话语结构规则系统一样，有每一个级别的文化规约系统。对整套教材的中华文化移入量以及达到的文化语用、文化移入目标，应该有一个总体设计。

（2）华语教材编写中除了参照华语"词汇大纲""语法大纲"，分级安排语言结构规则外，编写教材前需要为自己的教学对象先设计出一个配合的"文化移入大纲"[类似 Wilkins（1976）设计的"语言功能意念大纲"或者 Munby（1978）编制的"交际需求分析表"]。使"内化"的华语文化教学清晰化、系统化。

（3）在编写华语教材生词、课文的同时，编写相应的双语注释和双语文化说明，以便学生阅读理解。

（4）在编写练习时，注意编写语义、语用文化的练习；注意在编写语音、语词、语法、语句测试时，把"语义正确""语用得体"测试以及有关中华语言行为文化测试放在重要位置，注重文化交际能力测试，检查文化教学的成效和存在问题。

（5）在教师用书中，应增加相关课文的中华文化说明，以及与学生母语文化的比较，以增加教师跨文化交际教学的自觉和知识储备。也可根据某套华语教材，编写一册《华语教学背景资料》（类似 Norstrand 编写的《法语教学背景资料》），供教学参考。

（6）对不同国别、不同民族的学生，为他们设计教材，设计不同的文化点和文化比较说明，以供学生不同的母语表述。为儿童和成人、为不同专业领域的人群设计不同的语言文化教材。

（7）海外华语教材编写者一定要既熟悉中华文化，又熟悉海外学习华语学生的母语文化。最好是由中国学者和海外学者联合完成，突破目前国外不愿用自卖自夸的国内华语教材、国内不愿用文化夹生饭的海外华语教材的现象。

（8）编写现代立体的华语教材，可将有关文化内容融入音像教材之中，形象生动地展现中华文化语境，以缩短跨文化交际的距离，适应新一代学习者的阅读习惯和欣赏需要，增加教材的文化趣味性。

（9）在汉字练习教材编写中，适当增加汉字象形、表意的文化特色，增加汉字文化演变的绘图说明。

（10）根据华语教学需要，教材也可以设计角色扮演、诗文朗诵、话题辩论、文化欣赏、文化参观、文化交流等活动；海外华语教材也可以设计一部分短期到中国的"华语沉浸课程"，如此更能体现语言文化教学融合的效果。

参考文献

［1］陈申，2001. 语言文化教学策略研究［M］. 北京：北京语言文化大学出版社.

［2］崔希亮，2007. 汉语教学：海内外的互动与互补［M］. 北京：商务印书馆.

［3］胡文仲，高一虹，1997. 外语教学与文化［M］. 长沙：湖南教育出版社.

［4］彭增安，2007. 跨文化的语言传通：汉语二语习得与教学［M］. 上海：学林出版社.

［5］钱冠连，1997. 汉语文化语用学［M］. 北京：清华大学出版社.

［6］张得鑫，2000. 对外汉语教学回眸与思考［M］. 北京：外语教学与研究出版社.

［7］周庆华，1997. 语言文化学［M］. 台北：生智文化事业有限公司.

［8］ALLEN E D & VALETTE R M，1977. Classroom techniques：foreign languages and English as a second language. 2nd edition. New York：Harcourt Brace Jovanovich.

［9］DAMEN L，1987. Culture learning：the fifth dimension in the language classroom. Reading，Mass：Addison Wesley Publishing Company.

［10］KRAMSCH C，1993. Context and culture in language teaching. Oxford：Oxford University Press.

【作者简介】

陈学超，陕西师范大学国际汉学院教授、国际汉学研究所所长，香港教育学院教授，博士生导师，主要研究方向为海外中国学、汉语教学等。

华文教材构成要素研究

——以美国华裔教材《中国啊，中国！》为例

盛译元

（华侨大学华文学院）

1. 引言

《中国啊，中国！》（*Oh, China*！）由普林斯顿大学出版社1997年出版，由周质平（Chih-p'ing Chou）和林培瑞（Perry Link）等共同编写。

《中国啊，中国！》对自身的定位为"华裔学生现代汉语初级读本"，教材编写的初衷是应对日渐增长的"华裔"或者有中国家庭背景的学生学习汉语的需求。华裔学生与非华裔学生在汉语学习方面有很大的不同：他们能说或者能听懂一定数量和难度的中文，但与中级阶段汉语学习者相比，他们读写能力又显不足。针对这一特点，教材旨在重点培养学生"读"和"写"能力、汉语语法知识，以及说"标准""流利"汉语的能力。

《中国啊，中国！》一书共有35课，教材体例比较简单，分为前言、语音、课文和生词索引四个主要部分。课文采用"简繁并列"的编排方式，简体字课文在前，前15课简体课文旁边配有课文拼音；课文有"陈述式"和"对话式"两种形式。本研究将从语音、汉字、词汇和语法这四个教材构成要素对《中国啊，中国！》进行分析。希望本文的分析能对华文教材构成要素的选取和编排提供一定的借鉴。

2. 教材语音分析

2.1 语言分布分析

《中国啊，中国！》中的语音部分的编排采用与课文分开、集中讲解的方式进行编写。从教材体例上看，在前言部分之后，主体课文之前。教材语音部分的讲解使用英语媒介语，主要包括以下四部分内容：

（1）MANDARIN PRONUNCIATION（现代汉语的发音）。

（2）THE SOUND SYSTEM（语音系统）。

（3）HANYU PINYIN ROMANIZATION（汉语拼音组合规则）。

（4）TONES IN COMBINATION（变调）。

其中在，THE SOUND SYSTEM部分，教材说明了汉语语音的重要性，指出"Accurate standard pronunciation is an invaluable part of mastery of Chinese"。针对教材主要面向美籍华裔学生，大多数学习者可能会说一些不标准的普通话这一特点，教材给出了如何学习和掌握标准汉语发音的建议。

2.2 语言项目的内容

教材中的语音项目包括：

（1）The Single Tones（声调）。

（2）The Initials（声母）。

（3）The Finals（韵母）。

（4）Hanyu Pinyin Romanization（拼写规则）。

（5）Tones in Combination（音变）。

在 The Single Tones 部分，教材采用"五度标记法"介绍了汉语的四个声调，并指出"From these lines we build the following four 'tone signs'：˥, ˊ, ˇ, and ˋ."，见图1。

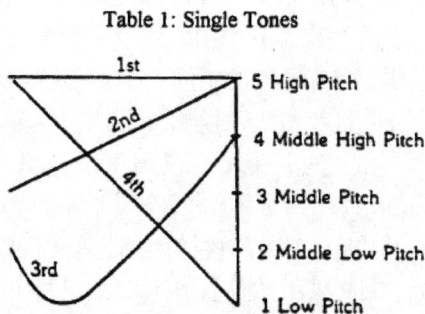

Table 1: Single Tones

图1 《中国啊，中国!》教材声调示例

此外，教材还逐一详细介绍了四个声调的调值、发音方式、发音部位，并与英文发音进行比较。

The Initials 部分，教材列出了汉语声母表，以及"声母朗读表"，并要求学习者按照顺序进行背诵和记忆，见图2。然后教材以同样的发音部位为依据，对每个声母的发音进行详细的描述，并与英文中相似的发音进行比较。在解释声母"zh－ch"和"sh－r"的发音部位时，还给出了发音的舌位图。

Table 2: Table of Initials

columns rows	1	2	3	4	5
1	b	p	m	f	
2	d	t	n		l
3	z	c		s	
4	zh	ch		sh	r
5	j	q		x	
6	g	k		h	

Table 3: Table of (Pronounceable) Initials

columns rows	1	2	3	4	5
1	bo	po	mo	fo	
2	de	te	ne		le
3	zi	ci		si	
4	zhi	chi		shi	ri
5	ji	qi		xi	
6	ge	ke		he	

图 2   《中国啊，中国!》教材声母表

The Finals 部分，教材按照韵头对韵母进行分类，并分别介绍了每组韵母的发音方式和发音部位，如图 3：

Table 4: The Table of Finals in Basic Form

row-a	-i	a	e	ai	ei	ao	ou	an	en	ang	eng	ong	er
row-i	i	ia	ie	iai		iao	iuo	ian	in	iang	ing	iong	
row-u	u	ua	uo	uai	ui			uan	un	uang	ueng		
row-ü	ü		üe					üan	ün				

图 3   《中国啊，中国!》教材韵母表

Hanyu Pinyin Romanization 部分，教材使用英语媒介语系统地介绍了汉语拼音方案中规定的汉语拼音的拼写规则，共有 7 条。另外，教材还特别说明了隔音符号的用法、儿化韵的书写方式等。

Tones in Combination 部分包括 "The Half – Third Tone（半上声）""Third – Tone Sandhi（上 + 上变调）""Forth – Tone Sandhi（去声变调）""Neutral Tones（轻声）"和 "Special Tone Sandhi for yī and Bù（'一'和'不'的变调）"五部分内容。教材用图示、讲解和练习相结合的方式详细介绍了汉语声调的变化规律。

3. 教材汉字分析

为了把握教材汉字使用情况，我们利用统计分析软件对《中国啊，中国!》中课文的汉字使用情况进行计量分析，然后以《国际汉语教育用音节汉字词汇等级划分》为标准，将教材中的汉字与标准中的汉字进行对比，统计不同等级汉字在教材中的分布数量、频次和频率，揭示教材在汉字使用方面的特点。

3.1 课文汉字量统计

根据《国际汉语教育用音节汉字词汇等级划分》中对汉字等级的划分标准，我们

统计出各级汉字在教材中的数量，如表1：

表1 《中国啊，中国!》汉字数量统计

内容	汉字数	汉字数（无重复）	一级汉字	二级汉字	三级汉字	附录汉字	超纲字
计数	14 777	1 061	713	265	59	10	14
			67.20%	24.98%	5.56%	0.94%	1.32%

表1显示，教材总用字量为14 777个，其中无重复汉字1 061个，无重复汉字占总用字量的7.18%。无重复汉字中一级汉字713个，占67.20%；二级汉字265个，占24.98%；三级汉字和附录汉字分别为59个和10个，占5.56%和0.94%。教材中有14个超纲字，占无重复汉字总量的1.32%。我们对这些超纲字进行了分析，发现这些字有的是在介绍中国历史事件和人物时涉及的专有名词用字，如第33课中"瑾"字用在人名"秋瑾"中，第34课"蔡元培"中的"蔡"字；有的是特定历史背景下的非常用字，如第30课介绍中国贫富差距时用到的"驴车"的"驴"字等。这类汉字总体上在课文中出现得不多，说明教材在课文语料编排的时候注意对超纲字进行控制。

3.2　课文汉字字频统计

除了对教材中使用的各级汉字进行统计以外，我们还对教材中汉字的频次和频率进行了统计，其中频次和频率较高的前20个汉字如表2所示：

表2 《中国啊，中国!》教材课文汉字频统计（前20）

序号	文本	频次	频率	序号	文本	频次	频率
1	的	685	0.046 356	11	我	175	0.011 843
2	是	475	0.032 145	12	在	172	0.011 64
3	国	396	0.026 798	13	学	167	0.011 301
4	中	318	0.021 52	14	这	149	0.010 083
5	人	287	0.019 422	15	来	125	0.008 459
6	不	261	0.017 663	16	说	119	0.008 053
7	一	256	0.017 324	17	美	117	0.007 918
8	了	228	0.015 429	18	文	112	0.007 579
9	有	189	0.012 79	19	以	111	0.007 512
10	个	181	0.012 249	20	和	109	0.007 376

　　根据统计，教材中汉字频次区间在 685－1 之间，频率在 0.046 356－0.000 005 之间，平均频次为 13.927 426 96 次，平均频率为 0.000 942 507，出现频次最多的汉字是助词"的"。我们对不同频次区间的汉字又做了进一步的统计和分析，得出表 3：

表3　《中国啊，中国！》汉字频次与频率语料中占比统计①

内容	区间	字数	在语料中的比例（%）
频次	13.92 以上	236	22.24
	13.92 以下	822	77.47
	6.97 以下	688	64.84
	1	273	25.73

　　我们分别将教材中的高频字和低频字与《国际汉语教育用音节汉字词汇等级划分》字表进行了对比，结果显示，在教材中频次高于平均频次的 236 个高频字中有 96.61% 为一级汉字；而在频次低于平均频次的 822 个低频字中，一级汉字仅有 482 个，占 58.64%；在 273 个频次为 1 的绝对低频字中，仅有 101 个一级汉字，占 35.00%。从汉字的复现情况来看，教材中复现次数在 7 次以上的汉字共 393 个，占 37.04%。从这个比例来看，多数汉字不足以满足学习者掌握汉字需要的复现次数。

4. 教材词汇分析

4.1　教材词汇量统计

　　我们对《中国啊，中国！》教材中的生词量和课文词汇量进行统计，另外，我们还对课文中的生词词汇比进行了统计。

表4　《中国啊，中国！》教材词汇统计

课序	生词量	课文词汇量	生词词汇比（%）	课序	生词量	课文词汇量	生词词汇比（%）
1	55	160	34.38	19	48	262	18.32
2	61	221	27.60	20	48	295	16.27
3	32	198	16.16	21	53	299	17.73
4	64	259	24.71	22	31	299	10.37
5	32	208	15.38	23	28	314	8.92

① 统计基数为 1 061，数据指经过人工干预，除去重复汉字并适当合并后得出的教材汉字总量。

（续上表）

课序	生词量	课文词汇量	生词词汇比（%）	课序	生词量	课文词汇量	生词词汇比（%）
6	46	199	23.12	24	35	384	9.11
7	62	347	17.87	25	53	304	17.43
8	33	235	14.04	26	31	256	12.11
9	42	164	25.61	27	29	305	9.51
10	36	175	20.57	28	29	481	6.03
11	46	235	19.57	29	55	357	15.41
12	44	160	27.50	30	58	380	15.26
13	24	219	10.96	31	64	548	11.68
14	33	299	11.04	32	69	514	13.42
15	44	351	12.54	33	81	345	23.48
16	24	284	8.45	34	54	348	15.52
17	48	268	17.91	35	75	512	14.65
18	47	296	15.88	合计	1 614	10 481	15.40
				平均	46.11	299.46	

　　表4统计显示，《中国啊，中国!》教材共有生词1 614个，平均每课生词46.11个。生词数量最多的是第33课，为81个，最少是第13课和第16课，各24个。教材课文词汇总量为10 481个，平均每课299.46个词。其中第31课课文词汇量最大，为548个，第1课课文词汇量最少，有160个。

　　为了更好地展示课文生词与课文词汇之间的数量关系，我们采用"生词词汇比"这个概念。所谓生词词汇比指的是课文生词数量与课文词汇数量的比值。简单地说，一篇课文的生词词汇比越高，说明课文中的生词越多，课文的难度相对越大。反之生词词汇比越小则课文中生词越少，学生学习课文时不认识的生词越少，课文难度也就越小。表4显示教材的平均生词词汇比为15.40%。生词词汇比最大的课文是第1课，为34.38%；最小的是第28课，为6.03%。生词词汇比最高值与最低值相差近6倍。虽然难从这一数据判断课文的难度，但是从相互比较的结果来看，起码可以证明课文之间的难度差异非常大。

4.2　教材生词难度统计

　　通过将教材生词词表与《国际汉语教育用音节汉字词汇等级划分》中的分级词汇进行对比，我们得出《中国啊，中国!》中不同等级生词数量以及在生词中的占比情况统计表。

表5 《中国啊，中国！》词汇等级统计

类型	一级词汇	二级词汇	三级词汇	附录词汇	超纲词汇	生词总量
计数	762	352	119	11	370	1 614
占比（%）	47.21	21.81	7.37	0.68	22.92	100

表5显示在教材生词中，一级词汇到附录词汇在教材生词中所占的比例从47.21%下降到0.68%。这一点符合汉语教材编写的一般规律，尤其符合初级教材的生词以一级词汇为主的要求。教材中超纲词汇有370个，占生词总量的22.92%，这一点又说明教材生词难度较大。

我们对这些词汇进行了重点的考察，发现产生这些超纲词最重要的一个原因在于，教材生词表中对"词"的切分与"标准"中的词汇切分方式之间有很大的不同。尤其是它并没有严格地将"词"与"短语"加以区分。如教材生词表中的"……得很""……之内""把……当作""比方说""向……学习""一点儿都不/没"等形式的短语在"标准"中未被收录，属于超纲词。另外，由于将目标群体设定为"美籍华裔汉语学习者"，因此教材选取了大量反映美国生活特色的话题，使其在词汇方面本土化特征十分突出，如"分期付款""避孕""传教士""德州""肤色""基督徒""色情""国际警察""防疫针""商学院""熔炉""言论自由""唐人街"等词汇。这些对于大部分汉语学生来说属于非常用词，对于"标准"来说则是超纲词。历史词也是构成教材中超纲词的一部分。教材中有一部分课文是向学习者介绍中国历史事件或者人物的，这其中自然涉及很多历史词汇，如"军阀""谋反""清朝""全盘西化""文化大革命""鸦片战争"等。

4.3 教材生词词频统计

与大多数美国本土汉语教材一样，《中国啊，中国！》大量使用英语媒介语，尤其是在练习中，因此除了课文以外，教材中的汉语词汇并不算多。为了全面统计教材生词的复现情况，我们在"课文词汇"词表基础上，创建"练习词汇"词表，并将以上两个词表与"生词词汇"词表进行关联，统计出生词词汇的频次以及复现率情况。

表6 《中国啊，中国！》生词复现情况统计①

类型	在课文中	在练习中
生词累计复现率	8 168	5 157
生词平均复现率	6.02	5.32

---

① 由于教材生词表中的生词有重复，因此，教材课文和练习中生词复现情况计算参数分别为1 356和969。

（续上表）

类型	在课文中		在练习中	
复现率 7 以上	224	16.52%	147	15.17%
复现率 7 以下	1 132	83.48%	822	84.83%
零复现	586	43.22%	351	36.22%

从表 6 可以看出，教材的生词在课文和练习中的复现率都低于 7，其中生词在课文中的平均复现率略高于生词在练习中的复现率。总体上教材生词在课文和练习中复现率在 7 以下的词汇占比最高，分别为 83.48% 和 84.83%。生词在课文中零复现的有 586 个，占 43.22%，而在练习中则有 351 个，占 36.22%。这说明相对而言，教材练习较为重视生词复现问题。

5. 教材语法分析

《中国啊，中国！》中的语法部分有两类。一类是"Grammar Notes"，该部分在课文之后，使用中介语英语对语法项目进行解释和说明，前 10 课语法解释中的例句使用繁体字、汉语拼音和英文翻译三种形式，从第 11 课到第 35 课中的例句采用汉语拼音和英文翻译两种形式。另一类是"词语例句"部分，该部分在生词表之后，使用繁体字提炼出句子结构，并给出英文翻译以及例句，所有的例句也有英文翻译，以方便学习者进行对照。

5.1 语法项目的数量分析

经统计，《中国啊，中国！》中的语法项目共 392 项，其中"Grammar Notes"部分 229 个，"词语例句"部分 163 个。为了统计方便，我们将前者记为"语法"，将后者记为"词法"，并对每课项目数进行统计，结果如下：

表 7 《中国啊，中国！》语法项目统计

课序	语法	词法	小计	课序	语法	词法	小计
1	12	–	33	19	1	6	7
2	26	–	26	20	0	8	8
3	12	–	12	21	0	6	6
4	26	–	26	22	1	8	9
5	14	–	14	23	0	7	7
6	22	–	22	24	1	6	7

（续上表）

课序	语法	词法	小计	课序	语法	词法	小计
7	14	–	14	25	0	5	5
8	12	–	12	26	0	4	4
9	4	–	4	27	1	4	5
10	8	–	8	28	3	6	9
11	9	9	18	29	0	3	3
12	4	7	11	30	1	6	7
13	4	6	10	31	5	8	13
14	6	8	14	32	3	7	10
15	3	10	13	33	1	4	5
16	9	7	16	34	3	5	8
17	1	8	9	35	0	5	5
18	2	10	12	合计	229	163	392
				比例	58.42%	41.58%	

表 7 显示，教材中 " Grammar Notes" 部分内容占总量的 58.42%， "词语例句"部分则占 41.58%，平均每课语法项目 11.2 个。对于初级汉语学习者来说语法项目的总量比较适中。

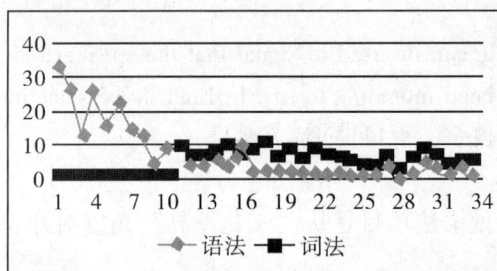

图 4 《中国啊，中国！》语法项目分布

图 4 显示的是每课语法项目的变化趋势。通过 "语法" 和 "词法" 项目的对比，我们可以看出前者的数量在教材中大致呈现出下降趋势，第 11 课 "词语例句" 后，"词法" 项目数普遍多于前者。单课中第 1 课 "语法" 项目最多，共 33 个；第 20 课、21 课等 5 课没有语法项目；第 15 课和第 18 课 "词法" 项目最多，为 10 个；第 29 课

"词法"项目最少，为3个。图表显示出教材中每课"语法"和"词法"项目的分布十分不均匀。

5.2 语法项目的分级情况分析

我们依旧以《国际汉语教学通用课程大纲》"常用汉语语法项目分级表"中对语法项目的划分为标准，根据其对语法内容5个等级共62项的分类，对《中国啊，中国!》中的语法内容进行标注和分类，统计出不同等级语法项目在教材中的分布情况。统计结果见表8：

表8　《中国啊，中国!》语法项目统计

分类	一级	二级	三级	四级	五级	其他	超纲语法
合计	10	10	23	34	12	43	39
占比（%）	4.37	4.37	10.04	14.85	5.24	44.10	17.03

对教材中的语法项目进行筛选，提出显性语法项目中更倾向于"词法"的部分共58项，得出可供切分的语法项目共有171项目。除去从"篇章""语用"和"文化"等角度解释语法现象的项目（我们将其归为"其他"类），以及超纲语法外，教材中最多的四级语法项目共有34个，占总量的14.85%。一级和二级语法项目都是10个，分别占4.37%。

另外，教材中"其他"类语法项目非常多，共有43项，占总量的44.10%。其中，从语篇或者语用角度对语法现象进行解释的有34项，如下例中教材从语篇中的连贯角度对"对了"的用法加以说明。

（1）10. 對了 Dùi le can be used to signal that the speaker has just remembered something that he or she had been intending to say. In English we sometimes say "Oh, yeah..." for this purpose. （《中国啊，中国!》第7课）

此外，教材中有9处语法项目是从"文化差异"角度对知识点进行解释的，如：

（2）4. 甲 is the first of the ten 天干 "heavenly stems". The others are 乙，丙，丁，戊，己，庚，辛，壬，and 癸. You should learn at least the first four, which are used like A, B, C, D... in English. （《中国啊，中国!》第1课）

表8还显示《中国啊，中国!》在语法项目编排中也存在语法"超纲"的现象。这类语法现象有的是特殊句式，如"X 也好，Y 也好""以 X 为 Y"等；有的是词法

和句法的中间形态，如形容词重叠；有的是复杂语法结构，如 Topic-Comment Sentences（话题句）等。

特别需要指出的一点是，教材中对语法项目进行分类的方法是比较显性的，分类本身也存在一定的不严密性。比如"Grammar Notes"中有很多地方是介绍词汇的用法，有的又与汉语或英语语言文化有关，而"词语例句"中的大部分介绍"词"的搭配，更为准确地说，是介绍大于"词"的单位的组合关系。从语言研究角度看，将之称为一种"固定搭配"或"特殊句式"或"构式"更为合适。

6. 《中国啊，中国!》教材构成要素编排对华文教材编写的启示

《中国啊，中国!》是美国比较典型的华裔教材，在华语教材中也比较具有代表性。通过以上对这套教材语音、汉字、词汇、语法等方面的分析，在总结这套教材特点的基础上，我们认为，其对华文教材编写的启示主要表现在以下四个方面：

（1）语音方面，华文教材的编写应该注重学术传统，强调语音知识的教学。一方面，由于汉语语音知识本身的有限性，语音规则也基本上能够描写清楚，因此一般认为语音教学是汉语教学中相对容易的一个环节；另一方面，对于学习者来说，语音的掌握是一个坚持练习、耳濡目染的过程。既然如此，在短时间内，语音教学的重点，自然就应该放在理论层面，采用学术研究中使用的术语和表达方式，强调教授学习者准确的语音知识。与此同时，教材在每一个环节的讲解之后都应安排一定数量的专门练习，在语音部分结束之后还需要有综合练习，使学习者能够一边学习，一边进行强化练习。还可以通过将几个语音项目综合在一起进行练习的方式，提高学生拼音的实际使用能力。

（2）汉字方面，教材中所选用的汉字要尽量避免生僻字，即使是在人名和历史词中的生僻字，也会加大教材的汉字难度。另外，课文中要提供足够的汉字量，为学生提供学习汉字的平台。尤为重要的是，要注意汉字的复现问题，《中国啊，中国!》汉字的复现率比较低，而字量又偏大，与《国际汉语教学通用课程大纲》对汉语分级目标及内容的描述进行比较，教材中的汉字量已经能够达到五级汉语水平，显然对于初学者来说，难度偏大。

（3）词汇方面，华文教材的词汇编排和选择要注意数量与难度的平衡关系，不仅要注意循序渐进，还要重视词汇的复现。要严格控制生词中的超纲词问题，另外在对"词"和"短语"进行切分的时候要贴近大纲的要求。词汇是语言的基础，语法教学也要以词汇学习为依托。而词汇习得的一个重要手段就是复现。词汇的复现可以有两种形式，一种是在课文中，一种是在练习中。华文教材在这方面的编排要多花些工夫。

（4）语法方面，语法项目的选择要贴近大纲，避免随意性，与词汇要素编排一样，要注意语法项目和数量与难度的平衡，以及渐进性。教材可以采用词法和语法分开的方式讲解语法项目，但不能因此而忽视语法项目的系统性。

参考文献

［1］陈晨，2008. 从培养学习者语篇表达能力的视角对海外汉语教材编写的研究：试析两套美国汉语教材［A］//第七届国际汉语教学学术研讨会会议论文集［C］. 桂林：广西师范大学出版社.

［2］陈昌来，2008. 对外汉语教学概论［M］. 上海：复旦大学出版社.

［3］陈贤纯，2005. 强化教学：提高效率之路——《汉语强化教程》的编写与实验［J］. 语言教学与研究（6）.

［4］陈晓霞，2010. 关于对外汉语教材语音部分编写的几点建议［J］. 学理论（6）.

［5］崔希亮，2010. 汉语国际教育"三教"问题的核心和基础［J］. 世界汉语教学（1）.

［6］崔永华，2008. 对外汉语教学设计导论［M］. 北京：北京语言大学出版社.

［7］程晓堂，2002. 英语教材分析与设计［M］. 北京：外语教学与研究出版社.

［8］蔡云凌，2009. 谈对外汉语教材的可操作性——对教材编写原则及课程规范化的思考［A］//李晓琪. 汉语教学学刊［M］. 北京：北京大学出版社.

［9］BRINTON D M, SNOW M A & WESCHE M B, 2003. Content-based seond language instruction (Classics Ed.)［M］. MI：University of Michigan Press.

［10］CUNNINGSWORTH A, 2002. Choosing your coursebook［M］. Shanghai：Shanghai Foreign Language Education Press.

［11］MCDONOUGH J & SHAW C, 1993. Materials and methods in ELT［M］. Cambridge and Mass：Blackwell.

［12］MET M. 1999. Content-based instruction：defining terms, making decisions［J］. NFLC Reports, The National Foreign Language Center.

［13］NELLY FURMAN, DAVID GOLDBERG & NATALIA LUSIN, 2007. Enrollments in languages other than English in United States institutions of higher education, Fall 2006［J］. Modern Language Association.

【作者简介】
盛译元，华侨大学华文学院教师，博士。

印尼小学华文教材混搭情况研究[①]

蔡　丽　　[印尼]蔡佩珊

（暨南大学华文学院）

1. 引言

随着汉语学习热潮席卷全球，印尼的汉语教学事业也复苏了。目前，印尼很多学校从幼儿园起就开设了中文课，部分学校还将汉语课设置为必修课，但是由于汉语教学中断时间过久，汉语教学复苏后还没有形成全国统一的格局，各学校教学规章制度不同以及印尼资深汉语老师缺乏等原因，一些学校出现了混搭使用汉语教材的现象。关于印尼华文教材的使用情况，已有一些学者进行了相关研究。苏月蒂（2008）对印尼雅加达汉语教材的出版和使用情况进行了全面研究，分析了教材的特点、成就与不足。陈玉兰（2008）调查了印尼东区、中部和西区的小学阶段汉语教材，汇集罗列了适合印尼学生的华文教材。蔡丽（2011）分析了印尼小学华文教材的使用情况，指出印尼小学在教材使用及编写上存在的问题，并依此提出了相应的解决对策。但到目前为止，还没有学者关注到印尼小学华文教材混用的现象。

本文通过实地调查、访问等方法，对雅加达、泗水、庞卡兰文、巨港、坤甸、井里汶、三宝垄、梭罗、占碑、三口洋、万隆、廖内、巴淡、日惹这14个城市的106所小学阶段的学校进行了访谈调查，了解印尼各区代表性学校在小学阶段混搭使用华文教材的情况、类型、原因以及使用的效果，重点调查了雅加达北区使用华文混搭教材的两所学校。通过研究两所学校的混搭教材，分析了华文教材混搭的优缺点以及出现的问题，为混搭教材的使用和选择提出了意见与建议，希望对使用混搭教材的学校及教师有所帮助。

调查结果显示混搭使用教材的学校有27所，占被调查学校总数的25.47%。由于本文第二作者居住于雅加达北区，为了方便随时调查，本文从混搭使用教材的学校中选择了雅加达北区的两所学校作为主要研究对象。这两所学校小学阶段的教师共4位，本文使用访谈与调查法来获得相关信息。学生共531位，由于仅六年级学生接触过小学阶段一年级至六年级的全部华文教材，因此，我们只与六年级学生进行访谈。

①　[基金项目]本文获得2010年广东省高等学校本科特色专业建设点和2011年广东省高等学校本科重点专业建设点建设经费支持。

需要说明的是，由于小学生缺乏独立的专业思考能力，因此不能齐全收集到学生对使用混搭教材的具体看法，在访问时我们给了学生一些相关提示，以启发学生说出自己的看法。

2. 印尼小学华文教材使用情况概述

为了解目前印尼的学校在小学阶段使用华文教材的情况，我们对雅加达市以及印尼其他 13 个城市学校小学阶段的华文教材使用情况进行了调查。

2.1 雅加达小学华文教材使用情况统计

华文教材混搭主要有两种含义，第一种是不同年级使用不同华文教材；第二种是同一年级同时使用两种或两种以上的华文教材。研究过程中，雅加达市总共调查了 64 所学校，其中，北区 23 所、西区 34 所、南区 3 所、东区 4 所，具体教材使用情况如下：

表 1　雅加达学校小学阶段使用华文教材情况调查统计

学校名称	学校类型	中文课的性质	使用的华文教材	使用教材情况	
				混搭	成套使用
Tarakanita 1	私立	必修课	1—2 年级 印尼自编 3—6 年级《汉语》	混搭	—
Tirta Marta	私立	必修课	1—2 年级《华文教室》 3—6 年级《幼儿汉语》	混搭	—
Tarakanita 5	私立	必修课	《汉语》	—	一套
Tarakanita Pluit	私立	必修课	《幼儿汉语》	—	一套
雅加达东区总计结果（共 4 所）				2	2
Kristen BPK Penabur 5	私立	必修课	1—2 年级《幼儿汉语》 3—6 年级《汉语》	混搭	—
Kristen BPK Penabur 6	私立	必修课	1—2 年级《幼儿汉语》 3—6 年级《汉语》	混搭	—
Kristen BPK Penabur 10	私立	必修课	1—2 年级《幼儿汉语》 3—6 年级《汉语》	混搭	—
雅加达南区总计结果（共 3 所）				3	0
Pahoa（八华学校）	私立	必修课	1—2 年级《儿童华语》 3—6 年级《汉语》	混搭	—

（续上表）

学校名称	学校类型	中文课的性质	使用的华文教材	使用教材情况	
				混搭	成套使用
Kemurnian（纯洁学校）	私立	必修课	1 年级《汉语语音》2—6 年级《汉语》	混搭	—
Harapan Lestari	私立	必修课	教师自定	混搭	—
Kristen BPK Penabur 1	私立	必修课	1—2 年级《幼儿汉语》3—6 年级《汉语》	混搭	—
Kristen BPK Penabur 2	私立	必修课	1—2 年级《幼儿汉语》3—6 年级《汉语》	混搭	—
Kristen BPK Penabur 3	私立	必修课	1—2 年级《幼儿汉语》3—6 年级《汉语》	混搭	—
Kristen BPK Penabur 4	私立	必修课	1—2 年级《幼儿汉语》3—6 年级《汉语》	混搭	—
Kristen BPK Penabur 11	私立	必修课	1—2 年级《幼儿汉语》3—6 年级《汉语》	混搭	—
Citra Bangsa	私立	必修课	新加坡教材	—	一套
Setia Bhakti（忠孝学院）	私立	必修课	《汉语》	—	一套
Bonavita	私立	必修课	《汉语》	—	一套
Kristen Ketapang	私立	必修课	新加坡教材	—	一套
Mimi School	私立	必修课	《小学华文》	—	一套
Nusantara	私立	必修课	《小学华文》	—	一套
Bintang Kejora	私立	必修课	《我的汉语》	—	一套
Bintang Timur	私立	必修课	印尼教材	—	一套
Santo Yakobus	私立	必修课	《小学华文》	—	一套
Santo Johns	私立	必修课	《小学华文》	—	一套
Harapan Bangsa（民望学校）	私立	必修课	《汉语》	—	一套

（续上表）

学校名称	学校类型	中文课的性质	使用的华文教材	使用教材情况	
				混搭	成套使用
Permai	私立	必修课	《中文》	—	一套
Ricci（瑞齐学校）	私立	必修课	《中文》	—	一套
Bina Kusuma	私立	必修课	《中文》	—	一套
Pelita Ⅱ	私立三语	必修课	《国际少儿汉语》	—	一套
Harapan Kasih	私立	必修课	《基础汉语》	—	一套
Kalam Kudus Ⅱ	私立	必修课	《好学生华文》	—	一套
Permai Plus	私立	必修课	《小学华文》	—	一套
Don Bosco	私立	必修课	《小学华文》	—	一套
Amitayus	私立	必修课	《彩虹华文教室》	—	一套
Regina Pacis	私立	必修课	《彩虹华文教室》	—	一套
Almasih	私立	必修课	《欢乐学习汉语》	—	一套
Candra Naya	私立	必修课	《基础汉语》	—	一套
Notre Dame	私立	必修课	《汉语》	—	一套
Abdi Siswa	私立	必修课	《印尼教程》	—	一套
Ketapang Ⅱ	私立	必修课	《印尼版新编华语课本》	—	一套
雅加达西区总计结果（共34所）				8	26
Chandra Kusuma	私立	必修课	1—2年级《汉语》 3—6年级《好学生华文》	混搭	—
Taman Permata Indah（丽宝三语学校）	私立三语	必修课	1—2年级 学校自编 3—6年级《汉语》	混搭	—
Bunga Hati Bangsa	私立	必修课	《小学华文》	—	一套
Pusaka Abadi	私立三语	必修课	《汉语》	—	一套
Darma Satria	私立	必修课	《汉语》	—	一套
Dharma Budhi Bhakti（顺德学校）	私立	必修课	《汉语》	—	一套
Sukses Abadi	私立三语	必修课	《好学生华文》	—	一套
Budi Agung	私立	必修课	《汉语》	—	一套

（续上表）

学校名称	学校类型	中文课的性质	使用的华文教材	使用教材情况	
				混搭	成套使用
Kristen Genezaret	私立	必修课	新加坡教材	—	一套
Bina Tunas Bangsa	私立	必修课	《汉语》	—	一套
Santo Peter	私立	必修课	《小学华文》	—	一套
Tzuchi（慈济学校）	私立三语	必修课	《小学华文》	—	一套
Dharma Suci	私立	必修课	《印尼版新编华语课本》	—	一套
Methodist（卫理学校）	私立	必修课	《汉语》	—	一套
Stella Maris	私立	必修课	《天天汉语》	—	一套
Ipeka	私立	必修课	《好学生华文》	—	一套
Diakonia	私立	必修课	《小学华文》	—	一套
Pelangi Kasih	私立	必修课	《小学华文》	—	一套
Sekolah Bunda Mulia	私立	必修课	《小学华文》	—	一套
Jubilee	私立	必修课	《小学华文》	—	一套
Westin Damenlou	私立	必修课	《彩虹华文教室》	—	一套
Gandhi	私立	必修课	《汉语》	—	一套
Kristen Yusuf	私立	必修课	《汉语》	—	一套
雅加达北区总计结果（共23所）				2	21

被调查的 64 所学校均属于私立学校，中文课都为必修课。64 所学校中有 15 所学校存在混搭使用华文教材的情况，占被调查学校总数的 23.44%。其中东区 2 所，南区 3 所，西区 8 所，北区 2 所。在华文教材混搭比例中，北区学校占比例最少，西区学校所占比例最多。调查显示，各校混搭华文教材并不是随意混搭，而是教师或学校经过考虑而选用的。我们调查到的学校混搭使用华文教材的类型均为不同年级使用不同华文教材。

2.2　印尼其他城市小学华文教材使用情况统计

除雅加达之外，我们还对印尼其他城市的学校小学阶段进行了调查，包括泗水、庞卡兰文、巨港、坤甸、井里汶、三宝垄、梭罗、占碑、三口洋、万隆、廖内、巴淡、日惹 13 个城市。

表 2　印尼其他城市的学校小学阶段使用的华文教材

学校名称	城市	使用的华文教材	使用教材情况	
			混搭	成套使用
SD Gembala Baik（贤牧双语小学）	坤甸	教师自定	混搭	—
SD Kristen Immanuel Plus（以马利基督小学）	坤甸	1 年级 学校自编 2—6 年级《快乐汉语》	混搭	—
Karya Yosef（坤中）	坤甸	学校自编	混搭	—
Bina Mulia（高雅文化学院）	坤甸	学校自编	混搭	—
SD Bruder Kanisius	坤甸	《快乐汉语》	—	一套
SD Kristen Immanuel Regular	坤甸	《快乐汉语》	—	一套
Bruder Dahlia Gajah Mada	坤甸	《幼稚园华语课本》	—	一套
坤甸统计结果			4	3
Kristen BPK Penabur Plus	井里汶	1—2 年级《彩虹》 3—6 年级《千岛娃娃学华语》	混搭	—
SD Sari Putra	井里汶	1—3 年级《育苗华语》 4—6 年级《千岛娃娃学华语》	混搭	—
Kristen BPK Penabur 1	井里汶	《彩虹》	—	一套
Santa Maria	井里汶	《育苗华语》	—	一套
Kriesten BPK Penabur Regular	井里汶	《育苗华语》	—	一套
SD Putra Nirmala	井里汶	《育苗华语》	—	一套
Pelita Bangsa	井里汶	《育苗华语》	—	一套
Kinderfield	井里汶	《育苗华语》	—	一套
Terang Bangsa	井里汶	《育苗华语》	—	一套
井里汶统计结果			2	7
Karangturi（中华会学校）	三宝垄	教师自定	混搭	—
Nusaputera	三宝垄	教师自定	混搭	—
Kebon Dalem	三宝垄	教师自定	混搭	—
Bina Bangsa Internasional School（培民学校）	三宝垄	教师自定	混搭	—
Nasional Tunas Harum 三语学校	三宝垄	教师自定	混搭	—

（续上表）

学校名称	城市	使用的华文教材	使用教材情况	
			混搭	成套使用
三宝垄统计结果			5	0
Marsudirini	梭罗	教师自定	混搭	—
梭罗统计结果			1	0
SD Nasional Sari Putra	占碑	《汉语》	—	一套
Xaverius 2	占碑	《中文》	—	一套
占碑统计结果			0	2
Bruder	三口洋	马来西亚教材	—	一套
Yayasan Sinar Abadi（星光明印学校）	三口洋	《中文》	—	一套
三口洋统计结果			0	2
Trimulia（三一学校）	万隆	《中文》	—	一套
万隆统计结果			0	1
Mimi School	泗水	《育苗华语》	—	一套
泗水统计结果			0	1
SD Kristen Sion	廖内	新加坡教材	—	一套
廖内统计结果			0	1
Katolik Santa Maria	庞卡兰文	《汉语》	—	一套
庞卡兰文统计结果			0	1
Widya Musia 三语学校	巨港	《中文》	—	一套
Maitreyawira（巨港三语慈容学校）	巨港	《好学生华文》	—	一套
巨港统计结果			0	2
Yosudarso	巴淡	《汉语》	—	一套
Mondial	巴淡	《汉语》	—	一套
Maitreyawira（巴淡岛慈容学校）	巴淡	《汉语》	—	一套
Charitas	巴淡	《汉语》	—	一套
Harapan Utama	巴淡	《汉语》	—	一套
Global	巴淡	《小学华文》	—	一套

（续上表）

学校名称	城市	使用的华文教材	使用教材情况	
			混搭	成套使用
Kallista	巴淡	《小学华文》	—	一套
巴淡统计结果			0	7
Mutiara Persada	日惹	《育苗华语》	—	一套
Budya Wacana	日惹	《育苗华语》	—	一套
Kalam Kudus	日惹	《育苗华语》	—	一套
日惹统计结果			0	3

　　表 2 数据显示，除雅加达之外，在印尼其他城市，如坤甸、井里汶、三宝垄、梭罗等，也存在混搭使用华文教材的情况。由于调查时间有限，印尼其他城市有许多学校小学阶段没有被调查到，我们预计，未被调查到的学校中其小学阶段还有许多仍然存在使用混搭教材的情况。

2.3　印尼小学华文教材混搭情况分析

　　以上数据显示，雅加达市 64 所学校以及其他城市 42 所学校小学阶段使用华文教材的情况如下：

　　（1）受调查的雅加达市共有 15 所学校小学阶段使用混搭华文教材，其中 8 所学校（53%）使用的混搭教材来自中国，即混搭使用《汉语》教材与《幼儿汉语》。《幼儿汉语》与《汉语》为同系列教材，前者为幼儿园阶段的孩子而编写，后者针对小学阶段编写。二者配合使用在内容衔接方面没有问题，但教材内容与学生年龄、认知特点存在不匹配之处。其他 7 所学校（47%）使用的是其他国家的教材（学校自编、印尼《好学生华文》、马来西亚《华文教室》、教师自定等）与中国教材《汉语》或《幼儿汉语》等的混搭。

　　（2）受调查的印尼其他城市共有 12 所学校小学阶段使用混搭华文教材，其中 7 所学校（58%）使用教师自定的混搭教材，3 所学校（25%）使用学校自编的混搭教材，2 所学校（17%）混搭了中国大陆的教材与其他国家的教材。

　　据以上比例可以看出，印尼许多学校在小学阶段使用的华文教材大部分来源于国外，尤其是中国大陆的教材所占比例最多。中国大陆的《汉语》在印尼学校使用的频率较高，而且也比较常见。我们调查到，106 所学校的小学阶段，有 25 所学校选用此套教材作为中文课的教学材料，占 23%。《汉语》目前已有了修订版，也有不少学校开始使用《汉语（修订版）》教材。《好学生华文》虽是专为印尼小学生编写的华文教材，但统计结果证明使用这套教材的学校只占 4%。除了中国大陆的《汉语》在印尼的学校广泛使用外，新加坡的《小学华文》使用频率也较高，使用此套教材的学校有15所，占14%，是使用频率第二高的华文教材。通过调研得出结果，雅加达市混搭使用华文教材的小学阶段学校占23%，印尼其他城市使用混搭华文教材的小学阶段学校占29%。获得的结果证明，混搭使用华文教材的现象在印尼学校小学阶段较为普遍。

3. 印尼华文教材混搭类型与原因

3.1 印尼华文教材混搭类型

根据调查，印尼学校小学阶段使用的华文教材混搭类型主要是不同年级之间主课本与主课本的混搭，即不同年级使用不同系列的教材。例如，Taman Permata Indah 学校（丽宝三语学校）华文教材混搭有学校自编的华文教材与北京华文学院编写的《汉语（修订版）》。Chandra Kusuma 学校混搭的教材有北京中国语言文化学校编写的《汉语（试用版）》与印尼文化事业私人有限公司出版的《好学生华文》。

3.2 华文教材混搭原因

（1）从汉语教学方面来看，因汉语在印尼曾经受到严格禁止，因此汉语教学在印尼一度停滞。如今，汉语在印尼虽然发展迅速，也已经被印尼人所认同，甚至被视为同英语一样重要的语言，但汉语教学仍处于复苏阶段，只有规模，而没有形成体系。在这种情况下，汉语教学还处于不稳定状态。目前印尼在小学阶段还没有统一的教学大纲，也没有统编的教材，不同学校之间汉语课的性质、课时量等均不完全相同，而且缺乏有效的督导机制，这就造成了在教学过程中学校或者教师选择教材的自由度较大，出现可随意选取各种教材来任教的情况。

（2）从学校的办学性质上看，目前我们所调查到的印尼学校都为私立学校，由于资金状况、管理模式以及教学理念等方面的不同，造成了学校混搭使用教材的情况。受经济因素和发行渠道等的直接影响，很多学校买不起或者拿不到所需的合适的教材，为节约成本，就采取自行复印教材的做法，如印尼巨港、坤甸的一些学校等。此外，一些学校找不到成套的华文教材，有的华文教材只有前几册，后面的册数则没有了，这就在客观上导致教师需要另外选择其他教材搭配使用。

（3）从教材方面来看，印尼使用的华文教材种类繁多，主要有中国、新加坡、马来西亚以及印尼本土的华文教材等。虽然华文教材数量多，类别选择多，但国外的教材都不是专门针对印尼编写的，教学内容的难易程度、教材容量往往与教学实际存在一定的差距，而印尼本土的教材又仍处于探索阶段，存在诸多不完善之处。这些情况都给教材选择者带来了一定的困扰。此外，学校由于汉语水平有限、对学生汉语水平了解不够等原因，在选择使用华文教材方面常出现偏颇。

4. 印尼华文教材混搭的问题与建议

混搭使用教材是目前印尼学校存在的客观问题，而且在很长一段时间内，可能会一直存在，我们无法回避这一现象。因此，在这种状况下，如何更好地避免混搭教材带来的局限性，发挥教材的积极作用，是我们要关注的问题。

4.1　印尼华文教材混搭存在的问题

为了分析华文教材混搭的优缺点以及出现的问题，我们重点调查了雅加达北区混搭使用华文教材的两所学校，分别是 Taman Permata Indah 学校（丽宝三语学校）和 Chandra Kusuma 学校。丽宝三语学校一、二年级使用学校自编教材，三至六年级使用《汉语（修订版）》第三至六册；一、二年级学校自编教材没有配套练习册，三至六年级《汉语（修订版）》有单独配套练习册。Chandra Kusuma 学校一、二年级使用《汉语（试用版）》第一、二册，三至六年级使用《好学生华文》第一至四册，都有独立配套练习册。通过对比两校各自混搭使用的教材，并对教师和学生进行访谈，我们认为，混用教材至少存在以下三方面的问题：

4.1.1　混搭教材，教学难成体系

华文教材混搭，容易造成教学内容不连贯、教学难以形成统一的风格与体系等问题。丽宝三语学校混用学校自编教材与《汉语（修订版）》，两套教材的设计目的与原则不一样，在生字词数量、课文主题风格、练习题量与题型等方面存在较大差异。Chandra Kusuma 学校混搭使用《汉语（试用版）》与《好学生华文》，这两套教材在内容、文化上有较大差异，《汉语》呈现的内容大部分都以中国式生活场景为主，而《好学生华文》是针对印尼小学生而编写，内容大部分都关于印尼的习俗文化，如"我的国家""向国旗敬礼""唱国歌""开斋节""美丽的巴厘岛""雅加达的车子多"等。在翻译方面，Chandra Kusuma 学校一、二年级使用的《汉语》没有印尼语翻译，而在三至六年级使用的《好学生华文》反而在生词部分有印尼语翻译。

此外，使用混搭教材，在课文、语法、字词以及练习册方面易出现重复现象。有时同样的字词会出现在混搭的多种教材里面，如 Chandra Kusuma 学校混搭使用的《汉语》第一、二册与《好学生华文》第一至四册有 129 个生字、59 个词语是完全重复的，重复的语法点有 7 个。

4.1.2　混搭教材，难易度不均衡

使用混搭华文教材，容易出现汉字、词汇、语法出现顺序不协调、难易度不渐进等问题。例如，Chandra Kusuma 学校使用的混搭教材在生字数量上差异比较明显，一、二年级的《汉语（试用版）》第一、二册生字数有 50~80 个字，三至六年级《好学生华文》第一至四册生字量远远高于《汉语》，出现的生字有 150~230 个。在词汇量方面也存在显著跨度，一、二年级的《汉语（试用版）》第一、二册词汇量在 80 个以内，三至六年级《好学生华文》第一至四册分别为 115、92、157、263 个。

4.1.3 混搭教材，练习册设置不均衡

混搭教材练习册在题型、数量方面存在较大差异。以丽宝三语学校的练习册为例，一、二年级的学校自编教材没有专门的配套练习册，练习部分设计在主课本里面，三至六年级的《汉语（修订版）》四册教材有配套练习册。两种教材练习册的区别极大，学校自编教材每一课的练习部分均少于四道练习题，有些只有一道练习题，而《汉语（修订版）》配套练习册的每一课练习题最少为五道题，而且，题型内容及难易度差异也较大，形成倒挂现象。

4.2 华文教材混搭使用建议

4.2.1 使用混搭教材，应注意教学要成体系

教师在使用混搭教材任教的过程中，应了解每册混搭教材的设计目的、原则、特点。在使用混搭教材的过程中，要尽量注意前后课文在内容、生字词、语法点等方面应保持连贯性。

不同教材的内容中适当出现同样的内容能让学生巩固学过的知识，但是重复的内容不能过多，而且过于简单的内容最好不要再重现，因此教师在使用混搭教材的同时应考虑到过于简单的生字、生词或语法点不需要再重复传授给学生，但如果一些比较难的生字、生词或语法点，可以适当地重复。

混搭教材比较容易出现前后内容脱节的现象，如 Chandra Kusuma 学校使用的混搭教材是《汉语（试用版）》与《好学生华文》，一套内容是以中华文化习俗为主体，而另一套内容是以印尼文化习俗为主体，内容脱节显然明显。在这种情况下，教师在使用时应注意到内容之间衔接上的问题。教师可以适当地把两种不同文化习俗的内容结合起来教学，使学生能同时了解到两个不同国家的文化习俗。

4.2.2 使用混搭教材，应注意难易度要平衡

随着学生年龄的增长，认知、学习能力也相应增加。在教学过程中，教师应遵从学生不同年龄阶段、不同学习能力，体现从浅到深、从易到难的学习规律。混搭教材难易度的增加，要注意内在的平衡性，难易度相差不能太大。例如，Chandra Kusuma 学校的一、二年级的练习册难度大于三、四年级的练习册，因为三、四年级的《好学生华文》练习册出现的练习都是书写汉字的练习，而一、二年级《汉语》旧版的练习册出现的练习都是"组词""回答问题""选词填空"等练习。根据调查发现，该校一、二年级学生练习册完成效果差，89%的学生不能独立完成课后练习。而三至六年级学生练习题型过于简单，不能适应学生的学习需要。因此，在这样的情况下，教师在使用时应注意到如何调整以及安排混搭教材出现的难易度不平衡的问题。

4.2.3 使用混搭教材，应选择有趣味性的内容，体现交际性

混搭使用教材时，由于教学内容可能存在一些重复现象，此外，教学容量也不完全匹配，因此，教师不能完全依照教材内容来教学，而要对教材内容进行适当的取舍与整合、调整与合并。教师使用混搭教材时应选择趣味性强、交际功能强的内容进行

教学，提高学生学习兴趣。小学生活泼好动、注意力难以长时间集中，只有选择使用有趣味性的教学内容，并辅以教学游戏，才能调动学生学习的积极性。另外，教师在使用混搭教材时应多选择一些体现交际性的内容，提高学生的交际与口语能力。

参考文献

［1］蔡丽，2003. 海外华语教材选词特点分析研究［J］. 暨南大学华文学院学报（3）.

［2］蔡丽，贾益民，2004. 海外华语教材选词共性分析［J］. 暨南学报（人文科学与社会科学版），26（2）.

［3］蔡丽，2011. 印尼正规小学华文教材使用及本土华文教材编写现状研究［J］. 华文教学与研究（3）.

［4］陈玉兰，2008. 印尼小学华文教材使用情况调查报告［A］//首届上海华文教育研讨会论文集［C］. 上海：［出版者不详］.

［5］国家汉语水平考试委员会办公室考试中心，2001. 汉语水平词汇与汉字等级大纲（修订版）［M］. 北京：经济科学出版社.

［6］韩明，2012. 东南亚汉语教材使用现状调查研究［J］. 国家教育行政学院学报（3）.

［7］黄洁，2010. 印尼汉语师资培养的教材及教学模式略论［A］//世界汉语教学学会、国家汉办. 第十届国际汉语教学研讨会论文选［C］. 世界汉语教学学会、国家汉办.

［8］黄金英，2010. 缅甸小学汉语教材分析与本土化教材建设［A］//世界汉语教学学会、国家汉办. 第十届国际汉语教学研讨会论文选［C］. 世界汉语教学学会、国家汉办.

［9］苏月蒂，2008. 印尼雅加达汉语教材状况及其对汉语教学的影响［D］. 北京：北京语言大学.

［10］曾小芬，2012.《快乐汉语》教材的词汇研究［D］. 广州：暨南大学.

【作者简介】

蔡丽，暨南大学华文学院华文教育系副教授，博士，主要研究方向为现代汉语语法、华文教育。蔡佩珊，暨南大学华文学院 2009 级华文教育专业本科生。

华文观光教材电子书之研发

——以台湾台东为例

［台湾］ 刘静宜

（台东大学华语文学系）

1. 引言

全球化、国际化、地球村的来临，使语言成为人和人之间沟通的桥梁。共同语言是不可或缺的沟通工具，而中文现在已成为国际重要的共同语言之一。根据新浪全球新闻网①报道，美国《时代周刊》（亚洲版）称："如果想领先别人，那就学习中文吧！"由此可见，中文渐渐成为世界各国的第二语言。

随着经济的发展，不论台湾还是大陆的观光旅游业都在快速成长。近年来台湾积极推展观光，尤其台东空气清新、风景宜人，不论春夏秋冬，都有精彩活动，那里热情奔放，活力四射。台东丰富的观光资源，包括人文地理风景、庆典节目、温泉、著名农特产等，每年均吸引一百多万游客前去观光。台湾"交通部"观光局积极推出东海岸，也促使台东观光发展更多样化，更具吸引力。

"中文热"席卷全世界，根据统计，全球学习中文的人数已超过4 000万。外籍人士除了亲自来台湾或大陆旅游学习中文，远距离视频学习也蔚为风尚。1998年在旧金山召开的全美年度出版业会议中，微软公司技术发展部门副总裁柏拉斯（D. Brass）在会议上预测说："2009年之后，以数字形式出版的书籍将超过传统印刷书籍，到了2018年，甚至完全被电子书所取代。"（陈景尧，2000）近年来电子书之研发，已快取代传统书本印刷。电子书制作对一线华文老师而言，似乎已经成了必学之教学工具。

本文研究动机，希望理论与实务结合，借由已有华文理论基础，带领研究生进一步"做中学、学中做"，发展台东华文观光教材电子书，以因应全球化华语学习之所需。

台东华文观光教材内容主题，借由台东大学外籍生之眼，将台东所见、所闻、所品尝，如风景之美、食物之佳、文化之丰以及人情之美，传播到世界各地。

本研究之主要目标如下：

（1）推展台东华语观光电子书，让更多人发现台东的风景、食物、文化以及人情

---

① 搞怪汉考8级（新浪全球新闻网，2013年8月4日）。

之美。

（2）研究生能应用华文专业所学，借由编辑教材，落实电子书实务编辑经验。

（3）本校研究生借由与外籍生讨论，而有更多机会接触外籍生，可以从不同角度观察品味台东之美。

（4）电子书之编制，除了提供本校外籍生或交换生等使用，也可用于海外"同步"与"非同步"教学。

2. 观光教材电子书之重要性

2.1 电子书之重要性

2.1.1 电子书之发展

何谓电子书？Hawkins（2000）认为："简而言之，电子书是将书籍的内容以电子形式，供读者使用。"也就是以电子与数字化方式，替代传统纸本图书的方案。

宋朝毕昇发明的活字印刷术，后来传遍了全世界，也影响了全世界，对世界科学文化的发展起了重大作用。毕昇的印刷术被称为"文明之母"，造就中国几千年来的文明发展。

随着时代的发展，1971 年美国伊利诺伊大学生 Michael Hart 发起及志工参与，致力于文化作品的数字化，这是最早的数字图书馆。Michael Hart 鼓励创作和发行电子书，称之为古腾堡工程，到 2007 年，古腾堡工程已经收录了 22 000 部书籍，且现在平均每周新增 50 部电子书。[①]

数字出版品的数量与日俱增，这是不争的事实。2009 年 Sony 公司宣布与网络搜索引擎龙头 Google 公司合作。根据联合新闻网[②]报道，Google 免费提供超过 50 万本不受版权保护的书籍给 Sony 的电子书阅读器用户，与亚马逊（Amazon）的 Kindle 阅读器正面交锋。

Google 公司与世界知名五所大学图书馆合作，将馆藏图书扫描数字化，开创世界最大的网络数字图书馆。如哈佛大学、斯坦福大学、密西根大学、纽约公共图书馆，以及英国牛津大学图书馆等，预计将有 1 500 万本数字化著作与世人分享。[③]

依据美国电子书论坛（Open eBook Forum）所公布的美国电子书销售概况，2004 年的电子书每季成长率与前一年同时期比较，均有超过 10% 以上的成长，显示数字出版的市场正如火如荼地展开（薛良凯，2005）。

21 世纪的今天，网络科技已经融入我们的生活之中，每个人都离不开网络科技。科技数字化的研发，不断挑战传统各行各业，例如音乐业、图书业等，现有传统出版

---

① 见古腾堡计划（维基百科，2013 年 3 月 5 日）。

② Sony 联手 Google 合攻电子书（联合新闻网，2009 年 3 月 20 日）。

③ 有了 Google 还需要图书馆吗？（"国家实验研究院科技政策研究与资讯中心"，2005 年 4 月 12 日）。

方式，逐渐由科技所取代。

十多年来，台湾在使用科技电子书融入教学方面，不遗余力地推行并积极争取与厂商合作。例如，从2003年起，微软公司投入2.5亿美元，在全球70个国家开启了"五年全球学习计划"。其中一项"未来学校"跟传统教学最大的不同，就是它用科技打破学习空间限制，更强调学生的主动权。台湾台北市立中仑高中，从全球12个遴选国脱颖而出，率先成为微软全世界第一所"未来学校"。2010年台湾"教育部"将完成16所电子书包试办学校建置。

另外，美加在学校推广电子书方面：加拿大三所大学，以Sony的Reader电子书阅读器阅读教科书；美国五所大学，正在测试Kindle电子书阅读器应用在学生学习的成效。在2000年6月于台北举行的世界资讯高峰会议上，比尔·盖茨（Bill Gates）亦曾预言："网际网络出现后，人类将进入e-book的新世纪。"（林宏欣，2001）由此可知，e-book新世纪的到来，使得站在第一线的老师不得不未雨绸缪，为未来的教学环境学习新的教学工具。

2.1.2 电子书之SWOT分析

我们只有一个地球。树木的滥砍，将引起降雨量及气候的变化，严重影响下一代的生活。除了对这个地球给予人文关怀外，科技的发展、电子书的问世，都是解决树木滥砍之道。

Albert Humphrey提出来的SWOT分析，是一种企业竞争分析方法，是市场营销的基础分析方法之一。SWOT分析评价企业内部本身的优势、劣势、外在竞争市场上的机会和威胁，用以对企业进行全面的分析，以及竞争优势的定位。SWOT分析中不只适用于企业界，也可用在医学界、学术界，乃至个人分析上。

电子书SWOT分析，可以从内部本身、外部环境两大方面进行分析。

第一，在内部本身方面，可分为优势和劣势。

（1）优势：软件上直接修正，可以快速更正错误。不用砍伐树木，可以减少环境破坏。声音影像，互动性高；软件编制，重制成本低。

（2）劣势：数字出版权尚未完全建立，著作权容易被侵犯；需有阅读机器才能阅读。

第二，外部环境分析，可分为机会和威胁。

（1）机会：电子书替代纸质本，环保议题大家都赞成。

（2）威胁：并非所有教师都习惯使用电脑教学。

电子书对图书馆馆藏以及使用的读者，也有许多优势。电子书对图书馆而言，可以节省典藏空间、编目时间、上架时间，以及防止图书被损害等。

电子书对读者而言，更是有很多优势，例如：①服务化：逾期、遗失、罚款不再出现；②多元化：时空无障碍，任何时间、地点可借阅使用；③个人化：bookmark功能可按自己喜好标识；④有趣化：文字、动画、影像、声音生动，学习有效率；⑤简易化：提供查寻功能，检索更容易。

2.2 观光教材之重要性

符红萱、伍晨辰（2012）总结华侨崇圣大学汉语教学的三大特点，其中一点是汉语课程深度融入中医、旅游汉语、商务汉语等。报告指出汉语专业设置以应用为导向，选修课和必修课都突出了专业性和实用性。例如，开设导游汉语、航空汉语、酒店汉语、旅游管理汉语等课程，有助于学生在不同领域进行基本的语言交流。

武彦军、孙炜（2011）也提及，埃及苏伊士运河大学孔子学院开展商务汉语、旅游汉语等特色项目的实践，以适应当地社会需求，有效地开展汉语国际教育。

2011 年，全球首个旅游孔子学院在澳大利亚格里菲斯大学成立。随着中国游客的不断增加，旅游孔子学院开创性地把汉语教育与旅游结合起来，顺应了当下旅游需求，并启动编制一套"旅游汉语"教材，作为旅游孔子学院的专用教材。全球首个旅游孔子学院以鲜明的旅游特色，创孔子学院发展之先河。旅游孔子学院的课程设置将以旅游汉语为主，利用澳大利亚得天独厚的旅游资源，因地制宜，培养更多旅游高级人才。

台东又称后山，台东依傍雄伟的中央山脉，面对着辽阔浩瀚的太平洋，形成了许多观光景点。例如，以隆起珊瑚礁分布最广的三仙台、小野柳，极具观察大自然生态之妙处。而离岛的兰屿和绿岛两座火山岛，更是海内外游客首选观光之地。兰屿周围有隆起珊瑚礁环绕，绿岛除了周围珊瑚礁围绕外，东南方为断崖，西南角是平原沙滩，东部海滨有温泉，更是旅游好去处。

台东原住民乃台湾各族群之荟萃，拥有阿美、排湾、鲁凯、布农、卑南、雅美六大族。原住民祭典皆极具人文特色，如阿美族的丰年祭、布农族的打耳祭、卑南族的年祭、雅美族（达悟族）的飞鱼祭，令人在畅游山海之余，更增添对原住民民俗文化的了解。

3. 两岸华文观光教材之分析

3.1 两岸"观光""旅游"用语

观察两岸用语，台湾喜欢用"观光"一词，大陆喜欢用"旅游"一词。

在大陆方面，系所设有"旅游系"，如暨南大学旅游管理系、复旦大学旅游学系、厦门大学管理学院旅游与酒店管理系、海南三亚旅游学院等。大陆论文也习惯用"旅游"一词，例如《"旅游汉语"教学——对外汉语教学的一个重要课题》（石慧敏，2001）、《基于"任务教学法"的旅游汉语教学流程和操作策略》（那英志、杜小平，2007）、《基于项目的职业汉语教学——以旅游汉语为例》（张晶晶、那英志，2011）、《浅议如何在对外汉语教学中开展旅游汉语专项教学》（黄艾，2010）、《结合任务型教学的对泰旅游汉语教学设计》（侯春晓，2012）、《任务型教学法在旅游汉语教学中的应用》（张旖旎，2012）。

在台湾方面，系所设有"观光系"，如暨南国际大学观光管理学系、联合大学文化观光产业学系、澎湖科技大学观光休闲系等。台湾论文也习惯用"观光"涵盖旅游，例如《观光华语导游教材设计——针对韩国的专门大学观光中国语系之用途》（金惠淑，2004）、《外籍人士对于台湾观光地意象之研究》（苏育宏，2007）、《节庆观光活动行销策略之研究——以台东南岛文化节为例》（黄忠华，2004）、《观光满意度前因后果之研究——以大陆来台人士为例》（朱庆玲，2006）、《大陆人士来台观光套装行程满意度之研究》（王致远，2005）、《台东县池上乡观光业发展之研究》（邱春英，2001）等。

3.2　两岸华文观光教材之分析

华文教材除了一般听、说、读、写的综合类教材，商务类教材也广受外籍人士欢迎。随着经济的发展、生活水平的提高，外籍人士也常到大陆或台湾旅游，因此"旅游汉语""观光华语"也因应出版。

观察大陆"旅游汉语"教材，有不同出版特色，例如《游学上海》（石慧敏，2010）是一本具有上海地方特色的区域性旅游教材。《漫画汉语 101 句：旅游篇》（张婧等，2008）是一本借助漫画画面进入情境的教材。《旅游汉语卡片》（赵芝，2005）是借由卡片形式自学旅游常见情景语的教材。《300 词畅游中国》（王尧美、林美淑，2005）是以常用 300 词为编写原则。《风光汉语：初级口语Ⅰ》（张欣，2009）以"情景—功能—结构"为编写原则。《体验汉语 100 句：旅游类》（张如梅，2007）是为初学汉语旅游者快速学习的基础教材。《实用综合旅游汉语：自然景观篇》（张美霞，2006）针对约一年半中高年级以上、正规汉语教学的外国学生。另外，《旅游汉语》是中央电视台英语频道制作的汉语教学节目。

台湾华文观光教材出版并不多。《游台湾·学华语（入门篇）》（卢翠英，2007）一书是专门为外籍人士初级短期学习所编写的华语教材。邓守信教授（2006）《今日台湾》所著的中级华语教材，内容有台北怎么那么挤、盐水的蜂炮、逛夜市、还是小吃好、大拜拜等。《乐华文》是淡江大学（2011）推出的一套符合海外华裔青少年学习的华裔短期教材，内容主题以所在地淡水观光小镇开始，包括购物、小吃等，以即学即用的内容延伸到课堂及生活中。舒兆民（2008）《100 堂中文课·去旅游》一书共十册，是以初级程度主题式来编辑的，主题如在餐厅、在银行、逛街、搭捷运、休闲娱乐等。另外，台湾也有借由 YouTube 网络平台教外籍生学华语。例如《游台湾学华语——府城篇（台南孔庙文化园区）》，以台南地区为主题，介绍台南小吃及孔庙。其他还有相关影片 YouTube，例如台南府城介绍、安平文化历史风景区等，都是以区域性介绍当地特色的。

4. 台东华文观光教材电子书研制之过程

4.1 台东华文观光教材之编制

台湾东部之美，名闻遐迩。笔者任职于东部大学，在东海岸行走中，除了遇见本校外籍学生之外，还可常看到徒步或骑自行车的外籍人士。

台东华文观光教材之编制，借由华研所半学期的课程，笔者课堂上带领研究生①"做中学，学中做"，每星期与研究生共同讨论与编撰而成的。而研究生在课余时间，则带领一位外籍学生和一位台湾学生，讨论自己负责的部分。电子书内容是借由本校外籍生之眼，发现台湾人没有发现的台东之美，让本教材更具有外国人生活交际的用语。

在教材编制上，首先必须设定对象、程度、内容、主题等。

对象：外籍成年人，短期课程、中级程度。

工具：以"国家华语测验推动工作委员会"（华语八千词）②、台湾师大《华语词汇通》③《华语文教材分级研制原理之建构》④《旅游汉语词汇手册》⑤《旅游汉语功能大纲》⑥为编写准则。

内容：对话情境 2 个，段落 5 组/10 句，角色 3 人（A. 台湾当地人、B. 留学生、C. 自由业者），生词 15～20 个，语法 3～4 个，短文 1 篇。

主题：分为自然、人文、饮食、节庆四大主题。

台东华文观光教材的编制过程及内容，图示如下：

---

① 感谢台东大学华文所第一届研究生许晋玮、张舒淳、林思恩、苏纹毓共同编制。

② 台湾"国家华语测验推动工作委员会"，2012. 华语八千词［EB/OL］. http：//www. sc－top. org. tw/. 5－10.

③ 台湾师范大学国语教学中心，2012. 华语词汇通［EB/OL］. http：//140. 122. 110. 83/TS/.

④ 蔡雅熏，2009. 华语文教材分级研制原理之建构［M］. 台北：正中书局.

⑤ 上海师范大学对外汉语学院旅游汉语词汇大纲课题组，2008. 旅游汉语词汇手册：汉英对照［M］. 上海：世界图书出版公司.

⑥ 上海师范大学对外汉语北京公司学院旅游汉语功能大纲课题组，2008. 旅游汉语功能大纲［M］. 上海：世界图书出版公司.

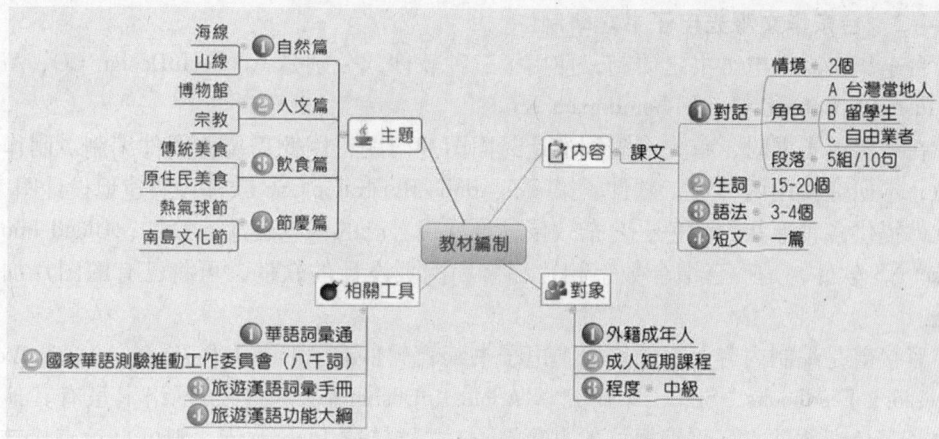

图1　台东华文观光教材的编制过程及内容

内容在自然、人文、饮食、节庆四大主题上有共识后，继续探讨编制具有代表台东特色的内容。

（1）自然篇：海线则介绍三仙台、绿岛；山线则介绍都兰山、知本森林游乐园。

（2）人文篇：博物馆则介绍池上饭包博物馆、台东史前博物馆；宗教则介绍天后宫、教堂。

（3）饮食篇：传统美食则介绍金针花、释迦、台东小吃；原住民美食则介绍 A Bai、麻糬、小米酒。

（4）节庆篇：热气球节则介绍热气球节、热气球嘉年华会；南岛文化节则介绍兰屿歌舞节、飞鱼季。

台东华文观光教材的四大主题详细内容，图示如下：

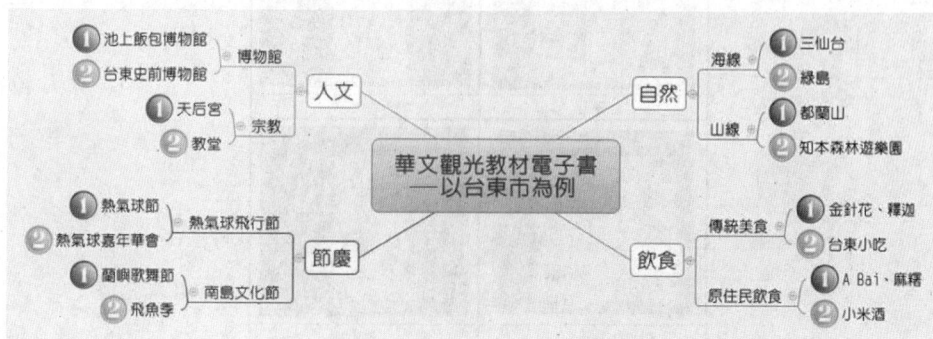

图2　台东华文观光教材的四大主题内容

4.2 台东华文观光电子书之研制

台东华文观光电子书之研制，使用了三种软件，分别是 Adobe InDesign CC、Adobe Illustrator CS6 及 Ulead PhotoImpact X3。

在编辑电子书时，首先会碰到的是封面图片问题，因此需要修图件编制。制作过程中，本研究使用两种美工软件。第一，Adobe Illustrator CS6 软件可快速地设计图案，此软件提供各种形状、颜色、复杂效果，可展现自己的创意理念。第二，Ulead PhotoImpact X3 软件，是一套结合数字相片编修和网页设计的软件，可将已有的图片加以美编。

紧接着是编制内容，目前市面上电子书编辑软件有 Adobe InDesign、Atlantis Word Processor、Feedbooks、Sigil。本研究从 Adobe InDesign 软件着手，网络上虽有其他编辑电子书免费软件，可将编辑好的书籍 Word 文档转成 PDF 上传，则可自动直接转成电子书，但其缺点是无法再更改内容。而使用 Adobe InDesign 软件的好处是可以在此软件上，直接编辑修改文字、声音、图片、颜色等。

Adobe InDesign 软件直接可编辑修改封面、目录、课文、生词、语法、短文等。如图3所示：

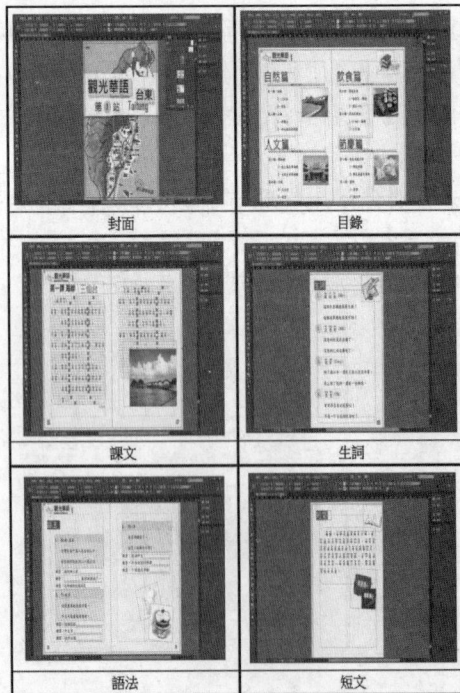

图3 Adobe InDesign 软件界面

电子书制作流程是，首先下载并安装 Adobe InDesign CC、Adobe Illustrator CS6 及 Ulead PhotoImpact X3 三种软件。其次，制作过程依照下面步骤一一完成。

第一，Adobe Illustrator CS6 制作方面：

（1）安装完成后，开启 Adobe Illustrator CS6。

（2）找寻相关素材图片（包含本书所用之图片），例如台湾地图，制作教材封面。

第二，Ulead PhotoImpact X3 制作方面：

（1）安装完成后，开启 Ulead PhotoImpact X3。

（2）载入地图图片档及单车图片档，利用去背景图层排序的方式，使图片看起来有层次。加上观光华语、台东、第 1 站等字样。

第三，Adobe InDesign CC 制作方面：

（1）安装完成后，开启 Adobe InDesign CC。

（2）点选页面，修改板型（作为范本，之后可套用）。

（3）点选页面窗格上方的新增页面，新增"封面页"，并将刚才所做之教材封面档，按"Ctrl + D"置入。

（4）建立第二到第三页（目录页）。

（5）依序键入自然篇、人文篇、饮食篇、节庆篇等文字，并在底下插入分隔线图样，再键入各课课文标题，插入图案，最后适当调整版面配置。

（6）各课依序安排课文、生词、语法等内容。套用所做的板型范本，可加快制作速度。

（7）电子书完成，点选档案/转存。汇出成互动式之 PDF 档或 SWF 动画档。再开启 SWF 动画档，点选档案/产生放映档，即可成翻页电子书。

台东华文观光电子书制作流程如图 4 所示：

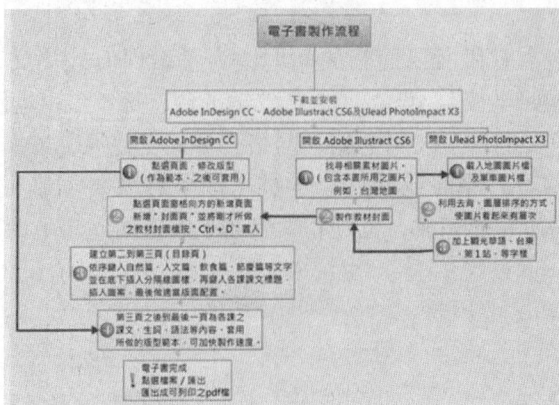

图4　台东华文观光电子书制作流程

　　以往传统教室是黑板和木桌椅，未来教室则是电脑和电脑桌。传统教学是上对下，一对多教学，单向教学；未来教学老师不再是主角，上课可以是学生与学生之间合作学习，或是学生和老师讨论互动学习。面对未来的教学，老师学会电子书之制作，可说是必需。许立勋（2011）在《电子书"教"与"学"之统整架构探讨及设计》内容提及，依据 2009 年资策会提出了未来教室的虚拟图，如图 5 所示：

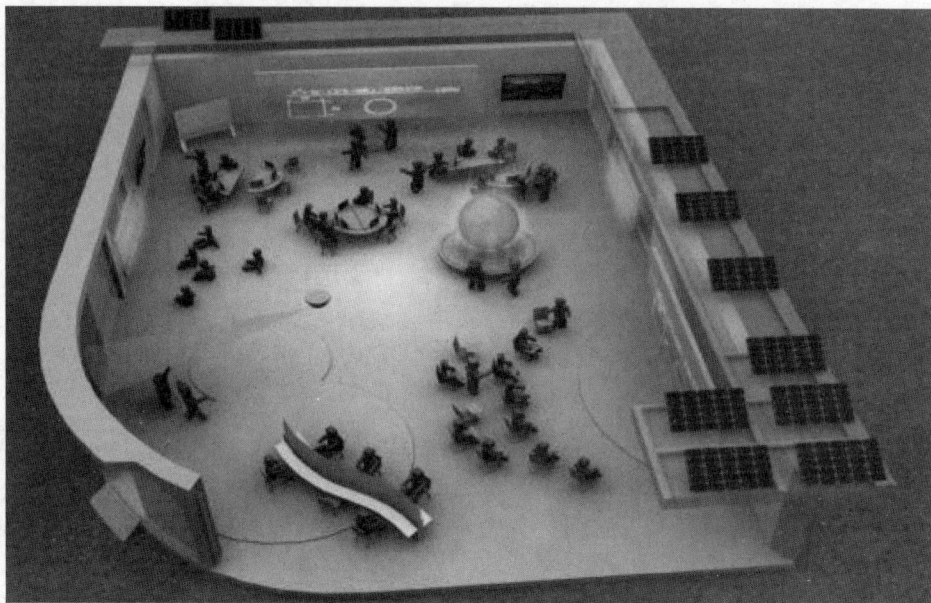

图 5　未来教室的虚拟图

　　从图 5 可以发现，学生再也不是面对黑板排排坐，而是以电脑多媒体为工具多元学习。

　　远距离教学是这个时代所要面临的问题。为了培训海外华文老师，台湾"侨委会"全球华文网"网路学校"，设立远距离教学平台，每年借由远距离培训海外老师。海外华文老师通常只要准备个人用电脑、网络、耳机麦克风，安装 iShare 浏览器，就能和老师"同步"学习。课前或课后，学员也能下载教材"非同步"预习与复习。台东华文观光电子书研制之完成，也可和学生在不同空间同步上课，如图 6 所示：

图 6　同步学习场景

5. 结论

随着互联网的兴起，人们生活习惯更加多元化，人人都有智能手机、平板电脑、轻巧笔记本电脑等。数字学习的普遍化，无所不在的网络阅读与学习，电子书的大量发行也因应而生。

台东华文观光电子书之研制过程，虽只有半学期十八周课程与研究生共同讨论，但已经初具小规模地区性教材成果。台湾观光教材现已用于第 1 站台东，期待有第 2 站、第 3 站、第 4 站的台北、台中、高雄等。也因讨论时间有限，本电子书研发未来将寻求华文专家提供意见，以求达到至臻至美。

第一线华语老师，除了使用网络版免费电子书之外，另一个因应对策，就是华语老师制作自己的电子书。使用电子书，一方面可以开设"同步"及"非同步"远距教学课程，使教学和学习打破空间与时间的限制；另一方面可以透过网络视频进行交流，使学生有无限的知识来源。尤其现在儿童及青少年对电脑的熟悉度，年龄层逐渐下降，电子书一般都不仅仅是纯文字，而添加了许多多媒体元素，如影像、声音、动画等，更是能激发学生学习动力。

地区性观光电子书之发展，借由旅游观光，能情境化学习当地文化与体验当地文化，深入感受当地风景之美、食物之佳、文化之丰以及人情之厚。故台东华文观光电子书之研发，虽是一小步，但就整个华文"观光"或"旅游"电子书而言，是一大步，是值得继续研发的教材。

参考文献

［1］陈景尧，2000. 电子书——给阅读一个新定义［J］. 天下杂志（224）.

［2］邓守信，2006. 今日台湾［M］. 台湾：师大书苑.

［3］淡江大学华语中心，2011. 乐华文［M］. 新北：台湾淡江大学.

［4］符红萱，伍晨辰，2012. 泰国华侨崇圣大学汉语教学调研报告［J］. 汉语国际传播研究（1）.

［5］黄艾，2010. 浅议如何在对外汉语教学中开展旅游汉语专项教学［J］. 成都纺织高等专科学校学报，27（3）.

［6］黄忠华，2004. 节庆观光活动行销策略之研究——以台东南岛文化节为例［D］. 台中：亚洲大学.

［7］侯春晓，2012. 结合任务型教学的对泰旅游汉语教学设计［D］. 济南：山东大学.

［8］金惠淑，2004. 观光华语导游教材设计——针对韩国的专门大学观光中国语系之用途［D］. 台北：台湾师范大学.

［9］卢翠英，2007. 游台湾·学华语：入门篇［M］. 台北：台湾大学.

［10］林宏欣，2001. 中文电子书爆发亿万商机，点燃大中华市场战火［J］. 管理杂志（327）.

［11］那英志，杜小平，2007. 基于“任务教学法”的旅游汉语教学流程和操作策略［J］. 青岛职业技术学院学报，20（1）.

［12］邱春英，2001. 台东县池上乡观光业发展之研究［D］. 彰化：彰化师范大学.

［13］石慧敏，2001. “旅游汉语”教学——对外汉语教学的一个重要课题［J］. 暨南大学华文学院学报（4）.

［14］石慧敏，2010. 游学上海［M］. 北京：人民教育出版社.

［15］舒兆民，2008. 100 堂中文课·去旅游［M］. 台北：新学林出版社.

［16］苏育宏，2007. 外籍人士对于台湾观光地意象之研究［D］. 台中：朝阳科技大学.

［17］王致远，2005. 大陆人士来台观光套装行程满意度之研究［D］. 嘉义：南华大学.

［18］王尧美，林美淑，2005. 300 词畅游中国［M］. 北京：高等教育出版社.

［19］武彦军，孙炜，2011. 埃及孔子学院开展汉语教育特色项目的实践与思考［J］. 华北电力大学学报（社会科学版）（S2）.

［20］薛良凯，2005. 民国九十三年数位出版大事纪［M］. 台北：“行政院”新闻局.

［21］许立勋，2011. 电子书“教”与“学”之统整架构探讨及设计［D］. 嘉义：中正大学.

［22］张欣，2009. 风光汉语：初级口语Ⅰ［M］. 北京：北京大学出版社.

［23］张婧，等，2008. 漫画汉语 101 句：旅游篇［M］. 北京：华语教学出版社.

［24］张如梅，2007. 体验汉语 100 句：旅游类［M］. 北京：高等教育出版社.

［25］张美霞，2006. 实用综合旅游汉语：自然景观篇［M］. 北京：北京大学出版社.

［26］张晶晶，那英志，2011. 基于项目的职业汉语教学——以旅游汉语为例［J］. 齐齐哈尔师范高等专科学校学报（6）.

［27］张旖旎，2012. 任务型教学法在旅游汉语教学中的应用［D］. 大连：辽宁师范大学.

［28］朱庆玲，2006. 观光满意度前因后果之研究——以大陆来台人士为例［D］. 台北：世新大学.

［29］赵芝，2005. 旅游汉语卡片［M］. 北京：华语教学出版社.

【作者简介】

刘静宜，台东大学华语文学系助理教授，博士，主要研究方向为华语教学、语法学、词汇学。

华文教学法研究

来华华裔学生汉语教学特殊性的思考

师玉梅

（暨南大学华文学院）

1. 引言

暨南大学华文学院长期以来主要致力于华文教育和对外汉语教学。近十几年来，其来华留学生的数量快速增长，目前一个学期在校的留学生已经超过一千人。其中包括对外的汉语言本科教学以及非学历的汉语言教学，最近几年又增加了华文教育本科专业。由于广州毗邻东南亚国家，所以来自东南亚的华裔学生数量超过一半。目前这里采用的是华裔与非华裔学生混班上课的方式，教学模式基本还是传统的对外汉语教学模式。

近年关于海外华文教育的研究成果逐渐增多，郭熙教授曾于 2004、2008、2012、2013 年发表多篇论文，分析了海外华文教学的多样性，指出海外华文教学在教学对象等多个方面都存在不同程度的差异，其语言教学的性质也各不相同，因此应该采用不同的教学模式、教学大纲、教材、考试方式等。贾益民教授（2007）也就华文教学性质、内容等做了分析，并指出了教学目标的多样性。这些认识都非常重要。海外华人社区成员的华语水平有很多层次，华语水平因社会背景、移民代数与家庭语言环境的不同，呈现出复杂的状况。

来华留学生中的华裔学生因为来自不同国家和地区，虽有一些共同的特点，但在汉语语音、词汇、语法等方面的学习上也呈现出各自的特殊性，加上中国国内的对外汉语教学班级一般都是华裔与非华裔学生合班上课，这更使班级学生的汉语水平显得复杂多样。针对这种复杂情况，应采用什么样的教学模式呢？以往的华文教育研究目光多关注在海外，而对来到中国国内的华裔学生的汉语学习缺乏重视，研究成果也少许多。就暨南大学华文学院而言，华裔学生占主流，而对这些学生，我们从分班到具体教学目标制定、课程设置、教材使用、教学内容安排、教学法等，是否关注到了他们的华裔背景特点呢？目前来看，还没有给予足够的重视。

2. 教学中发现的问题

2.1 班级学生来源复杂，华裔学生有其独特性

暨南大学华文学院的汉语系对来华留学生的分班不特别考虑国别，一般都是根据

汉语水平将不同国别的学生分在一起上课。在来华学习的华裔学生中，许多虽是新生，但不必一定从零起点的班学起。如果他们在本国接受过一些正规或非正规的汉语教育，可直接进入初级下或中高级班学习。有些即使被分在零起点的初级班，但是真正的零起点很少，他们多数会在听说方面受一点家庭的影响。有些即使不会说汉语，也不会认汉字，但对日常交际方面的内容听力理解也会好一些。在汉字的书写上，多数华裔学生出现的结构偏误比较少。在字形感知、正字法意识、汉字书写速度和正确率等方面，华裔学生都较非华裔有优势，汉字整体面貌好于非华裔。此外，华裔学生在认读方面能有比较稳定的进步，所以进入中高级阶段学习的人数多一些，而非华裔学生基于汉字的原因，许多在初级学完后就止步不前了。华裔学生跳级现象也比较常见，而且适应比较快。

总之，相对非华裔学生来说，多数华裔学生在听说读写方面都会表现得好一些。华裔学生的汉语习得发展过程更具多样性；同时，他们听说读写的习得过程，以及在学习态度、学习习惯等方面也会表现出共同的华裔特征。

2.2 华裔学生华语水平复杂，华语各个要素掌握不平衡

仅就零起点的初级班来说，在听说方面，华裔学生口语水平呈现多个层次。有的普通话基本是零水平，但是具有一定的汉语方言背景；有的具有一定的听力水平，但说不好；有不少学生听说都还表现不错，只是不会写汉字，也会选择初级班；有极个别学生是零起点，也不会汉语方言。

在汉字认读和书写水平方面，初级班的学生有的是零基础，有的会认一些简单汉字，但是很少书写。有的会写一些简单的汉字，对汉字的书写感觉并不陌生。

总的来说，华裔学生在听说读写各个方面表现出的个体差异大，但是多数学生听说好于读写，听说中多半有汉语方言背景。

2.3 教学内容一致与学生汉语水平多样性之间出现矛盾

所谓的教学内容一致是华裔与非华裔学生、不同国家和地区的华裔学生、汉语各要素掌握不平衡的学生在一起上课，接受一样的教学内容。

在初级班我们一般会从听说读写零起点教起。在具体教学中，会照顾到非华裔学生。这样就会出现有些华裔学生对"你好"这样的教学内容很不感兴趣。就暨南大学华文学院来看，华裔学生多有粤方言或客家方言背景，许多在中国还有亲属，之间也常有来往。在教室里时常能听到他们用方言打电话，或用方言进行交流。对这些学生来说，即使不会汉语普通话，但是习得起来也比较快。他们学习普通话的词汇和语法没有什么难度，主要问题是在发音方面。所以，针对这类华裔学生，重点是要解决对汉语普通话的适应，以及发音得到有效纠正。初级班也有一些华裔具有一定的普通话听说水平，仅仅缺乏汉字识读能力，这些学生不在少数，零起点的课堂可以说浪费了他们许多宝贵的时间，同时造成一些学生的厌学情绪。他们希望弥补汉字上的不足，却没有针对性的汉字课可以选择。对非学历的汉语学习者，我们没有专门开设汉字

课，精读课对汉字的讲授远远不能满足他们的需求。

也会出现另外一种情况，即老师在教学过程中不自觉间迁就了华裔学生，在讲词汇时扩展过度，课堂语言复杂化，回答问题成了华裔学生的专利，有一些非华裔学生开口就少了。教师为了使课堂顺利进行，也不会多给他们一些练习时间，这样非华裔学生就慢慢脱节了。

2.4 目前的教学模式没有照顾华裔学生的特殊性

前面已经指出，华裔与非华裔学生相比，表现出许多不同特点，在听说能力、汉语方言背景、汉字感受能力，以及在汉语语音、词汇、语法、汉字各要素的习得及偏误特征上都具有华裔特色。但是目前的教学模式基本上还是采取传统的对外汉语教学模式。在教学内容的选择、重点和难点的把握、教学策略的采用上，很多教师没有特别考虑华裔学生的特征。在这些方面的研究上，也缺少相应的成果能够指导教学。教什么、如何教，都还回答得不是很好。教师多是从对外汉语教学角度，从"教"的立场出发，考虑教给学生什么，而从"学习者"角度考虑的较少，对学生自身的因素（包括个体的和群体的）以及学生对汉语言文化学习的不同需求缺乏了解。

2.5 缺乏有针对性的教材

虽然海外许多国家和地区的华文教学都有一些适合本土学生学习的华文教材，但是在中国国内，还没有发现很好的针对来华华裔学生编写的教材，或至少是适合来自东南亚华裔使用的教材。所以一些针对华裔学生汉语习得特点的研究成果就体现不到教材中，比如说，没有设计针对华裔学生的发音练习，课文内容的选材没有特别考虑华裔学生的特点。其中需要特别指出的是缺少针对性的文化教学内容和独立的文化课程及教材。比如讲解中国的称谓、招呼语、节日文化，对非华裔学生来说很新鲜，但是对多数华裔学生来说很容易理解，或者一点儿也不陌生。我们对于华裔学生应当特别设计一些中国文化的教学内容，或编写一些教材，或开设一些关于中国文化的选修课程。暨南大学华文学院开设了一门新的选修课程，讲解本院教师编写的《弟子规》通俗读本，从中不仅可以学习汉语字词句，更可以了解中华传统文化思想。教材内容图文并茂，难度适宜，深入浅出，生动有趣，非常适合华裔学生的学习。

3. 教学思考

3.1 增强华裔学生语言、文化背景的调查和研究

海外华裔的语言状况和文化背景是动态的，不同时期华裔的华语水平及生活环境会发生变化，对于这些变化我们应及时予以关注。现在年青一代的华语水平（包括听说读写各方面的情况）究竟如何？不同国家和地区的华裔学生语言面貌如何？华裔学生对居住国语言、文化和对汉语、中国文化的态度、看法和认同情况怎样？有些华裔即使在居住国已经生活了四五代，一句汉语普通话也不会说，但汉语言及中华文化在他们身上还会有留存情况和影响，有些影响甚至他们自己都没有意识到。这种最根本的"不

同之处"是我们需要了解的。弄清楚汉语及中华文化在他们身上的留存情况和影响，全面而准确地把握这方面的情况，是解决华文教学一系列理论与实践问题的重要前提。

3.2 加强习得特点和习得顺序的研究，共性和个性特点的研究

针对华裔学生汉语习得特点的研究逐渐引起更多学者的重视，并取得了一些研究成果。在语音方面，如王功平、王茂林等（2004、2006、2007）用实验语音学的方法考察了印尼华裔留学生汉语普通话双音节上上连读调的偏误、声调习得特点、三合元音韵母的偏误等。董琳莉（1997）从声韵调几方面分析了印尼华裔学生语音学习上的难点及产生的原因。倪伟曼和林明贤（2000）归纳出了印尼华裔学生语音方面存在的主要问题。其他还有关于菲律宾、泰国、越南等国华裔学生汉语语音习得情况的一些考察，使我们对一些国家和地区华裔学生习得汉语语音的特点有很好的了解。在词汇方面，萧频、张妍（2005）分析了印尼学生汉语单音节动词语义偏误的主要类型及原因。干红梅（2008）选择日韩、欧美、华裔三组学生进行试验，得出华裔学生汉语生词习得受语义透明度影响大于日韩，小于欧美。在语法方面，柳兰（2001）跟踪调查了 5 个有粤语背景的美国华裔学生习得被动句 7 种基本句型的过程，并与 4 个美国白人学生的习得过程进行了比较分析。杨海明（2005）以东南亚华裔学生"了"的教学为例，讨论了语法教学原则的落实问题，并指出"多余、残缺、错位"是东南亚华裔留学生使用"了"的主要偏误类型。在汉字方面，尉万传（2004）对东南亚华裔留学生（包括 9 个国家 518 人）的汉字偏误进行了系统考察，得出了东南亚华裔留学生汉字偏误的总体特征。李嘉郁（2006）对华裔学生错别字进行统计分析，认为华裔学生的汉字认知规律不同于其他外国学生，而类似中国国内的小学生。单韵鸣、安然（2010）通过摄像观察、访谈等方式得出华裔学生的书写特点及偏误特点。张金桥（2008）探讨了印尼华裔留学生汉字正字法意识的形成与发展。其他还有华裔学生语用习得方面的研究、语言技能习得方面的研究等。但从总体上看，关于华裔学生习得特点的研究还不够全面和深入，华裔学生汉语习得发展过程方面的研究，共性特点、个性差异的研究，学习策略的研究，教学法的研究等都还很不足，对学生语言文化需求的调查也很不够。只有这些方面的研究深入开展，研究的成果才能更为有效地转化到教学中去。

3.3 制定有针对性的教学大纲，发掘有效教学策略

关于华文教学的定性、定位，学界有过不少讨论，这方面的讨论是制定教学大纲的基础。目前迫切需要制定华文教学大纲，明确教学目标、课程设置。郭熙（2007）介绍华文教学大纲的编制情况时曾指出，目前还没有一部真正意义上的华文教学大纲，国内华文教学基本上都在套用对外汉语教学的大纲。这主要是由于华文教学对象背景的特殊性、差异性加大了华文教学大纲编写工作的复杂性和难度。就国内华文教学来看，套用对外汉语教学大纲已明显呈现出不适应的问题。尽管制定大纲所面临的情况十分复杂，具有很高的难度，但这确是不可回避的问题。教学大纲之外，是教学

策略的研究。由于学生背景的复杂性，教学策略不可能单一化。目前这一方面的研究成果比较匮乏，需要更多学者和从事华文教学实践的教师用心总结和开发。

3.4 针对华裔学生听说读写不平衡特点，允许学生选择分级课程

由于华裔学生对语言各要素掌握很不平衡，故没有必要让他们的听说与读写课程齐头并进。我们可以尝试让他们对不同课程选择不同层次水平的班级。听说水平高，则不必从零起点开始；认读和书写水平差，则可以从初级班学起，或者选修专门的汉字课程。关于汉字课程，我们也建议华裔与非汉字圈的学生分班设课。对于非汉字圈学生，学界里有提出要削弱"写"的教学，不必特别要求他们写的水平。这也是从汉字学习障碍及实际需求来考虑的。但是也有另外的一种尝试，中山大学国际汉语学院曾对海外学习者提供了特别的汉字课程，增多了汉字课的数量，强化了对汉字的学习，所以一些非汉字圈的学习者在汉字的学习上有了很大的进步，因此他们中间很大一部分人能够进入中高级阶段学习。这应该是一个很好的尝试。对于华裔学生来说，汉字课程从主观上有一定的需求，从更深入学习汉语及汉文化角度来说，汉字的学习也是必需的。当然华裔学生的汉字习得特点与非汉字圈学生又有不同，从正字意识，到偏误类别，都有自己的特征，所以汉字课程也应有其独特性。

3.5 加快针对华裔学生的教材编写

鉴于华裔学习者是掀起"汉语热"的主流，汉语教材的编写就不能不考虑华裔学习者的特点。现在已经有一些华裔比较集中的国家编写了具有国别色彩的汉语或称华语教材，如菲律宾华语课本。正在积极编写的国别性教材也有一些，如暨南大学华文学院正在编写的对柬埔寨的华文教材。但是为来华的华裔学习者编写的教材我们还没有看到。来华的华裔学习者来自不同国家，但以东南亚华裔为主。如何编好适用于他们的教材需要我们很好地进行规划，需要建立在深入的调查和研究基础上，还需要有大批研究者及教学一线的教师投入到教材的编写中。教材不仅要力求满足学生听说读写以及文化方面的需求，还要符合学生的心理特点、习得特点。同时教材也要设计有针对性的练习，以有效提高华裔学生听说读写等多方面的技能。

华文教育既是一项事业，又是一个正在建设中的学科，有许多理论和实践问题需要我们去研究、探索和解决。我们不仅要关注海外的华文教学，也要重视来华的华裔学习者。对于这些学生，我们需要认识到他们与非华裔学生的差异，加强基础研究，在教学大纲制定、教学策略开发、教材编写等多个方面积极投入，使来华的华裔学习者在祖籍国的怀抱里能够更好地学习汉语和中华文化。

参考文献

[1] 董琳莉，1997. 印尼华裔学生学习汉语普通话语音的难点及其克服办法 [J]. 汕头大学学报（2）.

[2] 干红梅，2008. 语义透明度对中级汉语阅读中词汇学习的影响 [J]. 语言文字应用（1）.

［3］郭熙，2004. 海外华人社会中汉语（华语）教学的若干问题：以新加坡为例［J］. 世界汉语教学（3）.

［4］郭熙，2007. 华文教学概论［M］. 北京：商务印书馆.

［5］郭熙，2008. 关于华文教学当地化的若干问题［J］. 世界汉语教学，22（2）.

［6］郭熙，2012. 论海外华文教学的性质和地位［A］//华语研究录［M］. 北京：商务印书馆.

［7］郭熙，2013. 对海外华文教学的多样性及其对策的新思考［J］. 语言教学与研究（3）.

［8］贾益民，2007. 海外华文教学的若干问题［J］. 语言文字应用（3）.

［9］李嘉郁，2006. 谈华裔学生汉字习得特点［J］. 海外华文教育（1）.

［10］柳兰，2001. 对有粤语背景的华裔学生习得普通话被动句的研究［D］. 北京：北京大学.

［11］倪伟曼，林明贤，2000. 关于印尼华裔学生汉语语音的调查及相应的教学对策［J］. 华侨大学学报（人文社会科学版）（2）.

［12］单韵鸣，安然，2010. 华裔学生汉字书写特征的个案研究——基于与非汉字圈学生的比较［J］. 华文教学与研究（2）.

［13］王爱平，2001. 东南亚华裔学生语言与文化背景调查刍议［J］. 华侨大学学报（人文社会科学版）（3）.

［14］王功平，2004. 印尼华裔留学生汉语普通话双音节上上连读调偏误实验研究［J］. 暨南大学华文学院学报（4）.

［15］王汉卫，苏印霞，2012. 新编弟子规［M］. 北京：北京大学出版社.

［16］王茂林，2006. 印尼华裔留学生汉语声调习得分析［J］. 暨南大学华文学院学报（2）.

［17］王燕燕，1997. 菲律宾华裔学生汉语语音的调查与分析［J］. 世界汉语教学，11（3）.

［18］尉万传，2004. 东南亚华裔留学生汉语学习背景浅探［J］. 东南亚纵横（4）.

［19］吴勇毅，2010. 新时期海外华文教育面临的形势及主要变化［J］. 浙江师范大学学报（社会科学版），35（2）.

［20］萧频，张妍，2005. 印尼学生汉语单音节动词语义偏误的主要类型及原因［J］. 暨南大学华文学院学报（4）.

［21］杨海明，2005. 对外汉语语法教学的定位与"管用、精当、易学"——以东南亚华裔留学生"了"教学为例［A］//第四届全国语言文字应用学术研讨会论文集［M］. 成都：四川大学出版社.

［22］张金桥，2008. 印尼华裔留学生汉字正字法意识的形成与发展［J］. 语言文字应用（2）.

【作者简介】

师玉梅，暨南大学华文学院应用语言学系副教授，博士，主要研究方向为对外汉语教学、汉字学、音韵学。

游戏教学法在新加坡幼儿园华文教学中的运用研究

［新加坡］ 魏永秋

（新加坡职总优儿学府）

1. 引言

游戏教学法是华文教学过程中的重要因素之一，学术界针对教学法的研究也十分常见。新加坡作为多元文化融合的国家，在华文教学中十分重视游戏教学法的使用。2012 年，为了提升新加坡学前教育水平，新加坡教育部推出新的幼儿园课程框架，新课程框架更看重让孩子通过游戏进行学习，强调了游戏教学法在幼儿教学过程中的重要作用。德国著名幼儿教育家福禄培尔认为，儿童早期的各种游戏是未来一切生活的胚芽，因为整个人就是在游戏中，在他最柔嫩的性情中，在他最内在的倾向中发展和表现。[①] 儿童作为一个比较特殊的群体，其语言教学体系相对于成人教育也必然要有所差异。对于儿童的汉语教学来说，传统枯燥乏味的教学模式已不能满足教学的要求，如何更好地应用游戏教学法，越来越成为教学界研究的重点。目前关于新加坡教学法的研究主要关注中小学校教学法的使用情况，本文对新加坡幼儿园的华文教学方法中比较常用的游戏教学法进行了研究，希望通过对本课题的研究，有助于新加坡幼儿园华文教学方法的完善和华文教学水平的提高。

2. 新加坡幼儿园华文教学中运用游戏教学法的必要性

游戏教学法是情境教学的一种形式，它以一定的科学理论为基础，遵循一定的原则，以实际教学内容为主要依据，按照一定的程序步骤和规则，循序渐进地实现教学目标，达到巩固教学内容、锻炼学生实践能力、开发学生的潜力和智力的教学效果。作为华文教学的重要方法，游戏教学法的应用有科学的理论基础和实践经验。

2.1 运用游戏教学法的理论基础

游戏教学法应用于华文教学过程中涉及的理论基础主要包括游戏理论、情境教学理论以及学习动机与兴趣理论。

2.1.1 幼儿园游戏理论

幼儿园游戏理论主要包括早期的游戏理论和现代游戏理论。早期的游戏理论包括

---

① 福禄培尔，1991. 人的教育 ［M］. 孙祖复，译. 北京：人民教育出版社：34.

前练习说、复演论和松弛说。现代的游戏理论包括精神分析学派的游戏理论、皮亚杰的认知发展游戏理论、以维果茨基为代表的文化历史学派游戏理论、游戏的唤醒调节理论和元交际理论。

"幼儿园以游戏为基本活动"是对游戏在幼儿教育过程中应当占有什么样的地位的认识，是对游戏与幼儿园教育之间关系的概括，是对游戏的教育价值的肯定。由于各方面因素的影响不同，每个儿童在发展的速度、认知活动结构、兴趣与需要等方面是各不相同的。对儿童学习和发展主体性的尊重，必然要求对学习和发展的个体特点与个体差异予以尊重。

游戏作为幼儿的基本活动，其本质是一种主体性活动。它既是最能充分体现幼儿的主体性的活动，也是培养幼儿主体性的适宜途径。儿童观、发展观的变化使我们重新审视游戏的教育价值与功能。只有当儿童作为学习与发展的主体性受到重视，儿童主体性的发展写在教育的旗帜之上时，游戏活动的教育价值才能真正被人们所认识。

2.1.2 情境教学理论

关于情境教学的研究始于中国1978年李吉林的情境教学法开展的相应实验。随着研究的开展，情境教学所取得的研究成果日益丰硕。情境教学法指"通过创设各种教学情境来激发学生乐学动机的一种方法，诸如问题情境、成功情境、快乐情境、直观情境、美感情境、竞争情境等"（李京雄，2005）。运用情境教学的方式可以为幼儿创造一个更加生动、具体的阅读学习情境，激发幼儿阅读学习的兴趣。教师对幼儿阅读的指导，要注重为幼儿创设相应的阅读学习情境。游戏活动符合儿童的身心发展水平和规律，能够满足儿童的发展需要，因此，在游戏活动中，儿童能够获得快乐。将幼儿阅读与游戏活动相结合，能够激发幼儿的阅读兴趣，并且帮助幼儿更好地理解阅读内容。教师通过这种方式，为幼儿创设阅读学习的情境。

2.1.3 学习动机与兴趣理论

动机是为满足某种需要而产生，并维持行动以达到目的的内部驱动力。动机按不同的标准有不同的分类，就起源来说，可以分为生理性动机和社会性动机。社会性动机和语言学习密切相关。童年时所受的家庭教育、教师的言行、学生的成绩、学生的个性等，都会影响社会性动机。这种动机还表现为个体愿意与他人接近、合作、发展友谊，在第二语言学习中，还表现为渴望融入第二语言文化圈（韩鑫兴，2009）。

2.2 运用游戏教学法的实践经验

实践证明，采用恰当的游戏对儿童进行教学，让学生积极地参与游戏，调动儿童的眼、耳、口、脑去完成游戏中的各种要求，不仅能使他们学得主动，而且能使他们在游戏活动中享受到学习的乐趣，提升学习动机，从而能更好地完成学习任务。游戏教学不仅分散了华文教学中的难点、活跃了课堂气氛、融洽了师生关系，而且还有效地实现引发兴趣，训练听、说的教学目标。在游戏教学法中，华文教师融合特定的教学内容于游戏中，变静态教学为动态教学，使学生在轻松、愉快的氛围下有效地掌握华文知识和学会各种能力。华文教师运用游戏教学法，可以活跃课堂气氛，使学生在轻松愉快的心情中学到知识，同时又充分地激发起学生的学习兴趣和学习主动性，培养了学生的创新精神，并且能够帮助一些学生克服自卑、害羞等不良心理，在一定程度上帮助他们改变自己的性格弱点。美国心理学家布鲁纳认为，最好的学习动力是对所学材料有内在兴趣，而最能激发学生兴趣的莫过于游戏。游戏教学法是一种在实际教学中运用最多、效果也比较好的教学方法。由于游戏教学法贯彻了"寓教于乐"的教育原则，具有极大的优越性，所以大部分华文教师都使用这种方法进行教学。

3. 新加坡幼儿园华文教学应用游戏教学法的现状

新加坡学前教育未纳入全国教育体系之中，幼教机构多数为民间开办，主要由社区基金会、宗教集团、私人机构、商业团体经营，包括幼儿园和托儿所两种类型，分别由教育部（MOE）、社会发展和体育部（MCDS）管辖，负责幼教机构注册的标准、教师的资质、教育的目标和质量的评估。目前新加坡有 500 家左右的幼儿园，由于新加坡幼儿园办学主体的多样化，导致幼儿园并没有统一编写的华文教材，大多数幼儿园采用华文主题教学模式，幼儿园利用一周或者一个月的时间围绕华文主题内容进行教学，这就给华文教学增加了难度，也对华文教师提出了更高的要求，需要教师在设计游戏内容时使之符合幼儿园的华文主题。笔者长期从事于幼儿华文教育工作，通过对多所不同类型的幼儿园进行实地调查，对新加坡幼儿园华文教学现状有了基本的了解。

3.1 新加坡幼儿园应用游戏教学法的类型和内容

通过笔者的观察，游戏教学法是每个幼儿园最常用的华文教学方法，在新加坡学前教育机构中，儿童玩的典型游戏大致有以下四类：

（1）角色游戏：儿童以模仿和想象，通过扮演角色创造性地反映周围生活的游戏。

（2）表演游戏：儿童以故事为线索展开的游戏。

（3）积木游戏：儿童利用积木进行的游戏。

（4）规则游戏：儿童按照一定的规则进行的游戏，具有规则性、竞赛性和文化传承性等特征。

以上几种游戏中角色类和表演类的游戏教学法应用比例最高。通过角色扮演游戏，可以真实地模拟语言场景，促进幼儿学习华文。而从华文教学主题内容上看，主要包括语音教学、词汇教学、句子教学、文化教学。华文教师根据不同的主题教学内容，设计合适的游戏，促进幼儿的学习。

3.2 新加坡幼儿园应用游戏教学法过程中的问题

通过对新加坡多所不同类型幼儿园的实地调查研究，利用访谈法和观察法，对应用游戏教学法的情况进行研究，发现存在以下三个问题：

3.2.1 针对学前阶段游戏教学法的理论研究不足

目前关于新加坡幼儿园游戏教学法的研究还十分有限，大多数关于新加坡华文教学的研究还集中在中小学的华文课堂，而关于幼儿的华文相关研究，特别是关于华文教学法的研究，明显还远远不够。研究者主要是从事教学的一线教师和高等院校的理论工作者，由于新加坡学前教育并没有纳入国民教育体系中，因此针对幼儿园的华文研究重视程度不够。

3.2.2 幼儿园华文教学没有固定统一的教材，增加了设计游戏的难度

由于幼儿园没有统一的华文教材，在教学过程中就会导致华文教学内容具有一定的不确定性，选择教学法难度较大。教师在进行游戏过程中，容易脱离华文主题的教学内容，导致不能按时完成教学目标。

3.2.3 部分华文教师在课堂教学中不能考虑学生文化背景的差异性

新加坡是一个多元文化融合的国家，有来自全世界各个地区的移民。这些移民的子女具有多种不同的文化背景，幼儿的华文基础差别很大。因此华文教师在教学中无法针对不同华文基础的学生进行有效的游戏教学，无法真正做到因材施教，影响了华文的教学效果。

4. 新加坡幼儿园华文教学法的建议

在分析当前新加坡幼儿园华文教学法应用中存在的问题基础上，笔者认为在幼儿园应用游戏教学中可以采取以下措施：

4.1 加强游戏教学法的理论研究

目前的理论研究尚显不足，尤其是针对学前教育教学法这一重要课题。作为华文教学的要素之一，教学法直接关系到华文教学的效果，因此要加强这方面的理论研究，以便更好地指导实践，促进学前阶段华文的教学。

4.2 游戏内容的选择必须与华文主题教学内容紧密联系

在设计游戏时，要充分考虑教学目的和要求，注重教学效果，要以华文教学主题为中心，根据主题教学内容考虑游戏的内容和形式。当然，游戏教学法只是华文教学方法的一种，不能过分夸大它的作用，不能无节制地使用。对于华文教学，采用游戏教学法在一定程度上是可以的，但在实施中还要注意一些问题和规则。如游戏内容要紧密结合教学内容，不能成为只为添加乐趣而脱离教材的空中楼阁；教学过程中要注意调动每一位学生的兴趣，让师生共同参与；游戏教学要注意营造一种轻松愉快的氛围，让学生在欢乐中学习知识、拓展思维，获得心理上的满足感，增强学习的自信心。

4.3 运用游戏教学时应与教学目标相匹配

对母语非汉语的儿童进行华文教学，要求儿童听、说、读、写四项技能同步发展显然超越了学习者的接受能力。应该以培养儿童对华语的兴趣为导向，以听、说为重

点，汉字识认为辅，提高儿童汉语产出的流利度。Sarah Phillip 认为，达到如上教学目标，教学活动应该是简单的，能让孩子们懂得怎么做；教学任务必须是可完成的，同时有很强的趣味性，使孩子们有满足感和成就感；活动应主要是口头的，对少儿写的练习尽量少用。由此可见，游戏是儿童课堂第二语言教学中不二的选择。特别是针对华文在新加坡的地位而言，其性质上属于第二语言教学，因此游戏教学法对于新加坡幼儿园华文教学具有重要的意义。

4.4 设计游戏教学内容时必须考虑教学对象的文化背景和身心特点

教学对象是儿童时，就必须将这一群体的语言发展水平、认识水平、身心发展水平等因素充分考虑在内。教学方式和手段应该适应儿童的特有规律。由于新加坡文化的多元化，幼儿园的儿童具有多种文化背景，因此华文教师在应用游戏教学法时，还要充分考虑到幼儿的国籍、种族、年龄等因素。

幼儿天性好奇，喜欢好玩的东西，过于机械、严肃的练习难以激发他们的学习热情。同时，他们的注意力容易随外界事物的变化而转移，精力不够集中。所以有必要将游戏引入课堂，让儿童在课堂上也能够活动身心，化解课堂语言学习的乏味感，使课堂教学更加活泼生动。

4.5 华文教师要扮演合适的角色，通过游戏进行教学

在华文课堂教学和组织游戏的过程中，教师除了传授知识外，更要充当多种角色。在组织学生进行集体、分组的反复操练时充当组织者和指挥者，在介绍新语言项目、解说课文对话时是演员，在组织上台表演时又成为导演，在课前提问或进行师生对话时又成为学生的顾问乃至朋友。总之，教师应根据不同的情况，变化和扮演不同的角色。在开展游戏活动时要能应付意外，灵活且机动，与授课对象保持较大的信息沟通，合理地组织和引导学生，激发学生的兴趣，使学生在愉快的氛围中轻轻松松地学习华文。

除了考虑以上几个因素外，在运用游戏教学法时还应注意以下四个方面：
（1）教学对象的年龄、国别、母语和华文水平。
（2）班级的规模。
（3）游戏的难度和适用度。
（4）游戏的场地要求。

教师应该根据学生已有的知识水平和思维方式，从儿童的视角来设置情景、选择游戏，确保每一个孩子都有机会，都能参与进来，确保游戏的趣味性、参与性和可操作性，使儿童在大量的听说中领会华文的规则。

5. 结语

笔者从新加坡幼儿园华文课堂出发，针对华文教学法的相关问题进行了调查分析，针对存在的问题提出了建议。不可否认游戏教学法对于幼儿学习华文发挥了重要

作用，但还必须正视其存在的不足，及时做出适当的调整，将游戏教学法与华文主题教学相结合，促进幼儿园华文教学水平的提高。

参考文献

［1］陈帼眉，2000. 学前心理学［M］. 北京：北京师范大学出版社.

［2］陈慧敏，2007.《三只蝴蝶》表演游戏中教师的指导策略［J］. 新课程（教师版）（6）.

［3］冯晓霞，1997. 以活动理论为基础建构幼儿园课程［J］. 学前教育研究（4）.

［4］华爱华，2003. 幼儿游戏理论［M］. 上海：上海教育出版社.

［5］韩鑫兴，2009. 试论游戏教学法在小学初中对外汉语教学中的应用［D］. 上海：华东师范大学.

［6］李京雄，2005. 情境教学的策略研究［J］. 教育探索（5）.

［7］刘焱，2004. 儿童游戏通论［M］. 北京：北京师范大学出版社.

【作者简介】

魏永秋，新加坡职总优儿学府教师。

游戏教学法在泰国少儿汉语教学中的应用

周新新

（北京理工大学珠海学院文法学院）

1. 引言

近年来，随着中国经济的高速发展和国际地位的提高，世界各地兴起了"汉语热"。在泰国，"汉语热"持续升温，越来越多的泰国人加入到了学习汉语的队伍中来，并且学习者有向低龄化发展的趋势。"截至 2008 年 10 月，泰国开设汉语课程的各级各类学校已由 2003 年的 242 所增加到 1 105 所，学习汉语的学生人数由 5 万增加到近 40 万。其中，中小学学习汉语的人数约为 23 万。"（孙红，2010）中小学生占到汉语学习者总人数的一半以上。新的国际教育形势对汉语教师提出了新的要求，如何提高汉语课堂吸引力以及如何教好少儿汉语，已经受到越来越多专家学者和一线教师的关注。笔者认为，游戏教学法非常适合泰国少儿汉语教学。

2. 泰国儿童的心理特点分析

2.1 心理不成熟

儿童在生理和心理上都处于发展期，所以他们的理解能力不强，注意力持续时间比较短，识记效率较低，抽象概括能力有待提高；他们情绪不稳定，情感控制能力不高，学习活动受情绪影响比较大。

2.2 活泼好动

活泼好动是儿童的天性，泰国的儿童在课堂上往往比较活跃，有的学生会跑离自己的座位活动，也有的学生会在课堂上摆弄自己带来的小玩具。他们对于自己喜欢的课堂活动往往反应比较积极，争先恐后踊跃参加。

2.3 心态平和，注重快乐体验

泰国是一个佛教国家，百姓心态平和、处事淡然。泰国的儿童受此影响，他们在学习上也往往表现出一种顺其自然的态度，他们不像国内儿童那般刻意追求学习的进步或成绩的提高。快乐的体验对他们来说更重要，他们的父母和老师经常问到的话就是"快乐吗"。

2.4 学习汉语的自主性不强

泰国儿童身在母语环境中，与来华留学生相比，他们往往缺乏强烈的汉语学习动机，学习汉语的自主性不强。汉语是否有趣成为影响泰国儿童汉语学习的重要因素。因此，对于少儿汉语教师来说，采用一种生动活泼的、适合泰国儿童心理特点的教学方法就尤为必要。

3. 汉语游戏教学模式

3.1　理论基础

二语习得活动论认为，学习与活动是不能分离的，脱离了活动的理论、概念等都是没有意义的。因此，在课堂中，游戏可以被运用于汉语教学，学生做游戏的过程就是语言习得的过程。学生通过亲身参与游戏活动，可以更好地理解和吸收新知识，将其内化为自身知识积累的一部分，各种能力在游戏中也能够得到培养和提高。

美国教育家杜威提出了儿童中心论，认为教育工作者应该把儿童放在教育的中心地位，注重培养学生的兴趣、经验和能力；同时他还提出了活动中心论，认为在活动中进行学习是更符合儿童自身发展规律的，同时儿童可以在活动中得到乐趣，获得快乐体验。

3.2　汉语游戏教学模式图简介

汉语游戏教学模式图是笔者在前人研究的基础上，结合少儿汉语教学实践设计出来的。它展现出一个相对完整的游戏活动设计和应用步骤，少儿汉语教师可以参考此模式图来设计具体的游戏并对其加以运用，如下图所示：

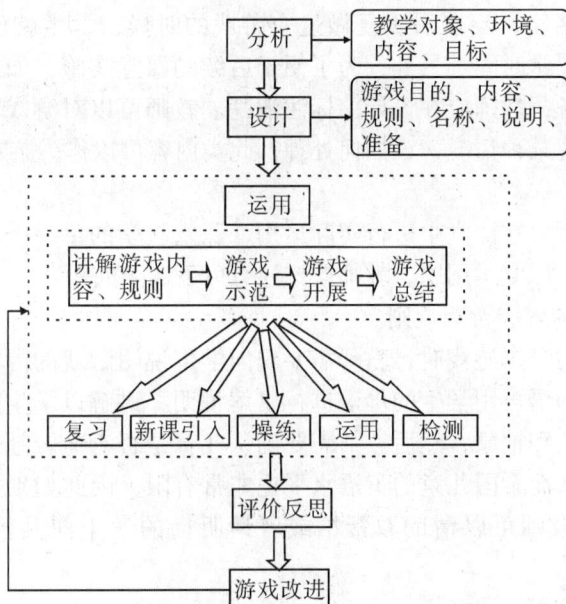

汉语游戏教学模式图

3.2.1 分析

在进行具体的汉语游戏设计前，教师需要对教学对象、教学环境、教学内容及教学目标进行分析。教学对象的年龄大小、人数多寡、男女生比例以及学生的兴趣、知识经验及智力水平都会影响到教学游戏的具体设计。另外，教学环境也是教师应该考虑的一个重要因素。

教室的面积、长宽比例、桌椅设置、配置的教学设备、隔音情况等都是教师在设计游戏的时候需要考虑的，对于少儿汉语教师来说，教室设置的安全问题需要予以特别关注。教师在课堂中组织开展教学游戏不是为了娱乐，而是带有任务性、目的性的，因此教师要清楚教学内容和教学目的，明确在一课、一单元或者一学期内要教授的内容和学生要达到的水平。

3.2.2 设计

前期分析完毕后，教师接下来要做的就是进行具体的游戏设计。设计的内容主要包括游戏目的、游戏内容、游戏规则、游戏说明、游戏准备以及游戏名称。

教师需要根据课程的教学内容与教学目标确定游戏的目的，然后围绕教学内容和教学任务来确定游戏内容。在此环节教师需要考虑到，在现有的教学环境和儿童现有的能力水平下，游戏是否具有可操作性。游戏规则会影响游戏的具体实施和儿童参与的积极性，因此教师制定的游戏规则要科学合理、简单明确。为了增加游戏的趣味性，教师在设计游戏时可以根据儿童的兴趣爱好和心理特点等增加一些游戏元素，如戴上头饰进行角色扮演、从袋子中随机摸取卡片等。游戏设计好后，教师还要给游戏取一个简单好记的名字，当以后重复做这个游戏的时候，学生就已经清楚游戏规则了，这样可以节省课堂时间。另外，为了便于后续的课堂实施，如果有些游戏需要用到一些道具或者设备，教师应在设计中标注清楚。教师可以对游戏未来的运用情况做一个预测，如果出现某种情况，该如何处理，此类内容可以作为游戏说明。

3.2.3 运用

游戏设计完成后要在课堂中进行实际运用，课堂教学的每一个环节都会影响到游戏的效果。在游戏的课堂运用中，教师应该注意以下四个问题：

（1）讲解游戏内容和游戏规则。

在开展一个新的汉语游戏时，教师需要先向学生说明游戏的内容和游戏规则。汉语教师可以先用目的语再用学生的母语进行讲解说明，讲解以学生听懂为准，语言要尽量简单，避免复杂和抽象，然后教师需要确认儿童是否听懂。赴泰汉语教师的泰语水平大多比较有限，而泰国儿童的英语水平也非常有限，因此如果儿童大多不能听懂游戏内容和规则，教师可以请助教帮忙或者请听懂的学生向其他学生做出解释和说明。

（2）游戏示范。

在游戏正式开展之前，为了使学生更好地理解游戏内容和游戏规则，教师可以与一位学生做游戏示范，或者请领悟和理解能力强、汉语水平较高的学生进行示范，这样有助于消除学生对新游戏的恐惧和焦虑情绪。

（3）游戏开展。

学生是游戏活动的主体，在明白了游戏内容和游戏规则后，他们就可以在老师的组织下做游戏了。教师可以和儿童一起做游戏，也可以作为协助者和引导者帮助他们完成游戏。在儿童参与游戏的过程中，教师应该减少对游戏的干预。如果出现儿童不守规则或者出错的情况时，教师要注意干预的时机和方式，避免打击他们参与游戏的兴趣和积极性。此外，教师还要注意儿童的情绪变化、参与情况以及课堂秩序。有的儿童比较敏感，好胜心强，当游戏失利时他们往往会情绪低落，不想继续参与游戏。这时教师需要进行疏导，降低其负面情绪对学习活动的影响。

（4）游戏总结。

在游戏结束后，教师需要对学生在游戏中的表现做出总结，奖励在游戏中表现优秀的学生，关注和鼓励在游戏中表现不够出色的学生。教师的整体总结以正面点评和鼓励为主，对学生在游戏参与过程中出现的一些错误，教师要给予正面引导和纠正，用语要适当，避免伤害学生的学习兴趣和积极性。

教学游戏在复习、新课引入、操练、运用及检测的各个环节都可以加以运用。教师可以根据教学内容和实际教学情况决定各教学环节的取舍。

3.2.4　评价反思

在游戏教学完成后，教师可以进行自我评价，对教学活动进行反思。评价及反思是一个总结和提高的过程，通过教学反思，教师可以明确教学效果，查找教学缺陷，从而分析原因，调整教学方案，以提高教学水平和教学质量。评价的方法有观察法、调查法、测试法等。根据不同的分类标准，评价可分为不同的类型。根据评价主体不同，评价可以分为自我评价和他人评价；根据评价目的的不同，评价可分为预测性评价、诊断性评价、形成性评价和总结性评价。在本研究中，笔者将形成性评价和总结性评价结合运用，来分析汉语课堂游戏教学模式的应用效果。

3.2.5　游戏改进

教师课前的游戏设计环节非常重要，但是教然后知不足，游戏是否能达到预期的效果，还要看它在课堂中的实际运用情况。课堂游戏的实施成功与否受到教师、学生及游戏等多方因素的影响。在教学结束后，教师要根据课堂反馈结果认真思考游戏在实施过程中有无缺陷及出现缺陷的原因何在。教师根据反思结果提出改进方案，然后把改进后的游戏运用到课堂教学中去检验其效果。

汉语教师可以根据自己的实际教学情况，对上面模式图的各环节进行调整，也可以结合上述模式把现有的、相对成熟的课堂游戏运用到汉语教学中去。

4. 应用效果分析

在本研究中，笔者设计了调查问卷和汉语测试卷，通过对比试验来调查、分析游戏教学对学生的汉语成绩、汉语学习态度、学习动机和学习焦虑的影响。调查对象为泰国 Saraburi 市某小学二年级的学生，年龄为 7 ~ 8 岁。实验班和对照班各 17 人，均已经学过一学期的汉语。

4.1　汉语游戏教学对学生汉语成绩的影响

通过随堂测试发现，游戏教学在短期内对学生成绩影响显著，接受游戏教学的班级和未接受游戏教学的班级在测试总成绩上的差异具有统计学意义，因此我们可以认为游戏教学能够在短期内提高学生的汉语成绩。在实验后（三个月后）进行的测试中，实验班学生虽然在总成绩上的得分均值高于对照班，但两班成绩差异不具有统计学意义，游戏教学的长期效果不明显。

4.2　汉语游戏教学对学生汉语学习态度的影响

实验发现，接受游戏教学的学生在汉语学习态度上的得分远远高于未接受游戏教学的学生，这说明汉语游戏教学确实能够改善泰国儿童的汉语学习态度。

4.3　汉语游戏教学对学生学习动机和学习焦虑的影响

汉语游戏教学能够提高学生的内在动机，降低学生的学习焦虑感。游戏教学实验后，实验班学生的学习动机与实验前相比显著提高，学习焦虑感明显下降。

5. 结语

本文简要介绍了泰国儿童的心理特点，并在前人研究和本人教学实践的基础上设计出了一个可供汉语教师参考的游戏教学模式图，并通过实验研究分析其在泰国少儿汉语教学中的效果。在此需要提醒汉语教师的是，要根据教学内容、教学目标以及学生的不同特点来调整游戏的内容和规则，做到因材施教，让学生在快乐体验中学会汉语。

参考文献

[1] 成有信，1998. 教育学原理［M］. 郑州：河南教育出版社.

[2] 贾冠杰，2010. 社会文化视角下的二语习得活动论［J］. 中国海洋大学学报（社会科学版）(4).

[3] 李燕，2009. 中小学课堂游戏化教学模式探究［J］. 软件导刊（教育技术），8 (4).

[4] 刘焱，2004. 儿童游戏通论［M］. 北京：北京师范大学出版社.

[5] 卢友艳，2009. 游戏在儿童汉语二语教学中的运用［D］. 厦门：厦门大学.

[6] 韩鑫兴，2009. 试论游戏教学法在小学初中对外汉语教学中的应用［D］. 上海：华东师范大学.

[7] 彭海蕾，2002. 游戏教学与儿童社会化发展的理论探讨［J］. 兰州学刊 (6).

［8］孙红，2010. 面向泰国汉语教学"国别化"词表的研制［D］. 广州：暨南大学.

［9］吴志超，1992. 如何区分"学生主体作用论"与"儿童中心论"［J］. 中国学校体育（4）.

【作者简介】

周新新，北京理工大学珠海学院文法学院对外汉语系教师。

语言要素及汉字教学

印度尼西亚、泰国留学生汉语擦音发音分析

王茂林

（暨南大学华文学院）

1. 引言

语音是语言的物质外壳，语音的重要性决定了语音教学是第二语言教学的基础，是掌握听、说、读、写技能和交际能力的前提。"取法乎上，仅得乎中"，如果一开始对语音的要求就低，其结果可想而知。语音基础没有打好，一旦形成了习惯，错误的语音最容易"化石化"，以后就很难纠正，所以第二语言教学不论学习者带有何种学习目的，都应严格要求学好语音（刘珣，2000）。本研究拟从谱重心（Svantesson，1986；冉启斌，2008）着手，分析印度尼西亚及泰国留学生汉语擦音的发音情况。

2. 实验方法

本研究的发音字表共包括 78 个单音节字，涵盖汉语所有声母辅音。发音人为在暨南大学华文学院学习的印度尼西亚、泰国留学生，每个国家初级、中级、高级三个不同学习阶段的学生各 12 名，其中每个阶段男女生分别为 6 人。对照组为 12 名普通话标准的中国学生，男女各 6 人。录音在专业录音室完成，使用 Cooledit 录音软件，采用44 100Hz 的采样率。经过对录音进行标注，通过程序提取谱重心数据进行统计分析，探讨留学生习得擦音的情况。

3. 结果分析

3.1 印尼留学生汉语擦音谱重心分析

图 1 和图 2 分别是印度尼西亚、中国男生和女生汉语擦音谱重心图。这两幅图显示，在学习初级阶段，男生在擦音谱重心方面要好于女生；而在紧接着的中高级阶段女生对擦音的习得比男生更好，特别是中级阶段，女生习得中心频率的效果明显好于男生。另外，在习得某个擦音时，男、女学生在不同学习阶段的表现也各异。例如，在初级阶段可能男生对某擦音习得得好，而到了中级阶段变成女生对此擦音习得得好，高级阶段可能还是女生比男生对此擦音习得得好，因此，我们应该在不同的教学阶段中对男生和女生给予不同的重视。例如，在擦音 s 的习得过程中，在学习的中高级阶段，应该对男生的发音更加注意。

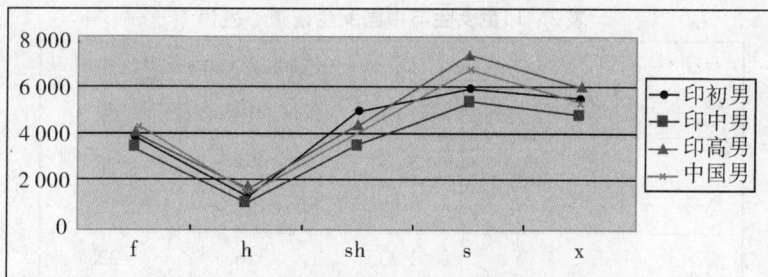

图 1   印度尼西亚、中国男生汉语擦音谱重心

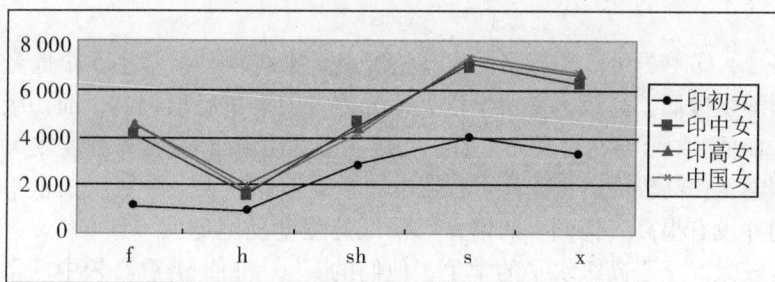

图 2   印度尼西亚、中国女生汉语擦音谱重心

除了谱重心的原始数据，本实验还计算了留学生与中国学生谱重心之差，即用中国学生的谱重心值减去留学生的谱重心值，结果如表 1 和表 2 所示：

表 1   印尼男生与中国男生谱重心差值

擦音	谱重心差值		
	初	中	高
f	245	702	174
h	107	375	− 135
sh	− 1 011	376	− 419
s	869	1 465	− 563
x	− 191	488	− 722

表2　印尼女生与中国女生谱重心差值

擦音	谱重心差值		
	初	中	高
f	3 341	461	− 45
h	834	187	− 240
sh	1 235	− 316	− 228
s	3 433	366	194
x	3 392	439	121

　　表1显示，印尼男生汉语擦音的发音情况是，中级水平留学生5个擦音的谱重心值均较中国学生偏低，高级水平留学生大部分擦音的谱重心值偏高，而初级水平学生有3个擦音偏低，2个偏高。具体来看，初级水平学生sh和s偏离程度较大，sh的谱重心较中国学生偏高较大，而s谱重心较中国学生偏低较大。中级汉语水平的男生比初级水平的并没有提高，他们s的谱重心偏低的程度反倒更大，且f和x谱重心偏低的程度也比较大。至于高级水平的学生，他们的x、s和sh谱重心较中国学生偏高的程度都比较大。整体看来，男生s、sh、x谱重心偏离的程度比较大。

　　表2是印尼女生与中国女生谱重心的差值，该表显示，初级水平学生的5个擦音谱重心偏低的程度都很大，中级水平学生f和x谱重心偏低的程度比较大，s的谱重心也比较低。到了高级阶段，她们f、x、s谱重心的偏离都比较小，反倒是sh和h的谱重心在一定程度上偏高。整体看来，女生s、x谱重心偏离的程度比较大。

　　印尼语中没有sh和x（梁敏和，1995），这两个音是新的，所以他们对这两个辅音的习得有一些困难。不过印尼语中有辅音s，照理他们这个音的习得应该比较容易，但是从谱重心的角度看，他们对这个音的偏离程度也比较大。我们推测，这是因为汉语辅音sh和x的影响，这两个音是印尼语中没有的，他们开始学习汉语的时候会用s代替sh和x，经过教师的提醒，他们意识到sh、x和s是三个不同的辅音，读sh或x的时候就会特别注意，结果，读s的时候会变得不那么自然，故此s的谱重心也出现了较大的偏离。

3.2　泰国留学生汉语擦音谱重心分析

　　图3和图4分别是泰国、中国男生和女生汉语擦音谱重心图，从这两幅图上看，在初中高各个学习阶段，女生习得擦音的效果要比男生的效果好。另外，在习得某个擦音时，男、女生在不同学习阶段的表现各异。例如擦音s，不同学习阶段的男生学习该擦音的谱重心均比中国学生的低，而女生初级及中级阶段的学生学习该擦音谱重心比较低，高级阶段学生的谱重心和中国学生的就比较接近。

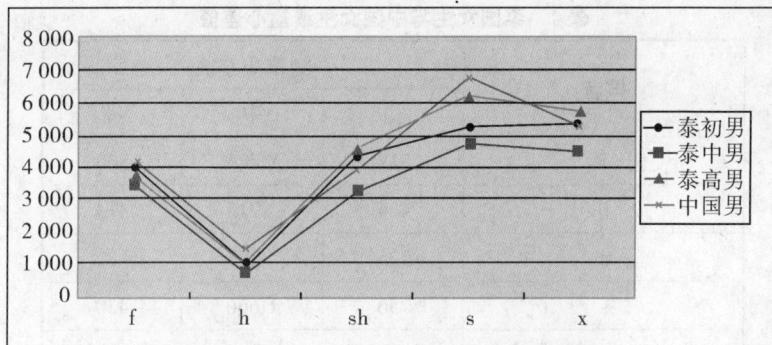

图3　泰国、中国男生汉语擦音谱重心

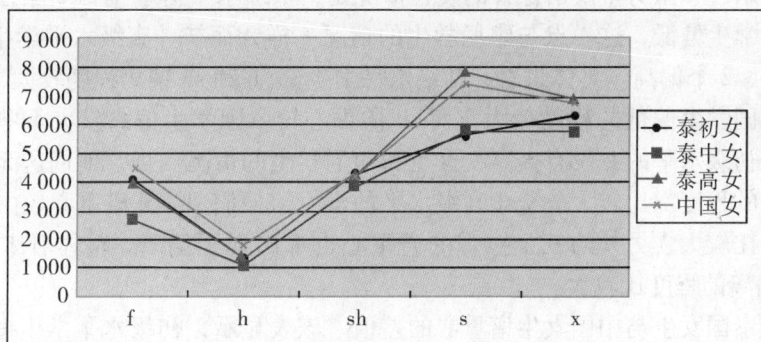

图4　泰国、中国女生汉语擦音谱重心

对于泰国留学生的数据，本研究也计算了留学生与中国学生谱重心之差，结果如表3和表4所示：

表3　泰国男生与中国男生谱重心差值

擦音	谱重心差值		
	初	中	高
f	220	750	410
h	429	762	409
sh	−423	697	−640
s	1 531	2 060	554
x	−47	803	−452

表4　泰国女生与中国女生谱重心差值

擦音	谱重心差值		
	初	中	高
f	518	1 826	500
h	444	715	413
sh	− 125	298	− 80
s	1 756	1 666	− 430
x	410	964	− 152

表 3 显示，泰国男生汉语擦音的发音情况是，中级水平留学生 5 个擦音的谱重心值均较中国学生偏低，这一点与印尼学生的情况一样，而初、高级水平学生都是有 3 个擦音偏低，2 个偏高。具体来看，初级水平学生 s、h 和 sh 偏离程度较大，s 和 h 的谱重心较中国学生偏低的程度较大，而 sh 谱重心较中国学生偏高较大。中级汉语水平的男生比初级水平的并没有提高，这也和印尼学生的情况一样，他们这 5 个擦音的谱重心偏低的程度都比较大。至于高级水平的学生，他们 sh、x 谱重心较中国学生偏高的程度都比较大，另外的三个擦音的谱重心也都出现了偏离。整体看来，男生 s、sh 谱重心偏离的程度比较大。

表 4 是泰国女生与中国女生谱重心的差值。该表显示，初级水平学生擦音 s 谱重心偏低的程度很大，此外 f、h 和 x 谱重心偏低的程度也比较大。中级水平学生 f 和 s 谱重心偏低的程度比较大，x 和 h 的谱重心也比较低。到了高级阶段，她们 f、s、h 谱重心的偏离程度比较大。整体看来，女生 s、f 谱重心偏离的程度比较大。

泰语中没有 sh（傅增有，2000），这个音是新的，所以他们对这个辅音的习得有一些困难。至于辅音 s，泰语中有这个辅音，泰国留学生辅音 s 谱重心偏离程度比较大，我们推测其原因与印尼学生的原因类似，也是他们开始的时候把 sh 读成 s，后来非常注意 sh 的读音，使得 s 的读音也受到了影响。泰国留学生辅音 f 谱重心的偏离程度也比较大，其原因和 s 的情形类似，他们学习汉语中 sh、x 这些新的擦音，也比较注意这些新的辅音的发音，所以在读一些泰语中原来就有的擦音时，也会表现得不够自然，于是其谱重心也表现出较大的偏离。

4. 总结

本研究从谱重心入手，考察了印度尼西亚及泰国留学生汉语擦音的发音情况，发现目的语中新的擦音的习得的确有些困难。印尼语中没有擦音 sh 和 x，所以印尼学生这两个擦音的发音效果就不是很好，谱重心的偏差比较大；泰语中没有 sh，泰国留学生这个音的发音效果也不很好。印尼语和泰语中都有擦音 s，但是这两个国家的留学生这个音的谱重心的偏离程度也比较大，其原因是受目的语中相近音的影响。以 sh 和 s 为例，其情形是这样的：印尼语、泰语中只有 s，而目的语中有 sh 和 s，所以留学生第一语言中的 s 对应目的语中的 sh 和 s。目的语中的 sh 是新的音素，因此他们习得得不是很好，发音会有一些偏差。由于第一语言中的 s 与目的语中的 s 不是一一对应的关系，故留学生在读第一语言中的 s 的时候，也会受目的语 sh 的影响，发音不自然，所以也容易出现偏差。采用传统的感知方法，只能判断出目的语中新的音素习得比较困难。本研究利用软件分析语音的声学特征，发现即使是目的语中已有的音素，由于该音素在第一语言及目的语中不是一一对应的，发音也容易出现偏离。

参考文献

［1］傅增有，2000. 泰语 300 句［M］. 上海：上海外语教育出版社.

［2］梁敏和，1995. 印度尼西亚语三百句［M］. 北京：北京大学出版社.

［3］刘珣，2000. 对外汉语教育学引论［M］. 北京：北京语言文化大学出版社.

［4］冉启斌，2008. 辅音现象与辅音特性：基于普通话的汉语阻塞辅音实验研究［M］. 天津：南开大学出版社.

［5］SVANTESSON J-O，1986. Acoustic analysis of Chinese fricatives and affricates［J］. Journal of Chinese linguistics，14（1）.

【作者简介】

王茂林，暨南大学华文学院应用语言学系副教授，硕士生导师。主要研究方向为语音学、音系学、语料库语言学、对外汉语教学。

印尼留学生汉语发音难点解析
——以一节拼音复习课为例

张宝成

（北京华文学院）

1. 复习课前的分析思考

零起点的印尼留学生，在经过 25～30 个学时的语音学习和训练后，基本上了解和掌握了汉语拼音的发音规则与方法。但是由于受了母语的影响，以及学习拼音时间短暂等，印尼学生对发音要领掌握并不牢固，尤其是发音中的音调问题、词语中的送气音问题，表现得最为突出。这主要是由四个方面的原因造成的：

1.1 发音声调不准

我们知道印尼语中没有声调变化，印尼学生在以往的听和说中，受这方面的刺激少，所以学生很难在较短的时间内接受汉语声调的音高、升降、轻声及第三声的变调，表现为"一声太高，三声不规范，四声太短促"等问题。以往笔者在教学中根据"刺激—反应"原理，加大老师示范力度，把字音读慢，音发得饱满，口型夸张并辅助以手势。在听觉和视觉上加强了学生的刺激输入，使他们听清楚，模仿准，印象就深一些。

1.2 发音不饱满

印尼语语流快，留学生在说汉语时很容易会习惯性地把某些音节组合说快，造成他们说汉语时的气流不够强，音节不饱满，形成音调、音准的偏误。以往在教学中，笔者先把这些词语组合拆开，让他们跟着老师把每个单字音读好，然后再把它们结合起来，在领读中逐渐缩小词语之间的停顿，加快速度直至正常语速。

1.3 字母发音方法混淆

由于汉语拼音和印尼语都是采用拉丁语文字，所以它们书写相同，但是有些字母发音不同，如 p、t、k、c 等。当印尼留学生看到这些字母时，受类推和视觉习惯的双重影响，就会脱口而出发出印尼音来，而且有时候知道自己说不准，也不好意思练习。最为突出的如"e"这个音，在与"z""c""s"拼读时，他们总容易发成"I"，这是因为"e"在印尼语中读英文中"I"的音。除了这两者呈现一种视觉关系之外，还因为汉语"给""姐""饿"拼音中的"e"是不同的音位变体。学生不易掌握，所以口腔展开得不够。在以往的教学中，笔者经常把一些容易混淆的字母成组编排，反复出现，达到识认准确、视读标准的效果，并利用各种形式，让学生不要害羞，增强自信，让学生大胆地打开口腔，保证气流的足够强大。

1.4 不注意证记字音

如果不注意证记字音，就很容易习惯性地忽略声调，把有声调的汉语无声调化，其实汉语的声调是有区别词的意义的，不能放在可有可无的位置。这主要的原因是我们的教师在语音教学中，多多少少受中国学生学习汉语拼音的影响，注重声母、韵母的发音与拼写、对比听辨等练习，而强调声调练习不够，课堂上忽略声调的训练，这是其一。其二是我们对音调作用强调不够，这也使印尼学生受到影响，使他们不太重视对声调的记忆。

笔者做了4个声调的练习一览表。通过声调练习一览表和手势图的对比来讲解，帮助他们更加容易记忆声调的发音、声调的标号。现举几例：

表1　声调练习范例1

字词	拼音	声调组合
今天 新车 宽松	jīn tiān xīn chē kuān sōng	阴平 + 阴平　55 + 55

学习词语"今天"等（阴平 + 阴平）时，针对印尼留学生在发音的时候音高有滑落的现象，自己用手势引导提醒学生在发音的时候，保持模仿高度不要滑落。还亲自演示，手高举，发音高而平，好像唱歌一样，笔者的示范打消了学生的顾虑和害羞的心理，都跟着"唱"了起来。

表2　声调练习范例2

字词	拼音	声调组合
生气 周末 天气	shēng qì zhōu mò tiān qì	阴平 + 去声　55 + 51

学习词语"生气"等（阴平 + 去声）时，针对印尼学生阴平较短，去声下不来的特点，为拖长阴平声音时长，手臂高举向右滑动，然后猛烈下滑，引导他们大声地发出四声。

表 3   声调练习范例 3

字词	拼音	声调组合
勇敢	yǒng gǎn	
感想	gǎn xiǎng	上声 + 上声 214 + 214
想法	xiǎng fǎ	

对于学习上声最难的部分是上声和上声的连读，如"五把雨伞"。前面的变半上声，后面的不变。问题在于前面阳平的影响而导致上声的起点高，到了 35 的尾音，后 214 的起点音降不下来；还有一种情况是后面的调变声成了半上 21。教学时笔者用慢节奏发音方法配以手势，注重让学生模仿肢体动作和声音，中间略有停顿，给学生一个缓解和调整的时间。经过多次的练习，学生的发音情况有了较大程度的改观，笔者觉得对于母语为非声调的印尼留学生来说，用手势帮助他们发好声调，比较直观实用。

表 4   声调练习范例 4

字词	拼音	声调组合
放假	fàng jià	
建筑	jiàn zhù	去声 + 去声 51 + 51
外贸	wài mào	

在去声词语组合中最难掌握的是"去声 + 去声"，这也是偏误率最高的组合。其主要的原因是学生容易把"去声 + 去声"搞混乱，除了听觉刺激少，还有一个习俗的问题。印尼语中，往往降调是表示很不满意。如果语言中常用这种声调表示意思，会被认为缺少教养，没有礼貌，所以要经常给他们讲解，解除忧虑，同时还把"去声 + 去声"的词，进行分解练习：先把一个组合拆开，分别发好每一个单字音，然后慢慢合起来，减少音节之间的停顿，读成一个词语。学好一个词语以后顺着这种感觉训练一系列的词语，效果还是很不错的。

2. 教学具体操作

综合以上现状和分析，在一次课的时间内不能完成这么多的教学任务，所以，在此复习备课中，笔者针对两个主要问题——音调不准和发不出送气音，着重让学生展开探索和练习，以做到重点突出，注重实效，查漏补缺。

导入阶段：简单的导入后，老师带领大家复习 36 个韵母（单韵母、复韵母、鼻韵母）和 21 个声母。在书写时，有意识地把送气声母与不送气声母成组写在黑板上再领读，分部分读，并用彩粉笔标出送气声母。

进行汉语拼音的拼写练习，目的是复习拼写的简单规则，并引出声调不准——这个印尼留学生普遍存在的问题。根据学生情况分析，指出造成说汉语时音调不准的原因。

2.1 针对音调不准——"教方法，学声调"的学习和操练

在课堂教学中，注重启发学生的已有知识（知识储备），通过他们提供的已经会的、能理解的常用词，根据"可理解输入"的原理，通过教师引导，输入一些易发音、易理解、好掌握、有意义、容易记的汉字，尤其是引入一些跟学生们的生活环境、学习动机等方面有关联的词语，让他们把语音学习和词语学习与实际联系起来，引起自身的共鸣，这样会更有帮助。摒除之前在拼音学习过程中连续多日单一、呆板的操练，试着用这种方法记忆四声，使学生在练习中"用词记音调，以音调学词"，在学习音调的同时更快地理解词义，从而对学生产生积极的心理暗示，使他们充满信心。

鼓励学生一起练习，在练习唱四声时，为了让学生更容易地掌握发音的要领，去掉胆怯等不自信的表现，在字母后边写上了日前学过的具有同样音调的汉字，如"ɑ"的一声后面写上了"妈、八、拉、鸭"等，在"ɑ"的二声后面写上了"拿、茶、牙"等，以此类推。

为什么要写上汉字呢？因为：①印尼学生如果在发单个汉字音时，音调基本正确，而放在句子中就很容易不准，所以使用这种方法，可以互相矫正；②如果只是空口唱四声，学生很容易觉得枯燥，没有兴趣，如果加进一些汉字，发挥汉字形、音、义一体的优势，使单一枯燥的唱四声的形式有了内容，这不但增加了一些情趣，而且有一定的实际操作的意义。所以在上课中笔者先引导学生在板书上挑选 ɑ 的四声中他们认识或熟悉的一些汉字，鼓励和启发学生自己编有意思的、能理解和容易记住的顺口溜，让声调学习变得有意义以及更有趣味性。很快他们就写出了：

ā ā 三只鸭， á á 喝杯茶， ǎ ǎ 小白马， à à 想长大。

通过简单易记的口诀，将声调练习变成朗朗上口、容易朗读、容易记忆、利于学生发准声调的练习。并以此为引子，鼓励学生按照此方法，大家讨论、发言，写出了：

ā ā 你我他， á á 来中华， ǎ ǎ 找方法， à à 学说话。

接着笔者又以"i"为例，重启发，多引导，和学生一起从"i"的四声汉字中选取自己认识的汉字，组成有意思的口诀，写出了：

ī	ī	坐飞机	ī	ī	笑眯眯
í	í	回印尼	í	í	去学习
ǐ	ǐ	吃大米	ǐ	ǐ	想起你
ì	ì	很容易	ì	ì	甜蜜蜜
ī	ī	学中医	ī	ī	穿好衣
í	í	多练习	í	í	打太极
ǐ	ǐ	早早起	ǐ	ǐ	练身体
ì	ì	要努力	ì	ì	有力气

留作业请学生回去按此方法找出带有"an"的四声的汉字，编个顺口溜；看看谁编得好。

（预设答案：其一：一座高山，下有小潭。水清温暖，我去看看。

其二：马路那边，东西齐全。什么都有，一个商店。）

2.2 练习送气音——通过游戏的方式

针对印尼学生"送气音发音不饱满，记不住"的问题，在讲解的同时，于课堂教学中加入了游戏。用游戏的方法来激发学生的学习兴趣，通过适度的夸张，让学生成功。

这样做主要是因为印尼学生不是不会发送气音，而是容易受到母语发音的负迁移影响，发成不送气音。本设计通过游戏给学生强化的刺激，在同学们的鼓励和笑声中完成训练，这样记忆深刻，减少以后在运用中的错误，及早促使学生们养成正确的发音习惯。

在目前盛行的教法教材中，区别送气音与不送气音时，多用"吹纸片"的方法，笔者觉得效果不够好，因为：①当时学生很兴奋，课堂气氛也很活跃，但是测试量小；而且只是练习单个词或音节，学生在运用时很少能把有送气音的词语和实际联系起来，所以不容易记住，发音还是错。②以送气单字为练习目标，学生当时是有意识注意的，能较好地完成练习任务，但练习脱离了实际运用，脱离了现实中语言运用的情景，不能培养学生送气音的意识，所以单一的"吹纸片"活动，不能解决送气音的问题。③举少量的词，老师只是做几下送气动作，对学生"刺激不够"。于是笔者就改成了"回答问题，吹蜡烛"的方式，改变了这种情况。

具体操作：老师提问题，学生必须用有送气音的汉字回答问题，教师在讲台上点起两排蜡烛，让同学分组比赛回答，以能吹灭蜡烛为胜。如：

A组 教师：这个东西不是我的，不是你的，是谁的？

回答：是他的。

B组 教师：我们食堂的饭菜怎么样？

回答：不错。

A组　教师：有人说汉语很难，你怕吗？
　　　回答：我不怕。
B组　教师：进来的反义词是？
　　　回答：出去。
A组　教师：房子除了门还有什么？
　　　回答：窗户。
B组　教师：去了三趟，也可以说是去了三什么？
　　　回答：三次。
A组　教师：你要过河，没有桥怎么办？
　　　回答：坐船。
B组　教师：汽车比人走路速度怎么样？
　　　回答：快。
A组　教师：老师比学生年老，学生比老师_____？
　　　回答：年轻。
B组　教师：（拿天坛的图片）这是什么地方？
　　　回答：天坛。

"回答问题，吹蜡烛"的优点：

第一，老师在出题的时候，要围绕答案中一定要有送气音节来设计问题，学生在回答时如果不送气或送气量不够，蜡烛就不会熄灭，所以他们就必须用比较夸张的动作、足够的送气量来回答问题，这就加强了对学生记忆的"刺激"。

第二，送气音的单字是放在问题中的，是出现在一个短暂的情境之中的，让学生知道在怎样的情景中，回答什么问题，是练哪个送气音的单字，这样记忆深刻。在同学们的鼓励和笑声中完成回答，减少以后在运用中的错误。

第三，增强了学生学拼音、连拼音的兴趣，练习送气音——通过游戏的方式达到训练和记忆的目的。

参考文献

[1] 柴俊星，2005. 对外汉语语音教学有效途径的选择 [J]. 语言文字应用（3）.
[2] 李明，1987. 音位学原理和对外汉语语音教学 [J]. 世界汉语教学，1（4）.
[3] 马翠华，2009. 印尼学生汉语语音学习难点及对策 [J]. 中国电子商务（10）.

【作者简介】

张宝成，北京华文学院副教授，具有丰富的华文教学经验，致力于进行多层次、多课型的华文教育教学活动。

留学生汉语词汇语义韵学习情况考察

刘晓梅　邓　婷

（暨南大学华文学院/华文教育研究院）

1. 引言

语料库语言学研究中发现了语义韵（Semantic Prosody），这是一种词语搭配中的选择现象，它揭示了词语结伴使用时相互间的语义选择趋向关系，这种趋向大体分为积极、消极和中性三种。据卫乃兴介绍，Sinclair 首次注意到语义韵现象，他在主持语料库建设时发现，动词短语"set in"搭配的大都是不受人欢迎或令人不愉快的事物，如 decay、slump、bitterness 等。[①] 现代汉语的语义韵研究是在动态的语境中考察语言的使用情况，有些词语、语块等语言单位表面看来并无任何评价色彩，但通过语料库观察这些语言单位反复出现的语境及与之多次共现的搭配项，发现这些语言单位会被笼罩在某种消极或积极的语用氛围中。例如我们在北京大学现代汉语语料库（CCL）中检索到的"到头来"的前 100 行索引行中，有 96 行呈现消极倾向，如"泡影、吃苦头、吃亏、里外不是人、两手空空、损失、两败俱伤、失去"等，3 行是中性的，仅 1 行呈现积极倾向。例句：

（1）他从来没偷懒，而是吃尽辛苦，到头来竟是白费劲一场，叫人疾首痛心。
（2）哪怕到头来身败名裂，他也全不在乎。
（3）只是一味强调自身安全，到头来只能适得其反。
（4）再轻信"兔子不吃窝边草"的童话，到头来让自己也下不来台了！

近十几年来，国内基于语料库语言学的语义韵研究愈来愈多，其中以卫乃兴《语义韵研究的一般方法》（2002）、《词语学要义》（2011）为突出成果。现有研究多集中于描写英语语义韵及其语用价值，以及如何应用于英语教学当中，如陈海员《语义韵研究在词汇练习设计中的应用》（2010）。针对汉语的语义韵研究相对较少，如田宏梅的《利用汉语语料库研究词语搭配——以"有点"为例》（2006）、王幼华的《"真

[①] 卫乃兴，2011. 词语学要义 [M]. 上海：上海外语教育出版社：82－83. 实际上，汉语中的语义韵研究并非源自西方，汉语词典编纂中的括注早就涉及语义韵现象，只不过名称不同而已。

是的"的语义倾向及其演变进程》（2011）、姚双云的《"搞"的语义韵及其功能定位》（2011）等。

目前针对汉语语义韵的教学应用研究还没有出现。本族语者身处良好的语言环境当中，所以对本族语的感知能力比较强，可以根据语境较为灵活地选择词语的典型搭配，而外族语者在汉语学习当中受到种种因素的影响，在词汇学习时语义与语用常常被割裂开来，因此在学习词汇的典型搭配、如何地道地表达方面存在一些问题，其中一个重要的原因就是没有好好掌握现代汉语词汇语义韵的特点。以下（5）至（9）例均取自暨南大学华文学院东南亚作文语料库和 HSK 动态作文语料库：

（5）她很坚强，真的很坚强，没有什么会打破她的信心，我真的很佩服她。

（6）陈德钦是个州立法议员，理应鼓吹法治及理性地看待问题。

（7）同时让哥哥磨炼一下，如果大哥有什么事件不懂得处理，父亲应从旁提点。

（8）外公在我小时候就教我养成阅读华文书刊的习惯，因此造成我今日对华文有一股热爱之情。

（9）卸下那满肩的负荷，让疲惫的身体恣意地往床上一摆，企图养精蓄锐，为明天的战斗做个准备。

这些句子在表义和语法结构上都没有太大错误，但是句中画线词均属消极语义韵词，它们和整句的情感倾向很不协调，让人读起来十分别扭，产生了强烈的语义韵冲突，很容易造成交际失误。语义韵能够体现说话人的情感态度，它处于语义学—语用学的连续统上，在某种程度上更偏向态度语用一面，因此强调留学生语义韵意识的培养在汉语教学当中有着至关重要的作用，对汉语语义韵的系统研究及教学应用研究也是非常值得关注的课题。

2. 留学生汉语词汇语义韵学习情况调查

2.1 调查目的

一是了解不同年级的中高级水平的留学生对汉语语义韵的感知情况，并分析不同年级的学生是否存在差异。二是与汉语母语者的感知进行对比，分析相比于母语者，留学生语义韵感知的差距。

2.2 调查对象

出于对测试有效性的考虑，我们选择的调察对象是在暨南大学华文学院接受了较为系统的汉语学习的本科生，包括本科二、三、四年级学生各 25 人，共计 75 人。我们调查的汉语母语者是暨南大学的本科生和硕士研究生，各 10 人，共计 20 人。

2.3 问卷设计

为避免因为题量过多影响留学生的积极性，我们将问卷题量控制在一页以内。本问卷分为两个部分：

第一部分是 10 道选择题，每题只设 2 个选项，考察 8 组有语义韵差异的易混淆词的语义韵感知情况，分别是："促进$_{积极}$、导致$_{消极}$""品尝$_{积极}$、尝尽$_{消极}$""充满$_{积极}$、充斥$_{消极}$""显示$_{积极}$、暴露$_{消极}$""促进$_{积极}$、造成$_{消极}$""进入$_{中性}$、陷入$_{消极}$""高度$_{积极}$、极度$_{消极}$""得到$_{积极}$、遭到$_{消极,中性}$""受到$_{中性}$、遭到$_{消极}$""大力$_{积极}$、大肆$_{消极}$"。比如问卷的第一题：

有毒奶粉事件_____很多中国人感到很害怕。
A. 促进　　B. 导致

此题考察的是积极语义韵词"促进"和消极语义韵词"导致"的语用差别。

第二部分是 18 个赋分题，考察学习者对"面临$_{消极}$、暴露$_{消极}$、造就$_{积极}$、造成$_{消极}$、营造$_{积极}$、尝尽$_{消极}$、有点儿$_{消极}$、促进$_{积极}$、显示$_{积极}$、大力$_{积极}$、极度$_{消极}$、大肆$_{消极}$、沉湎$_{消极}$、一度$_{消极}$"14 个词的语义韵感知程度，其分值分为五个档次，−2 分、−1 分、0 分、1 分、2 分。分值越大，表明被试者对这种表达越肯定；分值越小表示被试者认为这种表达不地道，甚至是误用。比如第一题：

（　　）我心情非常高兴，因为面临见到父母只有五天了。

此题考查学生能否判断出消极语义韵词"面临"在句中的不当。

2.4　问卷调查结果及分析

2.4.1　第一部分的答题情况

图 1 是各年级的留学生和汉语母语者第一部分选择题的答题正确率：

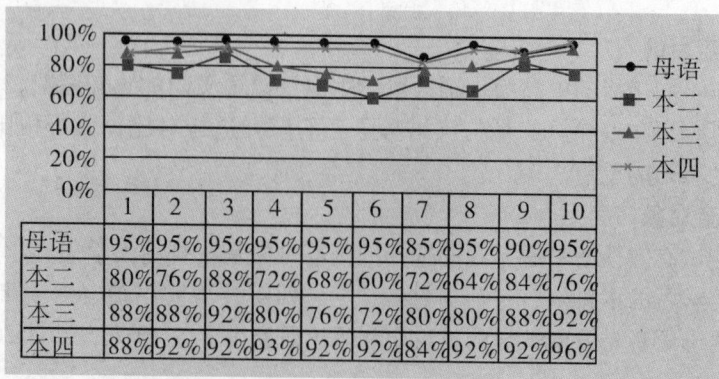

	1	2	3	4	5	6	7	8	9	10
母语	95%	95%	95%	95%	95%	95%	85%	95%	90%	95%
本二	80%	76%	88%	72%	68%	60%	72%	64%	84%	76%
本三	88%	88%	92%	80%	76%	72%	80%	80%	88%	92%
本四	88%	92%	92%	93%	92%	92%	84%	92%	92%	96%

图 1　各年级留学生和汉语母语者第一部分选择题的答题正确率

由于这部分题目难度较小，不同年级的留学生的正确率大都能在80%以上，统计结果表明：

（1）留学生三个年级的语义韵感知之间存在差异，总体趋势是其差异性随着汉语学习年限的增加而加强。

（2）本科四年级学生的语义韵感知情况与母语者最接近，已达到了几乎一致的程度。

（3）整体而言，留学生的语义韵感知与母语者之间存在差距。

以上这些结论需要用下面的赋分题的得分来验证。

2.4.2　第二部分的答题情况

第二部分是赋分题，共有18小题。表1列出了各个年级留学生和汉语母语者每一题的平均分：

表1　各年级留学生和汉语母语者第二部分赋分题的答题平均分

题号	母语	本二	本三	本四
1	−1.55	−0.6	−0.76	−0.8
2	−1.85	−0.44	−0.72	−0.84
3	−1.65	−0.76	−0.84	−0.96
4	2	−0.28	0.88	1.12
5	−1.9	0.2	−0.24	−0.44
6	−1.95	−0.24	−0.44	−0.6
7	−1.85	0.32	0.2	0.08
8	−1.75	0.08	−0.24	−0.48
9	1.9	1.64	1.68	1.76
10	−1.8	0.92	0.84	1.04
11	−1.85	0.08	−0.56	−0.68
12	−1.95	0.2	−0.64	−0.72
13	−1.85	0.28	0.2	−0.08
14	−1.95	0.48	0.24	0.24
15	2	0.36	1.28	1.28
16	−1.9	0.2	0.12	−0.2
17	−2	0.4	−0.8	−1.08
18	−1.4	0.6	0.56	0.48

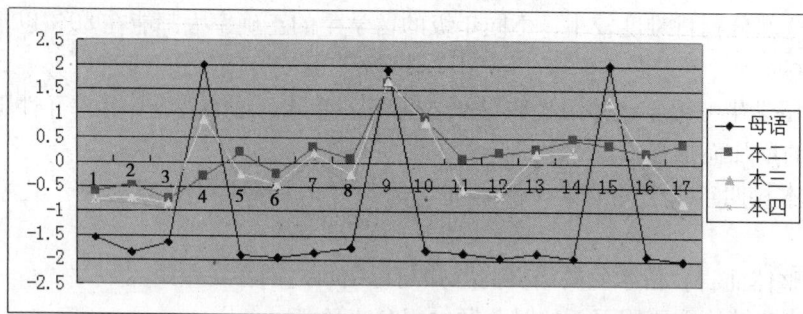

图 2　各年级留学生和汉语母语者第二部分赋分题的答题平均分

通过统计，我们发现前述 2.4.1 中的结果（2）与此不相符，即本科四年级学生的语义韵感知情况与母语者之间的差距还是很大的，远远没有达到近乎一致的程度。

下面我们利用 SPSS 统计软件来进一步验证前述的统计结果。以下为各个年级留学生的方差检测一览表。

表 2　Oneway 得分

	Sum of Squares	df	Mean Square	F	Sig.
Between Groups	21. 448	3	7. 149	7. 612	. 000
Within Groups	63. 865	68	. 939		
Total	85. 313	71			

Multiple Comparisons

表 3　Post Hoc Tests Dependent Variable：得分 LSD

(I) 分类 (J) 分类		Mean Difference（I－J）	Std. Error	Sig.	95% Confidence Interval	
					Lower Bound	Upper Bound
母语	本二	－ 1. 374 4（＊）	. 323 04	. 000	－ 2. 019 1	－ . 729 8
	本三	－ 1. 225 6（＊）	. 323 04	. 000	－ 1. 870 2	－ . 580 9
	本四	－ 1. 134 4（＊）	. 323 04	. 001	－ 1. 779 1	－ . 489 8
本二	母语	1. 374 4（＊）	. 323 04	. 000	. 729 8	2. 019 1
	本三	. 148 9	. 323 04	. 646	－ . 495 7	. 793 5
	本四	. 240 0	. 323 04	. 460	－ . 404 6	. 884 6

（续上表）

(I) 分类 (J) 分类		Mean Difference（I－J）	Std. Error	Sig.	95% Confidence Interval	
					Lower Bound	Upper Bound
本三	母语	1.225 6（＊）	.323 04	.000	.580 9	1.870 2
	本二	－.148 9	.323 04	.646	－.793 5	.495 7
	本四	.091 1	.323 04	.779	－.553 5	.735 7
本四	母语	1.134 4（＊）	.323 04	.001	.489 8	1.779 1
	本二	－.240 0	.323 04	.460	－.884 6	.404 6
	本三	－.091 1	.323 04	.779	－.735 7	.553 5

（＊The mean difference is significant at the 0.05 level.）

这部分题目相对于第一部分的题目要难一些。由于汉语母语者对绝大多数题目的打分都高度一致，因此我们以母语者的语感作为衡量留学生语义韵语感的标准。如果SPSS 检测结果显示母语者和某年级留学生的打分存在显著差异，则意味着这个年级留学生对测试词的语义韵感知存在明显的不足。统计结果进一步论证了 2.4.1 中的结论：

（1）留学生各个年级学生之间的差异性不显著，本三学生和本二学生两组样本间的 sig 值为 0.646，本四学生和本三学生之间的 sig 值为 0.779，皆没有显著性差异。可见，虽然总体趋势表明留学生对现代汉语词汇的语义韵感知随着学习年限的增加而不断增强，但其增强的速度较慢。

（2）对比母语者和本二、本三、本四留学生之间的数据发现，母语者和各年级的留学生都存在着显著性的差异。因此我们可以认为，留学生和母语者在语义韵感知上存在着不可忽视的巨大差距。

3. 留学生作文中汉语词汇语义韵学习情况

此项考察旨在进一步了解留学生对语义韵的掌握情况。在文章写作过程当中，最基本的要求是通顺、流畅。要做到这样，我们必须把握好语句、语篇的整体的语义韵倾向，将自己的态度清晰明确地表达出来，在遣词造句时，句中的各个成分必须合理搭配。

笔者通过对 HSK 动态作文语料库和东南亚留学生语料库的语料的查询，发现无论是低年级还是高年级的留学生，作文当中普遍存在句中成分语义韵冲突的问题。这些问题大致可以分为以下两类：

3.1 句内各成分之间语义韵倾向矛盾

（10）但运动后身体也觉得<u>有点儿</u>舒服，因为我经常<u>不太喜欢运动</u>。【本一】

仅仅从这句话，我们无法了解作者对运动的态度，前句好像是说运动对身体有好处，但下句态度转变成不喜欢运动，这使整个句子前后情感倾向相矛盾。同时"有点儿"具有消极语义韵倾向，与句中的"舒服"搭配也显得很不协调。如果将句子改为"但运动后身体也觉得有点儿不舒服，因为我经常不太喜欢运动"，这样读起来就通畅多了。

（11）周围<u>青翠</u>几乎裸露的锥形山丘<u>导致</u>其可怕的自然美景。

从该句的"青翠""美景"和"裸露……山丘""导致""可怕"，我们同样可以看到，作者在描述这里的景观时，表达出十分矛盾的情感态度，在表意上显得模糊不明。同样，该句可以改成"周围青翠的锥形山丘形成了独特的自然美景"，这样就能明确地表达出作者对该地自然环境的赞赏态度了。

3.2 对个别词语语义韵误用

对个别词语的语义韵误用，常常是由于留学生不了解词语的语义韵倾向而导致某个单一词语的误用。留学生对语句、语篇的整体语义韵的把握比较准确，只是对某些词把握不准确，如：

（12）俗话说："怎么样的父母会<u>造成</u>怎样的孩子、怎么样的老师会<u>造成</u>怎样的学生。"

"造成"属于消极语义韵词语，因此，在本句当中，我们将"造成"改为"造就"就能比较符合人们的认知预期，人们对孩子往往寄托了很多的期望，所以用"造就孩子""造就学生"就比较符合整体的情感态度。

4. 词汇语义韵教与学的建议

4.1 教师要重视语义韵的展示与概括

教师是留学生汉语学习的指引者，需要在有限的课堂时间内把各种语义韵信息传达给学生，以避免误读、误用。课堂上教师可以按以下四个步骤来操作：

首先是展示典型例句，如"地步"是一个消极语义韵词，其典型例句如下：

（13）受到欧洲殖民者的屠杀和奴役，<u>濒于灭绝的地步</u>。

（14）关心这桩案子几乎到了<u>病态</u>的地步。

（15）这场胜利对于振奋湖人士气至关重要，而老鹰沦落到<u>任人宰割</u>的地步。

（16）农村和农民问题，已经到了<u>迫在眉睫刻不容缓</u>的地步！

其次是概括语义韵的倾向，教师可根据学生的情况，或者教师来概括，或者引导学生从例句中提取、概括。我们在教学中提倡由学生来主动概括。另外，从教学的角度出发，语义韵的种类也以积极和消极两种为首选，如果能将其进一步限定搭配项的语义范围当然更好。比如消极语义韵词"承担"可进一步将搭配项的语义范围限定为"有压力的事情"。

再次是展示典型的左、右搭配，比如消极语义韵词"极度"的典型右搭配有：紧张$_{62.78}$[①]、失望$_{56.42}$、虚弱$_{52.61}$、痛苦$_{48.17}$、匮乏$_{45.82}$、缺乏$_{44.57}$、低落$_{43.19}$、困难$_{34.5}$、贫困$_{32.16}$、混乱$_{31.14}$、恐惧$_{30.85}$、怀疑$_{30.63}$、伤心$_{29.7}$、震惊$_{24.22}$、忧虑$_{23.15}$、恶化$_{21.38}$等。

最后是引导学生自由创作，即让学生自由输出句子。

在课堂教学当中，笔者曾尝试使用这一系列步骤来进行对语义韵教学的探索，通过对比发现这一方式对学生的语义韵感知的培养具有积极的作用，而且很容易激发学生的学习积极性。

4.2 汉语学习词典也要重视语义韵的展示与概括

汉语学习词典是留学生的重要辅助工具，它也需要在有限的空间内传达各种语义韵信息，可以在释义或用法指引中加以明示，同时辅以例句展示。比如，将积极语义韵动词"富有"释为"充分地具有（多指积极方面）"，就要比只释为"充分地具有"更有语用上的指导意义。再如，把消极语义倾向的"不免""导致"释为"免不了""引起"，就不如"免不了（指不好或不愿发生的事）""引起（消极方面）"表达得清晰准确。

4.3 引导留学生自主采集大量语义韵信息

本族语者由于身处良好的语言环境当中，已经有大量的语言输入，所以对本族语的感知能力比较强，可以根据语境比较灵活地选择词语的典型搭配，而留学生在学习汉语当中的典型搭配、如何地道地表达方面存在一些问题，掌握使用典型的词语搭配应是学习者的重要任务之一。这就需要教师有目的地引导学生利用多媒体的语言资源来自主采集大量例句，从中感受、提取、概括相应的语义韵信息，并且强调用大量的语义韵信息"输入"来保证"输出"的质量，避免语义韵冲突的发生。

5. 结语

通过调查分析，我们发现，即便是中、高级汉语水平的留学生汉语词汇语义韵的

---

① 右下角的数字为该词在语料库中出现的频度百分比。

学习效果也并不乐观，其与母语者之间存在着巨大的差距。因此在教学方面，要加强对语义韵感知的培养，词典编纂方面要强化汉语学习词典的语义韵信息；学习者自身也要学会利用多媒体语言资源来感受、概括相应的语义韵。这对留学生的汉语词汇语义韵感知能力的培养具有重要作用。

参考文献

［1］陈海员，2010. 语义韵研究在词汇练习设计中的应用［J］. 教育与教学研究，24（4）.

［2］田宏梅，2006. 利用汉语语料库研究词语搭配——以"有点"为例［J］. 暨南大学华文学院学报（3）.

［3］王幼华，2011. "真是的"的语义倾向及其演变进程［J］. 语言教学与研究（1）.

［4］卫乃兴，2002. 语义韵研究的一般方法［J］. 外语教学与研究，34（4）.

［5］卫乃兴，2011. 词语学要义［M］. 上海：上海外语教育出版社.

［6］姚双云，2011. "搞"的语义韵及其功能定位［J］. 语言教学与研究（2）.

【作者简介】

刘晓梅，暨南大学华文学院应用语言学系副教授，博士，从事汉语词汇学的研究与教学工作。邓婷，暨南大学华文学院2010级语言学及应用语言学专业硕士研究生。

东南亚留学生对"着"使用条件的认知
及其习得过程影响因素

丁雪欢　曹莉敏

（暨南大学华文学院）

1. 引言

动态助词"着"是外国学生汉语学习中的难点，也是汉语第二语言习得研究中的关注重点，"着"的二语习得研究成果集中在以下三方面。一是通过语料库或抽样调查或问卷调查的形式，主要对韩国、欧美留学生"着"的偏误进行分析，并对教材、教法的改进提出了自己的意见（薛晶晶，2003；高蕊，2006；刘丽华，2007）。二是对"着"的习得难度进行考察，如刘瑜（2010）通过语料库分析和抽样调查，对韩国学习者"V着"所在的四种句式的使用频率和正确率及习得难度进行分析。三是针对"着"的教学顺序的考察，李蕊、周小兵（2005）考察了留学生"着"的使用频率并和汉语本族语对比，从而对"着"在教材中的选项和排序提出了建议。

目前，东南亚留学生"着"字结构的习得顺序的影响因素、动态的习得过程以及留学生对于"着"使用的语义制约条件的认知等问题还未引起学界关注，本文拟对这三个方面的问题进行考察。

2. 东南亚留学生对"着"使用的语义制约条件的认知

2.1 使用"着"的语义制约条件

戴耀晶（1991）[①] 等学者研究发现，"V着"中"V"的语义特征要求分别为：V〔＋持续〕；V〔－终结〕；V〔＋弱持续，＋反复〕；V〔＋附着〕。"着"在动补/宾结构中的使用限制："V＋数量宾语"中V后一般不接"着"〔如：他喝（了/＊着）

---

① 戴耀晶（1991）研究发现，"着"具有非完整性，着眼于事件内部的观察，由此限制了时间词语、动量词语、动作结果词语与"着"的同现。持续性反映了事件过程的连续特征，部分瞬间动词与"着"同现含有动作重复或主体复数的语义。"着"的持续性限制了它与"成立""达到""跌""获得""毕业""死""停止""忘记""牺牲""遗失""遇到"等的瞬间结果动词同现；但"着"可以与部分表示动作性较强、较具体、具有可重复性的瞬间动作动词如"敲"同现。

一口水]①。"V＋结果补语"后不接"着"［如：我看清楚（了／＊着）黑板上的字)②。"V＋在＋处所"中V后不接"着"（如：那幅画挂＊着在墙上。"着"多余）。

东南亚留学生对"着"使用的语义制约条件的认知如何呢？为此，我们根据"着"的各种使用规则设计了9个句子（有错有对），另加5个句子作为干扰项，要求学生在课堂10分钟内对句子的正误进行判断。"V着"中"V"的语义特征要求分别为V［＋持续］（对应判断第2题、第3题）、V［＋附着，－持续］（对应第14题）、V［＋弱持续，＋反复］（对应第9题）、V［－终结］（对应第8题，句中"去"具有［＋终结］特征，后不接"着"，而应用"了"）。"V＋数量宾语"中V后不接"着"（对应第6题"我只喝着一杯咖啡，别的什么都没吃"，句中"着"应改为"了"）。"V＋结果补语"中V后不接"着"（对应第11题"我看清楚着黑板上的字"，句中的"着"应为"了"）。"V＋在＋处所"中V后不接"着"（对应第13题"那幅画挂着在墙上"，句中"着"多余）。

试卷回收后将学生的答题情况整理成表1：

表1　各阶段学生判断各种"着"使用条件的正确率③　　（％）

阶段	"着"对动词V语义特征的要求				"着"在动补/宾结构中的限制			总体
	［＋持续］	［＋附着，－持续］	［＋弱持续，＋反复］	［－终结］	"V＋数量宾语"中V不接"着"	"V＋结果补语"中V不接"着"	"V＋在＋处所"中V不接"着"	
初级	64	17	33	71	71	86	33	65
中级	46	32	68	79	68	79	26	55
高级	53	30	85	93	56	82	84	66
总体	50	29	73	85	62	81	52	

---

①　戴耀晶（1991）：句子表达的是限界事件，即该事件在时间上有一个内在的限定终结点（"一口"）。

②　戴耀晶（1991）："着"的非完整性还表现在它不与表示动作结果中的词语同现，因为动作有了结果，相应的事件就带上了完整性，与"着"的语义内容不相容。

③　正确率＝某学时段某类使用条件正确使用频次/该学时段某类使用条件考察总频次。

2.2 留学生对"V着"中动词V的语义特征的认知

整体情况：从表1可以看出，他们对"V着"中动词V的[－终结]特征在各阶段掌握都较好（准确率都在71%以上），这表明学习者已具备"'着'表持续"特点的基本意识，比较清楚地意识到"'着'表持续"意义与[＋持续]特征动词相互兼容，而与[＋终结]特征动词相冲突。但是，留学生对"V着"中动词V的[＋附着，－持续]特征在各阶段的认知始终不理想（准确率都在32%以下）。

各阶段变化：初级学生对于"着"前动词的[＋持续][－终结]特征较为关注，认知较好（准确率高），而对动词[＋附着，－持续]特征认知最差。中、高级阶段，越来越多的学生意识到"着"前动词也可以是[＋弱持续，＋反复]的语义特征（准确率提升）；但对于[＋持续]语义特征的动词的关注开始减少，表明在中、高级阶段，学习者关注重心开始转向非典型语义特征动词和"着"的搭配。

总体来说，对于"着"所附着的动词V语义特征的掌握呈现U状发展，中级学生并不如初级学生，高级学生掌握程度较初级有所提高。这说明随着汉语学时等级的提升（尤其是从初中级到高级），东南亚学习者对"着"的习得程度整体上会有提升，但在中期可能会出现停滞甚至倒退。

2.3 留学生对"着"在动补/宾结构中的使用限制的认知

从表1我们发现，在各阶段留学生中掌握最好的是"V＋结果补语"不接"着"这一限制条件，表明留学生对于"'着'表持续之意义和表完结之意义（结果补语）相冲突"有较好的认知。

在各阶段留学生中掌握最差的是"V＋在＋处所"中V不接"着"这一限制条件（许多学习者判断"V＋着＋在＋处所"结构是准确的）。经分析发现，这与学生母语的影响及"类推"策略不无关系。汉语中附着义动词（如：躺、挂、放）与处所短语共现时有两种语序：一是动词一般置于处所短语前即"V＋在N"，如"躺在床上"，V后排斥"着"。二是动词加"着"置于处所短语后即"在N＋V着"，如"在床上躺着"。而印尼语、泰语和越南语等只有一种形式即"V＋处所短语"，如：

汉　语：画挂在墙上。

　　　　画在墙上挂着。

印尼语：lukisan digantung di dinding.

　　　　画　被挂　　在　墙。

泰　语：รปภาพ แขวน อยู บน พนัง.

　　　　画　　挂　在　上　墙。

汉语中"在N"在V之前、之后，其表意重点略有差异："……V＋在N"（那幅画挂在墙上）表意重点在于突出"存在的地点"；而"……在N＋V着"（那幅画在墙上挂着）表意重点在于突出"存在的方式"。其实，两种句式中，"V"都有"附着"和"持续"语义特征，句子基本意义相同。因此学习者容易将两种结构等同为一，加上多数学习者母语常见的都是"在N"居动词性词语之后，因而学习者容易以为像"挂在墙上"此类结构若表示状态持续，需要在动词后加上"着"，出现规则错误类推，认为"画被挂着在墙上"句子是正确的。

从各阶段的变化看，"'V着'不接'数量+O'"和"'V+结果补语'不加'着'"这两条限制条件，均为初级习得最好，高级有所下降。对使用"着"限制条件的认知因缺乏持续的强化而逐渐弱化。

总体来说，东南亚留学生对于动补/宾结构限制条件的认知程度，要好于对动词V语义特征限制条件的认知。

3. 东南亚留学生所用各类"着"结构的习得顺序

3.1 东南亚留学生所用"着"的结构和意义类型

我们从暨南大学华文学院的留学生书面语语料库中，检索到印度尼西亚、越南、缅甸、泰国、菲律宾、柬埔寨、老挝、马来西亚8国留学生作文语料①中与"着"相关的句子1 717例，剔除"着"作结果补语（如：点着、睡着）和有凝结成词倾向的用法（如：接着、看着办）等，"着"作为动态助词的句子总共1 612例，初、中、高级分别为597、794、221例。

"着"表示动作或状态的持续，其中"动作的持续"是动态的持续，"状态的持续"是静态的持续（朱德熙，1982；戴耀晶，1991；陆俭明，1999；钱乃荣，2000）。"着"出现在不同的句法环境中，构成不同意义的句式，我们在李蕊、周小兵（2005）对于留学生"着"类结构归纳及统计的基础上结合所收集的语料情况，将语料库中东南亚留学生所用"着"的结构和意义类型归纳成以下六种：

表2 东南亚留学生所用"着"的结构和意义类型

"着"结构类型		"着"所在句的形式	例句
1. 基本句②	静态义	T1a：（状语）$V_{静}$着（+O）	白冒先生也带着他的狗。
	动态义	T1b：（状语）$V_{动}$着（+O）	他开心地大笑着。
2. 方式句③	静态义	T2a：（状语）$V_{1静}$着+V_2	他们正在椅子上坐着休息。
	动态义	T2b：（状语）$V_{1动}$着+V_2	大家哭着向家里的人告别。

① 其中印度尼西亚706例、越南506例、缅甸203例、泰国157例、菲律宾63例、柬埔寨41例、老挝40例、马来西亚1例。

② 基本句T1，只体现"着"的基本意义即"动作或状态的持续"，也是结构最简单的"着"字句式。

③ 方式句T2，除了"着"表"持续"的基本意义外，"V_1着"还表示后一动词所指动作行为的方式或伴随状态；结构上比句式T1稍复杂，"V_1着（O）"后面还有一个动词结构V_2。

（续上表）

"着"·结构类型		"着"所在句的形式	例句
3. 存现句①	静态义	T3a：处所 +（状语）$V_{静}$ 着 +O	小桌上放着一台电视机。
	动态义	T3b：处所 +（状语）$V_{动}$ 着 +O	烟囱里冒着浓烟。
4. 变化句②		T4：（状语）V_1 着 V_1 着（O）+V_2P	他看着看着（书）就睡着了。
5. 祈使句③		T5：V/A 着（+点儿）!	坐着! 看着点儿! 别饿着!
6. 叠用句④［两个"V着（O）"结构叠用，句式意义涵盖句式1、2、3、5种］		T6：（状语）V_1 着（+O）+V_2 着（+O）	她戴着帽子，穿着裙子，气质不错。//他带着微笑，一步步向前走着。//屋子里放着音乐，坐着不少宾客。

3.2 东南亚留学生所用各类"着"结构的使用频率

我们主要基于留学生书面语语料库来统计东南亚留学生初、中、高级阶段⑤的使用频次及相对使用频率，如表3：

表3 初、中、高级阶段留学生所用各类"着"结构使用频次、相对使用频率⑥

阶段	类型	T1a	T1b	T2a	T2b	T3a	T3b	T4	T5	T6	其他	总频次
初级	频次	281	96	108	45	35	6	1	3	5	17	597
	频率	47%	16%	18%	8%	6%	1%	0.1%	0.5%	0.8%	3%	
中级	频次	371	140	119	92	35	2	1	1	26	7	794
	频率	47%	18%	15%	12%	4%	0.3%	0.1%	0.1%	3%	0.9%	
高级	频次	132	39	27	9	8	0	0	0	6	0	221
	频率	60%	18%	12%	4%	4%	0	0	0	3%		
总频率⑦		49%	17%	16%	9%	5%	0.5%	0.7%	0.3%	3%	2%	1 612

---

① 存现句 T3，除了"着"表"持续"的基本意义外，"V_1 着"还表示事物存在或隐现的方式；整个句式表"事物的存在或隐现"义。

② 变化句 T4，句式结构与意义较有个性，以"V_1 着 V_1 着（O）+V_2P"这种较固定的结构，表示"在持续 V_1 的过程中出现了 V_2P 这种动作行为"这一意义。

③ 祈使句 T5"V/A 着（+点儿）"，除了"着"表"持续"的基本意义外，整个句式还表示命令或阻止的祈使意义。

④ 叠用句 T6，指一个句子中连用两个"V着（+O）"结构。

⑤ 初级阶段指学习了半年至一年汉语的学生；中级阶段指学习了一年以上两年以内汉语的学生；高级阶段指学习了两年以上汉语的学生。

⑥ 相对使用频率 = 该句式在阶段的使用频次/阶段所有句式使用总频次。

⑦ 总频率 = 该句式在各阶段的使用总频次/各阶段各句式使用总频次。

从表3可以总结出，各类"着"结构使用频率的高低顺序为：T1a > T1b > T2a > T2b > T3a > T6 > T4 > T3b > T5。使用频率高的是：基本句、方式句、静态存现句；使用频率较低的是：变化句、动态存现句、祈使句。静态句的使用频率高于动态句。初级阶段T1a和T2a相对使用频率均超过了T1b、T2b，静态句和动态句的比例为2.9：1；中级阶段的动态句比例有所上升，静动比为2.2：1；高级阶段静态句占比有所回升，静动比为3.5：1。初、中、高级三个阶段的各句式使用率分布大体一致。

3.3　东南亚留学生所用各类"着"结构的正确率

3.3.1　对自发生成语料（留学生书面语语料库作文语料）的考察

我们把东南亚留学生初、中、高级阶段各类"着"结构的正确率统计如表4：

表4　语料库中初、中、高级阶段各类"着"结构的正确率[①]　　　　　　　（%）

阶段	T1a	T1b	T2a	T2b	T3a	T3b	T4	T5	T6	其他	总体
初级	95	93	96	93	94	100	0	100	100	94	73
中级	93	91	97	98	97	100	0	0	81	43	51
高级	90	85	85	100	63		0	0	67	0	75
总计	93	91	95	96	92	100	75	75	81	83	

从表4中可以看出，各句式中正确率由高到低依次为：T3b > T2b > T2a > T1a > T3a > T1b > T6 > T5/T4。正确率高的是：动态存现句、方式句；正确率较低的是：叠用句、变化句、祈使句。各学习阶段的正确率从高到低分别为：高级阶段、初级阶段、中级阶段。

3.3.2　对强制性语境中使用"着"的语料（填空题测试语料）的考察

语料库中收集的语料在数量上各阶段分布不均衡，且可能存在留学生采用"回避"使用"着"的策略，误漏"着"或"着"与"了"及其他语言形式的混用等偏误无法搜索到。因此，我们对东南亚留学生进行了一次包含"着"出现的各种语境的填空测试，以便对其各类"着"结构的使用情况做更全面客观的分析。

测试题型为填空题，采用随堂练习的方式，对暨南大学华文学院初级D1班、中级上1班、本科三年级上商贸班的东南亚留学生进行测试，要求学生在15分钟内独立完成。本次测试共回收有效答卷60份，其中初级14份，中级19份，高级27份。填空题选取内容连贯的两段文字，将使用"着""了"的24处空出，其中包含"了"的空9处及3个干扰项。填空题中"着"出现的语境仍是以表1中六类"着"结构为

---

① 句式正确率＝句式正确使用频次/句式使用频次；阶段正确率＝该阶段各句式正确使用频次/该阶段各句式总使用频次。准确率为0的句式使用频次极少。

依据。"着"出现的句子如下：

T1a 静态基本句：家家大门都关着；路上的人们都穿着厚厚的大衣。T1b 动态基本句：急匆匆地走着。T2a 静态方式句：一个女孩穿着运动服在跳绳；一个歹徒拿着刀跑了进来。T2b 动态方式句：孩子们一个个哭着跑开了。T3a 静态存现句：她的衣服上写着几个汉字。T3b 动态存现句：草地上还有一群小孩在叽叽喳喳地叫喊着。T4 变化句：他跑着跑着，突然摔倒。T5 祈使句：站着！得看着点儿！T6 叠用句：旁边有几个小学生背着书包认真地看着他们玩儿。

将各类句式正确率统计如表5：

表5　填空测试中初、中、高级阶段所用各类"着"结构的正确率①　　　　（%）

阶段	类型								阶段总体	
	T1a	T1b	T2a	T2b	T3a	T3b	T4	T5		
初级	32	21	43	29	79	36	11	18	57	34.7
中级	34	5	39	26	42	16	37	39	47	34.6
高级	48	37	71	71	59	82	52	54	78	60.8
总体	40	23	54	47	58	50	36	41	63	

据表5得出"着"各句式正确率的高低排序为：T6 > T3a > T2a > T3b > T2b > T5 > T1a > T4 > T1b。正确率高的是：叠用句、静态存现句、静态方式句；正确率低的是：动态基本句、变化句、静态基本句。初、中、高级的正确率总体呈递增趋势，初级、中级正确率相当，到高级时有了大的飞跃，从中级的34.6%增加为60.8%。

强制性语境中使用语料与自发生成语料的正确率有差异。首先，语料库中各句式正确率（除个别句式正确率极低外，大部分句式在80%以上）普遍明显高于测试语料中正确率（绝大部分句式在60%以下），这说明在自发生成的情境下，学习者容易对把握不大的语言项采取回避使用的态度。李蕊（2004）也发现学习者在图片描述的情境下倾向于采取回避使用"着"的策略。

其次，语料库中正确率最高的是基本句，再是方式句，而测试语料中正确率最高的是叠用句，基本句的正确率反而排在了后3位。这种差异与学习者使用语言项目的条件和环境相关：语料库是学生的作文，是学生自发创作的句子，在这种情况下，熟悉度高的、结构和意义简单基本的优先输出。也就是说，在汉语本族语中频率高、教

---

① 正确率＝某学时段某句式正确使用频次/该学时段该句式总频次。

学中训练多、学生熟悉度高的方式句和基本句使用率与准确率高。而在测试时在强制性语境中使用语言项，基本句的正确率低，这是因为学生在动词后倾向于搭配自己熟悉的、意义较实在的宾语或其他词语，如正确率较低的 T1b 动态基本句，初级、中级学生大部分分别将"走着"误填为自己熟悉的"走去""走路"。这表明学生对于"着"的意义及使用条件还未很好地习得，对"着"的熟悉度低。但是，测试语料中叠用句的正确率高也许令人意外，不过，测试句"……背着书包认真地看着他们玩儿"中前一"V 着 O"（背着书包）表示后面动词结构所指的方式。这其实和语料库中正确率较高的是方式句情况有相通之处，由此看来，学生对于"着"方式句的意义和结构的印象较深。

3.4 东南亚留学生所用各类"着"结构习得顺序及其影响因素

3.4.1 东南亚留学生所用各类"着"结构习得顺序及"发展"的趋向

一般认为，学习者使用某一语言项目正确率越高，说明其习得效果越好，或其习得难度越低。但据 Schachter（1974）对汉语和日语为母语的二语学习者使用关系从句的研究，学生更倾向于使用比较熟悉和对他们而言比较简单的句式，从而有可能产生更多的偏误，导致正确率低；而对于比较陌生和难度较大的句式，他们可能尽量少用或回避使用，用其他结构替代以减少偏误，导致正确率高。因此，应该结合准确率和使用率来综合考察各语言项的习得难度或习得顺序。

我们综合语料库语料中各"着"结构的使用频率排序（T1a > T1b > T2a > T2b > T3a > T6 > T4 > T3b > T5）、正确率排序（T3b > T2b > T2a > T1a > T3a > T1b > T6 > T5/T4）和测试语料中正确率排序（T6 > T3a > T2a > T3b > T2b > T5 > T1a > T4 > T1b），即将各结构的三种排序序号相加之和进行由低到高的排序，得出各类"着"结构的习得顺序为：T2a > T2b > T1a/T3a > T3b > T6 > T1b > T4/T5，即静态方式句 > 动态方式句 > 静态基本句/静态存现句 > 动态存现句 > 叠用句 > 动态基本句 > 变化句/祈使句。

从各类"着"结构的习得顺序可以看出其习得"发展"的趋向：整体上，东南亚学生对于结构简单且意义基本的基本句、方式句习得程度高，对意义非基本的且结构较独特的祈使句、变化句习得程度低。

从初级到中级、高级呈现出"着"结构习得由简单到复杂的发展趋势，具体表现为：

从静态意义向动态意义的发展：各句式中表状态持续的静态意义的习得顺序基本先于该句式的动态意义。

从意义基本的句式向意义非基本的句式发展：方式句的习得程度最好，其次是表"着"的基本意义（状态或动作的持续）的基本句 [V 着 +（O）]、存现句。意义非基本的祈使句 [V 着 +（O）!]、变化句 [V_1 着 V_1 着 + V_2] 习得程度最低。

从结构简单句式到结构复杂句式的发展：结构相对复杂的叠用句、变化句使用率和正确率相对低，习得程度相对低。

3.4.2 东南亚留学生所用各类"着"结构习得顺序的综合影响因素

一是语言的自然度或标记性的影响。人们倾向于先习得较普遍的无标记形式（使用频率相对高、结构更简单、意义更基本的语言项），再习得有标记形式（Hatch，1983）。静态义基本句、方式句、存现句的相对使用频率分别为49%、16%、5%，动态义基本句、方式句、存现句的相对使用频率分别为17%、9%、0.5%（见表3），静态句使用频率普遍高于动态句，其原因主要在于汉语本族语中"着"的静态句多于动态句，两者的使用比率约为4∶1①。另外，从语法化进程看，"着"由动词逐步虚化为语法次范畴"状态与动作持续"的过程中，先有"状态持续"之静态义"着"，后有"动作持续"之动态义"着"（刘宁生，1985）。因此，从使用频率及意义的基本与非基本性质看，动态义的"着"结构的标记性比静态义的"着"结构更强，习得难度更大，学习者使用率更低。同理，变化句、叠用句、祈使句相对于基本句、方式句、存现句，句法结构和意义更复杂和更非基本，认知难度更高，故学习者使用频率更低。

二是句子结构的复杂度和形式的明晰度的影响。叠用句、变化句、祈使句叠用习得靠后，原因是：叠用句"……（状语）V_1 着（＋O）＋V_2 着（＋O）"和变化句"……（状语）V_1 着 V_1 着（O）＋V_2P"结构相对基本句更复杂，需要使用两个"V着（＋O）"形式。祈使句"V/A 着（点儿）"可以单独做谓语，也可以用在"得/要/应该"等助动词之后（要慢着点儿！）；可以用在另一个动词之前做状语（别躺着看书！），还可以跟在另一动词后面做补语（躲远着点！）（高顺全，2008）。因此，句子结构及出现的句法环境相对复杂，且附加了"祈使"意义（要求或劝阻某种状态的持续），故习得难度相对高。而基本句、方式句和存现句结构相对简单，其中方式句"V_1 着 O（方式/伴随情状）＋V_2"，结构形式特征凸显，且在汉语本族语中的出现频率高，意义认知难度也不高，较容易习得。

三是汉语本族语的使用频率的影响。汉语本族语中基本句、方式句、存现句的使用频率分别为46%、36%、7%，祈使句、变化句的使用频率分别为0.7%、3%。这可能导致基本句、方式句和存现句的输入量要大于祈使句与变化句，而学习者更容易习得输入率高因而熟悉度高的语言项。因此，学习者基本句、方式句、存现句使用率、准确率较高，祈使句和变化句使用率、准确率较低。

四是意义认知难度的影响。变化句 T4"……（状语）V_1 着 V_1 着（O）＋V_2P"语义上指"动作或状态持续进行的过程中出现某种变化"，意义上比基本句"V 着（O）"更复杂，且带有生动意味，可以把正在进行的动作加以强调地展示出来（王继同，1990）。祈使句"V 着（点儿）"用持续体（一般祈使句主要用于未然体）来表示祈使，即说话人对听话人的命令、请求或提醒等，其中"V 着点儿"是一种语气委

---

① 汉语本族语书面语料数据取自老舍《四世同堂》，总字数 724 086 字，其中含"着"2 672 处。后同。

婉、礼貌等级较高的祈使句（高顺全，2008）①，意义难度高。所以，学习者祈使句和变化句使用率与正确率最低。相比而言，基本句、方式句、存现句和意义更基本、普遍，认知难度低，尤其方式句语际普遍性程度高，学生容易掌握，其使用率和正确率排序靠前。

五是受语言点教学时段的影响。一般对"着"的教学基本安排在初级阶段上第一学期靠后阶段进行，如杨寄洲的《汉语教程》安排在第2册（上）第10课，包括"着"表动作行为的持续、状态的持续两种意义。练习主要针对基本句、方式句、存在句三种，学生对于课堂上学习的知识点能更有意识地使用和练习，从而掌握得更好。

4. 东南亚留学生对"着"的动态习得过程

我们对"留学生书面语语料库"语料和填空测试语料进行定性与定量分析（使用频率和正确率），看初、中、高各阶段"着"的准确度②、结构复杂度或句式丰富度的纵向变化。

4.1 初级阶段

准确度：除了T3a、T6准确率在57%以上外，其他结构的准确率都偏低，阶段总准确率低（34.7%）。此阶段突出的偏误类型是"着"误漏、与"了"等之间误代、"着"误加。

"着"误漏主要存在于动态方式句T2b、动态存现句T3b、变化句T4和祈使句T5中。误代主要是"着""了"两个相似项的误代，占误代偏误的50%，如：

（1）＊这三层描写着从欲望的世界解脱出来的世界。（印尼）

"着"误加主要由语内泛化（过度使用）导致，如：

（2）＊叫我们一起去本部哀悼着。（印尼）

丰富度："着"结构的类型，经历了从初级上"一枝独秀"（只使用格式T1a）到初级下"百花齐放"（六种类型都使用）。相比而言，结构和意义简单、基本的基本句与方式句使用率高，其中静态义的习得好于动态义。意义非基本的祈使句、表"动

---

① 高文观点："V着"中的"着"虽然也表示持续，但兼有一定的结果补语性质。一般祈使句主要用于未然体，而"V着点儿"则用于持续体，包括确定的时间段内的持续、不确定的时间段内的持续甚至是惯常情况下的持续。这种句式很可能是汉语特有的。这些观点表明祈使句意义复杂、语言普遍性差。

② 因语料库语料存在回避使用现象，句式正确率变化主要根据填空测试语料的统计表5。

作持续过程中出现情况变化"的变化句,以及结构较复杂的"叠用句"使用率极低,仍处于尝试使用阶段。

"着"前动词和形容词"V/A"种类丰富,共出现 200 种,其中单音节 123 种,双音节 77 种。结果体的"着"[1] 前动词所占比例最高,占 54%,其中带有"拿着、搬着、带领"义的"V 着"出现频率最高;进行体的"着"前动词次之,占 42%,其中五官动作义的"看/听着"使用频率最高,表心理义的"想着"等出现频率也很高;未完成体的"着"前动词占 4%,出现了"保持/标志/衬托/充满/代表 + 着"等标记性强、习得难度大的结构。

复杂度:"V 着"所在句具有一定的复杂度,如"V 着"前有状语、定语,后带宾语,"V 着 O"做定语等结构都有较高的使用频率,甚至出现了几种结构的混合,还出现了结构复杂的连动句,如:

(3) 但她始终不知道那只一直伴随着他的狗是上帝派下来的。(印尼)

(4) 他的头也一直看着地下觉得很痛苦。(越南)

(5) 另外一个车已经等着来接我们了。(印尼)

以上种种都说明,在初级阶段,东南亚留学生开始"有系统"地、非"公式化"地使用"着"了。

4.2 中级阶段

准确度:动态基本句 T1b、存现句 T3 的准确率明显下降,变化句 T4、祈使句 T5 准确率明显提高。阶段总准确率和初级阶段一样偏低(34.6%)。此阶段突出的偏误类型是:"着"误加、动词搭配错误、"着"与补语成分混淆。

"着"误加中新增了名词和介词后误加"着"的偏误,如:

(6) *人人都要他们的住所着干净为了接春节。(越南)

(7) *对着他有开心还是有可怜的感觉。(泰国)

(8) *她们凭着学生证可以买半价的门票。(印尼)

"着"与动词搭配错误,主要是对动词的单双音节形式选择不当,如:

(9) *公园里面满着小孩子说话声和笑声。(越南)

---

① 结果体、进行体、未完成体的划分和归类参照李里(2008)。汉语"V 着"结果体的意义可以描述为:[+结果、+完结、+状态],进行体是在参照时间正在进行的动作,未完成体的动词表示的是一种"绝对状态",往往反映一种关系或者性质。

也有因"VV"结构错误类推的"VV 着"结构，如"摇摇着""摸摸着""敲敲着"。语料库语料中该阶段没有出现"着"和"了"混用的偏误，但出现了 10 例动词后"着"误代补语"到/在/得/地/好/完"等的偏误。如：

（10）＊我找到了房间以后马上放着我的行李。（印尼）

（11）＊她在教室里坐着最后面。（泰国）

以上偏误率、偏误类型的增加，与此阶段尝试使用各种新的语言形式有关系。

丰富度：各类"着"句式使用率分布大体和初级阶段一致，其中静态基本句 T1a 的使用率依然最高（初、中级均占 47%）。结构复杂的叠用句 T6 使用频率有所提高（由 0.8% 提高到 3%，见表 3）。动态句使用频率（合计 30.3%）较初级（合计 25%）有所上升。

"着"所附着的"V/A"种类为 206 种，其中单音节 150 种，双音节 56 种，新增了一些双音节词，如"凝视着""微笑着"等。出现了较多描写优美的句子，这是初级阶段没有的，如：

（12）泥土混着小草的芳香。（泰国）

（13）水里倒映着美丽的画面。（泰国）

结果体、进行体、未完成体的"着"前动词所占比例分别为 53%、45%、2%，这与初级阶段相似。

复杂度：句子的结构复杂度有所提高，如出现不少连动句、兼语句中镶嵌着"着"的叠用句：

（14）我站起来叫哥扶着我慢慢地滑着。（越南）

（15）有时候有一位售票员在那儿坐着看着我们把零钱放进钱箱。（印尼）

4.3 高级阶段

准确度：各句式在此阶段正确率普遍显著提高，尤其是方式句 T2、动态存在句 T3b、叠用句 T6。阶段总准确率显著提高，达 60.8%。此阶段"着"与"了"混用的偏误比较突出，填空测试语料中基本句 T1、静态存现句 T3a、祈使句 T5 都出现了 8 例以上。动词搭配类偏误中，出现了"重叠式 VV + 着"：

（16）让他们闪闪烁烁着。（越南）

丰富度：因语料库样本的限制，"着"句式种类有所减少，从中级的9种减少到6种，动态存现句、变化句、祈使句都没有出现。附着的"V/A"种类（82种）低于初、中级（200种以上），其中单音节58种，双音节24种。结果体、进行体、未完成体"着"前动词所占比例分别为53%、37%、10%，进行体、未完成体"着"前动词比例有所提高。

复杂度：由于语料库样本的限制，句子总体复杂度相对于初、中级没有较大的提高，"着"前加状语、定语，后加宾语，"V着O"做定语等复杂结构仍有较高的出现频率，出现了紧凑的镶嵌结构，如叠用句和方式句的套叠句：

（17）您跟着爸爸过着庄稼的生活。（印尼）

5. 结语

据语法判断发现，东南亚学生对于"着"所附着的动词具有［－终结］特征，含终结意义的"V＋结果补语/宾语"和"表持续意义的'着'"相冲突有清醒的意识；对于"着"前动词可为［＋附着］语义特征及"V＋在＋处所"V后不加"着"的限制条件的认知比较模糊。

据自发生成和强制语境使用语料的定性定量分析，归纳出东南亚留学生各类"着"结构习得顺序为：静态方式句＞动态方式句＞静态基本句/静态存现句＞动态存现句＞叠用句＞动态基本句＞变化句/祈使句。习得顺序反映难度顺序，主要受句子结构及意义的复杂度、形式的明晰度等语言的自然度或标记性及汉语本族语使用频率的影响。

东南亚留学生在初、中、高三阶段"着"习得的动态变化过程为：准确度上，在自动生成语料时因回避策略"着"的准确度高，在强制性语境中使用"着"的准确率比较低。初、中、高三个阶段整体准确率呈现U状变化。"着"误漏在中级消失，"着"误加在高级消失，V后"着"与"了"/补语等误代的偏误却持续始终。基本句和方式句在各阶段均习得较好。

丰富度和复杂度上，自初级阶段开始，"着"的类型就已经"百花齐放"，"着"所附着的"V/A"种类较丰富；"V着"前加状语、定语，后加宾语，"V着O"做定语的句子频率颇高。到中、高级阶段，叠用句、方式句使用率有一定的提高；句子复杂度有所加强，有连动句、兼语句中镶嵌着"着"的叠用句、叠用句和方式句的套叠使用等，但这种纵向进展不是很明显。

参考文献

［1］戴耀晶，1991. 现代汉语表示持续体的"着"的语义分析［J］. 语言教学与研究（2）.

［2］高蕊，2006. 欧美学生汉语体标记"了""着""过"的习得研究［D］. 北京：北京语言大学.

［3］高顺全，2008. 表祈使的"V 着点儿"的来源和语法化［J］. 语言研究，28（2）.

［4］李里，2008. 现代汉语中"着"的体貌用法研究［D］. 北京：北京语言大学.

［5］李蕊，周小兵，2005. 对外汉语教学助词"着"的选项与排序［J］. 世界汉语教学，19（1）.

［6］李蕊，2004. 对留学生"着"习得情况的调查分析［J］. 云南师范大学学报（对外汉语教学与研究版），2（1）.

［7］刘丽华，2007. 动态助词"着"的对外汉语教学研究［D］. 长沙：中南大学.

［8］刘宁生，1985. 论"着"及其相关的两个动态范畴［J］. 语言研究，5（2）.

［9］刘瑜，2010. 韩国留学生汉语持续体"V 着"的习得考察［J］. 语言教学与研究（4）.

［10］陆俭明，1999. "着（·zhe）"字补议［J］. 中国语文（5）.

［11］钱乃荣，2000. 体助词"着"不表示"进行"意义［J］. 汉语学习（4）.

［12］王继同，1990. 论动词"V 着 V 着"重叠式［J］. 汉语学习（2）.

［13］薛晶晶，2003. 现代汉语动态助词"了""着""过"的对韩教学研究［D］. 南宁：广西大学.

［14］朱德熙，1982. 语法讲义［M］. 北京：商务印书馆.

［15］HATCH E，1983. Psycholinguistics：a second language perspective［M］. Rowley，Mass：Newbury House.

［16］SCHACHTER J AN，1974. Error in error analysis［J］. Language Learning（24）.

【作者简介】

丁雪欢，暨南大学华文学院汉语系教授，博士，研究方向为现代汉语语法和汉语第二语言习得及教学。曹莉敏，暨南大学华文学院 2012 级硕士研究生，研究方向为第二语言教学。

现代汉字笔画系统简化刍议

苏印霞　王汉卫
（暨南大学华文学院）

1. 引言

汉字简化最主要体现在笔画的简化上，理论上，笔画的简化似乎应该（或者说也可以）包含笔画系统的简化。那么，简化字笔画系统是怎样的？跟繁体字相比有什么变化？存在哪些问题？是否有瘦身的可能和必要？当下来看，对这些问题的深入认识关涉到如何认识和评价现形简化字；长远来看，将对汉字的进一步规范、汉字的传承与传播都有着至关重要的意义。就我们掌握到的文献，关于笔画的讨论主要集中在笔画的定类、定名和定序上，例如傅永和（1992）、徐莉莉（2005、2006）、易洪川（2002）、陈子骄（2011）、赵遗夫（1978）、文宪（1999）、姜光辉（1996）、张威（1998）、马显彬（1999、2000）等，仅费锦昌（1997）《现代汉字笔画规范刍议》一文中有部分篇幅涉及了笔画系统的简化问题，而专门就此论题展开讨论的文献我们则尚未看到。

笔画是汉字构形的基础，深刻地影响着汉字初学者的感受，跟汉语、汉字的国内外教学息息相关，因此，笔画系统的简化是一个值得关注的问题。

2. 常用范围内现行简化字的笔画系统

根据我们对 3 000 常用字（《汉语国际教育用音节汉字词汇等级划分·汉字表》宋体）的统计，可知共包含 32 种笔画：

表 1　现代汉字 32 种笔画及其使用频率

排序	笔画	使用次数	使用频率（%）	排序	笔画	使用次数	使用频率（%）	排序	笔画	使用次数	使用频率（%）	排序	笔画	使用次数	使用频率（%）
1	一	7 687	27.11	9	丿	550	1.94	17	乀	82	0.29	25	㇈	22	0.08
2	丨	4 813	16.97	10	㇕	441	1.56	18	乚	78	0.28	26	㇋	21	0.07
3	丿	4 661	16.44	11	㇄	349	1.23	19	㇀	77	0.27	27	㇅	20	0.07

253

（续上表）

排序	笔画	使用次数	使用频率（%）	排序	笔画	使用次数	使用频率（%）	排序	笔画	使用次数	使用频率（%）	排序	笔画	使用次数	使用频率（%）
4	、	3 936	13.88	12	㇒	316	1.11	20	㇄	63	0.22	28	㇉	14	0.05
5	㇕	1 852	6.53	13	㇖	314	1.11	21	㇌	62	0.22	29	㇇	4	0.01
6	丶	939	3.31	14	㇙	212	0.75	22	㇈	47	0.17	30	㇆	1	0.00
7	㇀	798	2.81	15	㇗	161	0.57	23	㇒	41	0.14	31	㇅	1	0.00
8	㇆	678	2.39	16	㇋	89	0.31	24	㇋	28	0.10	32	㇄	1	0.00

这 32 种笔画就构成了宋体"常用字"的笔画系统。张静贤（1987）统计了《印刷通用汉字字形表》的 6 196 字，所得笔画 31 种，没有㇄，"撇折"的笔形描写是㇒，例字是"公"，其余笔画跟上表完全一致。这说明即便在"通用字"范围内，汉字的笔画也还是这样一个系统，而且据张静贤（1987）的统计，各笔画种的使用频率跟上表也大体一致。

着眼于"简化"，这个笔画系统有如下三个问题值得关注：

第一，新增笔画。跟繁体字的笔画系统相比，多出了㇙、㇄这两个以前没有的笔画。关于㇄，费锦昌（1997）认为是"在'少一笔总比多一笔好'的简化观念指导下，片面追求笔画数的减少"的产物。徐莉莉（2005）则认为㇄不是新增笔画，例字是"矢、奥"，我们认为㇄、㇒差异较大，而且"矢、奥"是 GB13000.1 字符集内才出现的罕用字，所以本文赞同费锦昌（1997）的观点，认定㇄为新增笔画。另有文献认为"汤"的折笔、"发"的第一笔也是新增笔画（曾性初等，1965），我们认为这两个笔画跟"乃、牙"的折笔是同一个笔画的自由变体，不算为新增笔画。

第二，个案笔画。主要是㇙、㇆、㇅这三个笔画，都只出现在一个字中（凹、凸、鼎）。即便在繁体字中，㇙、㇆也是严格意义上的个案，㇅也不过是另外出现在"與、譽、舉"等个别字中，而且由于繁体字笔形并没有严格的规范，有的字体"與"等并不是㇅，而是完整的"竖折折钩"。新增的㇄实质上也是个案笔画，它只出现在"专"以及由"专"做偏旁的"传、转、砖"中（通用字范围内还有一个"抟"）。

第三，近似笔画。近似度较高而使用率很低的笔画至少有以下几组：

（1）㇒、㇄。㇒的使用频率是 1.11%，㇄的使用频率只有 0.22%。这两个笔画的差异之小甚至常常不被学术界注意，传统上，"撇折"这个笔画名称实际上包含了

⺄、⺄这两个笔画，大多数"笔画表"的撇折笔形是⺄，例字是"红、云"一类的字，也有个别"笔画表"笔形是⺄，而例字却是"么、系"等（胡裕树，1995：161）。

（2）⌐、⌐。⌐的使用频率只有 0.10%，⌐的使用频率是 0.57%。⌐仅出现在"四、西、酉"以及它们充当部件的字中，其中，0.10%的使用频率主要是"酉"作为部件实现的。⌐主要使用在"凵、匚"作为偏旁的字中，另外还有"断、继"等字。

（3）⺄、⺄。⺄的使用频率仅有 0.17%，主要使用在"九、丸、几、凡"以及由它们做部件的字中。⺄的使用频率更只有 0.08%，主要使用在"气、风、飞"等字以及由它们进一步构成的字中。

（4）⺄、⺄。⺄是个案笔画，横折弯也不多，使用频率仅为 0.07%，主要使用在"几"作为部件的字中，如"朵、没、沿"等。

3. 从"系统性"看笔画系统的简化

上面列出的四对近似笔画，其差异都仅仅是审美层面的，而不具有区别意义的作用，合并它们并不会引发字形上的冲突，也不会引起现行简化字的再认读。

例如"红、允、云"的⺄完全可以写成⺄，只不过根据空间调整横笔的长短而已。同样，将"四、西、酉"的⌐写成⌐也只不过是根据空间调整横笔的长短而已，既不会对当事字的认读有任何影响，也不会跟其他字有任何冲突。⺄、⺄的情况也一样，且不说不同字体之间各行其是，例如"丸"（宋体）、"丸"（幼圆）、"丸"（方正姚体），即便在宋体内部，⺄、⺄也不乏"混搭"的例证，"九"是横折弯钩，"九"的再生字（仇杂染等）仍然是横折弯钩；"丸"也是横折弯钩，而"丸"的再生字（执势热熟等）却变成了横捺钩。不同的笔画研究者对⺄、⺄的认识也不同，不同中又显示了"挺⺄抑⺄"或者"不加分别"的倾向。我们曾经对张志公、胡裕树、邢福义等 10 家"汉字笔画表"进行了统计（王汉卫等，2012），⺄10 家都有，而⺄仅见于 6 家，另外再如曾性初等（1965）"横折弯钩"的例字是"风"（实际是横捺钩），文宪（1999）"横折弯钩"的例字是"九飞乙"（包含了横折弯钩和横捺钩）。⺄、⺄差别更小，⺄还是个案笔画，不必赘言。

当然，多样性是审美的需要，而对审美的强烈追求也是汉字的特点之一，但如何权衡文字的审美性和功能性（特别是作为规范的字体），这就需要站在系统性的高度。正如汉字要简化，笔画系统在满足区别意义的前提下，总体上也宜以简化为追求，否则可能不利于笔画乃至汉字、汉语的学习，这是一个平衡的艺术。

一个至少令本文笔者感到震惊的事实是，我们曾在中国大学生、研究生，以及学习汉语的外国学生中做过多次调查，即便不限时，写到想不出为止，也没有一个人能够完整写出上表所列的 32 种笔画，一般能顺利写出的笔画不足 20 个。下文是我们最近就 44 位汉语国际教育研究生所做的一次调查记录，忆写时间为 2 分钟（一般速度书写 26 个大写拉丁字母用时不足 30 秒）：

表2　笔画的忆写分组数据

内容	分组数据										总计
忆写出的笔画种	13	14	15	16	17	18	19	20	21	22	—
人数	1	7	6	7	6	5	6	2	3	1	44
忆写出的笔画种×人数	13	98	90	112	102	90	114	40	63	22	744

表 2 显示，大多数人能够忆写出的笔画集中在 14~19 种，44 人平均（744/44）忆写出的笔画为 16.91 种，具体数据如下（单纯笔画全部能忆写出，从略）：

表3　26 个复合笔画的忆写数据

排序	笔画	忆写人数	占总人数之比（%）	排序	笔画	忆写人数	占总人数之比（%）
7	亅	22	50.00	20	㇇	7	15.91
8	㇆	21	47.73	21	㇌	7	15.91
9	㇀	19	43.18	22	㇂	6	13.64
10	㇕	18	40.91	23	㇃	6	13.64
11	㇄	17	38.64	24	㇋	6	13.64
12	㇇	14	31.82	25	㇅	6	13.64
13	∟	13	29.55	26	㇗	4	9.09
14	㇔	12	27.27	27	㇉	4	9.09
15	㇙	12	27.27	28	㇡	4	9.09
16	㇈	11	25.00	29	㇍	4	9.09
17	㇓	11	25.00	30	㇊	3	6.82
18	㇆	10	22.73	31	㇟	2	4.55
19	㇚	7	15.91	32	㇌	1	2.27

表 3 显示，总体上，26 个复合笔画全部得到了忆写，但 20 人以上忆写出的笔画是 亅（22 人）、㇆（21 人），11~20 人忆写出的笔画也仅有 9 种，除了 ㇈，全部在按使用频率排序的前 16 位（请参照表 1），这充分显示了笔画的使用频率对忆写的影响。

与此同时，乙、乚这两个使用频率并不是最低的笔画却排在了最后，显然，这跟它们非常模糊的特征也有着密切的关系。

有趣的是，上文所言 10 家"汉字笔画表"笔画总计高达 46 种，而 10 家共有的笔画恰好也是 17 种，它们是：丶一丨乀乁乛乚乁乁乚乙乚丿乀乀乀乚（"撇"因为被各家分化为平撇、竖撇、斜撇、撇点，而未有其中任何一个能成为共有笔画）。其中有 4 种跟我们调查忆写出的不同，它们是：乁乀乀乚。

汉字用户对笔画系统的记忆程度差、共识程度差，系统本身首当其冲应该是我们思考的对象。显然，过于少用的笔画、过于形近而不具有区别意义作用的成对笔画，影响到了包括汉语二语者、一般汉语母语者乃至汉语研究者在内的所有汉语当事人。王惠萍等（2003）研究表明，"频率高的笔画容易识别，频率低的笔画不易识别。这表明，和字、词、部件识别一样，笔画识别也具有频率效应"。从上文来看，"影响"显然不限于"识别"，而是延续至汉字用户对笔画系统的整体把握。

英语里面有这样的句子：The quick brown fox jumps over a lazy dog.（那只敏捷的棕色狐狸从一条懒狗身上跳过），9 个单词包含了全部 26 个字母，而我们似乎无法编制出一个这样简单的句子来囊括所有的笔画。这样的结果也许并非偶然，表 4 是 26 个拉丁字母在英语中的使用频率：

表4　26 个拉丁字母在英语中的使用频率[1]

字母	使用频率（%）	字母	使用频率（%）	字母	使用频率（%）	字母	使用频率（%）
E	12.25	S	6.36	U	2.58	K	0.41
T	9.41	H	4.57	F	2.26	X	0.21
A	8.19	D	3.91	G	1.71	J	0.14
O	7.26	C	3.83	W	1.59	Q	0.09
I	7.1	L	3.77	Y	1.58	Z	0.08
N	7.06	M	3.34	B	1.47	—	—
R	6.85	P	2.89	V	1.09	—	—

比较表 1 和表 4，得到表 5：

---

① 以上数据来自百度百科，维基百科也有类似数据，略有出入。

表5　笔画和字母按使用频率的分布情况

按单个笔画/字母的使用频率分组	笔画			字母		
	数量	占笔画总数（%）	使用频率（%）	数量	占字母总数（%）	使用频率（%）
10% 以上	4	12.50	74.40	1	3.85	12.25
1% ~ 9.99%	9	28.13	21.99	20	76.92	86.82
0.1% ~ 0.99%	11	34.38	3.32	3	11.54	0.76
0.01% ~ 0.09%	5	15.63	0.28	2	7.69	0.17
0.01 以下	3	9.38	0.01	0	0	0
总计	32	100.00	100.00	26	100.00	100.00

表 5 显示，26 个字母中使用频率在 1% ~ 9.99% 的有 20 个，占字母总数的 76.92%，占使用频率的 86.82%。笔画恰恰相反，32 个笔画中仅"横、竖、撇、点" 4 个平笔形笔画就占到了使用频率的 74.4%，如果向下延续至捺、提（中间插入了一个"横折"），一共 7 个笔画，却占到了使用频率的 87.05%。显然，相较于拉丁字母，笔画的分布情况较不理想。

汉字用户对笔画的记忆不理想很可能跟多种因素有关，例如笔画没有简明的称呼，没有确定的顺序等，而 1% 甚至 1‰ 以下的低使用频率，以及某些笔画种之间的低区别度等恐怕也难辞其咎。

理论上，一个相对简明、区别度高、应用度（使用频率）分布合理的笔画系统对汉字的教学、习得和规范都非常重要。所以，从笔画系统性的高度来看，简化汉字的笔画体系应该做到：

（1）原则上不新增笔画种，特别是不新增罕用笔画种。

（2）繁体字中的个案笔画可以借简化的契机消除。

（3）形似且不区别意义的成对笔画可以考虑合并，特别是这类笔画中使用频率不高者（一对都不高或其中的一个使用频率不高）。

上述讨论到的"问题"笔画中，∠ ㇏、 ㄴ ㄴ、乁 乁 这三对笔画，综合考虑笔形的清晰度、书写的易把握程度等，可以将 ∠ 合并到 ㇏，将 ㄴ 合并到 ㄴ，将 乁 合并到 乁——这 3 对笔画的合并完全不会引起汉字的重新认读。乁、㇊、㇙、㇅ 是个案笔画，可以想办法消除——消除这 4 个笔画在"通用字"范围内仅引起 8 个字（凹、凸、鼎、专、传、转、砖、抟）的重新认读——甚至也可以不必引起重新认读，按照费锦昌（1997）的建议，只需将这些笔画分解，并将它们从笔画系统中移除即可。新增的 ㇉ 使用频率较高，姑且不论。这样，笔画系统即由 32 缩减为 25，大幅减少了 21.9%。

4. 不是结论的"结论"

从上文的分析来看，笔画系统的简化既有必要进行，也较容易进行。所谓"有必要"，一方面是因为它有极大的简化空间；另一方面是简化后，汉字的难度会进一步降低。所谓"较容易"，是因为它既容易在技术上实现，又可以回避带来重新认读的麻烦，应该不会引起汉字用户的反弹。

汉语正在加速走向世界，汉语不难汉字难，汉字这幅"画"令字母文字的人望而生畏，极大程度上累及了二语者（甚至我们自己）对汉语学习难度的认识和评价。单字笔画的众寡和结构方式固然是影响汉字这幅"画"的重要因素，更为基础的因素还是笔画系统的面貌，假如只有横竖两种笔画，再怎么"画"也不会是"一幅画"。可见，笔画系统的简化应该是汉字简化工作的重要组成部分，如何使其既较好地延续传统，又更好地面向当代、服务于传承和传播，是一个值得学术界关注的基础问题。

笔画系统的简化不仅是一个学术问题，"规范"资质的汉字笔画表的颁布将会是语言文字规范史上的一件大事，需要学术界及社会各界的广泛参与，充分讨论，不宜匆忙行事。在"规范笔画表"尚未颁布之前，我们不妨回头看看较早前存在过的笔画表，历史对我们采取眼下的"权宜之计"早有启发：

"'文化革命'前小学语文课本所附《汉字笔画名称》，计收笔画二十一种"（赵遹夫，1978）。本着"笔画表应把常用笔画尽可能收进去……而不常用的、组合率很低的笔画，则应去掉，使之尽可能简明"，赵遹夫本人开列的笔画表也仅为 24 种。

这样的笔画表就是"教学笔画表"而不是"描写笔画表"。对汉语教学，特别是汉语二语教学而言，"教学笔画表"尤其值得关注。

参考文献

［1］陈子骄，2011. 对外汉语教学视角下的汉字笔画分类［J］. 大连教育学院学报，27（1）.

［2］费锦昌，1997. 现代汉字笔画规范刍议［J］. 世界汉语教学，11（2）.

［3］傅永和，1992. 汉字的笔画［J］. 语文建设（1）.

［4］胡裕树，1995. 现代汉语：重订本［M］. 上海：上海教育出版社.

［5］姜光辉，1996. 汉字笔画系统管见［J］. 北华大学学报（社会科学版）（7）.

［6］《汉语国际教育用音节汉字词汇等级划分》课题组，2010. 汉语国际教育用音节汉字词汇等级划分［M］. 北京：北京语言大学出版社.

［7］马显彬，1999. 试论笔画名称的规范化［J］. 语文建设（1）.

［8］马显彬，2000. 试论笔画定序的规范化［J］. 龙岩师专学报（2）.

［9］王汉卫，苏印霞，2012. 论对外汉语教学的笔画［J］. 世界汉语教学，26（2）.

［10］王惠萍，张积家，张厚粲，2003. 汉字整体和笔画频率对笔画认知的影响［J］. 心理学报，35（1）.

［11］文宪，1999. 汉字笔画名称的统一与规范［J］. 四川教育学院学报，15（C2）.

［12］徐莉莉，2006. 汉字笔画规范（楷、宋、仿、黑）方案（征求意见稿）［J］. 中国文字研究（1）.

［13］徐莉莉，2005. 现行汉字笔画规范札记［J］. 中国文字研究（1）.

［14］易洪川，2002: 从笔画研究看现代汉字字形研究的问题［A］∥汉语口语与书面语教学——2002 年国际汉语教学学术研讨会论文集［C］. 北京：北京大学出版社.

［15］张威，1998. 论汉字笔画的分类标准与命名方式［J］. 甘肃教育学院学报（社会科学版），14（1）.

［16］张静贤，1987. 现代汉字笔形论［A］∥第二届国际汉语教学讨论会论文选［C］. 北京：北京语言学院出版社.

［17］赵逵夫，1978. 关于小学识字教学中的汉字笔画问题［J］. 西北师大学报（社会科学版），15（1）.

［18］曾性初，张履祥，陈绍宽，1965. 汉字的各种笔画的使用频率的估计［J］. 心理学报（3）.

【作者简介】

苏印霞，暨南大学华文学院教师，研究方向为英语及汉语作为第二语言教学。王汉卫，暨南大学华文学院教授，博士，主要从事汉语作为第二语言教学和研究。

汉语国际推广背景下华文汉字教学观研究[①]

李香平

（暨南大学华文学院）

1. 引言

近年来，以海外华侨和华人为对象的华文教育成为汉语国际教育最主要的部分。与华文教育相对应的华文教学也被界定为对海外华侨华人的华语文教学，是一种非母语环境的母语教学，是完全不同于汉语作为第二语言的非华文教学的（郭熙，2010）。在华文教育中，汉字教学的重要性显而易见，这一方面源于汉字水平是汉语水平的重要组成部分，"汉字是影响学习者汉语学习信心、进程、效率和水平的关键因素，汉语学习的成败很大程度上取决于汉字学习的成败，汉字教学的突破就是汉语教学的突破"（李泉，2009）。另一方面，华文教育中的汉字由于具有文化传承、身份认同等功能而得到更多的强调和重视。

要解决华文教育中"汉字难学"的问题，除了对汉字教学法、汉字习得规律进行更细致的调查与研究之外，最根本的问题在于改变固有的汉字教学观念。长期以来，我们的汉字教学采用的都是外语教学的方法，针对欧美学习者，较少关注华文学习者汉字教学的特殊性。本文将重点探讨汉语国际传播新形势下华文汉字教学中的汉字观念和汉字教学观。

2. 华文教育中汉字教学的重要性与特殊性

华文教育不同于对外汉语教学，华文教育中的汉字教学也不同于对外汉语汉字教学。华文教育中的汉字除了具有认读、书写的交际功能之外，还具有文化认同功能。

2.1 华文教育中汉字教学的重要性

2.1.1 汉字在华文教育中具有身份识别功能和文化认同功能

在海外华人社区中，华人由于来自不同的祖籍地，因而出现了方言的不同。闽南语、粤语不仅是许多华人的重要家庭语言，也是华人商会和社团的重要社交语言，方言的差异是商会社团存在的重要特征。超越方言界限的汉字就成为团结不同籍贯华人社团、维系华族情感和文化的重要纽带，也是华人身份识别与认同的重要标志。因

---

① ［基金项目］暨南大学华文学院"起步计划"第二批项目资助。

此，华文教育中的汉字教学不但承载了常用汉字读写技能的教学，还要通过汉字的教学彰显汉文化的魅力，从而让海外华人真正维系、继承并发展各地的华人文化。华文教育中的汉字教学，较之以欧美学习者为主要对象的对外汉字教学，其内涵更为深远与丰富。王汉卫（2012）指出："几十年来，中国的对外汉语教学几乎成了听说教学法的试验场，相比较而言，重听说不重读写的教学模式更适合欧美人，而对于华裔，读写则无论对个人还是对整个华人社会都有着至关重要的意义。"这也正说明了汉字在华文教育中的重要作用。

2.1.2 汉字教学是保证华文教育成功与否的基础和关键

华文教育之所以不同于对外汉语教学，就在于华文教育接近母语语文教育的特质。郭熙（2004）将海外华社的汉语教学总体上分为四类，其中马来西亚、新加坡部分地区等都被看作是多元环境下的母语教育（第一母语或者第二母语）。而随着大量中国新移民进入西方国家定居，新移民子弟的华文教育更可以看作是母语教育的内容。汉字作为母语语文教育的基本内容，无疑应受到更多的关注。撇开汉字或者忽视汉字在华文教育中的关键作用，都无法使其真正区别于以汉语作为第二语言的外语教学。相反，汉字教学的成败也是衡量华文教育成败的主要因素。新加坡华文教育的情况就充分说明了这一点，长期以来，新加坡华语教学不重视汉字的教学，"华语的使用价值将进一步下降而逐渐被英语所取代，新加坡将变成完全西化的社会，新加坡的华族事实上也将不再是真正的华族了"（陈松岑、徐大明、谭慧敏，2000）。

2.2 华文教育中汉字教学的特殊性

华文教育中的汉字教学有着不同于母语语文识字教学的特点，也有着不同于对外汉语汉字教学的特点。

2.2.1 汉字教学的内容、目标呈现出多样化趋势

以往的对外汉字教学主要针对欧美零起点的学习者，其内容与目标就是掌握常用汉字的书写和认读。而在华文教育中，新加坡、马来西亚、菲律宾等地的华文学习者中，有将汉语作为第一母语的华文学习者，有将汉语作为纯粹第二语言学习的华文学习者，不同类型的学习者使得汉字教学的内容、目标必须呈现出多样化的趋势。以笔者所在学院的华文教育专业为例，每年招收来自东南亚各国的华文学习者超过一百名，根据学习者现有汉语水平的程度分为 A、B、C 三个班，其中 A 班汉语水平已经达到中级甚至以上的水平，给他们开设基础汉字课程，不可能还定位在常用汉字的认读和书写教学，必须对其进行汉字构形规律和汉字文化的介绍，使其了解汉字的系统以及汉字学习的基本方法。教学实践证明，对具有中级以上汉语水平的华文学习者进行汉字的专业教学，效果是十分明显的。笔者先后采用《汉字教学中的文字学》（语文出版社，2006）和《汉字理论与应用》（暨南大学出版社，2012）两本教材，通过大量的汉字构形知识讲解，让学习者掌握偏旁教学法、部件教学法等主要的汉字教学方法，了解和掌握汉字字谜的基本方法以及声旁字族儿歌的创制方法，不但有效提升

了华文学习者学习汉字的兴趣和信心，同时也极大地提高了学习者汉字认读、书写、辨别、类推的能力。海外华文学习者有的是从小开始学华文，有的是成年之后才开始学习华文，有的是在华校学习华文，有的是在私人补习班或跟着家庭教师学习华文，其华文的水平和学习目的也是千差万别，汉字基础和要求也非常不同，这使得华文教学中的汉字教学在内容、目标上呈现多样化趋势。这与欧美学习者将汉语作为第二语言学习有很大的差别，也是华文汉字教学的特殊性之所在。

2.2.2　复杂的汉字使用环境和繁简体并存的用字现象是华文教育中汉字教学面临的新问题

与欧美零起点的学习者不同，海外华人社区无论所持何种方言，尤其是在东南亚马来西亚、泰国、菲律宾、印度尼西亚等华人数量较多的国家和地区，很多华人商铺招牌、华人餐馆、华人药店以及华人中文姓名等，都采用汉字书写，所以华文学习者对汉字形体特征都有初步的了解与认识，对汉字的学习也往往比欧美学习者更为主动，这极大地增强了华文学习者汉字学习的认同感。但不同学校采用来自中国大陆、中国台湾、中国香港、新加坡、菲律宾、马来西亚等地编写的华文教材，教材对汉字繁简取舍也有所不同。与此同时，由于社会用字中繁简并存、异体并存，也使得汉字使用情况多变而对学习者造成一定的困扰与影响。根据笔者对印度尼西亚、马来西亚、泰国华文教师汉字教学态度的调查发现，困扰华文教师汉字教学的一个常见问题就是台湾汉字和大陆汉字在书写字形、笔画、笔顺上的差异。可见，这种相对复杂的汉字使用环境也是华文汉字教学面临的新问题。

2.2.3　华文教育的阶段性和长期性为汉字终身学习带来了新的契机

华文学习者大部分是青少年，学习华文的目的并不是把华文单纯当作一种外语，获得基本的交际功能。华文教育本身承载了文化教育的功能，这一方面让学习者对汉字学习在心理上比较重视，不像欧美第二语言学习者，为了较快获得语言交际的能力，教学者和学习者往往采用较为急功近利的方式，忽视或者放弃汉字的学习，导致汉字学习和汉语学习在初级阶段就止步不前，很难有进一步的发展和提升。而华文学习者从幼儿园开始一直到高中乃至大学，三语学校和公立学校都有开设时间不等的华文课程，这为汉字的系统教学带来了便利，同时也为汉字教学和学习提出了更高的要求。

总的说来，华文教育中的汉字教学与欧美零起点学习者的汉字教学有很大的不同，通过调查来了解华文汉字教学的特殊性，有助于我们对长期以来形成的对外汉字教学固有观念有更多的思考。

3. 汉字的三要素与华文汉字观

在普通语言学有关文字和语言的关系论述中，文字向来被看作符号的符号，是完全依附于语言而存在的，是语言中音与义的物质外壳。一般认为汉字形、音、义三要素中，只有形才是汉字固有的，音和义是语言中的词语赋予的，汉字教学等同于词语的书写教学。这一认识深深地制约了对外汉语教学中的汉字教学，也是对外汉字教学长期以来形成的汉字观和汉字教学观的体现。

汉字到底具有何种属性，与世界上任何其他的文字相比，它是否有着完全不同于其他文字的特殊性？关于这一点，文字学家已有科学而严谨的论述。唐兰（1956）曾指出："（汉）文字用它自己的形体来表达人的思维活动、认识活动。当人们写一个文字的时候，目的在写它的思想而不仅为的是写语言。"饶宗颐（2000）也指出："中国文字是不追随语言的，它是脱离了语言羁绊的，甚至能够控制语言的文字系统。"李运富（2012）指出："汉字只是以汉语为背景，并不以汉语（口语）为存在条件，汉字记录汉语的时候，也并不是忠实地记录汉语的口音，汉字跟汉语的对应是综合的、灵活的、意象式的。汉字绝不是汉语的翻版，绝不是汉语的附庸形式，记录汉语并不是汉字存在的唯一理由。"基于这一点，李运富提出汉字三要素说，认为汉字的形、音、义并不是汉字的三要素，形、意、用才是汉字的三要素。其中"形"是汉字成立的前提，是视觉感受到的直接印象，是每个汉字任何时候都具备的外部形态。"意"指的是汉字的"构意"，它直接来源于对客观事物（包括抽象概念）和语言的音义的认识，是体现在汉字内部结构上的构形理据，在汉字初创时期具有普遍性，但汉字形体变化以后可能需要被进行重新分析。"用"指的是汉字的功能或职能，传统所谓"音、义"处于"用"的层面。

可见，在文字学界，学者们更为强调汉字的独立性和独特性，这些观点对华文汉字教学观带来重大启发，为我们华文教育确立合理有效的汉字观提供了支持。

3.1 汉字具有独立于语言之外的表意功能，汉字的形体构造也具有特殊的认知作用

李运富先生认为汉字从一产生，就具有形（字形）、意（构意）、用（职能）三个方面的属性。其中"形"是外在的显性的，是书写时必须关注的笔画、部件、结构方式等要素，是王宁（2002）先生所说的书写元素，是汉字书写教学的重点内容。"意"是内在的隐性的，是造字之初形体与所表达的词义联系的纽带，是字形表词的方法，是文字内在的构造理据。而"用"就是汉字的职能属性，是这个字所记录表达的词或语素。其中"意"虽然是隐性存在于个体字符和汉字系统中，但制约和影响着汉字的认读与书写教学。就汉字系统本身而言，抛开汉字职能属性，"形"与"意"之间具有较强的联系，形的差异往往能从意（构意）上得到说明，而意（构意）的差别，往往也体现在形上，这是汉字构形系统性的重要体现，也是汉字独立性和独特性的重要体现。例如"晴""睛"两个形近字的差别，就可以从意（构意）上得到很好的说明，两个汉字都是形声字，都用"青"作为声旁，形旁不同，字义不同，"日"字旁表示天气，"目"字旁表示眼睛。又如学生常常将"礻"字旁写成"衤"字旁，就是因为对汉字形体的表意作用没有很好地理解和认识，无法在字词学习中建立汉字形意联系的理据系统，只能依靠机械的记忆方式来强化形体、读音和意义的联

系，其效果明显大打折扣。

可见，在汉字系统中，抛开汉字所记载的音、义，汉字系统内部的形体本身就具有一定的表意功能，“意”（构意）就像一双无形的大手影响和制约着我们对汉字的掌握。“意”虽然具有汉字隐性的特质，但也是华文汉字教学中必须重视的内容之一。

3.2　汉字的形、意矛盾与形、用矛盾是现代汉字最重要的特点

造字之初，汉字所具有的形体、构意、记载词语的职能三个方面是比较统一的，因为见形知义是汉字区别于其他文字的显著特征，也是汉字字理教学法的基础。但随着汉字形体的演变，形意联系出现严重脱节，尤其是隶变之后，随着字形的变化以及所记载词语意义的变化，某些字词原来的形、音、义统一关系就被严重削弱或者打破，形、意的矛盾凸显出来，使得原本具有较强理据性的汉字系统呈现出符号化的倾向。例如“开”，繁体字作“開”，字形中有“门”，表示字与开门有关，简化字中这一具有较强表意功能的构件消失，从而导致该字形、意的严重脱节。又如“赤”，小篆以前的古文字，从大从火，作，用大火表示红色，其形意联系十分紧密。楷体汉字字形上面是“土”，与“红色”的字义看不出任何联系。此外，造字之初的一字一义的格局，随着词语的丰富，一字多义现象的普遍存在，形、用的矛盾也越来越明显。多义字、一字多词、熟字新词等成为汉字词汇教学面临的主要问题。可见，现代汉字形、意矛盾与形、用矛盾成为华文汉字最重要的特点，也成为华文汉字教学面临的教学难点。

3.3　汉字具有丰富的文化功能，这是华文汉字的重要特质

汉字是表意文字，造字之初，形体和意义之间的联系往往是先民生活、观念的反映。因此，个体汉字中字形记载和传递了除词义之外的文化信息功能，这就是汉字的字形文化。字形中蕴含的信息从不同侧面直接或间接地反映着先民的思想观念、心理特征和文化习俗。这种信息是汉字形体与意义联系的纽带，是阐释字形的理据，俗称字理。因为汉字有字理，教学中适当的字理阐释，有助于学生更深地理解形义之间的联系，从而有效记忆和使用汉字。可见，字形文化对于华文汉字教学来说，具有重要价值，一方面帮助学习者有效理解和记忆汉字的字形、字音和字义，另一方面也能帮助华文学习者接触和了解中国传统历史文化，从而提高华文学习者对华文语言文字文化的认同。文字学家王宁先生（2002）曾指出，汉字是具有民族形式的适合汉语的书写系统，它自身也是一种文化事象。汉字教育是一切教育的基石，让全民了解和正确使用汉字，是提高民族文化素养的奠基性工程。王宁先生所论虽然是针对母语语文汉字教学，但华文汉字教学同样也有其适应性。例如“教”字古作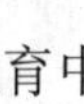，反文旁是手持棍棒之形，体现了中国传统教育从严、适当体罚的特点。实践证明，在华文教育中、高级阶段介绍汉字的字形文化，能够极大地调动学习者的学习兴趣，让他们对汉字汉文化产生强烈的认同感，同时很好地理解、分辨字形的细微差别。除了字形文化，以

汉字的形体、读音、意义等诸多要素而创制的各种汉字游戏文化也是华文汉字教学需要重视的内容。以字谜为例，绝大部分字谜利用汉字字形的拆分组合的特征，通过常用汉字字谜游戏，可以在初中高级汉字中增加汉字学习的趣味性，提高汉字记忆和学习的效率。

4. 科学而有效的华文汉字教学观

自20世纪90年代以来，虽然对外汉字教学研究在教学原则、教学方法、汉字结构特征、汉字习得偏误等方面取得了较大的成果，但依然没有解决汉字教学的根本问题。汉字依然成为制约汉语国际教育中汉语水平的关键因素。其根本原因是什么？李泉（2009）通过调查研究发现，不论是对汉字感兴趣的，还是对汉字感觉头疼的，他们中的许多人（包括刚开始学汉语的和学了很长时间的）都没有形成正确的汉字观念。学习者没有形成正确的汉字观念，其根源在汉语教师本身没有形成科学的汉字观和汉字教学观，因而无法在教学中帮助学习者树立和形成正确的汉字学习观。

为了更详细地了解海外华文教师目前比较普遍存在的汉字观和汉字教学观，我们对印度尼西亚泗水、万隆等地参加2013年6月由海外交流协会举办的"走出去"专家讲学团的华文教师进行了问卷调查，本次调查的对象为印尼补习学校、三语学校的华文教师。所调查的华文教师既有从教几十年的老教师，也有刚从中国留学回去的年轻华文教师。其中年龄最大的超过80岁，最小的不到20岁。本次调查共发放问卷130份，回收104份。该问卷主要围绕汉字教学相关问题而设计，目的是了解海外华文教师的汉字教学态度和汉字教学观念。调查具体情况如下：

（1）下列有关汉字教学的观点哪些是您比较认可的？（可多选）

A. 汉字很难学，教师难教，学生难学。

B. 汉字教学就是认字和写字的教学，必须通过大量认读和抄写来达到目的。

C. 课文中的每个生字都应该要求学生会认读、会书写。

D. 根据学生不同程度，对认读和书写的汉字可以适当区分，低年级最好多认读、少书写。

E. 写字机会越来越少，没必要让学生花大量时间学写字，可以让学生学会电脑打字。

F. 汉字是华文学习最重要的内容之一，华文学习者不但要学习认字和写字，同时还要了解和掌握汉字文化相关内容，如书法、篆刻、字谜等。

在上述选项中，每一个选项对应一种汉字教学观念和态度，其调查结果如表1：

表1 题（1）调查结果

内容	选项 A	选项 B	选项 C	选项 D	选项 E	选项 F
所占总人数百分比	21%	53%	52%	63%	3%	53%

（2）课堂教学中，下列哪些教学内容是您比较重视和经常使用的？（可多选）

A. 逐笔画写汉字，检查学习的笔画笔顺错误。

B. 在学习词语时，通过分析笔画笔顺和偏旁结构来学习组成词语的汉字。

C. 介绍汉字偏旁的功能，利用偏旁组字来复习旧字，学习新字。

D. 用听写和默写的方式让学生掌握汉字的书写。

E. 适当讲授汉字构形的规律，让学生发现总结汉字表音、表义的特点和构字组词的规律。

F. 利用儿歌和字谜等汉字游戏来帮助学生认读、记忆汉字。

表2 题（2）调查结果

内容	选项 A	选项 B	选项 C	选项 D	选项 E	选项 F
所占总人数百分比	57%	51%	64%	76%	23%	25%

在调查结果中，我们发现，要求会认读书写的都超过了50%，认为识写可以分流教学的超过60%。可见，在汉字教学的总体目标上，常用汉字认读和书写的教学依然是华文教师认为的基本目标，只认不写的观点在华文教师中极少，只占到3%。在教学内容和方法上，重视逐笔画写汉字，分析词语中汉字的笔画笔顺的都超过了50%，用听写和默写让学生掌握汉字书写的占76%，适当讲授汉字构形规律的占23%。可见，听写、默写、分析笔画笔顺依然是汉字教学的主要内容和方式。此外，超过一半的调查者认为汉字教学除了认字和写字，汉字文化相关内容的学习也是华文汉字教学的一部分。

从现有华文教师汉字教学观的调查来看，在教学内容和目标上，华文教师更倾向于以国内语文识字教学作为参考，重视汉字教学，但在教学方法和理念上较为陈旧，重视汉字教学任务而忽视汉字教学效率。我们认为，要真正改变华文汉字教学的现状，就应建立有华文教育特点的汉字教学观，就应保证华文教育中汉字教学的独立性。关于这一点，李大遂（2008）曾指出："采用以汉字教学为主导，以汉字教学带动词汇教学，以词汇教学带动语法教学路子，这样做就可以给汉字教学以自主的空间，使之得以按汉字和汉字教学自身的特点和规律进行，由简到繁，逐渐过渡。"我们以为，这一观点虽然极大凸显了汉字的主导性，但也忽视了汉字使用职能，忽视了现有汉语教学的主流环境，这在以词本位为核心的语言教学主流环境中难以实现，但在凸显汉字价值与文化功能的华文教学中可以得到很好的发挥。

在华文汉字教学中突出汉字的主导作用，并不是以汉字的教学完全代替词汇的教学，而是在词汇教学中重视汉字自身的构形系统与生成性，在汉字教学中重视汉字的使用职能，重视由字到词的生成关系，二者相辅相成，不可偏废。具体表现在：

4.1　建立既能突出基础交际功能，又能体现汉字生成能力的基础核心字表

现代汉字定量研究出现以来，词频和字频成为汉字选字与分级的主要依据，但完全依照词频和字频的汉字大纲难以体现汉字的系统性与生成性规律。周健等（2007）认为制定汉字大纲除了考虑频度外，还要考虑到汉字自身系统建构的需要。而体现自身系统建构的汉字就是要考虑选用具有较强构字能力的基础汉字，如单部件独体字。邢红兵（2007）通过对"常用汉字"部件数进行统计发现，常用汉字中的单部件字只有 192 个，"语料库汉字"的部件数为 219 个，而对其进行动态统计，发现单部件字虽然总数较少，但实际使用中约占五分之一。邢红兵的动态统计就是把每个汉字的使用次数计算到部件身上，这一研究正好可以说明，在基础教学阶段，选用单部件独体字作为教学用字，是遵循汉字系统性和生成性规律的。邢红兵进一步研究发现，汉字的部件数量呈现和笔画类似的趋势，就是越常用的汉字，其部件数越少，具有汉字基础部件趋简律。这也可以进一步说明，具有强大构字能力的一部分单部件字，同时也是具有强大构词能力的常用词或常用语素，可以作为我们汉字大纲初级核心字。我们从邢红兵所列举的 100 个单部件字随机抽取 15 个，考查其在报纸、网络、广播电视高频用字表中的位置与构词数，发现这 15 个单部件字除了"了""我""也"3 字外，有 12 个在 581 个覆盖全部媒体语料 80% 的最高频字范围中。而从构词数来说，除了"了""我""也"本身是常见单用虚词，构词能力不强外，其他 12 个汉字都具有强大的构词功能，如表 3：

表 3　15 个单部件字的构词功能统计

序号	单部件字	报纸、网络、广播电视高频用字表序号 ①	10 356 条常用词语中的构词数
1	一	4	160
2	了	1 015	5
3	不	3	117
4	我	777	7
5	人	1	160
6	大	2	126

---

①　数据来源于《报纸、广播电视、网络高频词语用字表》，载"中国语言生活状况报告"课题组，2006. 中国语言生活状况报告（2005）：下编. 北京：商务印书馆.

（续上表）

序号	单部件字	报纸、网络、广播电视高频用字表序号	10 356 条常用词语中的构词数
7	个	213	22
8	中	6	98
9	上	7	95
10	年	10	77
11	为	66	43
12	子	26	59
13	儿	217	22
14	也	1 094	4
15	门	119	32

我们同时将这 15 个汉字和其他基础汉字字表进行对比，其中针对汉语国际教育学习者日常交际最常用性的《汉语 800 字》都包含了这 15 个单部件字，以相对科学的字频和分布为参数的使用度排序的《小学教学基础汉字等级字表》一级字表（794个）中，这 15 个汉字除"门"外，都排列在前 100 位的基础汉字表中。可见，在初级阶段，从汉字"形"的生成性与汉字"用"的交际常用性上选择基础汉字，其字种具有较强的一致性。因此，从汉字的形体特性和字的使用职能上来选择基础阶段的核心汉字，而不是单纯依赖词频和字频就成为华文汉字教学观的重要内容。

4.2 根据华文学习者的层次和需要建立汉字能力培养与评测机制，转变教材和教学目标

汉字教学最终目标就是要让学习者掌握常用汉字的认读和书写，为学习者的书面认读和写作打下基础，这是对外汉语汉字教学长期以来形成的共识。在华文教育中，常用汉字的认读和书写依然是汉字教学的主要目标与最终目标，但汉字学习不是靠数量的累积就可以达到目的的，而是一个有着相对独立、有一定内在规律的长期的系统学习过程。王宁先生在谈到母语语文识字教学时，将汉字学习分为三个阶段：在初期阶段，要达到汉字零起点的突破，让学习者通过一定的机械记忆对常用汉字形音义全面掌握，这一阶段是汉字学习的基础和关键，一方面初级阶段汉字的学习是中高级汉字汉语学习的基础；另一方面，这个阶段的学习效果直接影响到中高级阶段，所学汉字也成为中高级汉字学习的基础。中期积累阶段，也就是识字量大幅度增加的阶段。在这个阶段，随着单字字数的逐步增多，汉字表意性的观念、形声系统的观念可以在教学中适当引导，从而成为汉字教学中最重要的内容。衡量这一阶段的教学效果，不能简单地以把握字形的数量和速度为标准，在数量达到一定程度后，重要的是看学习

者在识别字形的同时依靠字理掌握意义的深入程度、他们无形之中形成的关于汉字的正确观念的程度以及他们书面阅读和表达能力的提高程度。而在后期积累阶段，学习者利用已有的汉字构形知识和字感，可以大大提高识字效率，同时自己解决汉字学习中遇到的各种问题。王宁先生这一观点也同样适合华文汉字教学。在华文汉字教学中，不同阶段教学的内容和目标是有所侧重的。在初级阶段，汉字教学处于初级积累阶段，让学生掌握常用汉字形音义是初级阶段的主要目标，到了中级、高级阶段，当学习者积累了一定的汉字，并且具有汉字构形的模糊认识后，在教学中就可以重点利用汉字自身的规律，通过一定的构形知识讲解与练习，引导学习者掌握汉字构形系统性知识，从而为以后的汉字学习提供方法性的指导。可见，华文汉字教学不能期望在初级阶段就解决汉字学习的所有问题，问题的解决伴随汉语学习的始终，这是一个追求汉字学习数量和汉字自学能力的发展过程。

4.3 对于中高级华文学习者来说，汉字文化不是点缀而是华文汉字教学主要内容之一

过去关于对外汉语汉字教学教什么、怎么教的问题，卞觉非（1999）指出，对外汉语教学中的汉字教学是指以外国人为对象的、以现代汉字为内容的、用外语教学方法进行的、旨在掌握汉字运用技能的教学活动。汉字教学的根本目的是讲清现代汉字的形、音、义，帮助学生读写汉字、学习汉语、掌握汉语的书面语。诚然，在汉字教学中不可能不涉及汉字文化，但是汉字教学不是文化教学，汉字教学就是汉字教学。这一观点成为对外汉字教学的主流观点，影响了随后近二十年汉字教材的编写和汉字教学方法的运用。但卞先生所针对的汉字教学对象主要就是两类，一类是零起点的欧美学习者，一类是日韩学习者，没有涉及华文学习者这一类特殊的群体。

事实上，在华文学习者中级、高级阶段的汉字教学中，只关注现代汉字形、音、义的教学，其内容就会变得单薄而无趣。相反，无论是汉字的字形文化、字源文化，还是汉字的游戏文化、书法文化，都是汉字教学的内容之一，这些看似与现代汉字形、音、义认读和书写教学没有直接联系的汉字文化教学，不但不会偏离华文汉字教学的最终目标，反而能够通过汉字的独特文化现象的介绍与展示，让学习者理解汉字的构形规律、结构特点，从而更好地掌握常用汉字系统。以汉字字形文化为例，学习者经常容易弄错许多形近偏旁，如"礻"和"衤"。在中高级阶段，教学者若能结合形旁字的源头，适当介绍这两个偏旁的来源以及在汉字中的构意文化信息，学生就能很好地理解和掌握这两个偏旁在汉字中的分布以及所表示的构形文化信息。又如汉字字谜，它是汉字游戏文化的重要内容。对于汉字学习者来说，记忆汉字如果只是机械地抄写，效果其实并不好。相反，利用汉字形体结构特点而制作的汉字字谜能够帮助初、中、高级学习者很好地记忆和理解汉字形体结构特点，同时提高对汉字的学习兴趣。笔者为华文高级水平的学习者开设的汉字课，其重点不是常用汉字的认读书写教学，而是汉字系统的构造规律以及由此衍生的汉字字形文化、读音文化和意义文化教学。这些内容的展开不但没有模糊汉字教学的主要目标，反而让学习者感受到汉字的

文化魅力、学习汉字的趣味性以及汉字生成的系统性。

5. 结语

华文汉字教学不同于母语语文识字教学，也不同于以欧美拼音文字背景为主的第二语言学习者的对外汉字教学。华文汉字教学无论是在汉字观还是在汉字教学观上，都应该更多彰显汉字汉文化的特质，彰显华裔学习者多元化的需求与发展趋势，这是华文汉字教学研究的趋势之所在。

参考文献

[1] 唐兰，1956. 论马克思主义理论与中国文字改革基本问题 [J]. 中国语文（总43）.

[2] 卞觉非，1999. 汉字教学：教什么？怎么教？[J]. 语言文字应用（1）.

[3] 陈松岑，徐大明，谭慧敏，2000. 新加坡华人的语言态度和语言使用情况的研究报告 [A] //李如龙. 东南亚华人语言研究 [C]. 北京：北京语言文化大学出版社.

[4] 郭熙，2004. 海外华人社会中汉语（华语）教学的若干问题——以新加坡为例 [J]. 世界汉语教学，18（3）.

[5] 郭熙，2010. 文化的对话——汉语文化与跨文化传播 [A] //郭熙. 华文研究录 [C]. 北京：商务印书馆.

[6] 李运富，2012. 汉字学新论 [M]. 北京：北京师范大学出版社.

[7] 李大遂，2007. 汉字系统性研究与应用 [J]. 语言文字应用（3）.

[8] 李大遂，2008. 关系对外汉字教学全局的几个问题 [J]. 暨南大学华文学院学报（2）.

[9] 李泉，2009. 关于建立国际汉语教育学科的构想 [J]. 世界汉语教学，23（3）.

[10] 周健，刘圣心，2007. 对外汉语教学《基础汉字表》的研究 [J]. 云南师范大学学报（对外汉语教学与研究版），5（6）.

[11] 饶宗颐，2000. 汉字图形化持续使用之谜 [A] //饶宗颐. 符号·初文与字母——汉字树：下篇 [M]. 上海：上海书店出版社.

[12] 王宁，2002. 汉字构形学讲座 [M]. 上海：上海教育出版社.

[13] 王汉卫，2012. 华语测试中的阅读研究 [M]. 北京：北京大学出版社.

[14] 邢红兵，2007. 现代汉字特征分析与计算研究 [M]. 北京：商务印书馆.

【作者简介】

李香平，暨南大学华文学院应用语言学系副教授，博士，从事汉字及其教学研究，出版汉字教学著作2部，发表论文多篇。

中级水平留学生对部件熟悉的陌生形声字的语音提取[①]

张金桥　帅　平　王明月

（暨南大学华文学院）

1. 引言

　　汉字是一种表意文字，但其主体是形声字（Phonogram）。据统计，《现代汉语通用字表》（国家语委汉字处，1989）收入的 7 000 个汉字中，有 5 631 个形声结构的汉字，占通用字总数的 80.4%，绝大多数形声结构中声旁具有表音作用，完全不起表音作用（声韵调不同）或基本上不起表音作用（仅调同）仅占形声字总数的 20%（李燕等，1993）。形声字由形旁和声旁两个部件组成，形旁表义，声旁表音。形声字分为规则字和不规则字，规则字的声旁能准确表示整字的语音，不规则字的声旁不能准确表示整字的读音（舒华等，1998；江新，2001）。据统计，左右结构的形声字数量较多，占形声字总数的 64.2%（陈明远，1982）；它分为左形右声和右形左声两类，左形右声的比例比右形左声的要多（舒华等，1998）。虽然形声字的字形和字音的对应关系不像拼音文字那样密切，但声旁在一定程度上提供了整字的语音信息。

　　学术界对留学生汉语形声字的语音提取进行了大量的研究，结果表明，留学生不仅利用声旁来推测整字的语音，还使用与形声字结构类似的一个熟字（也称临近字）的读音去推测生字读音；对规则字的命名成绩要好于对不规则字的命名成绩，字的频率越低，这种效应越明显；声旁和整字读音一致，会加速整字的语音提取；声旁和整字读音不一致，会对整字的语音提取起抑制作用（江新，2001；陈慧等，2001；邢红兵，2001；冯丽萍，2002；吴思娜，2008；Fang，1986）。学术界也考察了中国儿童对形声字的语音提取，得到了类似的结论（舒华等，1996；彭聃龄等，1997；舒华等，2000，2003；Hue，1992）。

　　目前，部件熟悉的陌生形声字的语音提取较少受到研究者的关注。部件熟悉，学习者在整字识别中很容易激活部件中声旁的语音信息；整字不认识，可以排除学习者直接获得整字的语音信息。部件熟悉的陌生形声字是一种研究声旁对整字语音提取影响很好的实验材料。本研究准备探讨留学生对部件熟悉的陌生形声字语音提取的特点。有哪些因素会影响留学生对陌生形声字的语音提取呢？笔者认为，除了字的规则性（声旁是否与整字读音一致）以外，声旁位置和形旁可命名性等因素也可能影响留

---

　　① ［基金项目］教育部人文社会科学研究规划基金项目（09YJA740053）。

学生对陌生形声字的语音提取。有调查表明，声旁在右边的形声字比在左边多（舒华等，1998），留学生在形声字学习过程中是否形成了声旁位置的频率信息，容易把右部件当作声旁？形旁不可命名时，声旁是熟悉部件中唯一可以利用的语音信息；形旁可命名时，其语音信息是否对整字的语音提取有影响？如果有影响，是否与声旁的语音信息在整字的语音提取过程中发生竞争？这些都是十分有意思且值得探讨的问题，然而，前人的研究几乎没有涉及声旁位置和形旁可命名性等因素在留学生形声字语音提取中的作用。本研究就准备探讨这一问题。

本研究材料为部件熟悉的陌生形声字，要求参加实验的被试具有一定的汉语基础和形声字表音意识，参考前人研究成果（江新，2001；邢红兵，2001），本研究准备以中级水平留学生为被试，系统探讨字的规则性、声旁位置和形旁可命名性等因素在部件熟悉的陌生形声字的语音提取中的作用特点与方式。

2. 研究方法

2.1 被试的选择

从暨南大学华文学院中级班（分班是按照汉语水平考试的成绩进行的）留学生挑选出 35 名，他们学习汉语时间为 1~1.5 年；算出这 35 名留学生近期考试成绩的平均数，删除成绩在 3 个标准差以外的被试，共有 4 名，最后有 31 名中级水平的留学生参加了本次实验。

2.2 部件熟悉的陌生形声字的选择

根据本研究目的，从《现代汉字形声字字汇》（倪海曙，1982）选出双部件左右结构的形声字 120 个。两名对外汉语教师对上述 120 个形声字进行评定，要求形旁和声旁为留学生熟悉，该形声字中级班留学生到目前为止没有学习过，筛选出 80 个，保证每种类型 10 个，每种类型的陌生形声字在笔画数进行了大体匹配。来自同一群体不参加正式实验的中级水平留学生 12 名对上述 80 个形声字进行评定，结果发现形旁和声旁均较熟悉，并且这些字他们都不认识。结合前人的研究，本研究中规则字包括声韵调同和声韵同调不同两类，不规则字包括只声同、只韵同、只调同和声韵调均不同四类（舒华等，1998），子类数量在每种类型中得到平衡。表 1 列出了每种类型形声字的例字。

表1　本实验中不同类型陌生形声字的例字表

字的类型	声旁在左		声旁在右	
	形旁可命名	形旁不可命名	形旁可命名	形旁不可命名
规则字	鸦	彰	睬	滨
不规则字	颁	剥	驰	侂

2.3 实验设计

本研究采用2（字的类型，即规则字、不规则字）×2（声旁位置，即声旁在右、声旁在左）×2（形旁可命名性，即形旁可命名、形旁不可命名）被试内实验设计。31名中级水平留学生参加了所有条件下的实验处理。

2.4 实验程序

采用纸笔测验方法。将80个汉字打印在一页纸上发给每一个被试，要求被试又快又好地写出每个汉字的拼音，对写不出准确读音的字，可写一个与它同音的字。汉字采用4号黑体字打印，以随机顺序排列。采用集体施测，被试完成该测验大约需要15分钟。

3. 结果与分析

3.1 中级水平留学生对左右结构陌生形声字命名的正确率

根据写出的拼音或汉字，记录每个汉字拼音的对错，按照江新（2001）的方法，声韵调全部正确或声韵正确、调不正确，记为"对"，其他记为"错"。表2记录了本实验条件下所有被试对不同类型的左右结构陌生形声字命名的正确率。

表2　本实验条件下不同类型左右结构的陌生形声字命名的正确率① 　　　　（%）

字的类型	声旁在左		声旁在右	
	形旁可命名	形旁不可命名	形旁可命名	形旁不可命名
规则字	56.6（9.4）	79.6（9.2）	71.4（8.2）	96.2（8.7）
不规则字	6.1（5.1）	8.7（4.4）	7.2（5.5）	9.4（4.2）

对表2数据进行$2 \times 2 \times 2$重复测量方差分析。结果发现，字的类型主效应显著（$F_{(1,30)} = 105.28$，$p = 0.000$），对规则字命名的正确率（75.95%）[2] 显著高于不规则字（7.85%）[3]。这表明，中级水平留学生在陌生形声字语音提取中利用了声旁信息。声旁位置主效应显著（$F_{(1,30)} = 5.68$，$p < 0.05$），对声旁在右的字命名的正确率（46.05%）[4] 高于声旁在左的字（37.75%）[5]。这表明，中级水平留学生在整字的语音提取中更易利用位于右边位置的声旁信息，换句话说，留学生容易把位于右边的部件当作声旁。形旁可命名性主效应显著（$F_{(1,30)} = 6.23$，$p < 0.05$），对形旁可命名的

---

① 括号外为平均数，括号内为标准差。下同。
② 所有规则字命名正确率的平均数。
③ 所有不规则字命名正确率的平均数。
④ 所有声旁在右的陌生形声字命名正确率的平均数。
⑤ 所有声旁在左的陌生形声字命名正确率的平均数。

字命名的正确率（35.33%）① 低于形旁不可命名的字（48.48%）②，这表明，当形旁可命名时，利用声旁语音信息提取成绩要差于形旁不可命名时，形旁的可命名性可能会影响整字语音提取中对声旁信息的利用。

字的类型和声旁位置交互作用显著（$F_{(1,30)} = 6.44$，$p < 0.05$），简单效应检验表明，在规则字条件下，声旁在右的陌生形声字命名正确率（83.8%）③ 高于声旁在左的正确率（68.1%）④；在不规则字条件下，声旁在右的陌生形声字命名正确率（8.3%）⑤ 与声旁在左的正确率（7.4%）⑥ 无差异。字的类型与形旁可命名性交互作用显著（$F_{(1,30)} = 7.66$，$p < 0.05$），简单效应检验表明，在规则字条件下，形旁可命名的陌生形声字命名正确率（64.0%）⑦ 低于形旁不可命名的正确率（87.9%）⑧；在不规则字条件下，形旁可命名陌生形声字命名正确率（6.65%）⑨ 与形旁不可命名的正确率（9.05%）⑩ 无差异。声旁位置与形旁可命名性两者交互作用以及字的类型、声旁位置和形旁可命名性三者交互作用均不显著（$p > 0.05$）。

3.2 中级水平留学生对左右结构陌生形声字的声旁、形旁命名的成绩

笔者认为，正确率指标可能忽略了一些重要信息，比如某类实验条件下正确率低，是利用可命名形旁的语音信息引起了低的正确率，抑或错误地利用不规则字的声旁语音信息所致呢？因此，正确率指标并不能反映中级水平留学生对陌生形声字语音提取的全貌。为了更详细地考察中级水平留学生对陌生形声字的语音提取特点，对本实验条件下的形旁和声旁的命名成绩进行了统计，如表3所示。

表3 中级水平留学生对左右结构陌生形声字声旁、形旁命名的百分率（%）

形旁可命名性	声旁位置	命名形旁成绩	命名声旁成绩
可命名	左	42.3（9.2）	43.9（9.9）
	右	21.8（7.6）	65.5（8.8）
不可命名	左	0（0.00）	79.8（8.7）
	右	0（0.00）	92.7（9.4）

---

① 所有形旁可命名的陌生形声字命名正确率的平均数。
② 所有形旁不可命名的陌生形声字命名正确率的平均数。
③ 所有读音规则的声旁在右的陌生形声字命名正确率的平均数。
④ 所有读音规则的声旁在左的陌生形声字命名正确率的平均数。
⑤ 所有读音不规则的声旁在右的陌生形声字命名正确率的平均数。
⑥ 所有读音不规则的声旁在左的陌生形声字命名正确率的平均数。
⑦ 所有读音规则的形旁可命名的陌生形声字命名正确率的平均数。
⑧ 所有读音规则的形旁不可命名的陌生形声字命名正确率的平均数。
⑨ 所有读音不规则的形旁可命名的陌生形声字命名正确率的平均数。
⑩ 所有读音不规则的形旁不可命名的陌生形声字命名正确率的平均数。

根据研究目的，我们对表 3 数据进行了统计检验，结果表明，在整字命名中，形旁不可命名条件命名声旁的成绩（86.25%）① 高于形旁可命名的成绩（54.70%）②，$F_{(1,30)} = 10.75$，$p < 0.01$，这表明，形旁不可命名比形旁可命名更倾向于利用声旁信息。当声旁在右时，形旁不可命名的命名声旁成绩（92.7%）比形旁可命名的命名声旁成绩（65.5%）要高（$F_{(1,30)} = 8.89$，$p < 0.01$），这表明，声旁在右时，利用可单独命名的声旁来命名整字的可能性更大。当形旁可命名时，声旁位置与命名成绩类型间存在着交互作用：当声旁在左时，以形旁命名整字（42.3%）和以声旁名整字（43.9%）的成绩无显著差异（$F_{(1,30)} = 1.08$，$p < 0.05$），这说明，命名形旁和命名声旁存在着竞争；当声旁在右时，以形旁命名整字的成绩（21.8%）要低于以声旁命名整字（65.5%）（$F_{(1,30)} = 27.03$，$p = 0.000$）。

3.3 中级水平留学生对左右结构陌生形声字的提取错误类型及比率分布

根据江新（2001）和邢红兵（2001）关于形声字错误类型的分类标准并结合本研究目的，本研究中错误类型分为 4 类：第一类为读声旁，主要表现在不规则的形声字，如"颁"读成"分"、"剥"读成"录"；第二类为读形旁，主要表现在形旁可命名的形声字，如"鸦"读成"鸟"、"驰"读成"马"；第三类为类比，即利用临近字的读音，如"颁"读成"项"、"杜"读成"社"；第四类为其他，如"诧"读成"它"、"拌"读成"样"。值得注意的是，陈慧等（2001）把留学生识别形声字中的拼音错误作为单独一类，如"谤"拼成"半"，她认为这是由于学习者对汉语拼音学习得不好，没有将"an"和"ang"分清所致。本研究中也发现了类似的现象，如"彰"拼成"zāng"（"z"和"zh"没分清）、"滨"拼成"bīng"（"in"和"ing"没分清）。笔者认为，该类错误是留学生利用声旁的语音信息来提取整字语音的结果，应归为"读声旁"这类错误，本研究就是这样处理的。

本研究中错误率计算方法如下，将某类汉字的读音错误次数除以该类汉字的个数，即为该类汉字的读音错误率，该类汉字的读音正确率与所有错误类型的错误率之和为 1。表 4 列出了本实验条件下各种错误类型的平均错误率。

从表 4 数据中可以看出，在所有的错误类型中，"读声旁"的平均错误率最高（32.52%），"读形旁"的平均错误率次之（16.33%），"类比"的平均错误率再次之（7.04%），"其他"的平均错误率最少（2.17%）。"读声旁"和"读形旁"的平均错误率之和高达 48.85%。这说明，中级水平留学生在部件熟悉的陌生形声字语音提取中主要采用"读半边"的策略；"类比"也是一种重要语音提取策略，但远远小于"读半边"。

---

① 所有形旁不可命名条件下命名声旁成绩的平均数。
② 所有形旁可命名条件下命名声旁成绩的平均数。

表4 本实验条件下中级水平留学生对左右结构陌生形声字的提取错误类型及比率分布 （%）

字的类型	声旁位置	形旁可命名性	不同错误类型及比率			
			读声旁	读形旁	类比	其他
规则字	左	可命名	0	29.7	11.2	2.5
		不可命名	0	0	14.5	5.9
	右	可命名	0	21.2	5.7	1.7
		不可命名	0	0	2.2	1.6
不规则字	左	可命名	31.3	54.9	5.9	1.8
		不可命名	80.1	0	9.2	1.7
	右	可命名	59.6	24.8	6.2	2.2
		不可命名	89.2	0	1.4	0
平均错误率			32.52	16.33	7.04	2.17

从表4数据中还可以看出，对于形旁可命名的规则字和不规则字而言，对声旁在右汉字"读形旁"的错误率（规则字和不规则字分别为21.2%、24.8%）均低于声旁在左汉字的错误率（规则字和不规则字分别为29.7%、54.9%）。结合正确率指标的统计结果，说明声旁存在着位置效应，留学生易把位于右边的部件（如果右边部件可命名的话）当作声旁来提取整字的读音。

4. 讨论

本研究采用纸笔测验方法考察了中级水平留学生对左右结构的陌生形声字的语音提取特点，探讨了字的规则性因素，尤其是声旁位置及形旁可命名性等因素在陌生形声字语音提取中的作用。

研究结果发现，规则字比不规则字命名正确率高，不规则字的"读声旁"的错误率高。这说明中级水平留学生在陌生形声字语音提取时利用了声旁的语音信息：对于规则字，正确地利用声旁的语音信息；对于不规则字，错误地利用声旁的语音信息。该结果与前人的研究结果是一致的（陈慧等，2001；江新，2001；邢红兵，2001）。正确率统计结果表明，声旁在右的汉字命名成绩好于声旁在左的汉字；命名形旁和声旁成绩的统计结果表明，位于右边的形旁命名成绩（42.3%）好于位于左边的形旁命名成绩（21.8%），位于右边的声旁命名成绩（65.5%）好于位于左边的声旁命名成绩（43.9%）；错误率数据显示，中级水平留学生易把位于右边的可命名形旁当作整字的读音（形旁可命名陌生形声字"读形旁"平均错误率为32.65%）。这说明，中级水平留学生已经具有了大多数声旁在右的声旁位置意识，在命名时就会把位于右边的部件当作声旁来提取整字的语音。为什么中级水平留学生会具有形声字的声旁规则性意识和声旁位置意识呢？这主要与留学生接触到的汉语材料中形声字表音频率和声旁位置频率等语言统计信息与学习者汉字认知加工特点有关。当代认知心理学认为，汉字学习或习得是一个学习者与客体刺激（汉字）相互作用从而形成有关汉字各种信息的心理表征的过程（桂诗春，2000；梁宁建，2003）。形声字的表音频率（声旁基本表音的形声字出现的频次）及声旁位置频率（本研究中是指声旁位于左边或右边位置的形声字出现的频次）就是其中的两种重要信息。在学习者所形成的心理表征中的汉字信息与作为客体刺激的语言材料中的汉字信息具有一定的"同构性"和"等值性"。声旁能基本表音的形声字约占总体形声字 80%（李燕等，1993），声旁在右的频率比声旁在左的高（舒华等，1998）。笔者对留学生学习过的初级和中级汉语精读和阅读教材中形声字的调查结果与上述统计结果基本是一致的。当大量形声字经过一段时间"暴露"（Exposure）给留学生以后，为了保持"同构性"和"等值性"，留学生会逐渐抽绎出大量形声字的声旁是可以表示整字语音的、大多数情况下声旁位于形声字右边的规律，从而形成形声字的声音规则性意识和声旁位置意识。

正确率统计结果显示，形旁可命名的汉字命名成绩比形旁不可命名的差；命名声旁成绩的统计结果也显示，形旁可命名比不可命名形声字的命名声旁的成绩差；声旁在右时，形旁可命名比不可命名形声字的命名声旁成绩差。这些结果表明，形旁的可命名性干扰了中级留学生在整字语音提取中对声旁语音信息的利用；当形旁不可命名时，由于未受到可命名形旁的语音信息的干扰，中级留学生对整字的命名更倾向于利用声旁信息，对于声旁在右的形声字尤其如此。命名形旁和命名声旁成绩的统计结果还表明，形旁可命名的形声字命名声旁的成绩与命名形旁的成绩无统计差异，这说明声旁的语音线索与形旁的语音线索存在着竞争。笔者认为，中级水平留学生在陌生形声字语音提取中，同时激活了部件的语音信息及声旁的位置频率信息。不仅激活了声旁这一部件的语音信息，还激活了可命名形旁的语音信息，两种语音信息会在留学生对陌生形声字语音提取时产生竞争，从而表现出干扰和抑制作用。某部件是否作为整字的语音来提取至少取决于两个因素，即与该部件一起构成整字的另一部件是否可命名和该部件在整字中处于何种位置。如果另一部件也可命名，则对本部件的语音提取有干扰作用，反之，则没有。如果该部件处于整字的右边位置，判断该部件为整字的语音的可能性较大，反之，则可能性较小。对于形旁不可命名的声旁在右的形声字来说，由于形旁不可命名，对声旁的语音没有干扰，由于声旁处于右边，判断其为整字语音的可能性最大（92.7%）。对于形旁不可命名声旁在左和形旁可命名声旁在右的形声字来说，由于只有某一因素对整字语音提取有促进作用或没有干扰作用，与形旁不可命名声旁在右的形声字相比，判断其为整字语音的可能性要小一些（命名声旁的比率分别为 79.8%、65.5%）。对于形旁可命名声旁在左的形声字而言，由于受到形旁可命名和声旁在左两个因素的干扰与抑制作用，判断其为整字语音的可能性最小（43.9%），基本上接近随机水平。

研究结果还发现"读声旁""读形旁"和"类比"是中级水平留学生对部件熟悉的陌生形声字语音提取的三种主要策略，尤其以"读声旁"和"读形旁"等"读半边"为主。按照前人研究成果（陈慧等，2001；江新，2001；邢红兵，2001；舒华等，1996，2000，2003），"读声旁"错误和"读形旁"错误可作为规则性效应（Regularity Effect）的考察指标，"类比"错误体现的是一致性效应（Consistency Effect）。结果表明，中级水平留学生对部件熟悉的陌生形声字的规则性效应远远高于一致性效应。值得探讨的问题是，中级水平留学生对汉字已有一定时间的学习和了解，为什么一致性效应仍然很低？可能有以下几个方面的原因。根据认知的经济性原则，汉语教材的编写者总是倾向于先将最基本的部件作为独体字教会给学生，然后学习由该独体字作为部件构成的形声字或其他类型的汉字，相对而言，可作为部件的独体字学习的机会会多一些。许多教师在讲授常见合体字时，经常会通过将整字分解为部件来进行教学，还会强调部件与整字的音、义关系，这样一方面增加了留学生对部件作为独体字学习的机会，另一方面有助于学习者了解与熟悉形声字中声旁对整字的表音作用和形旁对整字的表意作用。临近字的语音特征必须要学习大量的具有相同部件的同音字才可能总结归纳而获得，相对而言，所花费的时间和认知资源较多，掌握临近字的语音比学习作为部件的独体字的语音难度要大。综合以上因素，中级水平留学生在陌生形声字的语音提取中规则性效应比一致性效应大，一致性效应发展较慢。

综合上述分析，笔者认为，中级水平留学生对部件熟悉的陌生形声字的语音提取可能需要进行如下的认知过程。由于对整字陌生，中级水平留学生不能直接获得整字的语音信息，他们将整字分解为部件，并激活了与部件语音有关的三方面信息，分别为部件的语音信息（如果形旁可命名的话，则激活了形旁和声旁两部件的语音信息）、部件重组后的汉字语音信息（也称为临近字的语音信息）和声旁位置信息。上述被激活的三种与语音有关的信息强度并不相同，作用方向也可能不完全一样，它们之间相互竞争，或产生促进作用或导致抑制作用，中级水平留学生通过对这些因素的作用强度与方向进行精细的计算、权衡和判断以及复杂的认知加工过程，从而确定整字的语音。当然，这是根据本研究结果做出的一种推论，还有待进一步的研究。

5. 结论

本研究得到如下结论：

（1）中级水平留学生对陌生形声字命名中规则字的命名成绩好于不规则字，声旁在右的汉字命名成绩好于声旁在左的汉字，形旁可命名的汉字命名成绩差于形旁不可命名的汉字。

（2）当陌生形声字的形旁不可命名时，中级水平留学生对整字的命名更倾向于利用声旁信息；当形声字声旁在右时，利用可单独命名的声旁命名整字的可能性更大；当形旁可命名时，声旁的语音线索与形旁的语音线索存在竞争关系。

（3）"读声旁""读形旁"和"类比"是中级水平留学生对部件熟悉的陌生形声字语音提取的三种主要策略，尤其以"读声旁"和"读形旁"等"读半边"策略为主。

参考文献

［1］陈慧，王魁京，2001. 外国学生识别形声字的实验研究［J］. 世界汉语教学，15（2）.

［2］陈明远，1982. 语言文字的信息处理［M］. 北京：知识出版社.

［3］冯丽萍，2000. 非汉字背景留学生汉字形音识别的影响因素［J］. 汉字文化（3）.

［4］桂诗春，2000. 新编心理语言学［M］. 上海：上海外语教育出版社.

［5］江新，2001. 外国学生形声字表音线索意识的实验研究［J］. 世界汉语教学，15（2）.

［6］李燕，康加深，1993. 现代汉语形声字声符研究［A］//陈原. 现代汉语用字信息分析［M］. 上海：上海教育出版社.

［7］梁宁建，2003. 当代认知心理学［M］. 上海：上海教育出版社.

［8］倪海曙，1982. 现代汉字形声字字汇［M］. 北京：语文出版社.

［9］彭聃龄，杨晖，1997. 汉字的读音及其在字义提取中的作用［A］//彭聃龄. 汉语认知研究［M］. 济南：山东教育出版社.

［10］舒华，武宁宁，郑先隽，周晓林，1998. 小学汉字形声字表音特点及其分布的研究［J］. 语言文字应用（2）.

［11］舒华，曾红梅，1996. 儿童对汉字结构中语音线索的意识及其发展［J］. 心理学报，28（2）.

［12］舒华，周晓林，武宁宁，2000. 儿童汉字读音声旁一致性意识的发展［J］. 心理学报，32（2）.

［13］舒华，毕雪梅，武宁宁，2003. 声旁部分信息在儿童学习和记忆汉字中的作用［J］. 心理学报，35（1）.

［14］吴思娜，2008. 日、韩留学生形声字声旁一致性意识的萌芽与发展［J］. 暨南大学华文学院学报（4）.

［15］邢红兵，2001. 留学生形声字声旁规则性调查［A］//赵金铭. 对外汉语研究的跨学科探索——汉语学习与认知国际学术研讨会论文集［C］. 北京：北京语言大学出版社.

［16］FANG S P, HZENG R Y & TZENG O J L, 1986. Consistency effect and pseudo-character naming task［A］//S K KAO & R HOOSAIN（eds.）. Linguistics, psychology and Chinese language［C］. Hong Kong：University of Hong Kong of Asian Studies.

［17］HUE C W, 1992. Recognition processing in character naming［A］// H C CHEN & O J L TENG（eds.）. Language processing in Chinese［C］. Elsevier Science Publishers.

【作者简介】

张金桥，暨南大学华文学院教授，博士生导师，研究方向为留学生汉语习得与认知。帅平，暨南大学华文学院2008级硕士研究生，研究方向为心理语言学。王明月，暨南大学华文学院2011级硕士研究生，主要研究方向为心理语言学。

本体及语用研究

论海外华语语法特征的描写与计算分析^①

——以马来西亚华语语法的研究为例

李计伟

（暨南大学华文学院/华文教育研究院海外华语研究中心）

1. 引言

作为一种全球化的语言，英语在世界各地的变体已经得到了非常全面的描写与研究。如《世界英语手册》(*The handbook of world Englishes*，Braj B Kachru etc.，2006)序言的第一句话就是："人们这样问是可以理解的：'为什么又是一本材料型的书？'"这句话告诉我们，关于英语变体的描写性书籍已经多到了让人产生"审美疲劳"的地步。相形之下，作为正在成为一种世界强势语言乃至全球性语言的汉语，我们对其海外变体的描写与研究还远远不足。

我们知道，近年来，海外华语正逐渐成为语言学研究的一个热点问题。过去一般把"华语"解释为"海外华人社会的共同语"，这是狭义的"华语"，是"小华语"。现在一般则认为，"华语"是"以普通话为基础而在语音、词汇、语法上可以有一定弹性、有一定宽容度的汉民族共同语"（陆俭明，2005）；"华语"是"以普通话为基础的华人共同语"（郭熙，2010）；"华语"是"以普通话为基础的全世界华人的共同语"（《全球华语词典》前言；李宇明，2014）；这是广义的"华语"，是"大华语"。相比"小华语"和汉语，"大华语"这个概念是超疆域的。随着"华语"概念的更新，我们逐渐认识到，中国境内和境外的汉语都是华语的组成部分，是华语的地域变体。这些变体有何特色、如何形成、如何相互影响、如何趋同与存异等，都是我们需要深入研究的课题。

海外华语研究方兴未艾。这方面已经有了一些研究成果，但主要是在词汇方面，如李宇明教授主编的《全球华语词典》的出版，就极大地推进了海外华语词汇的研究，并激发了一些国家和地区的华文研究者对本国或本地区华语的研究兴趣。就语法而言，当前主要还是举例性的个案研究，缺乏全面的描写，更没有具体地谈到在描写的基础上，我们又该如何拓展华语语法研究的学术空间。邢福义、汪国胜（2012）初

---

① ［基金项目］本文是2011年度国家社科基金重大项目"全球华语语法研究"（项目编号：11&ZD128）子项目"马来西亚华语语法研究"和国家语委"十二五"科研规划项目"海外华语使用情况调查"（项目编号：WT125-2）的成果之一。

步拟定了"全球华语语法研究的基本构想",提出"全球华语语法研究"要以"实论结合"为指导思想,达到"摸清语情,生发理论,谋划对策,促进发展"的预期目标。本文拟在对马来西亚华语语法进行实地调查所获书面语料和口语语料的基础上,通过实例来论述海外华语语法特征的描写及特征的计算与分析问题;前者为"实",后者为"论"。我们希望通过这样一个研究,展示全球华语语法研究所包蕴的巨大学术空间。

2. 海外华语语法特征的描写:形态与句法

语法有两个组成部分,即形态(Morphology)和句法(Syntax)。在语言变体的描写方面,Bernd Kortmann 和 Edgar W. Schneider 的《英语变体手册》(2004:Vol. 2)给我们提供了一个参照。该书对全球英语变体特征进行了较为全面的描写,第一卷为语音,第二卷为形态和句法。毫无疑问,对于华语这种在语言类型上跟英语很不相同的语言来说,英语变体形态句法的描写框架需要做出调整。

一般说来,形态分为构形形态和构词形态两类,构形形态指同一个词的不同形式之间的变化,即屈折变化;而构词形态指基于词根而构成另外一个词的形态变化。英语在这两方面均有丰富表现,而汉语更多的是构词形态。除此以外,还有一种很难精确归类的形态手段,即重叠。就马来西亚华语而言,在形态上,我们主要关注如下三个方面:

第一,一些在现代汉语普通话中不能独立成词的语素,在马来西亚华语中是可以独立使用的,如:

(1)他的脑很乱。(碧澄《未写出的信》)
(2)他又白了我一眼,说:"劈砖头有什么奇?"(马汉《过江泥菩萨》)

第二,马来西亚华语有一些现代汉语普通话所没有的"词根+词缀"词语,如:

(3)你的个子修长,健壮如牛,是天生的运动家。(李忆著《风华正茂花亭亭》)
(4)胃子内的消化机能正在紧张地工作着。(陈政欣《还是回家睡觉去》)
(5)他这样一边盘想,一边拖着沉重的步伐,惘然地走向公司的路子上。(孟沙《退休》)

例(3)中的"运动家",普通话说"运动员";例(4)中的"胃子",在普通话中"胃"后不能加"子";例(5)中的"路子"就是"路",现代汉语中虽然也有这个词,但是意思与马来西亚华语不同。

第三,马来西亚华语有一些重叠表示特殊的语法意义,如:

（6）<u>初初</u>的两三个月，母亲和那个"爸爸"还相处得极佳，后来就渐渐有了争吵。（李忆莙《痴男》）

（7）你自己对这件终身大事必须有个决定，免得你妈来这里闹<u>多多</u>事情。（云里风《亚娇》）

（8）父亲最爱谈三国演义，……。<u>谈谈下</u>，很快就到了晚上九点多十点了。（翻腾《父子情》）

例（6）中的"初初"就是"最初"的意思；例（7）的"多多"意为"很多"；例（8）的"谈谈下"，意义为"谈着谈着"。

在句法层面，我们将分为词类、短语、句式和特殊词序四个方面进行描写。

首先来看马来西亚华语的词类。

名词方面，马来西亚华语的特色主要表现为：一是有一些源自马来西亚语的借词进入；二是使用一些源自汉语南方方言（如粤语、闽语等）的词语；三是在时间名词上，"当儿"使用得特别多，而极少用"时候"，如：

（9）原来，五金部已停止营业，只是自给，建筑部有<u>乌打</u>来，就查存货表。（曾沛《考验》）

（10）往往这边才教你切菜，转身便教你洗<u>镬</u>。（驼铃《下女》）

（11）五块钱绝没有问题，而且是心甘情愿的，不会有<u>手尾</u>。（碧澄《病》）

（12）尤其是在她心绪不宁的<u>当儿</u>，好比被人在心湖中扔进一颗石头，沉重而有力。（碧澄《蝇虎恋》）

例（9）中，"乌打"就是"订单"的意思，是马来语的音译；例（10）中的"镬"源自粤语；例（11）中的"手尾"在粤语和潮汕话中均有使用。

动词方面，马来西亚华语的特色主要表现为：一是使用一些汉语南方方言动词——方言中保留的古语词和方言特色词；二是有些借自马来语的动词；三是有些动词的搭配与现代汉语普通话不同，如：

（13）此刻，我<u>步</u>向街心，想到街对面的电影院看广告图片。（马崙《洪水浩劫》）

（14）要不然，<u>起</u>你百分之一百的租金，你也只好连夜思量搬家。（碧澄《迷茫》）

（15）于是，我答应把大城由横梁上一步步地带到屋顶去，<u>俾</u>救生员能够及时发现我们。（马崙《洪水浩劫》）

（16）这时也只有他的老伴独自在厅上的荧光灯下，眯着眼睛为人<u>车衣</u>。（驼铃《朋友》）

（17）早上<u>派报</u>的印度人<u>派</u>来了一份日报，他已翻过两遍。（碧澄《理还乱》）

（18）"木屋吗?"又是平淡地发出这个问题，<u>大半碗饭已经装好</u>。（碧澄《落地生根》）

（19）"哦，已经有人'<u>甘第</u>'你了。"我笑了笑。（马崙《摆渡老人》）

（20）便辞去工厂工作，<u>帮忙阿根</u>守档口。（孟沙《遗爱》）

上面的例（13）—例（15）中的"步""起"和"俾"均是南方方言中的古语词，其意义分别为"走""增加"和"使"。例（16）、例（17）和例（18）中的"车""派"和"装"为粤语的特色动词，"车衣"就是用缝纫机做衣服，"派"就是"分发"，"装饭"就是"盛饭"。例（19）中的"甘第"是借自马来语的动词，"代替"之义。例（20）中的"帮忙"带宾语，与普通话的搭配很不相同。

形容词方面，马来西亚华语的特色主要体现在它与名词的一些特殊搭配上，如：

（21）"爸，回到房间，洗个澡，换上件<u>新鲜的衣服</u>，我们上山去祭拜。"（陈政欣《送上山去》）

（22）他的<u>语气虽然严峻</u>，但并未表示要摊牌。（驼铃《君子之诺》）

（23）汉达和利道安从中一到中三都由于<u>成绩优越</u>而被编在同一班上课。（碧澄《牵》）

（24）婚后，我们的<u>生活过得像神仙一般写意</u>。（马汉《无言之歌》）

（25）由于是周末，所以这里的<u>生意特别旺盛</u>，那数百名的赌客简直把整个赌场挤得水泄不通。（云里风《卡辛诺》）

例（24）中的"写意"为粤语中经常使用而普通话不用的形容词，是"悠闲、舒适"之义。其余诸例中的搭配都是普通话所没有的。

数词方面，马来西亚华语最具特色的就是百分数的表达，如：

（26）但外祖父外祖母却也是较早时南来的<u>一百巴仙</u>的华人。（陈政欣《困境》）

（27）这里的大学学位分配额，华裔子弟只占有限的<u>巴仙率</u>，谈何容易！（曾沛《阿公七十岁》）

"巴仙"是 percent 的音译。例（26）的"一百巴仙"就是"百分之百"，例（27）的"巴仙率"就是"百分比"。

量词方面，马来西亚华语的特色之处主要体现在两个方面：一是量词的组配范围与普通话不同；二是有一些汉语普通话所没有的量词。如：

（28）"人间充满新希望。<u>这一帮黄梨</u>收成不顺，说不定<u>下一帮</u>会比较理想。"

（马崙《黄梨成熟时》）

（29）我父亲三四十依格的胶园都没有好好地以现代工商管理法来管理，我本来就想回去了。（陈政欣《有原则的人》）

（30）吴明真的肚子也确实饿了，于是，她也就老不客气地将侍者叫了来，点了一客蔬菜沙拉鸡扒。（爱薇《两代亲酬》）

（31）"一架电视机，一架半导体收音机，还有就是几件金器和几十块现款。"妻子忧戚地答。（孟沙《贼》）

（32）轻抚着罗娜这具教导人家孩子弹奏的钢琴。（陈政欣《引魂》）

（33）那具电话始终是静悄悄的，一声也不响。（李忆莙《痴男》）

（34）柜架旁的小桌上放着一副电脑。（曾沛《阿公七十岁》）

例（28）中的"帮"、例（29）中的"依格"和例（30）中的"客"都是普通话中没有的量词。"一帮黄梨"的意思就是"一茬黄梨"，"帮"是记音字，源自闽语潮汕话；"依格"是马来语"ekar"的音译，而"ekar"来自英语的"acre"，指英亩；"一客蔬菜沙拉鸡扒"就是"一位客人的蔬菜沙拉鸡扒"。其余诸例中的量词，普通话都有，但是这些例子中的名量搭配是普通话所没有的。

代词方面，马来西亚华语的一个特色之处是"本身"的用法。根据《现代汉语词典》，"本身"是"指示代词"，意思同"自身"，多指集团、单位或事物。但是在马来西亚华语中，"本身"大量地出现在人称代词或指人名词后面，如：

（35）如今，是她病而不是媳妇本身有病，这些媳妇的朋友都来探望得如此勤，可见他们与媳妇平日交情之深！（曾沛《媳妇》）

（36）每天出门以前，他妻子总给他准备好早餐，然后是一盒饭、一盒餸和一壶水，作为他的午餐。而她本身也准备好一份到工厂去。（碧澄《扫不尽的枯残》）

副词方面，马来西亚华语的特色之处主要体现在：一是表程度高时多用"顶"和"太过"；二是表示时间上的连贯关系时用副词"才"而极少用"再"；三是有一些特殊的副词。如：

（37）要是你也体验一下这种生活的话，你就会明白，为什么打猎是古代许多帝王公侯顶开心的活动哩。（马崙《第一流猎手》）

（38）当然，有机会，我一定会劝劝她，叫她别太过拼命。（李忆莙《风华正茂花亭亭》）

（39）喊道："小心，等车停住，才下车。"（陈政欣《引魂》）

（40）说罢，他管自走出房门。（马崙《洪水浩劫》）

关于例（39）中的这种以"才"充"再"现象，新加坡华语也有，邢福义（2005）指出这是海外华语受源方言的潜性影响所致。例（40）中的"管自"即"自顾自"之义。

介词方面，马来西亚华语有如下特点。第一，"打从"的使用频率远远高于汉语普通话，如在东南亚华文媒体语料库的马来西亚部分（约1亿字次）就有265条用例，而在北京大学CCL现代汉语语料库（约3亿字次）中，有280余条用例；即现代汉语以三倍于马来西亚华语的语料规模，才有与之相当的使用频率。第二，框式介词"在……来说"分别对应于汉语普通话的"对……来说"和"从……来说"。第三，介词"向""对"所构成的介词短语能与一些动词构成汉语普通话所没有的搭配。来看：

（41）我是有许多话要说的，<u>打从</u>我进城的第一天，我身上仅有的三十块钱，便被人狠狠抢夺了去。（孟沙《遗爱》）

（42）<u>在她来说</u>，对忠汉那份牵挂，竟是难以言喻地缠据着她的整个胸臆。（曾沛《抉择》）

（43）<u>在工作上的职责来说</u>，我应该报告上去的，否则我是失职！（曾沛《上司》）

（44）最重要是工钱不要交给她，每个月到号我会来学校<u>向你</u>拿。（马汉《亚娇》）

（45）想到这里，她恍恍惚惚地好像看到她那死去了的丈夫，正站在面前<u>向她</u>勉励，<u>向她</u>安慰。（云里风《望子成龙》）

（46）亚民，你<u>对功课</u>到底准备得怎样？（云里风《望子成龙》）

连词方面，马来西亚华语的特色主要表现在两个方面。一是"一壁……，一壁……"使用较多；二是"又"可以独立连接两个形容词，如：

（47）相反的，我敢于<u>一壁</u>在船上立着，<u>一壁</u>扶着脚踏车环顾四周。（马崙《摆渡老人》）

（48）"唔，<u>黑又脏</u>，是泥做的吗？"（碧澄《落地生根》）

助词方面，马来西亚华语最为突出的主要有如下两点。一是在表示某种动作产生的状态时，动词后用"住"而不用"着"，如例（49）与例（50）；二是在动词后表示结果时，用"到"而不用"得"，如：

（49）妻子拿眼瞅<u>住</u>台贵，她唇边的笑意浓了些。（马崙《第一流猎手》）

（50）"他双手掩<u>住</u>脸，甩甩头拼命想把幻象从眼里抖落……可是，怎么也甩不掉！"（曾沛《拥住阳光》）

（51）同学柳翠音还取笑我呢，<u>弄到大家都知道我的男朋友明天要远离而去</u>。（马崙《黄梨成熟时》）

（52）可把你给冷落了，<u>害到你每天还得自己买菜煮饭</u>，难得炖一次白芪鸡汤。（云里风《望子成龙》）

语气词方面，马来西亚华语的特色主要有如下两点。一是表示疑问的"咩"使用频繁；二是在表达不确定的推测语气时用"啩"，如：

（53）"嗐，你怀疑我了？——你糊涂了<u>咩</u>！"（马崙《黄梨成熟时》）
（54）你是华人，中国你应该有去过<u>啩</u>。（调查所得）

短语方面，我们主要发现马来西亚华语在如下几个方面具有特色。第一，动词重叠以后还可以跟"一下"等搭配，如：

（55）而机智的覃台贵，总是伺机捧他几句，让他<u>高兴高兴一下</u>。（马崙《第一流猎手》）
（56）烈叔心想：赶明日该到关帝庙<u>化解化解一下</u>才好。（陈政欣《钥匙串》）
（57）用餐的时候，她<u>瞟一瞟</u>那挂在墙上的<u>月份牌一眼</u>，记起了她回到这阔别了十三年的吉隆坡已经有三天了。（马汉《得与失》）

第二，程度副词 + 谓词性的"形 + 名"组合使用频繁，如：

（58）"哗！婆婆，从这么久远的年代写起，不是<u>很长篇</u>？"（曾沛《人到老年》）
（59）楼上电视机里播出一串很长<u>很纯腔</u>的英语，但听不清楚是说些什么。（李忆莙《痴男》）
（60）你<u>真好命</u>啊，嫁得个好老公，连汽车都<u>这么大辆</u>和新款。（马汉《清明时节》）

彭小川（2011）指出，粤语中的"形 + 名"组合是谓词性的，主要做谓语，不具有类推性，并且程度量级有趋大的倾向。马来西亚华语中的这种用法当源自粤语。
第三，表示约数时多用"三几 + 名"结构，如：

（61）<u>三几天</u>以后，满载的黄梨就开始腐烂了。（马崙《黄梨成熟时》）
（62）三儿子文杰夫妻俩留在美国发展，<u>三几年</u>才回来一趟。（曾沛《人到老年》）

句式方面，马来西亚华语在判断句、比较句和兼语句方面较有特色。判断句方面，马来西亚华语最具特点处有二：一是普通话中用"是……的"来表达的，在马来西亚华语中往往没有"的"；二是汉语普通话中不用"是"表达的，在马来西亚华语中要用"是"，如：

（63）我不知道我<u>是</u>怎么来到这里。（陈政欣《树与旅途》）

（64）幸福的时光<u>是</u>过得特别快，一晃就是二十多年。（云里风《相逢怨》）

（65）"为什么不放肥料？"声调<u>是</u>提高了几个音阶。（碧澄《扫不尽的枯残》）

（66）他当然清楚：<u>金枝是生长在一个小康之家</u>，爸爸<u>是</u>一家公司的财政，有两个哥哥。（马汉《新的信心》）

例（63），如果在普通话中就要加上"的"；例（64），可以加上"的"，也可以把其中的"是"去掉；例（65）和例（66）则需要把其中的"是"去掉。

比较句方面，差比句一般使用"Adj+过"句式，而平比句，在比较身高时，多使用"平高"和"跟……平高"的说法，如：

（67）已经提了好几次，多数是在收入<u>少过最低限度</u>的时候。（碧澄《扫不尽的枯残》）

（68）那时候，时局是<u>一天紧张过一天</u>。（雨川《村之毁》）

（69）我们<u>平高</u>。（调查所得）

（70）你<u>跟我平高</u>。（调查所得）

兼语句方面，根据我们的实地调查，马来西亚华语在兼语标记的使用上，多用"叫"和"要"，而不用"让"和"派"，如：

（71）爸爸<u>叫/要</u>我去买啤酒。（调查所得）

在特殊词序上，马来西亚华语主要有如下几个特点：第一，在汉语普通话中用"状语+V+NP"表达的格式，在马来西亚华语中大多通过"V+Adj+NP"格式来表示，如：

（72）此刻，郑校长又催我<u>走前几步</u>。（马崙《摆渡老人》）

（73）<u>吃多一碗</u>。（调查所得）

在普通话中，例（72）和例（73）就要被说成"向前走几步"和"多吃一碗"。

第二，马来西亚华语具有一些特殊的双宾语结构，即"给＋直接宾语＋间接宾语（＋V）"，如：

（74）要不，就终日给脸色凤仪看。（曾沛《考验》）

（75）读了书回来给个官她做？（曾沛《考验》）

上面这类结构，在普通话中只能说成"给凤仪脸色看"和"给她个官做"。

3. 海外华语语法特征的计算与分析

上面我们基于普通话—马来西亚华语的对比和定量统计，对马来西亚华语语法的典型特征进行了初步的静态描写。要想对海外华语语法有深入的认识，静态的描写是远远不够的。如果把上面的每一个语法特征都比喻为一棵树，那么我们目前对马来西亚华语语法的认识，还只能说是从远处朦朦胧胧看到的一小片"森林"。因为我们并不知道这片森林中每一棵树木的参差高低与粗细，不知道哪些树木土生土长，哪些树木移植于外地，更不知道这些树木在别的森林中有无分布。想知道这些，就需要我们在具体语言变体描写的基础上，对海外华语语法的特征进行全面的计算和深入的分析。

先说特征计算。邢福义、汪国胜（2012）提出，海外华语语法研究要在单点调查研究的基础上进行区域调查研究和综合比较研究，但是区域调查研究与综合比较研究应该采用什么的方法呢？我们认为英语变体研究的成果可以为我们提供非常好的借鉴。

Bernd Kortmann 和 Edgar W. Schneider（2004）在《英语变体手册》"前言"中指出，结构的描写与跨不同变体的对比是英语变体研究的核心。所以，该书在每一卷的最后，都会由编者按英伦诸岛、美洲暨加勒比海、太平洋暨大洋洲、非洲暨南亚及东南亚区域分别来写一个区域英语变体"总览"，在此基础上再给出一个全球英语变体"总览"，分别概述这四个较大区域及全球区域内英语变体的特征分布、变异共性和最典型特征。而要做这项工作，有一个前提，即基于包含一定数目成员的变体集合，概括出一个变体特征表并对该特征表中的特征进行分类。例如该书的"总览：英语的形态与句法变异"，就从代词、名词短语、时体、动词形态、关系化等11个形态句法领域选取76条特征构成了一个"特征表（the Feature Catalogue）"；然后针对某一特定变体，请该变体的使用者与调查者，对这些特征的使用频繁程度进行逐一鉴别，并将它们分为如下三类：

A：使用较为频繁（或必须使用）的特征；

B：有使用但是使用较少或不那么频繁（可以省略）的特征；

C：不存在或者没有使用的特征。

在此基础上，要进行特征计算。特征计算包括如下五个方面：①特征值（Feature Value）；②特征得分（Feature Score）；③特征比率（Feature Ratio）；④变体得分（Variety Score）；⑤变体比率（Variety Ratio）。

特征值指一个特征在某个变体中的使用情况的得分，该得分依据上述 A、B、C 三类来计算，分别是 A＝1、B＝0.5、C＝0；即如果一个特征在某变体中使用频繁，就为1；如果只是很少使用，就为0.5；如果根本不存在，就为0。如我们可以依据前文对马来西亚华语语法特征的描写，对马来西亚华语的使用者进行调查，询问每一条特征分别属于 A、B、C 中的哪一类，由此我们就可以看到这些特征在使用频率或"凸显度"（Salient Degree）方面的高低参差，而不是把每一条特征都等量齐观，同等看待。特征值的计算，对于我们鉴别马来西亚华语和新加坡华语这样具有较深渊源且表面看来差异不大的变体可能具有重要意义。因为同样一条特征，如果它在马来西亚华语和新加坡华语中的特征值不同，就意味着这两个变体存在差异，而这恰恰是静态描写所不能达到的。

特征得分与特征比率是一对相关概念。特征得分是指某个特征在特定变体集合中的得分情况。变体集合中的变体数量，可以根据研究对象和对比需要而确定。特征比率，就是某个特征的特征得分除以最大可能得分的比值。比如我们可以把"全球华语语法研究（一期）"所确定的五个区域（新加坡、马来西亚、中国港澳、中国台湾、美国）的华语作为一个变体集合，如果某个特征在这五个区域变体中得到3个 A，1个 B 和1个 C，那么该特征的特征得分就是3.5（3×1＋1×0.5＋1×0），该特征的特征比率就是0.7（3.5÷5）。特征比率是一个归一化数值（Normalized Value），某一特征在包含不同数量成员的变体子集中的得分可能相同，但是其特征比率一定不同。特征得分和特征比率的从高到低的排序，反映了该特征跨变体分布的广泛性和牢固性（Entrenchment）。我们可以根据这两个数值，建立分布范围最大和分布范围最小的语法特征表，以此来建构所谓的"地方变体共性"（Vernacular Universals）。

变体得分和变体比率是一对相关概念。所谓变体得分，就是一个语言变体在特征表中所有特征上的得分总和。假如我们基于"全球华语语法研究（一期）"的五个区域变体，概括出一个含有50条语法特征的特征表。而马来西亚华语在所有50条特征上都得到 A，那么马来西亚华语的变体得分就是50（50×1）；如果美国华语变体得到30个 A，10个 B 和10个 C，那么其变体得分就是35（30×1 ＋ 10×0.5 ＋ 10×0）。而变体比率，就是变体得分与最大可能变体得分之比，比如刚刚提到的两种变体，前者的变体比率就是1（50÷50），后者的得分就是0.7（35÷50）。变体得分与变体比率用于鉴定变体的"非标准程度"（Non-Standard）——即变异度，这两个数值的得分越大，表明该变体的变异度越大。

特征计算主要用来考察语法特征的使用频率、稳固度、分布的广泛性及变体的整体变异度，而特征分析则主要用来考察该特征从哪里来。

对我们而言，华语变体语法特征的描写有两种方法。第一种就是把某一个华语变体作为一个独立的、陌生的系统进行描写，恰如美国描写语言学对美洲印第安语或者我们对某个民族语或汉语方言所进行的全面描写一样，要描写该变体的整体面貌。例如，非华语使用者如果想了解马来西亚华语的语法，就必须采用这种方法。第二种方法是基于普—华对比描写其显著特征，如前文对马来西亚华语语法特征的描写，主要就是基于普通话和马来西亚华语的对比而完成的，即马来西亚华语使用汉语普通话没有的语法现象，就归为马来西亚华语的语法特征加以描写。不过这样还不够，因为有些语法现象马来西亚华语有，汉语普通话也有，但是其使用频率存在很大差异，尤其是汉语普通话少用而马来西亚华语大量使用者，也必须依据定量统计而归为马来西亚华语的语法特征。如介词"打从"，虽然普通话也使用，但是马来西亚华语的使用频率要远远高于普通话。再比如说"一直以来"和"一直来"两个短语，虽然它们在汉语普通话和海外华语中都有分布，但是前者在北京大学 CCL 语料库中有 187 例，而后者只有 1 条有效用例，在暨南大学华文学院东南亚华文媒体语料库的马来西亚部分，"一直以来"有 1 300 条用例，"一直来"有 23 条用例；从绝对使用数量来看，马来西亚华语中"一直来"的使用频率是远高于汉语普通话的。

海外华语语法的特征分析就是要在描写的基础上，弄清楚其"身世"，即这些特征是受汉语南方方言的影响，还是受所在地语言的影响，抑或是华语在其使用所在地区社会、语言、文化环境中自身的独特发展。我们知道，海外华语尤其是东南亚华语的使用者多具有闽语、粤语、客家话等汉语南方方言背景，所以这些方言对海外华语语法有诸多显著影响。如前文我们一共描写了马来西亚华语的 75 条语法特征，其中与今天的汉语闽语（潮汕话）或粤语相同者就有如下这些：

粤语	(2)、(6)、(10)、(14)、(15)、(16)、(17)、(18)、(23)、(24)、(31)、(35)、(36)、(42)、(43)、(44)、(45)、(49)、(50)、(51)、(52)、(53)、(54)、(55)、(56)、(57)、(58)、(59)
闽语（潮汕话）	(28)、(39)、(66)、(69)、(70)
两方言共有	(1)、(7)、(8)、(11)、(38)、(60)、(61)、(62)、(67)、(68)、(72)、(73)、(74)、(75)

从上表不难看出汉语南方方言对海外华语的巨大影响。"华语区，大部分是以南方方言为母语的区域。……南方方言对华语的影响，是巨大的。"（周清海，2008）另外，从前边的例（9）、例（19）和例（29），我们也看到，所在地语言对马来西亚华语的影响。此外，海外不同地域的华语变体，自有其独特的语言生态环境；而在独特的环境中，势必会有一些独特的发展。潘秋平（2009）就指出，新加坡华语中，介词

"跟"有独特用法，即引进动作的受益者，如"你跟我买东西"，在新加坡华语中的意义之一是"你给我买东西"。潘文认为这是新加坡华语在和闽南语接触的情形下，受闽南语介词"共"触动而产生的语法化。虽然有外因的诱发，但也是介词"跟"在新加坡华语中自身的独特发展，因为汉语普通话和南方方言中均没有这种用法。李计伟（2012）也指出，"为了＋×＋起见"格式普通话和马来西亚华语都有，"以策＋×"格式马来西亚华语和汉语闽、粤方言及古代汉语均有使用，但是"为策＋×＋起见"格式只有马来西亚华语才有，这也是马来西亚华语语法的独特发展。要发现这些独特的发展情况，就必须在考察华语变体所在地语言背景的基础上，运用普—方—古—华的多维方法进行透视，并辅以必要的理论推衍，而这也是我们有可能"生发理论"的地方。

4. 结语

本文首先借鉴英语变体语法描写的框架，以小说和实地调查所得语料为主体，从形态和句法两个角度对马来西亚华语语法特征进行了初步的简单描写。我们描写的主要方法是普—华对比和定量统计。

在对马来西亚华语语法特征描写的基础上，我们认为，可以从特征计算和特征分析两个角度进一步拓展华语语法研究的学术空间。海外华语语法特征的描写是静态的；而海外华语语法的特征计算，通过引入特征值、特征得分、特征比率、变体得分、变体比率等概念，就可以动态地看到语法特征表中的各项特征在区域甚或全球华语变体中的分布、凸显度及变体的整体变异度，这样我们对海外华语变体语法面貌的认识就由平面的描写转向动态的纵深。特征分析则是要在特征描写的基础上，考察该特征从何而来，弄清这些特征的身世，而这对于我们认识海外华语变体的形成、特征及有针对性地展开华文教学都是非常有帮助的。

参考文献

［1］郭熙，2010. 话说"华语"——答旧金山华文电视台"八方论坛"主持人史东问［J］. 北华大学学报（社会科学版），11（1）.

［2］陆俭明，2005. 关于建立"大华语"概念的建议［J］. 汉语教学学刊（1）.

［3］李计伟，2012. "两个三角"理论与海外华语语法特点的发掘［J］. 汉语学报（3）.

［4］李宇明，2010. 全球华语词典［M］. 北京：商务印书馆.

［5］李宇明，2014. 汉语的层级变化［J］. 中国语文（6）.

［6］潘秋平，2009. 从方言接触和语法化看新加坡华语里的"跟"［A］//吴福祥，崔希亮. 语法化与语法研究（四）［C］. 北京：商务印书馆.

［7］彭小川，2011. 论广州话谓词性的"形＋名"组合［J］. 暨南学报（哲学社会科学版），33（5）.

［8］邢福义，2005. 新加坡华语使用中源方言的潜性影响［J］. 方言（2）.

[9] BERND KORTMANN & EDGAR W SCHNEIDER, 2004. A handbook of varieties of English: a multimedia research tool [M]. Berlin: Mouton de Gruyter.

【作者简介】

李计伟，暨南大学华文学院应用语言学系讲师，博士，主要从事历史语言学和汉语语法的教学研究工作，在《语言学论丛》《语言文字应用》《语言科学》《语言教学与研究》《语文研究》《汉语学报》等刊物发表论文20余篇。

指桑骂槐言语行为的交际话语分析

朱湘燕[1]　　周国光[2]

(1. 华南师范大学国际文化学院；2. 华南师范大学文学院)

1. 引言

指桑骂槐是汉语中颇具特色的一种言语行为。指桑骂槐亦作"指桑树骂槐树""指桑说槐"，比喻明批此而暗骂彼。如：

（1）他每日那边指桑树骂槐树，百般称快。（《金瓶梅词话》第 62 回）

（2）莺儿忙道："那是我编的，你别指桑骂槐的。"（《红楼梦》第 59 回）

（3）除了平儿，众丫头媳妇无不言三语四，指桑说槐，暗相讥刺。（《红楼梦》第 69 回）

（4）终年累月再不与他一副好面孔，自朝至暮只是冷言冰语、指桑说槐。（《天雨花》第 22 回）

（5）上课以前，她就饱听了一顿贝师母的冷言冷语的奚落和指桑骂槐的咆哮。（茅盾《小圈圈里的人物》）

可见，这一言语行为自古就有，然而相关研究却屈指可数。杜新天（2000：15）将指桑骂槐归入汉语间接表达类型中的借东说西型，认为其特点是说话人表面上说的是语境中另外一件与听话人不相关的事情，实际上借用形象的具体的字面意义来讽刺或咒骂听话人。陈安平（2001）分析了《红楼梦》中的一则指桑骂槐的对话，探讨语境对间接言语行为理解的决定程度。朱湘燕（2002）简单举例介绍了指桑骂槐言语行为。陈启庆（2008）分析了指桑骂槐作为一种言语行为时的语用条件、语用功能和修辞构建。叶仕燕（2006）把影射分为三类，其中指桑骂槐被归入第二类，特点是指称间接、贬损义直接。曾莉（2009：29）将指桑骂槐归入弱寓意类、非规约性、间接否定言语行为。夏登山（2011）研究了分离对称型三方交际，认为其本质特征在于说者和听者之间复杂微妙的角色关系，是由说者在显性的形式所指和隐性的意图所指中采用特定的角色分配手段形成的，用例未区分指桑骂槐、影射和表面告诉 A 实际告诉 B 三种情况。但以往研究对指桑骂槐的界定过于宽泛，我们根据这一行为出现的情况，分为以下两类：

（1）话语—交际层面的指桑骂槐。

例①——《心酸的浪漫》第1卷第16章：李翠花从山里嫁给一个有钱人家的残疾儿子李三，与钱洗云、孙大姐是麻将牌友，钱洗云婆婆不欢迎外人去她家，而钱的老公有钱后就想找年轻的女人，钱为此生病了，李、孙来看钱，告诉她怎么对付有钱就变坏的男人们。

李翠花刚要说话，门口传来"嘭"的一声摔碎暖瓶的声音，接着便是钱洗云婆婆尖利的呵斥声："你这个不长眼的东西！也不看看这是在谁家？每天不是摔盆砸碗就是胡说八道，真是个不知天高地厚的东西，好人也让你给带坏了！"

"不是我摔的。"小保姆委屈地辩解道。

"你别的没学会，倒学会顶嘴了？看我不撕烂你这张到处挑拨离间乱说的嘴！滚，都几点了还不滚！"

"咦，我怎么听你婆婆是在指桑骂槐地骂我与孙大姐啊？你听听她话里有话的那些话，根本不是在骂保姆，是在撵我们走！"李翠花气呼呼一下站了起来，"我出去问问这个老太婆是什么意思，这么大年纪了连话也不会说。"

"算了，别给老钱惹事了，你出去与那老太婆打一架倒是痛快了，我们一走，老钱可就倒霉了。"孙大姐慌忙用力把执拗站着的李翠花使劲按坐在椅子上，"咱们大人不计小人过，不与她计较了。"

这是小说、电视剧和日常生活中常见的场景，是人们在对话时实施的，说话人和受话人都出现在上下文中。

（2）文本—作品层面的指桑骂槐。

例②——2011年春晚赵本山小品《同桌的你》：

王小利：一会看赵本山的小品啊？

赵本山：哎！拉倒吧！别提他了。我最不爱看他了，年年出来那张挺大的脸。我不喜欢他，咱们喝酒吧？好不好！

王小利：我们都喜欢。

赵本山：你喜欢啊？你像我们这种高雅的人，看他的小品太俗了，受不了！

这些作品的受话人——观众没有出现，产生作品的社会环境在文本中也没有出现。只有联系当时的社会文化背景、这些小品的观众对其作品的看法才能构成完整语境。

本文研究第一类情况。这是一种非规约性间接言语行为，受话人不能从语言结构、语言形式这些外在特征推导出说话人想要表达的会话含义，而要通过语境和推理才能获得。这一交际行为是如何进行的？对于汉语作为二语的学习者来说，如何理解、把握这一汉语交际中的常见言语行为？目前的研究显然是欠缺的。本文拟以话语语言学、功能语言学、互动社会语言学为理论基础，从话语预设入手，从交际视角、以动态的眼光进行考察分析。

2. 交际话语理论框架

从交际话语行为实施的过程来看，涉及交际内容、对象、目的、手段、条件和方式六个要素，可分为话语预设、话语行为、话语结果三个阶段。

交际话语实施的整个过程都涉及语境，包括社会文化背景、情景背景、人际背景、认知背景四大类，其中涉及的因子众多，可列表如下（Halliday & Hasan，1976；Hymes，1977；Sperber & Wilson，1986；Matin，1992；Hewings & Hewings，2005；田海龙，2009；曹京渊，2008；曾莉，2009）：

表 1　语境的构成

语境类型	构成因子	具体内容范围
1. 社会文化背景	1.1 社会因素	地域、时代、民族传统、政治形势
	1.2 文化因素	社会规范、历史地域文化、审美价值、宗教文化
2. 情景背景	2.1 时空因素	时间、地点
	2.2 话题	
	2.3 交际场合	正式/非正式
3. 人际背景	3.1 交际者因素	处境、心情、素养 年龄、性格、身份、职业
	3.2 交际者关系	社会权势的高低：上下级/平级 辈份的高低：长辈/晚辈/平辈 关系的远近亲疏：亲人/朋友/陌生人
4. 认知背景	4.1 语言背景因素	上文所表达和隐含的信息
	4.2 常规关系背景因素	关于客观世界的一般常识
	4.3 社交背景因素	社会文化背景、情景背景

其中认知背景是从认知语用学角度出发、在 Sperber 和 Wilson 的关联理论的框架内提出来的，侧重于对言语互动交际的理解（曾莉，2009），与前三者并非并列关系。

虽然田海龙（2009）认为究竟将语境细分到什么程度才算科学，才算可行，并没有一个定论，有的只是"各行其是"。Sperber 和 Wilson（1996）则把社会语境比喻成一个无数层的洋葱，认为其构成成分是不会被穷尽的。我们认为，根据不同研究目的来对其进行分类，仍然是可行的，因为研究在于说明问题，而不是穷尽式地贴标签。值得注意的是，这些背景因子所形成的语境并不是固定不变的，而是随着说话人和听话人的交际互动而发生变化的，是动态的。

在话语预设过程中，涉及话语产生的背景、话语目的、话语计划。

话语目的可从不同角度分类：从交际参与者来看，可分为交际者目的和交际对象目的；从时间来看，可分为具体短期目的和长远目的。

话语计划受到话语产生背景和目的的制约，是交际者对各种可能的话语策略进行选择的一个过程，是交际者对交际六要素进行考虑配置的过程，交际的内容、对象、目的和条件决定了交际的手段与方式。

话语行为包括交际者和交际对象的话语与行为，是指交际者做出决定后所实施的行为和说出的话语、交际对象的话语行为、交际者随着交际对象话语行为变化而实施的话语与行为，主要涉及交际的手段和方式。这是一个动态的过程，不可能完全在交际者的计划控制之中，交际者会随着交际对象话语与行为的变化不断调整自己的话语和行为，以求达到自己的交际目的，交际对象也会为达到自己的交际目的，或主动或被动地调整自己的话语和行为。这是一个话语衔接、交际互动的过程。

话语结果是交际者话语和行为实施后的结果。是否达到了事前目的，目的与结果的关系如何？这是一个评估的环节，涉及对交际的手段和方式与交际内容、对象、目的、条件是否评估适切。

再来看一下指桑骂槐言语行为的情况。

指桑骂槐是指表面批评甲而实际上批评乙的一种话语，指称间接，贬损义间接。与含沙射影、不点名批评不同。在含沙射影中，说话人用某种修辞手法，如反语、嵌入，表面无批评对象，实际将批评对象暗含在话语中，指称间接，贬损义间接；在不点名批评中，指称泛化，说话人常常将批评对象泛化，不确指，用"谁""有的人"这样的词来指代，贬损义直接；出现的场合也不相同，前两者出现在一般出现在非正式场合，而后者常出现在正式场合，如大会等，也可出现在非正式场合。

作为一种交际行为，其交际内容是发话者对受话人实施的一种贬损言语行为。

交际对象比较特别，发话人表面上是在贬损甲而实际上是在贬损乙，甲是显性受话人，而乙成了隐性受话人。交际者与交际对象的关系很特别，交际者想贬损的是乙，却出于各种原因不敢、不愿、不能或没办法直接贬损乙，而选择了贬损甲。"不能或没办法"是受客观条件的制约，"不敢或不愿"是主观原因，通常是社会文化背景使然。客观环境决定了主观意愿，已形成的客观规则决定了批评者不愿或不敢直接表明贬损意图。

交际目的有两种：一是显性目的，二是隐性目的，也就是说，发话人表面目的与实际目的并不相同，只有当隐性目的达到时，交际者才达到了真实目的。从另一个角度来看，发话人的交际目的与听话人的交际目的也往往是不同的，发话人的隐性交际目的是贬损乙，而听话人甲和乙能否理解发话人的隐性目的就决定了他们会采取何种交际手段，从而将交际导向不同的结果。

交际条件包括主观条件和客观条件。指桑骂槐这类交际的客观条件往往比较特殊，既可能是社会文化风俗方面的，也可能是当时具体情景方面的。主观条件涉及发话人和受话人双方，发话人有表达自己不满的愿望，受话人方面则是被动地进行交际，不具有主动交际的愿望。

交际的手段和方式，本文主要关注的是语言表达方式、体态语和副语言的使用。语言表达中涉及措辞、称呼语、两者交际距离的选择、语气等。在指桑骂槐言语行为中，常常会故意省略称呼语或只称呼甲，措辞常常是不客气的或严厉的，发话人常与受话人甲距离较近，但有时甲不存在，或离乙较远，但乙一般都在场。

3. 指桑骂槐交际话语分析（一）

下面我们用语料来考察指桑骂槐在交际中是如何进行的。

例③——刘震云的《一地鸡毛》：小林的小学老师从家乡来北京想找他帮忙联系看病的医院，小林妻子很不高兴，不欢迎客人。

老婆见又来了一屋人，屋里烟气冲天，痰迹遍地，当然不会有好脸色，只是点点头，就进了厨房。一会儿，厨房就传来吵声，老婆在责怪保姆，<u>都七点半了，怎么还没给孩子弄饭？</u>小林知道那责备是冲着自己，也怪自己大意，只顾跟老师聊天，忘了交代保姆先给孩子弄饭。何况来了两个客人，加上小林、小林老婆、保姆、孩子，一下成了六口人，这饭还没准备呢。于是就让老师先坐着，自己先去厨房给老婆解释。解释之前，他先掏出今天单位发的五十块钱，作为晋见礼；然后又解释说，实在没办法，这是自己小学时的老师，不同别人，好歹给弄顿饭，招待过去就完。谁知老婆一把将五张人民币打飞了，说：

"去你妈的，谁没有老师！我孩子还没有吃饭，哪里管得上老师了！"

小林拉她："你小声点，让人听见！"

小林老婆更大声说："听见怎么了，三天两头来人，我这里不是旅馆！再这样下去，我实在受不了了！"就坐在厨房的水池上落泪。

小林怒火一股股往头上冲。但现在生气也不是办法，客人还在里间坐着，只好先退出去，又去陪老师。但看老师的样子，已经听见他们的争吵。老师到底有文化，不比别的老家人，招待不好故意傲慢，马上大声说：

"小林你不必忙，俺已经在外面吃过饭了，俺住在劲松地下旅馆，也就是来看看你，给你带了点老家土产，喝了这杯水，俺就该走了，晚了怕坐不上车！"

接着拉开了帆布提包，让儿子把两桶香油送到了厨房。

小林感到心中更加不忍。他知道老师肯定没有吃饭，只是怕他为难，故意说这话给他老婆听。也许是两桶香油起了作用，也许是老婆觉悟过来，饭到底还是做了，做得还不错，四个菜，把孩子吃的虾仁都炒了一盘。好歹吃完饭，小林将老师和他儿子送出门。路上老师一个劲儿地说："我一来，给你添了麻烦。本来我不想来，可你师母老劝我来看看你，就来了！"

小林的妻子不欢迎客人，却不当面表现出来，她为什么这样做？而客人是否能从小林妻子的话语中听出她的言外之意？

3.1 话语预设

3.1.1 话语产生背景

3.1.1.1 社会文化背景

（1）社会等级意识。

①权势等级意识：中国社会中的权势与背景非常重要，很多事情的处理与此密切相关，而北京是首都，人们通常认为在那里生活的人是上层或能接近上层，具有更多的权势。小林的小学老师是外地人，在他看来，小林能在北京找到工作，说明他有一定的背景和权力，是可以帮助他这个在北京不认识什么人的外地人办些事的，因此他会来找小林办事。而实际上小林是北京某单位的科员，妻子是另一单位的科员，虽然两人都是大学毕业生，但无权无势无背景，生活艰难。②师生等级意识：中国的师生关系如同父子，老师找学生办事并无不妥，特别是这位老师当年曾对小林有恩，找他帮忙自在情理之中。③主客等级意识：主人待客要热情，否则没礼貌；到别人家做客，客随主便。

（2）文化习俗习惯。

城里人一般较讲究自家卫生，进家门要换鞋，不能随地吐痰等，但农村或乡镇的人不太讲究这些。

3.1.1.2 情景背景

（1）小林的小学老师和儿子一起来到小林家里，找小林联系医院看病，屋里烟气冲天，痰迹遍地。

（2）小林妻子回来时已经是七点半了，中国家庭在这个时间一般已经吃了晚饭了。

3.1.1.3 人际背景

小林和小林妻子是夫妻关系，他们与保姆是主仆关系。客人是小林小学时对他有恩的老师和老师的儿子。

3.1.2 话语目的

小林妻子心里不欢迎客人，但并不想在表面上表现出来，造成当面的直接冲突；小林虽然帮老师办事有困难，但希望先尽到地主之谊，请老师吃一顿饭。客人希望小林能帮忙办事。三者的交际目的各不相同。前两者目的在情景中有直接冲突。

3.1.3 话语计划

首先要弄清楚问题：小林的老师等家乡来的人来到家里，小林妻子要做饭给他们吃。

其次是确定目的：小林妻子希望这些人识趣地自动离开。

再次是想出各种可能策略：直接告诉这些人他们帮不上忙，也别在这儿吃饭了；批评这些人，不让他们在家里吃饭；借骂别人之名，间接表达心里的不欢迎……

最后对这些策略进行评估和选择：要先对已有的信息进行深入分析，分清需要与可能的界限，再将问题放进处理事情的程序中，做出最后的选择。以此为例，小林妻子如果直接告诉老师他们帮不上忙，说明他们在北京混得不好，这会使小林没面子，显然不好；当面直接批评，会显得自己没有教养，丢了小林的面子，对老师也不够尊重，不招待家乡来的小林的恩师，也有违中国人际伦理；只有批评保姆这种方法，表面上并没有不欢迎客人，也就没有丢面子，且没有违背中国人际伦理，而无论是自己作为雇主的身份，还是到七点半还没有做饭这件事，批评保姆都没有什么不合适的地方。小林的妻子希望小林的老师明白自己不欢迎他们，这是她主观的需要；小林老师需要找小林帮忙、他在北京不认识别人、小林从礼节上需要请老师在家里吃饭等，这些都是客观的可能。小林妻子不能完全不顾客观的可能而只从自己主观的需要上来考虑问题，她一定要考虑客观的可能来进行话语选择。这些问题考虑清楚后，她权衡再三，在处理问题的程序中进行筛选，最后她选择的是责怪保姆：

"都七点半了，怎么还没给孩子弄饭？"

3.2 话语行为

为了方便分析，我们把这个语段用表格的形式表述如下：

表2 《一地鸡毛》范例语段

话语序号	交际者：交际对象	交际距离	体态语副语言	语言表达方式	
				语言	功能
1	小林妻子：保姆（小林）	面对面（较远）		都七点半了，怎么还没给孩子弄饭？	指桑骂槐

（续上表）

话语序号	交际者：交际对象	交际距离	体态语副语言	语言表达方式	
				语言	功能
2	小林：小林妻子	面对面	掏出五十块钱	实在没办法，这是自己小学时的老师，不同别人，好歹给弄顿饭，招待过去就完。	请求
3	小林妻子：小林（客人）	面对面（较远）	把五十块钱打飞了	去你妈的，谁没有老师！我孩子还没有吃饭，哪里管得上老师了！	拒绝
4	小林：小林妻子	面对面	拉	你小声点，让人听见！	再请求
5	小林妻子：小林（客人）	面对面（较远）	更大声	听见怎么了，三天两头来人，我这里不是旅馆！再这样下去，我实在受不了了！	再拒绝
6	小林妻子	面对面	落泪		
7	小林老师：小林（林妻）	面对面（较远）	大声说	"小林你不必忙，俺已经在外面吃过饭了，俺住在劲松地下旅馆，也就是来看看你，给你带了点老家土产，喝了这杯水，俺就该走了，晚了怕坐不上车！"	回应

3.2.1 交际者和交际对象

1、3、5 句实质上存在着两个交际对象：显性受话人和隐性受话人，在 1 中保姆是显性受话人，小林是隐性受话人；3、5 中小林是显性受话人，客人是隐性受话人；7 中小林是显性受话人，而小林妻子则是隐性受话人；2、4 中只有 1 个交际对象，非常明确。

3.2.2 交际过程中的体态语

首先，体态语常常是语言表达的辅助手段，2 中小林先掏出五十块钱是为了让妻子高兴一下，同意自己的想法；4 中小林拉妻子是为了阻止妻子大声说话，免得客人听见；而 3 和 5 是分别对 2 和 4 的反应，3 中小林妻子用打飞五十块钱的动作辅助表示她的态度没有改变，5 中小林妻子更大声则正是想让客人听见；7 中小林老师大声说则是对前面小林妻子的回应。其次，体态语环环相扣，下一步的体态语与前一步紧密相连，前为后之因，后为前之果，有小林的掏钱，才有妻子的打飞钱，有小林的拉，才有妻子的更大声，有了小林妻子的大声，才有小林老师的大声回应。

3.2.3 语言表达方式

（1）称呼语的选择。

1、3、5 句都没有称呼语，说明小林妻子的言语所针对的对象可能并不是正在跟她交谈的人，而是意在言外。

（2）措辞的选择。

先看 1。"都……了""还"都暗示了说话人的态度，认为时间很晚了，只从这句话的言内之意看，是这么晚了，为什么还不做饭给孩子吃？而言外之意却是这么晚了，连孩子的饭都没做，哪还有时间管别人的饭呢？更可以理解为：到底是我的孩子重要，还是你们这些外人重要？正因为丈夫听懂了这句话的言外之意，所以他会理解为这句话是冲着他来的，而不是真的在责备保姆。2 看起来并没有回答 1，但实际上是对 1 言外之意的回应，实际上的意思我们可以理解为：

> 林妻：这些人真讨厌！怎么还不走？
> 小林：他是我的老师，没办法！招待一顿饭就行了。

3 更是使用了"去你妈的"这样非常不礼貌的骂人话和"谁没有老师"这种反问句式来表达说话人强烈的否定意图。跟小林妻子的态度相比，小林一直在用请求的口吻进行解释，希望妻子给自己一点面子，措辞温和。

从整个语段来看，1 和 2 相关，但 T1R1 和 T2R2 表面上看起来并无关联，必须用语境来补充才能推理出 T2R2。小林妻子选择了使用 1 来间接地表达她不欢迎客人的态度，而小林也听懂了妻子的言外之意，因而小林妻子第一阶段的交际目的达到了；小林明白了妻子的态度，但他的交际目的正与之相反：他想说服妻子招待老师吃顿饭，于是用 2 来解释和请求；3 是对 2 中小林说的两层意思的回应，妻子完全不接受小林的请求，在措辞上非常不客气，与前面 1 中态度似乎有了变化，其实不然，小林妻子的交际目的是想让客人们识趣地自动离开，这样指桑骂槐是最好的方法了，而当小林理解了妻子的真正意图来跟她商量的时候，她就没必要掩饰她的真实想法了，于是采用了激烈的言辞来直接说明自己的想法，这些话是说给客人听的。

3.3 话语结果

小林妻子指桑骂槐的目的是让客人们自动离开，不在她家吃饭，结果客人听到她和小林的对话后，理解了她的真实意图，说出了 7。她的预期目的达到了，目的和结果是一致的，可见，她所采取的交际手段适用于所面对的交际内容和对象。

4. 指桑骂槐交际话语分析（二）

例④——杨健、陈子度、朱晓平的《桑树坪纪事》：李金斗是生产队长，他大儿子满娃已死，他想把满娃的童养媳许彩芳嫁给小儿子苍娃，但许彩芳爱上了外来的麦客榆娃，不同意嫁给苍娃。

众村民：打！

李金斗：打！给我往死里打！看他个狗迷的麦客还敢不敢偷婆娘！（棍棒呼啸着，惨厉可怖。榆娃的惨叫声渐渐弱了下去）

李金明：不能再打了，他晕死过去了！

李金斗：把他给我拉出来！（保娃等几个人把榆娃架了出来，扔到地上）

保　娃：（自语地走上前）装得倒像啊！（朱晓平从人堆中走了出来）

朱晓平：队长，不能这么打人！

保　娃：抓住偷婆娘的人，打一顿算是轻的！

李金斗：少噜苏，接着打！在桑树坪这块地方，我说了算！

李金明：金斗，再打可要出人命啊！（众村民一愣）

李金斗：（骂骂咧咧地）狗迷的，今天算便宜了他！去，把个死女子把我给弄出来！（几个婆娘气势汹汹地将五花大绑的许彩芳推了出来）

李金斗：（命令地）走，跟我回去，看我回去咋整治你！（李金斗说罢扭头就想走，忽然他发现许彩芳没有跟他走，而正向榆娃走去，他赶紧上前挡住许彩芳的道儿）

李金斗：（恶狠狠地）回去！（见许彩芳不理睬）回去！

许彩芳：（声音很轻但气势逼人地）你不要挡我的路！

李金斗：我是你大，你给我回去！

许彩芳：你不是我大，我姓许，你姓李！你给我站到一边去！

李金斗：回……

许彩芳：闪开！让我过去！（李金斗不由得一闪身子，许彩芳忍痛挪动着步子走向榆娃。李金斗忽然醒悟过来了，他一头栽到地上，呜呜大哭起来）

李金斗：我可怜的满娃唉！你也不想想你可怜的大，你咋走在大的前面啊！天爷呀，想当初我花了二十斤的苞谷才给你换下了个媳妇，我李金斗为你辛苦了一辈子，到头还落了个里外不是人，你咋就忍心绝了我这一门呀……（他在地上爬着、滚着，一会儿用拳头砸着地，一会儿又用头撞着地）……天爷呀，天爷呀！你就为咱金斗开开眼吧，这世道还有没活路了……（众村民抹着眼泪把李金斗扶回了村子。人们散去，只剩下李金明、朱晓平、许彩芳、榆娃）

4.1 话语预设

4.1.1 话语产生背景

4.1.1.1 社会文化背景

（1）社会等级意识。

①阶级等级意识：童养媳是旧社会一些人家为儿子买的媳妇，从小开始抚养，等长到十四五岁时，就让她同儿子结婚。这一天，童养媳和新郎只需换套干净的衣服，办几桌简单的酒菜应酬亲朋好友就行了，既省事又省钱。这一幕发生在新中国成立后的 1969 年，不许再养童养媳，改称干女儿。②权势等级意识：李金斗是村子里的生产队长，大家都听他的。

（2）男权意识。

结婚不到半年满娃干活时栽到沟里死了，李金斗想让许彩芳嫁给他的小儿子苍娃，但苍娃有"柳拐子病"，只能吃不能做，许彩芳不愿意。

4.1.1.2 情境背景

满娃死后，李金斗成了许彩芳名义上的父亲，掌握着她的命运，他只要发现她有意于别的男人，就会打她。许彩芳和榆娃相爱事发，李金斗带人打榆娃，许彩芳不顾他的多次阻拦，坚决要去看榆娃，他感到无法管住许彩芳了，忍不住哭起来。

4.1.1.3 人际背景

李金斗有两个儿子：满娃和苍娃，许彩芳是满娃的童养媳，她爱上了外来的麦客榆娃。

4.1.2 话语目的

单从李金斗批评许彩芳这段话来看，似乎李是弱者，不敢直接批评对方，但从事件的整个语段交际进程中来看，并非如此。李金斗是绝对强势的一方，他说这段话的目的是希望引起同情，是在对自己的权势失去力量时没办法只得求助于苍天的一种无奈和绝望的表现。

4.1.3 话语计划

李金斗现在面临的问题是他无法让许彩芳听从自己的命令，可供选择的策略有：逼迫对方服从或使自己显得可怜，引起对方同情。前者是他一直采用的策略，事件开始他已经多次使用这一策略，不但未起作用，还招致了对方的直接反抗（你不是我大，我姓许，你姓李！你给我站到一边去）；一向强势的李金斗感到了绝望，于是他选择了第二种策略，哭诉满娃的早死，求助于苍天，是一种无奈的选择。

4.2 话语行为

先看交际者和交际对象。在前三个话轮中，李金斗的交际对象非常明确，就是许彩芳，但都以被拒绝而告终，李金斗无奈地选择了退一步，在下面的一个话轮中把满娃作为显性交际对象，而实际受话人却是许彩芳，因为满娃已死。

再看语言表达和体态语。前三个话轮中，李金斗和许彩芳的言语行为为命令—拒绝，第一句"回去"是不容置疑的严厉的命令，但对方"你不要挡我的路"拒绝执行命令；第二句加上了命令的理由"我是你大，你给我回去"，但也未得到对方的响应，反而对此进行否认，并进一步拒绝"你不是我大，我姓许，你姓李！你给我站到一边去"；到第三句他还没来得及说完一句话，只说了"回……"，就被对方更严厉的拒绝"闪开！让我过去"打断了，三次正面交锋的失败使李金斗改变了表达方式，选择了侧面哭诉的方式，表面上是批评满娃不该早死、老天爷不讲道理等，而实质上还是批评许彩芳不听从自己的安排。在体态语上，他"一闪身子"是给许彩芳让路，"一头栽到地上，呜呜大哭起来"是他在哭诉时的状态，体现了他由强势到不得不让步，再到装弱势的过程。

4.3　话语结果

从"众村民抹着眼泪把李金斗扶回了村子"来看，李金斗的话语在某种程度上达到了引起同情的目的，只是他最希望的引起许彩芳的同情的目的并没有达到。

对中国人来说，以上分析的是无标记语境（UC）（侯国金，2008：417），但对外国留学生来说，这是有标记语境（MC）。如何使外国留学生掌握这些有标记语境要素，是涉及如何增强他们理解和运用汉语非常重要的一环。

参考文献

[1] 陈安平，2001. 论语境对间接言语行为理解的决定程度——对《红楼梦》一则对话的分析[J]. 郴州师范高等专科学校学报，22（6）.

[2] 陈建祥，2004. 汉语语境下批评言语行为的定性和定量研究［D］. 南京：南京师范大学.

[3] 陈启庆，2008. 指桑骂槐：一种特殊言语行为的修辞建构［J］. 莆田学院学报，15（3）.

[4] 曹京渊，2008. 言语交际中的语境研究［D］. 济南：山东文艺出版社.

[5] 杜新天，2000. 汉语间接表达的主要类型和手段研究［D］. 北京：北京语言文化大学.

[6] 侯国金，2008. 语用学大是非和语用翻译学之路［M］. 成都：四川大学出版社.

[7] 沈开木，1987. 句段分析［M］. 北京：语文出版社.

[8] 沈开木，1996. 现代汉语话语语言学［M］. 北京：商务印书馆.

[9] 田海龙，2009. 语篇研究：范畴、视角、方法［M］. 上海：上海外语教育出版社.

[10] 吴淑琼，2003. 中英批评言语行为中称呼语的跨文化对比研究［J］. 三峡大学学报（人文社会科学版），25（6）.

[11] 夏登山，2011. 分离对称型三方交际［J］. 外语研究（2）.

[12] 叶仕燕，2006. 小说影射的语用学研究［D］. 广州：暨南大学.

[13] 曾莉，2009. 非规约间接否定：作为语用策略的言语行为［D］. 武汉：华中科技大学.

[14] 朱湘燕，2002. 汉语批评言语行为研究及其对对外汉语教学的启示［D］. 广州：暨南大学.

[15] 赵英玲，2004. 英汉批评言语行为语用研究［J］. 吉林师范大学学报（人文社会科学版），32（1）.

[16] 赵三敏，2006. 印度尼西亚留学生"批评"语用失误之调查分析［D］. 厦门：厦门大学.

【作者简介】

朱湘燕，华南师范大学副教授，博士，语言学及应用语言学专业硕士生导师，主要研究方向为对外汉语教学、语用学和社会语言学。周国光，华南师范大学教授，汉语言文字学专业博士生导师，主要研究方向为现代汉语语法学。

汉语动词用法资源库建设构想
——基于大规模语料库、面向汉语教学①

王 洁

（暨南大学华文学院/华文教育研究院）

1. 引言

本文的构想是利用一个大规模的汉语语料库，参照一个较为权威的动词用法体系，选取一定范围的汉语常用动词，从语料库中提取体现用法的各种信息，建立一个面向汉语教学的资源库。

一方面，随着计算机技术的发展和语料库的普及，基于语料库的各种语言信息的提取及统计成为可能；另一方面，随着平板电脑、智能手机等便携式电子设备的普及，学生查词典的方式已由查纸质版词典转向了查电子词典，利用语料库所提取信息建立的语言资源库也有了用武之地。

2. 整体思路

2.1 语料库选择及语料获取

语料库选择"国家语委现代汉语语料库"网络版，该语料库提供约 2 000 万字分词及词性标注的语料，可在线检索。我们对目标动词逐个进行检索，如果检索到的例句在 1 000 句以内，将全部保留；如果检索到的例句超过 1 000 句，将随机抽取 1 000句作为待用语料。例句（1）为检索目标动词"表明"得到的语料中的一句。

（1）这/r 充分/a［表明］/v 了/u 宗教/n 无/v 理性/a 的/u 本质/n 。/w

2.2 动词用法参照体系

动词用法参照体系选择《汉语动词用法词典》（孟琮等，1999），该词典对动词功能做的分项考察主要包括四个方面：动词的一般功能，又分了十三个小项，如"带名词宾语""带动词宾语"等；名词宾语的分类，从语义角度分了十四类，如"受

---

① ［基金项目］中央高校基本科研业务费专项资金资助、暨南大学科研培育与创新基金资助"HSK 甲级单义双音节动词的论元标注及教学应用"（12612810）。暨南大学华文教育研究院 2013 年度"创新平台"一般项目"基于汉语母语者语料库和华裔汉语学习者语料库的汉语常用动词用法对比研究"（CXPTYB201307）。

事""结果""对象"等；动词和结果补语的搭配；动词和趋向词的搭配。本文将从便于教学的角度出发，做一定的归并整合。

2.3 动词范围划定

《汉语动词用法词典》共有 1 223 个动词，以义项为单位，共 2 117 条。我们将选取一定数量的动词展开实验性研究，具体选取 HSK 甲乙级单义动词约 200 个。之所以只选单义动词，是因为就目前的技术水平而言，计算机还无法对多义词的例句检索结果按义项进行较为准确的自动分类。

2.4 信息标注方式

有良好形式标记的信息以计算机自动识别为主，如动词和趋向词的搭配；缺乏形式标记的信息以人工标注为主。

2.5 数据统计方式

编写计算机程序对所标注或识别的信息进行频率、覆盖率等统计。

2.6 建库方式

利用 Access 数据库软件建立数据库，并根据用户需要提供各种查询。

3. 标注对象

3.1 动词一般功能项的标注

《汉语动词用法词典》中将动词的一般功能分了十三项，可归并为下述两类：动词宾语的句法属性；动词相关的搭配类别。

3.1.1 动词宾语句法属性的标注

动词宾语的句法属性包括：名词宾语、双宾语、动词宾语、形容词宾语、小句宾语、兼语宾语、存现宾语。我们主要采取人工标注的方式，对各目标动词的宾语成分进行分类标注。如例句（2）的宾语为名词宾语，例句（3）的宾语为小句宾语。

（2）这/r 充分/a［表明］/v 了/u［宗教/n 无/v 理性/a 的/u 本质/n］NP。/w

（3）这/r 一切/r［表明］/v 了/u［佃农/n 的/u 人身/n 依附/v 关系/n 已/d 趋/v 松弛/a］SENT。/w

3.1.2 动量、动介、动助、重叠、很＋动、动结宾的标注

动词和动量词、时量词的搭配，动词和介词的搭配，动词和结构助词"了""着""过"的搭配，动词重叠形式、程度副词和动词的搭配、动词带结果补语再带宾语，这些项目由于有良好的形式标记，我们主要采取计算机自动识别并标注、人工校对的方式。如例句（4）是目标动词和介词"在"的搭配，例句（5）是目标动词和结构助词"了"的搭配，例句（6）是目标动词的重叠形式，例句（7）是程度副词"很"和目标动词的搭配。

（4）假若/c［运用］/v ＜在/p＞ 京剧/n 里/nd ，/w 那/r 就/d 显得/v 格格不入/i 了/u 。/w

（5）这/r 充分/a ［表明］/v ＜了/u＞［宗教/n 无/v 理性/a 的/u 本质/n］NP 。/w

（6）全海/nhs 眼下/nt 还/d 不/d 清楚/v ，/w 应该/vu 先/nt ［调查］/v ＜调查/v＞ 。/w

（7）美国/ns ＜很/d＞ ［重视］/v ［考试/v 内容/n 和/c 标准/n 的/u 正确性/n 与/c 公平性/n］NP 。/w

3.2 动词支配成分的标注及结构提取

《汉语动词用法词典》中从语义格的角度将名词宾语分为十四类（受事、结果、对象等），这跟汉语配价语法理论不谋而合，当然配价语法着眼于动词可支配的所有名词性成分即"论元角色"，而不只限于句法层面上动词后宾语位置的名词性成分。本文从教学的实际需要出发，在此做了以下变通：首先，对目标动词支配的成分进行了标注，不只限于动词后宾语位置的成分，也不只限于名词性成分；其次，基本不采用论元角色体系中"受事""对象"等为类别，而直接以支配成分的句法属性为类别，如"名词短语""动词短语""小句"等，"名词短语"还可进一步分类为"人""具体物""抽象物"等；再次，动作的发出者统一为一个标记。我们对目标动词的支配成分进行人工标注，在此基础上可以对目标动词出现的结构进行提取。如例句（8）的结构是"A＋关心＋NP_ SB"（动作发出者关心某人），例句（9）的结构是"A＋对＋NP_ STHC＋关心"（动作发出者对某抽象物关心），例句（10）的结构是"A＋关心＋SENT"（动作发出者关心某件事情），例句（11）的结构是"A＋关心＋VP"（动作发出者关心做什么）。

（8）［他/r］A ［关心］/v ［队友/n］NP_ SB ，/w 但/c 从不/d 愿意/vu 让/v 人/n 知道/v 。/w

（9）仿佛/d 是/vl 一/m 夜/nt 之间/nd ，/w ［好多/m 人/n］A 对/p ［华茜芳/nh 的/u 婚姻/n］NP_ STHC ［关心］/v 起来/vd 。/w

（10）这/r 年/nt 年关/nt 将/d 至/v ，/w ［他/r］A ［关心］/v ＜着/u＞ ［贫苦/a 的/u 农民/n 如何/r 度过/v 年关/nt］SENT 。/w

（11）［我/r］A 当时/nt 并不/d ［关心］/v ［讲/v 什么/r 课/n ，/w 做/v 什么/r 作业/n ，/w 写/v 什么/r 字/n 等等/u］VP 。/w

3.3 动词和结果补语搭配的标注

动结式有一定的规律可循，即结果补语一定是紧跟在动词后面，且它是能够充当结果补语的词语。它可以在一定程度上穷尽收集，因此该项采用计算机自动识别并标注加人工校对的方式。如例句（12）是被目标动词和由形容词"明白"充当的结果补语的搭配，例句（13）是目标动词和由动词"住"充当的结果补语的搭配。

（12）［徐/nhf 区长/n］A 把/p［高庄/ns 的/u 情形/n］NP_ STHC［调查］/v ＜明白/a＞了/u ，/w 又/d 组织/v 了/u 群众/n 。/w

（13）我/r 化脓/v 的/u 双腿/n 在/p 医生/n 的/u 精心/a 治疗/v 下/nd ，/w 已经/d 大大/d 好转/v ，/w［发烧/v］NP_ STHC 也/d［控制］/v ＜住/v＞了/u 。/w

3.4 动词和趋向词搭配的标注

动趋式也有很强的规律性，一方面趋向词数量有限可穷尽列举，另一方面动词、趋向词、宾语三者的线性组合序列完全可以描述成计算机可读的规则，因此可采用计算机自动识别并标注加人工校对的方式。如例句（14）是目标动词和趋向动词"进去"的搭配，例句（15）是目标动词和趋向动词"起来"的搭配（"起来"中间插宾语）。

（14）还/d 必须/d 把/p［物体/n 的/u 质量/n］NP_ STHC［考虑］/v ＜进去/vd＞ 。/w

（15）立时/d ，/w 他/r 觉得/v 村/n 人/n 的/u 祖先/n 必是/vl 来自/v 平和县/ns ，/w 所以/c［他/r］A［关心］/v ＜起/v＞［自己/r 的/u 身世/n］NP_ STHC ＜来/vd＞ 。/w

4. 相关统计

4.1 频率统计

除了对上述已标注好的各功能项目进行频率统计之外，还可进一步挖掘有用的用法信息进行统计，如动名搭配的统计、动词语义优选的统计。动名搭配是指动词与名词短语中心语的搭配，如上文例句（2）的"表明——本质"、例句（8）的"关心——队友"、例句（12）的"调查——情形"、例句（14）的"考虑——质量"等，出现频率较高的往往是典型搭配，可作为教学资源。动词对宾语的语义选择限制（Semantic Selectional Restriction）主要指动词对其宾语语义类的制约约束，也称为语义优选（Selectional Preference）（吴云芳等，2005）。有了动名搭配的实例及频率信息，我们可进一步利用现有的语义资源，如《同义词词林》（第二版）（梅家驹等，1996），对动词的语义优选进行统计。

4.2 覆盖率统计

覆盖率指累计频率，就是计算按频率排序前 n 位的类型累加起来的频率。如下表给出了目标动词"关心"按频率由高到低排序前7位的结构类型的句数、频率、覆盖率的初步统计结果（全部语料句数为1 000），可知最常用的7种结构类型覆盖率达到了全部的56.3%。

动词"关心"的结构类型统计表

结构	句数	频率（%）	覆盖率（%）
A 关心 NP_ STHC	257	25.7	25.7
A 关心 NP_ SB	119	11.9	37.6
A 关心 的 NP_ STHC	57	5.7	43.3
A 对 NP_ STHC 关心	40	4.0	47.3
关心 NP_ STHC	36	3.6	50.9
关心 NP_ STHC 的 A	29	2.9	53.8
A 对 NP_ SB 关心	25	2.5	56.3

4.3 例句典型度、难易度的计算

词语用法的示例需要给出一些有代表性的例句，而代表性例句无法直接根据句子的频率信息来筛选，因为句子不具有可重复性，我们将根据句子所包含的结构、搭配等的频率信息来计算句子的典型度，根据句子长度、甲乙丙丁各等级词语所占比例来计算句子的难易度，并以此两项指标来筛选例句。

5. 资源库建设

资源库的具体呈现形式是 Access 数据表，包括以下字段：目标动词、支配成分、动时量、动介、了着过、重叠（字段值：VV、V－V、V 了 V、V 了－V、V 了又 V）、加很、动结宾、结构、动结、动趋，以一个例句为一条记录，示例见下图。

目标动词	支配成分	动时量	动介	了着过	重叠	加很	动结宾	结构	动结	动趋	例句
关心	NP_SB							A+V+NP_SB			[他/r]A [关心]/v [队友/n]NP_SB，/w
关心	SENT			着				A+V+SENT			这/r 年/nt 年/nt 将/d 至/v，/w [他/
调查					VV			A+V			[全海/nhs]A 眼/d 不/d 清楚/v，/
重视	NP_STHC					很		A+V+NP_STHC			美国/ns 〈很/d〉 [重视]/v [考试/v 内容
控制	NP_STHC							NP_STHC+V	住		我/r 化脓/v 的/u 双腿/n 在/p 医生/n 的
考虑	NP STHC							把+NP STHC+V		进去	还/d 必须/d 把/p [物体/n 的/u 质量/n]

动词用法资源库图

6. 教学应用

大多数学习词典的编纂、词语用法总结等工作或是编者、研究者根据个人经验给出用法及示例，或是根据个人经验给出用法，再从语料库中挑选合适示例。这两种方

式虽然高效，但都失之于先入为主，因为再资深的专家也可能有语感的偏差。比如《汉语动词用法词典》在介绍"关心"带趋向词这项功能时分别就"关心"带"上""起来""开""开来""到"这五个趋向词给出了例句，也就是认为"关心"可以跟这些趋向词搭配，但我们通过对真实语料的统计，并没有发现"关心"跟"上""开""开来"的搭配，发现了"关心+起来"1次，"关心+起+NP"1次，"关心+起+NP+来"2次，"关心+到"3次。再如有著作（袁毓林，2008）给出"调查"一词的句法配置有"A+为了P+＿＿+D"（即：施事+为了+受事+调查+与事）"为了P+A+＿＿+D""A+为了P+向D+进行+＿＿""为了P+A+向D+进行+＿＿"，给出的典型句式分别是："警察为了这起事故～了许多目击者""为了这起事故警察～了许多目击者""民警为了这起事故向一些目击者进行～""为了这起事故民警向一些目击者进行～"，没有给出真实例句，而我们对真实语料进行了统计，发现没有一句是"为了P"的例句，而发现了大量"对P+进行+＿＿"的例句，如例句（16）。

（16）目前/nt，/w［英国/ns 有关/v 当局/n］A 正/d 对/p［此/r 事/n］NP＿STHC 进行/v［调查］/v。/w

本文的做法是基于大规模的语料，对体现动词用法的各个功能项目进行标注，基于此得出客观统计数据，从而使各动词的各用法主次分明、典型突现。比如我们通过统计得到"关心+了"出现了4次，"关心+着"出现了20次，"关心+过"出现了1次（统计语料为1 000句），显然"关心+着"更常用，而《汉语动词用法词典》在介绍"关心"带"了着过"这项功能时只是就三个助词分别给出了一个例句，并没有主次之分。

7. 结语

基于大规模语料库、面向汉语教学的各种资源库建设既有实际需要，又切实可行。本文以动词用法为切入点，提出了有操作性的建设方案，并将逐步展开相关工作。

参考文献

［1］亢世勇，李毅，孙道功，张楠，2004. 汉语系统语料库的建设与词典编纂［A］//2004 辞书与数字化研讨会论文集［C］. 上海：上海辞书出版社.

［2］梅家驹，竺一鸣，高蕴琦，殷鸿翔，1996. 同义词词林：第二版［M］. 上海：上海辞书出版社.

［3］孟琮，郑怀德，孟庆海，蔡文兰，1999. 汉语动词用法词典［M］. 北京：商务印书馆.

［4］吴云芳，段慧明，俞士汶，2005. 动词对宾语的语义选择限制［J］. 语言文字应用（2）.

［5］邢红兵，2005. 面向对外汉语教学的动词用法频率词典［A］∥对外汉语学习词典学国际研讨会论文集［C］. 香港：香港城市大学出版社.

［6］袁毓林，2008. 基于认知的汉语计算语言学研究［M］. 北京：北京大学出版社.

【作者简介】

王洁，暨南大学华文学院应用语言学系讲师，博士，主要从事中文信息处理研究。